懶惰土著的迷思

THE MYTH OF THE LAZY NATIVE

Syed Hussein Alatas

陳耀宗 —— 譯
蘇穎欣 —— 審校

A STUDY OF THE IMAGE OF THE
MALAYS, FILIPINOS AND JAVANESE
FROM THE 16TH TO
THE 20TH CENTURY AND
ITS FUNCTION IN THE IDEOLOGY OF
COLONIAL CAPITALISM

16至20世紀馬來人、菲律賓人和爪哇人的形象
及其於殖民資本主義意識形態中的功能

賽胡先・阿拉塔斯 —— 著

編輯說明

一、本書原文版註釋為篇末註,為利讀者對照引文出處故改採隨文註,以阿拉伯
　　數字(1、2、3……)標註序列。

二、譯者註採篇末註,以小寫羅馬數字(i、ii、iii……)標註序列。

三、內文中( )、〔 〕括號縮小字級之文字為編譯者所加之說明文字。

四、所涉人名、地名、書名、篇名均在本書首次出現處加註原文,後不贅述。

五、本書內文黑體強調如未加註說明均為原作者所加。

六、本書註腳出處期刊縮寫於書末附有縮寫表以利對照。

献給我的父母

賽阿里·阿拉塔斯
（Syed Ali Alatas）
與
莎麗花拉姑安·阿雷德魯斯
（Sharifah Raguan Alaydrus）

目次

賽胡先‧阿拉塔斯思想脈絡中的《懶惰土著的迷思》

The Myth of the Lazy Native in Context

賽法立‧阿拉塔斯[*]
Syed Farid Alatas

前言

雖然《懶惰土著的迷思》（*The Myth of the Lazy Native*）作為一部批判性著作所針對的是殖民政治經濟，更具體而言是針對馬來世界中具有剝削性的殖民資本主義意識形態，但它對中文世界的學者和知識分子也不無意義。之所以如此是因為，這部發表於1977年的作品是系統性批判殖民主義／歐洲中心主義知識的早期範例之一，所有對歐洲中心主義知識生產問題和對這種知識形式的批判方法有所關注的人，都會對它感到興趣。但這篇序文並非旨在討論《懶惰土著的迷思》的內容，而是要說明，在賽胡先‧阿拉塔斯（Syed Hussein Alatas, 1928-2007）

---

[*] 賽法立‧阿拉塔斯（Syed Farid Alatas）是本書作者賽胡先‧阿拉塔斯（Syed Hussein Alatas）之子，目前為新加坡國立大學（National University of Singapore）社會學系與馬來研究學系合聘教授。他的研究涵蓋歷史社會學、社會科學社會學、宗教與跨宗教對話社會學等領域，已出版的專書包括《亞洲社會科學的替代論述：對歐洲中心主義的回應》（*Alternative Discourse in Asian Social Science: Responses to Eurocentrism*, 2006）、《伊本‧赫勒敦》（*Ibn Khaldun*, 2013）、《應用伊本‧赫勒敦》（*Applying Ibn Khaldun*, 2014），以及與維妮塔‧辛哈（Vineeta Sinha）合著的《經典之外的社會學理論》（*Sociological Theory Beyond the Canon*, 2017）。

的整體思想脈絡中，這本書占據著怎樣的位置。

　　賽胡先・阿拉塔斯了解到第三世界相當多的社會科學研究乃處於心智被俘虜的狀態（mental captivity），[1] 因此他大力主張建立一個自主的社會科學傳統。[2] 根據其思想被俘之說，「被俘虜的心智」（captive mind）是東方主義（Orientalism）和歐洲中心主義（Eurocentrism）的受害者，這種心智的特徵在於，它的思維方式因對西方思想亦步亦趨且不加批判而受其宰制。無論是親身前往西方，或是透過本國教育中心所提供的西方著作，心智被俘者幾乎都是接受西方學科的訓練，他們所閱讀的是西方作者的作品，教導他們的主要也是西方教師。對西方思想不加批判的模仿滲透到學術活動的所有層面，影響了問題的設定、分析、提取、概括、概念化、描述、解說與詮釋。但在阿拉塔斯看來，就社會科學與廣大社會的關係而言，它的問題並不僅限於認識論或方法論的層面。他闡述了「卓越理念」（ideals of excellence）這一概念，藉以區分不同類型的人，並說明道德所扮演的角色。人必須擺脫心智被俘虜的狀態，以便能夠獨立思考和有效分析我們所面對的種種社會問題，並致力解決這些問題。而能夠讓卓越理念主導我們世界的，唯有生活各個領域中開明、道德高尚的領導者。《懶惰土著的迷思》應放在此脈絡中予以審視。

1　Syed Hussein Alatas, "The Captive Mind in Development Studies", *International Social Science Journal* 24(1), 1972: 9-25; Syed Hussein Alatas, "The Captive Mind and Creative Development", *International Social Science Journal* 26(4), 1974: 691-700.

2　Syed Hussein Alatas, "The Development of an Autonomous Social Science Tradition in Asia: Problems and Prospects", *Asian Journal of Social Science* 30(1), 2002: 150-157.

賽胡先・阿拉塔斯的思想

賽胡先・阿拉塔斯的思想還有待作為一個整體，以一種有系統的方式連結其各種興趣與關懷，呈現為一種關於社會發展的整體性理論。他的研究興趣十分廣泛，包括知識分子與心智被俘狀態、穆斯林極端思想、貪腐社會學、發展研究等，但始終有一條線索貫穿其眾多作品。

簡單來說，賽胡先・阿拉塔斯的思想關注以下問題：

(1)發展中社會的核心問題，即其經濟、政治、社會與文化生活的幾乎所有方面都處於低度發展的狀態。

(2)此低度發展狀態之所以持續存在，主要原因在於知識分子的領導力，或更正確地說，在於此領導力之匱乏。

從一九五〇年代開始，阿拉塔斯就極為關注馬來西亞及其他發展中社會缺乏有效運作的知識分子群體的問題。他認為，知識分子的任務是去思考社會的具體問題，並力圖找到其解決方案。他對圍繞著知識分子的各種問題的關注，催生了他的《發展中社會的知識分子》（*Intellectuals in Developing Societies*）一書。[3]

阿拉塔斯把知識分子定義為「利用理性能力對思想觀念與非物質問題進行思考的人」。他認為，「對某個學科有所認識或持有某個學位的人，未必就是一個知識分子，儘管這兩者往往重疊。許多學位持有者和教授並不參與其領域的發展，也不嘗試為其領域的具體問題尋求解決方案。反之，沒有學術資歷的人如果善用其思考能力，並且對其

3　Syed Hussein Alatas, *Intellectuals in Developing Societies*, London: Frank Cass, 1977.

感興趣的學科有足夠的認識，也可以成為知識分子」。[4]

　　《發展中社會的知識分子》所探討的問題集中在以下三點：（1）為什麼發展中社會需要知識分子？（2）什麼類型的知識分子最能滿足這一需要？（3）阻撓這一類型知識分子群體興起及發揮作用的障礙是什麼？[5] 在這裡我也許還可以補充一點：這一類型知識分子群體所要解決的問題可分為兩種，即理論問題和實際問題。

被俘心智作為知識分子的理論問題

　　理論問題是指存在於知識領域的問題。對阿拉塔斯來說，我們這個時代的知識分子所面對的基本理論問題，就是心智被俘虜的問題。

　　阿拉塔斯在一九七〇年代創發並形成了「被俘虜的心智」這一概念，藉以概念化發展中世界的學術性質，尤其是其人文與社會科學研究領域被西方宰制的狀況。他把被俘虜的心智定義為「受外來源頭宰制、不加批判地一味模仿、思維方式偏離獨立視角的心智」。[6] 外來源頭指的是西方人文與社會科學，而不加批判的模仿則影響了科學活動的所有組成部分，諸如問題的選擇、概念化、分析、概括、描述、解說、詮釋等。[7] 心智被俘者的特徵包括：缺乏創造力且未能提出具有原創性的問題，沒有能力設計出具有原創性的分析方法，以及對於本土社會的主要問題多所疏離。無論是親身前往西方，或是透過本國教育中心所提供的西方著作，心智被俘者幾乎都是西方學科訓練的產

4　*Ibid.*, p. 8.

5　*Ibid.*, p. 8.

6　Syed Hussein Alatas, "The Captive Mind and Creative Development", p. 692, *op. cit.*

7　Syed Hussein Alatas, "The Captive Mind in Development Studies", p. 11, *op. cit.*

物，所閱讀的是西方作者的作品，教導他們的主要也是西方教師。心智被俘狀態也體現在其所提出的解決方案和政策上。再者，這種狀態會同時在理論層面和實際層面上自我顯現出來。

雖然阿拉塔斯是在一九七〇年代初發表的兩篇論文中闡述這個概念，但他早在一九五〇年代就已提出了這個問題。當時他提到，未適當考量社會歷史脈絡而「把來自西方世界的思想觀念全盤引進東方社會」，乃是殖民主義的一個基本問題。[8] 他也認為，被殖民民族所體現的思維模式，是和政治與經濟帝國主義並行的，因而有「學術帝國主義」（academic imperialism）之說。[9] 被俘虜的心智就是在此學術帝國主義脈絡下出現。

然而，心智被俘虜的現象固然很重要，關於阿拉塔斯所闡述這一概念的討論卻不多，只有對他所展開的那種批判有共鳴的學者，才會在他們的著作中引用他的說法。對這個概念的系統性闡釋或駁斥至今依然闕如。它似乎在很大程度上被忽略了，尤其是在西方的社會科學體制內，[10] 但即便是在他自己的國家馬來西亞，以及在他從事教學與研究長達二十一年的新加坡，他的這一概念也未受重視。

被俘心智之所以形成的知識與社會脈絡

自19世紀下半葉以來，印度、東南亞、中東等非西方地區的學

8　Syed Hussein Alatas, "Some Fundamental Problems of Colonialism", *Eastern World* (London), November 1956.

9　Syed Hussein Alatas, "Academic Imperialism", Lecture delivered to the History Society, University of Singapore, 26 September 1969; "Intellectual Imperialism: Definition, Traits and Problems", *Southeast Asian Journal of Social Science* 28(1), 2000: 23-45.

10　Interview with Syed Hussein Alatas, 29 August 2004.

者意識到人文與社會科學諸學科乃源自西方，於是針對這些知識領域是否適用於他們社會的需求和問題提出了質疑。一九五〇年代，人們開始深刻認識到第三世界在社會科學領域對西方的學術依賴。這種依賴既可見於學術界的結構，也見諸於源自不同環境、其適用性受到質疑的思想觀念。前者可以從學者取得第一世界研究經費的相對容易性、英美期刊發表的論文所享有的較高聲望、西方大學教育所受到的高度重視、非西方大學的課程設計與其所採用的教科書等等指標來衡量。[11] 至於對西方思想觀念的依賴，只需檢視發展中世界各學科領域中盛行的概念和理論，即足以說明。被俘虜的心智即存在於這一依賴脈絡之中。

在社會科學文獻的分類中，關於被俘心智的論述與那些有意識地處理第三世界社會科學領域各種問題的論述屬於同一種類型。這些問題可歸納在幾種概念和運動之下，如對殖民主義的批判、學術帝國主義、（知識）去殖民、批判教育學、東方主義、歐洲中心主義、被俘虜的心智等。

被俘虜的心智是發展中世界特有的現象，因為那不加批判地一味模仿的思想，是在外來的西方文明宰制之下出現的。[12]

11   Syed Farid Alatas, *Alternative Discourses in Asian Social Science: Responses to Eurocentrism*, New Delhi: Sage, 2006; Philip G Altbach, "Servitude of the Mind? Education, Dependency, and Neocolonialism", *Teachers College Record* 79(2), 1977: 187-204.

12   Syed Hussein Alatas, "Intellectual Captivity and the Developing Societies". Paper presented at the 30th International Congress of Human Sciences in Asia and North Africa, Mexico, August 3-8, 1976.

社會科學的未來方向

　　意識到了被俘心智的問題，理所當然就會設法發展出一個自主的社會科學傳統，以摒除或制止知識上的示範效應（demonstration effect）或被俘心智。[13] 根據阿拉塔斯的界定，自主的社會科學傳統必須能夠在知識上不受另一個傳統宰制的情況下，獨立地提出問題、創造概念和創造性地應用研究方法。[14] 這並不表示它不受其他傳統的影響，也不表示它不向其他傳統學習。把自主社會科學這一概念轉化為實踐，牽涉到以下幾個層面：（1）鼓勵對西方知識進行有選擇和獨立的吸收，遏制被俘心智之形成；（2）對在地及區域的社會科學和發達國家的社會科學進行比較，制定較高的科學與知識標準；（3）在社會科學家的培訓上，激發其對比較研究的興趣；（4）在政府和菁英階層中催生出發展自主社會科學傳統的意識；（5）向那些對此想法有共鳴的外國學者爭取支持；（6）針對在地的具體目標，對那些因被俘心智的運作而出現的錯誤發展規畫和社會科學思想濫用現象展開抨擊；（7）喚醒社會科學家，使他們意識到自己在知識上受奴役的處境。[15]

　　知識分子的任務之一，就是參與到解除心智被俘狀態的論述之中。賽胡先‧阿拉塔斯以其對歷史進行再詮釋的著述，作為履行這項任務的方式之一。這樣的歷史再詮釋就是愛德華‧薩依德（Edward Said）所說的「修正主義式」（revisionist）的學術研究，這類著述「為自己設定了修正主義式的批判任務，即採用一度專供歐洲人使用的學

13　Alatas, "The Captive Mind in Development Studies", p. 20, *op. cit.*; Alatas, "The Development of an Autonomous Social Science Tradition in Asia", *op. cit.*

14　Alatas, "Intellectual Imperialism: Definition, Traits and Problems", p. 151, *op. cit.*

15　Alatas, "The Captive Mind in Development Studies", pp. 20-21, *op. cit.*

術與批評的技巧、論述和武器，直接面對宗主國文化」。[16] 阿拉塔斯
有兩部作品可作為這一類型著述的範例，即《湯瑪士‧史丹福‧萊佛
士》(*Thomas Stamford Raffles, 1781-1826*)[17] 和《懶惰土著的迷思》[18]。在後一
部作品中，阿拉塔斯針對東南亞殖民時期殖民觀點中的懶惰土著形象
所具有的意識形態功能，以及此意識形態在本土菁英階層中的延續，
予以揭露和批判。在許多亞洲國家，尤其是印度和菲律賓，修正史學
(revisionary history)的傳統已經紮根，但在馬來西亞，這一傳統還有待
形成。

被俘心智作為知識分子的實際問題

被俘心智的問題也與一些實際問題息息相關。賽胡先‧阿拉塔斯
所處理的實際問題包括穆斯林極端主義(Muslim extremism)[19]、非理性
思想和行為、貪腐[20] 等。

16　Edward Said, *Cutlure and Imperialism*, London: Chatto & Windus, 1993, p. 293.

17　Syed Hussein Alatas, *Thomas Stamford Raffles, 1781-1826: Schemer or Reformer?*, Sydney: Angus and Robertson, 1971.

18　Syed Hussein Alatas, *The Myth of the Lazy Native: A Study of the Image of the Malays, Filipinos, and Javanese from the Sixteenth to the Twentieth Century and Its Functions in the Ideology of Colonial Capitalism*, London: Frank Cass, 1977.

19　Syed Hussein Alatas, *Kita dengan Islam: Tumbuh Tiada Berbuah*, Singapore: Pustaka Nasional, 1979.

20　Syed Hussein Alatas, *The Sociology of Corruption: The Nature, Function, Causes and Prevention of Corruption*, Singapore: Donald Moore, 1968; *Sosiologi Korupsi: Sebuah Penjelajahan dengan Data Kontemporer*, Jakarta: LP3ES, 1981 (*The Sociology of Corruption*印尼文譯本); *The Problem of Corruption*, Singapore: Times, 1986; *Korupsi: Sifat, Sebab dan Fungsi*, Jakarta: LP3ES, 1987; *Corruption: Its Nature, Causes and Functions*, Avebury: Gower, 1990; *Corruption and the*

　　阿拉塔斯站在獨立自主的立場思考了貪腐的問題，並受到中國北宋時期文學家、政治改革家王安石（1021-1086）等人的觀點所吸引。他在《貪腐問題》（*The Problem of Corruption*）一書中寫道：

> 王安石不是一個不切實際的空頭理論家。身為一位十分活躍的公眾人物，且曾擔任宰相，即中國位階最高的行政官員，他對貪腐問題的診斷十分精闢。他認為，歸根究底，反貪腐有兩個絕對的先決條件，一是須有德行高尚的治國賢才，二是須有合理有效的法令制度。這兩者以彼此為條件，相輔相成，方可發揮作用。任何反貪腐的努力都必須具備這兩個條件，才能取得成功。在王安石的這種治理之道中，已明顯可以看到現代政府對效率和理性目標的追求。[21]

　　由於心智被俘者未能自覺到其心智被俘的處境，而且未能自主思考，他們非但無法理解和分析困擾著社會的問題，反倒給社會帶來問題。

　　因為關注這種實際問題，阿拉塔斯提出了一些建議供解決我們社會的一些問題。阿拉塔斯這方面的研究工作，無疑還有待進一步發展。不過，在他已經確定的有效處理我們社會問題所需注意的諸因素中，排在最上面的是領導的問題。對這個問題的討論可見於他的多部作品，包括《我們與伊斯蘭的關係》（*Kita Dengan Islam*）[22] 和《歷史遺

Destiny of Asia, Petaling Jaya: Prentice Hall, 1999.

21　Alatas, *The Problem of Corruption*, p. 7, *op. cit.* 另參見Wang An Shih, "Memorial of a Myriad Words" (王安石〈萬言書〉), in H. R. Williamson, *Wang An Shih*, vol. 2, A, London: Probsthain, 1935.

22　Alatas, *Kita Dengan Islam*, chap. 8, *op. cit.*

產中的卓越理念》(*Cita Sempurna Warisan Sejarah*)[23]。在後一部作品中,他討論了基於「卓越理念」的四種領導類型。這四種領導類型的特徵來自於歷史上的傑出人物,如阿里(Sayyidina Ali / karramallah wajhhu)、哈里發奧馬(Caliph Umar ibn Abd al-Aziz)和蘇丹薩拉丁(Sultan Salah al-Din Ayyubi)。相對於他們的是體現破壞性理念的人物,如哈里發加希爾(Caliph Al-Kahir)、蘇丹吉亞蘇丁·巴爾班(Sultan Ghiyasuddin Balban)和穆罕默德·圖格魯克(Muhammad Tughluk)。當今社會既有以卓越理念為指導的領袖,也有以破壞性理念為指導的領袖。[24] 這是阿拉塔斯在理論建構和概念形成方面具有原創性的一個例子,而我相信,如果我們不是處於心智被俘虜的狀態,我們也能夠做到這一點。

我們從以上所述可以斷定,在賽胡先·阿拉塔斯的思想中,道德原則(*akhlak*)是決定因果關係位階的一大因素。舉例來說,他在關於貪腐社會學的著作中強調,即便政府在行政管理方面進行了結構性改革,如果沒有出現道德高尚的領導人,也不會取得預期的效果。

我覺得賽胡先·阿拉塔斯在他的知識分子生涯中一直都在擔心我們的社會會被愚人接管。在阿拉塔斯看來,愚人乃知識分子的對立面。愚人的特徵包括:(1)沒有能力認識問題;(2)即便被告知問題所在,也沒有能力予以解決;(3)沒有能力學習必要的技能;(4)沒有能力學習做學問之道;(5)不承認自己愚蠢。[25] 他指出:

---

23 Syed Hussein Alatas, *Cita Sempurna Warisan Sejarah* (*The Ideals of Excellence, the Heritage of History*), Bangi: Penerbit Universiti Kebangsaan Malaysia, 2000. Syarahan Perdana, Universiti Kebangsaan Malaysia.

24 *Ibid.*, p. 46.

25 Alatas, *Intellectuals in Developing Societies*, p. 45, *op. cit.*

許多發展中社會已然發生的愚人革命在很大程度上起因於殖民時期。殖民政府對於殖民地高素質行政人員的栽培並不太重視。在那個時期，所有國家層面的思考都是由殖民政府在殖民地之外進行的。工商行號的本部同樣也不會設在殖民地。殖民地的教育主要以培養文書服務人員或輔助性人員為導向。二戰結束後，隨著新興獨立國家不斷推出各種計畫，涉及這些計畫的行政管理機構及其他決策中心的數量和密度一時大增。在這個時期，這些新興獨立國家的官方和私人領域都缺乏高智力人員來處理暴增的規畫與行政管理工作。於是，愚人登上了權力之位。一旦掌權，他們就會讓自己的品種賡續繁衍。愚人出現之後，裙帶關係、地方主義和狹隘的黨派政治隨之而來，並制約了行政權力層級結構中的遴選與升遷。因為愚人應付不了以績效和努力為成功條件的環境，貪汙賄賂便成為了他們掌權的標誌，政府招標活動只是他們搬演的一齣齣鬧劇，職位的取得或升遷也只是官僚密謀的結果。在愚人主導的地方，愚人的價值成為了社會的價值，愚人的意識也成為了社會的意識。[26]

我們社會的道德意識就是在這樣的背景下敗壞的。而我們社會是否有領導者具備足夠的正直、決心和勇氣，去對抗那些破壞性理念？這或許就是賽胡先‧阿拉塔斯留給我們去回答的一個大哉問。

26　*Ibid*., pp. 45-46.

參考書目

Alatas, Syed Farid. (2006). *Alternative Discourses in Asian Social Science: Responses to Eurocentrism*, New Delhi: Sage.

Alatas, Syed Hussein. (1956). "Some Fundamental Problems of Colonialism", *Eastern World* (London), November.

—— (1968). *The Sociology of Corruption: The Nature, Function, Causes and Prevention of Corruption*, Singapore: Donald Moore.

—— (1969). "Academic Imperialism", Lecture delivered to the History Society, University of Singapore, 26 September.

—— (1971). *Thomas Stamford Raffles, 1781-1826: Schemer or Reformer?*, Sydney: Angus and Robertson.

—— (1972). "The Captive Mind in Development Studies", *International Social Science Journal* 24(1): 9-25.

—— (1974). "The Captive Mind and Creative Development", *International Social Science Journal* 26(4): 691-700.

—— (1976). "Intellectual Captivity and the Developing Societies". Paper presented at the 30th International Congress of Human Sciences in Asia and North Africa, Mexico, August 3-8.

—— (1977). *The Myth of the Lazy Native: A Study of the Image of the Malays, Filipinos, and Javanese from the Sixteenth to the Twentieth Century and its Functions in the Ideology of Colonial Capitalism*, London: Frank Cass.

—— (1977). *Intellectuals in Developing Societies*, London: Frank Cass.

—— (1979). *Kita dengan Islam: Tumbuh Tiada Berbuah*, Singapore: Pustaka Nasional.

—— (1981). *Sosiologi Korupsi: Sebuah Penjelajahan denganData Kontemporer*, Jakarta: LP3ES (Indonesian translation of *The Sociology of Corruption*).

—— (1986). *The Problem of Corruption*, Singapore: Times.

—— (1987). *Korupsi: Sifat, Sebab dan Fungsi*, Jakarta: LP3ES.

—— (1990). *Corruption: Its Nature, Causes and Functions*, Avebury: Gower.

—— (1999). *Corruption and the Destiny of Asia*, Petaling Jaya: Prentice Hall.

—— (2000). "Intellectual Imperialism: Definition, Traits and Problems", *Southeast Asian*

Journal of Social Science 28(1): 23-45.

—— (2000). *Cita Sempurna Warisan Sejarah*, Bangi: Penerbit Universiti Kebangsaan Malaysia. Syarahan Perdana, Universiti Kebangsaan Malaysia.

—— (2002). "The Development of an Autonomous Social Science Tradition in Asia: Problems and Prospects", *Asian Journal of Social Science* 30(1): 150-157.

Altbach, Philip G. (1977). "Servitude of the Mind? Education, Dependency, and Neocolonialism," *Teachers College Record* 79(2): 187-204.

Said, Edward. (1993). *Cutlure and Imperialism*, London: Chatto & Windus.

Wang An Shih. (1935). "Memorial of a Myriad Words" (王安石〈萬言書〉), in H.R. Williamson, *Wang An Shih*, vol. 2, A, London: Probsthain.

《懶惰土著的迷思》的當代意義

李有成[*]

一

　　我初窺後殖民理論當在一九八〇年代中期，最早讀到的相關
著作是薩依德（Edward W. Said）的《東方主義》（*Orientalism*）。薩依德
的扛鼎之作初刊於1978年，第一版的封面即19世紀法國著名畫家
傑宏姆（Jean-Léon Gérôme）充滿東方情調的作品〈弄蛇者〉（"The Snake
Charmer"）。在我1988年的論文〈重讀《拉奧孔》〉（收入《在理論的年
代》〔2006〕一書時改題〈《拉奧孔》的文學中心主義〉）中，我即曾借用
薩依德在《東方主義》書中有關想像地理（imaginative geographies）的概

---

[*] 本篇導讀作者李有成，曾任中央研究院歐美研究所特聘研究員、所長、中華民國比
較文學學會理事長、國立中山大學合聘教授、國立臺灣大學與國立臺灣師範大學兼
任教授，現任中央研究院歐美研究所兼任研究員、中國現代文學學會理事長。曾三
次榮獲科技部（含前國家科學委員會）傑出研究獎、第六十二屆教育部學術獎，並
於2008年膺選為第八屆國立臺灣師範大學傑出校友。其近著有《文學的多元文化軌
跡》、《在理論的年代》、《文學的複音變奏》、《踰越：非裔美國文學與文化批評》、
《在甘地銅像前：我的倫敦札記》、《他者》、《離散》、《記憶》、《荒文野字》、《詩的回
憶及其他》、《和解：文學研究的省思》、《馬華文學批評大系：李有成》、《記憶政治》
及詩集《鳥及其他》、《時間》、《迷路蝴蝶》等。

念，闡釋雷辛（Gotthold Ephraim Lessing）如何為文學與繪畫劃定疆界，並且在以文學為中心的霸權支配下，繪畫如何「一再遭到壓抑、殖民、邊陲化的命運」。1993年薩依德出版其《文化與帝國主義》（*Culture and Imperialism*），就在他這本皇皇巨著中，我初次注意到賽胡先・阿拉塔斯（Syed Hussein Alatas）的著作《懶惰土著的迷思》（*The Myth of the Lazy Native*）。這本書出版於1977年，比《東方主義》還早一年。作者阿拉塔斯的大名似曾相識，後來我才想起，他曾經是一位在我年輕的歲月中短暫出現的政治人物。他也是一位馬來學者，出生於印尼，其時任教於新加坡大學馬來研究學系，並兼該系系主任一職。新加坡大學為今日新加坡國立大學前身，一九七○年代末期南洋大學正處於風雨飄搖之際，1980年被迫走入歷史，並被併入新近易名的新加坡國立大學。《懶惰土著的迷思》有個冗長的副書名，概括說明此書旨在研究16世紀至20世紀馬來人、菲律賓人與爪哇人的形象，以及此形象在殖民資本主義的意識形態中的功能。

副書名中有兩個用辭對全書的主題與論證至關緊要：「意識形態」（ideology）與「殖民資本主義」（colonial capitalism）。就意識形態而言，阿拉塔斯開宗明義指出，殖民者「利用懶惰土著觀來合理化殖民地勞動力動員過程中的強制與不當行為。〔……〕為土著及其社會塑造出一個負面形象，藉此正當化與合理化歐洲人對其地區的征服與支配」（本書頁44）。換言之，在阿拉塔斯的觀念中，「懶惰土著」雖然只是個標籤，但卻也是殖民主合理化與合法化其宰制被殖民者的意識形態根源。阿拉塔斯的話一點不假，到1911年，英國作家吉卜林（Rudyard Kipling）與牛津大學教授弗列徹（C. R. L. Fletcher）在他們合著的《英國史》（*A School History of England*）一書中，依然抱持著這樣的殖民心態。他們表示，澳洲「只有一些甚至連弓箭都使不上手的可悲的黑人」；

而在非洲，「每個地方的土著無不歡迎我們的治理帶給他們的恩惠與
正義」；他們還認為，西印度群島上的土著「懶惰、邪惡，除非迫不
得已，他們缺少認真改進或工作的能力。在這樣的氣候裡，幾根香
蕉就足以養活一個黑人，他幹嘛要更努力工作？」由此可見「懶惰土
著」的成見是如何深植人心，根深蒂固。吉卜林在1897年（1899年修
訂）的長詩〈白種男人的負擔〉（"The White Man's Burden"）正是這種心
態下的產物；用今天的話說，這首詩毫不掩飾地展現其無所不在的
白人至上論，白人責無旁貸，必須對土著擔負起其教化任務（civilizing
mission）。當然，誰都看得出來，這是一首為帝國主義與殖民主義張
目的詩，這樣的認知意識自然也是維多利亞時代英國社會普遍存在的
感情結構（structure of feeling），難得會受到時人的挑戰。

　　再就殖民資本主義而言，阿拉塔斯在梳理了范范尼（Amintore
Fanfani）與韋伯（Max Weber）等對資本主義不同發展階段的說法後，特
別強調東南亞與歐洲的歷史進程是如何截然不同。在他們看來，東南
亞並未完全複製資本主義在歐洲的發展模式，當然更未經歷類似的發
展階段。最明顯的是，19世紀時「金融與工業資本主義在歐洲社會內
部所產生的作用，並未同樣產生於東南亞社會」（本書頁51）。簡單言
之，依阿拉塔斯的說法，此時的東南亞早已成為歐洲各國的禁臠，列
寧（Vladimir I. Lenin）所謂的資本主義的最高階段，即「導致帝國競逐的
壟斷資本主義，已在東南亞運作」（本書頁51）。這種具有帝國主義特
色的資本主義，是「西方強權在殖民地遂行統治的總體意識形態」（本
書頁52），阿拉塔斯即將之統稱為殖民資本主義。

　　列寧的《帝國主義是資本主義的最高階段》（*Imperialism: The Highest
Stage of Capitalism*）出版於1916年，他在這本為馬克思主義對帝國主
義定調的書中特別提到霍布森（J. A. Hobson）與其《帝國主義研究》

（*Imperialism: A Study*）一書。我最早對帝國主義的了解其實也是來自霍布森這本出版於1902年的著作。早在這一年前，在位六十三年的維多利亞女皇（Queen Victoria）去世，漫長的維多利亞時代終告結束，其子愛德華七世（Edward VII）繼位。霍布森原為《曼徹斯特衛報》（*Manchester Guardian*）──即今日的《衛報》（*The Guardian*）前身──派駐南非的記者，其主要任務在採訪波爾戰爭（the Boer War）。從1899至1902年，大英帝國的軍隊在此戰爭中遭遇波爾人的頑強抵抗，雙方死傷慘重，最後以簽訂《弗里尼欽和約》（*The Vereeniging Treaty*）結束。波爾戰爭使大英帝國的海外聲勢首次受到重挫。霍布森為費邊社（the Fabian Society）的成員，之前也曾著書立說，研究資本主義與當代社會問題。他顯然是一位社會主義者，只是他的社會主義主要源於英國本土的激進政治傳統。他的《帝國主義研究》以很大的篇幅探討帝國主義的經濟根源，主要在彰顯帝國主義與資本主義之間的依附關係。這層關係可以推前到工業革命的興起。簡單地說，由於機器資本主義生產造成供需失調，為了解決生產過剩的問題，帝國必須對外擴張，尋找新的消費市場，以滿足資本家的慾望；同理，為了支援資本主義的生產，必須自海外大量進口原料，帝國更需要擴大版圖，開發與奪取更多的資源，對外殖民於是成為最為方便的捷徑，殖民主義就是帝國強權實踐其占人土地，奪人資源的意識形態基礎。阿拉塔斯在其《懶惰土著的迷思》一書中只有一處提到霍布森，不過他並未對霍布森的說法多加析論，事實上他所說的殖民資本主義在霍布森的《帝國主義研究》一書中不難找到理論與實踐上的助力。

　　阿拉塔斯在其書中對列寧也是一筆帶過，即上面提到的有關壟斷資本主義的說法。列寧在思構與撰寫其《帝國主義是資本主義的最高階段》一書時其實頗受霍布森的啟發。他曾在1904年翻譯了霍布森

的《帝國主義研究》，而且很有系統地認真研究帝國主義的議題。在
《列寧全集》第五十四卷（英文版第三十九卷）《關於帝國主義的筆記》
（ *Notebooks on Imperialism* ）中即收集了他自1912至1916年間的閱讀箚記
和心得，有關霍布森的《帝國主義研究》的筆記就不下三十頁。在《帝
國主義是資本主義的最高階段》一書裡，列寧大量徵引霍布森的材料
和觀點，讚揚他對帝國主義的分析，儘管他對霍布森嘗試為資本主義
尋找出路的做法不盡同意。在列寧看來，帝國主義不過代表了資本主
義社會最後的垂死掙扎，資本主義不得不仰賴帝國主義進行海外剝
削，正好說明了其早已來日無多。

　　我援引霍布森與列寧的觀點無非想說明，阿拉塔斯所說的殖民資
本主義基本上不出霍布森與列寧的論點，可能是出於學科的考慮，或
者其他我們無法臆測的原因，他無意在論證的過程中多方指涉霍布森
與列寧。阿拉塔斯在其書〈導論〉的第一句話，就自承其方法屬於知
識社會學，而且他還進一步強調，「在西方發展而成的現代社會科學
的普遍與抽象概念，不應自動套用於非西方社會」（本書頁52）。這話
言之成理。誠然，許多概念乃至於理論的形成是有其社會背景與文化
的獨特性的，目的在解釋或解決原生社會與文化所面對的問題。因此
在援用這些概念或理論時，確實有必要作適度的調整與協商。此之所
以阿拉塔斯會說，「建構新概念供研究東南亞社會之用，是符合真正
的社會科學應用方法的」（本書頁52）。顯然在他看來，殖民資本主義
正是他所說的新概念，因為此概念隱含的意識形態「試圖透過其所聲
稱的目的，即現代化與文明化臣服於西方強權的社會，來合理化西方
統治」（本書頁52）。這個用心值得肯定，而且是任何接受西方現代學
術訓練的人在面對自身社會與文化時無法迴避的問題。有趣的是，儘
管阿拉塔斯取徑於知識社會學，在方法上與霍布森和列寧的政治經濟

學大相徑庭，只是他所標舉的殖民資本主義卻與霍布森和列寧的看法
不謀而合。他說：「工業革命之所以對殖民地產生影響，原因在於這
些殖民地除了是原料和經濟作物的生產地，也是工業產品的銷售地」
（本書頁67）。具體地說，當時歐洲與其殖民地在產業形態和經濟活動
方面還是有根本的差異的：「殖民地的主要資本主義投資是在礦業和
種植園業，不在商業和工業；在殖民地展開的工業活動無論範圍或層
次皆微不足道。所以〔……〕殖民地的資本主義並沒有促進現代科學與
技術的傳播，因為它沒有與工業結合，也因為採礦和種植無需多少科
學與技術，就能初步生產那些供直接輸往歐洲的原料。由於原料的加
工是在歐洲進行，殖民地並沒有從那些與加工相結合的科學與技術實
踐中受惠」（本書頁69）。由於這些差異，影響所及，「工業革命透過科
學與技術所帶給歐洲社會的體制與結構轉型，並沒有發生在殖民地
社會」（本書頁67）。工業革命為歐洲原有的階級、行業及體制帶來巨
變，可是這一切並未發生在歐洲各國的殖民地，相反地，「那些無助
於殖民資本主義運作的體制、行業和階級若不是被消滅，就是被棄置
而停滯不前」（本書頁67）。

二

　　阿拉塔斯在其書名中既已清楚指出，所謂「懶惰土著」是個迷思
（神話），因此他的意思是，這個形象是想像的，是建構的，缺少現
實的基礎。他的計畫顯然是在解構這個形象，為這個形象除魅，或者
將之去迷思化。在阿拉塔斯撰寫其《懶惰土著的迷思》一書時，馬來
西亞、印尼及菲律賓早已是獨立國家，殖民主也已離去多年，他筆下
的馬來人、爪哇人及菲律賓人當然更是獨立國家的主人——之前殖民

者心目中的土著是否「懶惰」，不論就理論或事實而言，事過境遷，應該已不重要。《懶惰土著的迷思》原本就是一本具有後殖民意識的著作，歷史地回顧與批判殖民主義的來龍去脈，並檢視殖民統治賴以存在與延續的前因後果。殖民統治原來就是個複雜的心理過程，這個過程對被殖民者——阿拉塔斯心目中的土著——所造成的傷害是多方面的，資源的掠奪、物質的剝削，乃至於自由的限制只是有形的惡果而已，精神的挫折、心靈的扭曲及心理的創傷才是被殖民者難以去除的疤痕。法農（Frantz Fanon）許多有關殖民心理學的著作——諸如《黑皮膚，白面具》（*Black Skin, White Masks*）、《大地哀鴻》（*The Wretched of the Earth*）、《垂死的殖民主義》（*A Dying Colonialism*）等——處理的多的是這些問題。他在《大地哀鴻》一書中就這麼指出，「殖民主義不會滿足於僅僅控制某個種族，或者掏空土著一切形式的心智而已。出於某種不正常的邏輯，殖民主義轉向被壓迫人民的過去，將這個過去扭曲、破壞、摧毀」。法農的意思是，殖民主總會想方設法，處心積慮地貶抑與否定被殖民者的歷史與文化，希望經過長期潛移默化，讓被殖民者對自己的歷史與文化漸漸失去信心，這是教化任務極為重要的議程，同時也是殖民主遂行與鞏固其殖民宰制的重要技術。這也說明了何以在殖民主離去之後，被殖民者所蒙受的傷害未必就會立即形消於無，此之所以後殖民並不等同於去殖民，美化殖民統治，甚至懷念或崇拜前殖民宗主國者大有人在，現實中這種例子不少，最常見的如歌頌殖民現代性（colonial modernity），讚揚殖民主如何闢建鐵路、規劃都市建設、辦理教育、開發農田水利、改善公共衛生，甚至創建典章制度等，殊不知這一切作為的目的是殖民主為了便於管治，為了確保其長期殖民統治，賡續其對殖民地的有效剝削與掠奪。更甚的是，有的人在對殖民主感恩戴德之餘，竟故意忽略殖民過程中被殖民者遭受的暴

虐殺戮。法農的觀察至今仍然不失其批判意義。

　　因此消解「懶惰土著」這個迷思是去殖民的一個重要步驟，是被殖民者重建其自我形象，找回其民族自信與自尊必經的一道關卡。用後殖民論述的話說，這是一種反否定（counter negation）的行為，其用意在否定殖民主對被殖民者的惡意否定。殖民主義原本就是一套怪異和蠻橫的論述，在殖民主看似理性的論述背後，其實潛藏著諸多非理性的成分。「懶惰土著」的意識形態只是一例，其目的無非在刻意將土著刻版印象化（stereotyping），這在歧視思想與行為中屬於相當常見的形式，是經由高度總體化與概括化的過程，泯滅個別差異，模糊個人的獨特面貌，納入固定分類，並代之以定型，是強化種族偏見的結果。上文提到吉卜林與弗列徹對澳洲、非洲及西印度群島各地土著的描述，無不是殖民時代廣被接受的對土著的刻板印象。其實阿拉塔斯也有類似的體認，他在《懶惰土著的迷思》的〈導論〉中就這樣直指問題的核心：「在人類歷史上，對其他群體的刻板印象和偏見屢見不鮮。我們必須把這些刻板印象和偏見中的普遍成分和特殊成分區分開來，才能對現象有較深入的認識」（本書頁83）。這也正是《懶惰土著的迷思》全書最根本的關懷，書中的主要章節無不在努力消除這些偏見與刻板印象，撥開籠罩著土著形象的迷霧，以見出土著在歷史與現實世界中的真實面貌。

　　問題是，這種偏見與刻板印象流傳日久，積非成是，竟至深入人心，迷思也就因此廣被視為真實，甚至到了後殖民時代，土著早已當家做主，這樣的偏見與刻板印象依然牢不可破。這正是《懶惰土著的迷思》一書作者最大的恐懼。阿拉塔斯是一位馬來學者，他特意以馬來人的遭遇為討論的實例，正好透露了他內心真正的憂慮。對他而言，他的論述計畫處理的不只是學術問題，亦且是現實世界中必須面

對，必須解決的問題。他在〈導論〉中這樣坦然表示：

> 對馬來西亞而言，這不僅僅是一則歷史研究習題：殖民時期的馬
> 來人形象迫切需要被糾正，因為這個形象依然在部分有影響力的
> 非馬來人當中發揮著巨大的作用，也影響了部分馬來知識分子。
> 此形象只要繼續存在，就會損害民族融合的努力。這個形象也導
> 致馬來人在就業上遭受一定程度的歧視：一些雇主避免聘用馬來
> 人，因為他們認為馬來人懶惰。許多人也認為，馬來人天生不具
> 備經商能力。這一切觀念都是源自於殖民時期的馬來人形象。
> （本書頁65）

〈導論〉中的這段文字至關緊要。在我看來，這段文字其實隱含
《懶惰土著的迷思》全書的問題意識（problematics），阿拉塔斯或許無
意，這段文字卻意外地讓馬來人成為問題——既是歷史的，也是現
實的問題。《懶惰土著的迷思》除〈導論〉與〈結論〉外，全書共分十二
章，專論馬來人的章節明顯占大多數；即使其他章節，尤其涉及歷史
部分，阿拉塔斯的論述對象往往也是更大的馬來世界，也就是一般統
稱的「努山達拉」（Nusantara）。他的論述策略與節奏相當清楚，歷史
批判只是必要的過程，窮根究底無非在釐清問題的歷史根源，他更重
要的議程無疑是當下現實中馬來人的問題。

就歷史問題而論，在全書的第一與第二章，阿拉塔斯就特別針對
過去幾個世紀以來歐洲人——包括葡萄牙人、荷蘭人與英國人等——
對馬來人的觀察紀錄細加梳理。可想而知，他著墨最多的還是幾位與
新加坡和馬來西亞關係較為密切的英國人。譬如，第一章約有一半的
篇幅討論的就是新加坡的開埠者萊佛士（Thomas Stamford Raffles, 1781-

1826）。阿拉塔斯視萊佛士為馬來人民族性研究「重要的先驅」，他直接引述萊佛士的話說明其研究範圍：「我必須把馬來人視為一個民族，儘管他們分布極廣，散居於蘇祿海與南大洋之間、東西以蘇門答臘和巴布亞或新幾內亞西部為界的所有海國，但他們都說同一種語言，並且保留著他們的性格特質與習俗」（本書頁91-92）。換句話說，萊佛士所關注的對象就是我在上面提到的「努山達拉」。據他的觀察，馬來人在遇到英國人之前，其民族性早已無可避免「處於衰敗狀態」，除了外部如宗教與外國人——阿拉伯人、荷蘭人及華人——的影響外，內部影響如土邦、酋長、縣長、村長等各方面勢力的傾軋，再加上缺乏使社會順利運轉的基本法制，整個馬來民族只能走向頹敗。萊佛士甚至認為，「說馬來人懶惰至極，只要他們還有一口飯吃就沒有人能夠說服他們去工作，是相當正確的看法」（本書頁93）。

接下來的第二章，阿拉塔斯討論的對象則是兩位英國海峽殖民地的重要官員：瑞天咸（Frank Swettenham, 1850-1946）與克利福（Hugh Clifford, 1866-1941）。瑞天咸於1901至1904年擔任第十五任海峽殖民地總督，他留下幾本與馬來人有關的著作。阿拉塔斯在瑞天咸的《英屬馬來亞》（*British Malaya*）一書中看到他對馬來人這樣的描述：「每個階層馬來人的首要特徵是不喜歡工作」（本書頁100）。瑞天咸當然也設法為自己的觀察提出解說。一方面他發現，「統治階級與人民之間存在著十分巨大的鴻溝」（本書頁102），馬來人變得被動，只願意依統治者的命令做事。另一個原因則應該歸咎於馬來人所生活的地理環境。「一個人十二個月當中只需斷斷續續工作不超過一個月，用一個魚簍在河裡或沼澤裡撈魚，傍晚時分花一個小時撒網，就能獲得足夠的糧食。稍微努力一些，他就會有剩餘的東西可以販賣。這一點，加上這裡的氣候會讓人趨於休憩放鬆，並讓人腦陷入如夢似幻狀態而不事艱苦持久的

勞作，也許足以說明馬來人與生俱來的怠惰」（本書頁102-103）。

有趣的是，與瑞天咸差不多同時代的克利福也有類似的看法。克利福在1927至1929年間出任第十九任海峽殖民地總督，他的青少年時期是在馬來半島的東海岸度過的，由於他熟諳馬來語，與當地馬來人頗多交往。他也是作家，其長短篇小說與散文多以馬來亞經驗為素材。克利福是認真肯定英國對馬來亞的殖民統治的，阿拉塔斯引述他所著《在宮廷與甘榜》（*In Court and Kampong*）一書裡的話說，面對馬來人，英國人的責任是「把我們認為最終會為這個族群帶來好處的實質上與觀念上的革命引進來」（本書頁103）。他認為適宜馬來人生存的環境是中世紀，如果硬要他們接受19世紀的文明，「他們自然就會趨於精神萎靡、無精打采，並且喪失原本健全的自尊了」（本書頁104）。至於馬來人的勞動態度，克利福的看法也頗為消極與負面：「如果他們可以不工作，他們就絕不工作，而且通常不會因為受到極優渥薪資的驅使或誘惑，而勉強自己去工作」（本書頁105）。

對阿拉塔斯而言，不論萊佛士、瑞天咸或克利福，都是他在書的第九章所說的「業餘從事學術研究的行政官員」或者「業餘殖民學者」，他批評他們對馬來人的描述往往以偏概全，失之偏頗，正如19世紀著名馬來文人文西阿都拉（Abdullah bin Abdul Kadir Munshi, 1796-1854）引馬來諺語所說的，「一隻水牛沾了泥巴，整群水牛都被弄髒」。發生在馬來人身上的事，同樣也可能發生在英國人或歐洲人身上。阿拉塔斯特別提到文西阿都拉的《阿都拉傳》（*Hikayat Abdullah*）。他指出，文西阿都拉在他的自傳中強調，懶惰現象可能只是病態社會制度——如馬來統治者對人民的壓迫——的一部分，不能視為常態，「並不是整個馬來社群的特徵。〔……〕馬來人的伊斯蘭價值觀是譴責懶惰和不公行為的」（本書頁229）。阿拉塔斯進一步引述若干馬來人

伊斯蘭教領袖的說法，證明「勤勞和努力工作是符合馬來人的價值觀的」，而且在伊斯蘭教的進步觀念中，「就包含了對懶惰行為的譴責」（本書頁234）。

三

嚴格地說，阿拉塔斯對殖民者的批判只是其論述計畫的一部分，他更大的關懷是當下馬來西亞部分馬來菁英對相關議題的反應，他認為這些菁英「在殖民意識的影響下對自己社群的勤勞抱持懷疑的態度」（本書頁234）。殖民者早已離去，其政治上的影響力也已不再。馬來菁英則不一樣。他們的態度可以左右政策的制定，影響社會生活，甚至決定國家未來的走向。具體呈現現代馬來菁英的態度的是一九七〇年代初幾乎同時出版的兩本著作：一是由當時馬來西亞執政聯盟主要成員馬來民族統一機構（簡稱巫統，United Malays National Organisation, UMNO）出版的《精神革命》（*Revolusi Mental*）與馬哈迪（Mahathir bin Mohamad）所著的《馬來人的困境》（*The Malay Dilemma*）。在《懶惰土著的迷思》第九章結束時，阿拉塔斯不假辭色，直指核心，這樣批評這兩本著作：「這兩本書都是殖民意識形態的產物。它們是對殖民論述的一種回應，但它們所表達的回應和態度，顯然受到了殖民論述的制約。在這兩部作品中，閒散、不愛勞動、慵懶的馬來人形象十分突出」（本書頁235）。換言之，這兩本出自現代馬來菁英階級的著作無疑坐實了兩百年來西方殖民者為馬來人所描摹的形象。

這兩本書出版時馬來西亞剛剛經歷了1969年5月13日的種族暴動。這個被稱為五一三事件的歷史悲劇死傷慘重，事件之後政府當然提出了官方說法，只是民間的臆測與分析版本更多，真相如何至今仍

然莫衷一是。總之，五一三事件毫無疑問是現代馬來西亞政治的一個重要分水嶺。事件發生之後，政府隨即宣布國家進入緊急狀態，凍結憲法，停止國會運作，同時成立國家行動理事會（National Operation Council），暫時取代內閣，由副首相敦阿都拉薩（Tun Abdul Razak）領導，形同架空首相東姑阿都拉曼（Tunku Abdul Rahman）的權力，而且透過一個個的行政命令取代過去的政策。有論者謂這是某種形式的政變，就權力結構的改變而言，其實不無道理。東姑阿都拉曼眼看權力旁落，大勢已去，就在1971年2月辭去首相一職，由敦阿都拉薩接任。國會復會後，同年政府開始施行「新經濟政策」（New Economic Policy），逐步落實憲法規範馬來人特殊地位的第一五三條文。馬來菁英則將此所謂特殊地位解釋為馬來人應享的特權，而最能夠體現這些特權的就是令少數民族詬病的固打制〔按：即以種族比例實施配額的制度，「固打」音譯自英文「quota」〕。執政的巫統在1971年推出《精神革命》一書顯非偶然，其目的自然是要為新的權力結構敲鑼打鼓，為日後馬來人優先或馬來人至上（Ketuanan Melayu）的政策鋪路。

　　《精神革命》是一本十四位作者的合集，由當時巫統的秘書長瑟努‧阿都拉曼（Senu bin Abdul Rahman）擔任主編。阿拉塔斯毫不掩飾他對這本文集的厭惡，他痛斥這是一本「由毫無深度的合理常識和絕對荒謬的推論混雜而成的書，〔……〕是最天真、最低智、定義最不明確的資本主義理念之作」（本書頁240）。他指出，殖民資本主義對這本書「影響十分強烈」，而且「迴避了馬來人懶惰的問題」，至少「對這個問題的態度曖昧不明，但肯定是傾向於視馬來人為懶惰的民族」（本書頁240-241）。阿拉塔斯尤其在意書中對馬來民族的自貶自抑，在他看來，這無異於內化乃至於延續殖民者長期灌輸的懶惰土著的意識形態。用他的話說，「《精神革命》對馬來人更加徹底的貶低，並非意味

著一個新的馬來人形象會崛起。馬來西亞現有的統治階級與殖民歷史的連結並沒有斷裂。〔……〕他們仍然是在殖民主義思想範疇中運作」（本書頁246-247）。我在上文曾經提到，後殖民未必等同於去殖民，阿拉塔斯此處對馬來人統治階級的撻伐是個證明。簡單言之，從阿拉塔斯對《精神革命》一書的批評不難看出，這本書完全體現了他在《懶惰土著的迷思》書中大力抨擊的兩項罪狀：懶惰土著的意識形態與殖民資本主義。

除此之外，阿拉塔斯認為《精神革命》一書只「提到了華人移民對國家財富增長的貢獻，卻沒有提到馬來人的貢獻」，他對此深表不滿。他的說法相當有趣。以下是他對《精神革命》上述說法的回應：

> 實際上，管理國家的是馬來人。為警察部隊提供人力的是馬來人。國家主要的糧食生產者，尤其是在殖民時期，是馬來人。〔……〕馬來人對法治的貢獻也很可觀。〔……〕法治無疑對發展具有重要的意義。如果沒有馬來統治者與行政人員的支持，單靠人數不多的英殖民官員是不可能實現法治的。在管理井然有序的政府方面，馬來人的無數貢獻完全被忽略了。事實上，馬來人為創造一個讓資本主義得以發展的環境做出了巨大的貢獻。（本書頁243）

阿拉塔斯的說法值得玩味。在他的認知裡，馬來人的重要貢獻，不論是殖民時期或是國家獨立之後，是扮演阿圖塞（Louis Althusser）所說的壓迫性國家機器。尤其在殖民時期，馬來人的貢獻無異於支持與協助殖民統治，就後殖民的視角而言，這是與殖民主的合謀共計（complicity），非但鞏固了殖民統治，甚至可能拖延了國家獨立的時

間。這樣的貢獻其實是不值得誇誇其談的。阿拉塔斯不應該忘了，《懶惰土著的迷思》的構想是在批判殖民主義，他所稱頌的馬來人對殖民統治的貢獻與他的論述立場無論如何是扞格不入的。至於馬來人對糧食的貢獻，阿拉塔斯沒有提到的是，鄉村農耕土地多為馬來人所有，其他族群即使有心在糧食方面有所貢獻其實也力不從心的。

　　阿拉塔斯最後分析《精神革命》一書之所以複製殖民者的意識形態，繼續貶抑馬來人的三個主要原因在於：第一、巫統某些黨員確實體認到「馬來人處境糟糕」，並將此歸咎於馬來人的民族性；第二、相對於其他族群，獨立後馬來人的處境並未獲得改善，巫統有意藉貶抑馬來人的民族性逃避責任；第三、巫統希望藉此「合理化改善馬來人總體經濟狀況的具體計畫」（本書頁247）。在我看來，阿拉塔斯的分析合情合理，只不過在這三個原因之中，第三個才是重點。《精神革命》或許如阿拉塔斯所言，是一本問題重重的著作，但此書所部署的論述策略相當清楚，毫不含糊；《精神革命》其實是一本有節奏、有方向，意圖明確的著作，其目的顯然在為新經濟政策辯護，而新經濟政策，一言以蔽之，正是阿拉塔斯所說的「改善馬來人總體經濟狀況的具體計畫」。新經濟政策當然旨在落實憲法一五三條有關馬來人地位的精神，而在日常生活中，最能將這種精神付諸實踐的就是無所不在的固打制：在行政、軍警、教育、經濟等領域，固打制像幽靈那樣，盤據在馬來西亞的現實中，其後果是，五十年來，馬來西亞始終深陷於種族政治的泥淖中，近百分之四十的華裔與印度裔公民不但公民權利受損，甚至淪為二等公民，馬來西亞也因此淪為南非之後，世界上絕無僅有的以種族界定人民生活的國家，其衝擊遍及政治、經濟、教育、文化等個領域，而且越陷越深，至今無法自拔。種族政治激發族群矛盾，製造社會不公，影響所及，2018年11月，在馬來統治菁

英的抵制與威脅下，馬來西亞政府甚至拒絕簽署具有普世價值的聯合國「消除一切形式種族歧視國際公約」(Convention on the Elimination of All Forms of Racial Discrimination, ICERD)。一個政府若少了消弭歧視、伸張公義、追求平等的理想、決心與意志，如何能夠建立一個進步、悲憫、文明的國家呢？

　　1970年馬哈迪出版其《馬來人的困境》一書，此時距五一三事件沒幾個月，馬哈迪也因為反對東姑阿都拉曼而被逐出巫統，《馬來人的困境》更被內政部列為禁書，要到1981年馬哈迪擔任馬來西亞第四任首相之後才解禁。阿拉塔斯在撰寫《懶惰土著的迷思》一書時，馬哈迪已經重返巫統，甚至出任巫統中央執行理事會委員，並自1974年在吉打州其選區當選國會議員後，即先後擔任內閣教育部長、貿易與工商部長及副首相，早已成為權力結構的重要部分。在阿拉塔斯的轉述中，《馬來人的困境》是一本充滿陳見與偏見的書，馬哈迪的論述背後深具強烈的社會達爾文主義(Social Darwinism)，相信優勝劣汰、適者生存的法則，而且在態度上對英國的殖民統治頗多肯定。因此阿拉塔斯批評馬哈迪：「他對馬來人的種種看法受到了殖民資本主義的支配」(本書頁259)。他認為馬哈迪的「精神世界並沒有與殖民思想完全決裂」(本書頁259)。馬哈迪甚至這樣讚揚英國殖民主的治理成效：「獨立前，英國人把這個國家治理得很好。他們或許沒有給予非英國公民最好的待遇，但他們無疑是卓越的行政人員。他們的工作卓有成效。他們建立了高效率的公務員體系和充分發揮效力的執法機關。〔……〕他們建設公路和鐵路，徵收的稅款直接進入國庫並用於公共服務」(本書頁259)。

　　馬哈迪描述與論證馬來人的困境，在策略上每每以華人(偶爾提'度人)為對比，在有意無意間似乎想要證明馬來人的困境與華人

密切相關。譬如，阿拉塔斯指出，馬哈迪論證華人之優越性是如何出於歷史因素，因為數千年來，華人的祖先總是天災人禍不斷，戰亂與饑荒幾成常態，所以對華人而言，「生活就是一場持續不斷的生存鬥爭」（本書頁248），無法適應者只能遭到無情淘汰。馬來人的歷史經驗則大不相同。馬來半島有大量的平地與河岸，阿拉塔斯轉述馬哈迪的話說，每個馬來人「都有大量的土地可用，從來不需要為了耕種或定居而去開墾山林。富饒的熱帶平原和豐富的糧食來源」（本書頁249），在這種情形下，歷史上中國人經歷的苦難，馬來人是無法想像的。在馬來半島，即使是「最弱和最懶惰的人，也能過得相對舒適」，甚至「結婚和繁衍後代」（本書頁249）。

　　說到婚嫁與繁衍後代，馬哈迪進一步表示，華人的習俗反對近親通婚，「與馬來人偏向近親繁殖的情況恰成對比」，因此華人能夠「繁衍出最好的血統和特性」（本書頁248）。馬哈迪的結論是，「遺傳和環境影響使馬來人變得如此虛弱，以致在面對華人移民的衝擊時，他們無能為力，只能退縮。凡是馬來人能做的，華人都能做得更好、更便宜」（本書頁250）。馬哈迪接下來的跳躍式推論更為可議，他把馬來人群居鄉村的現象歸罪於華人對城市土地的蠶食鯨吞。即連華人勤奮、華人肯學習馬來語也變成罪過，因為這樣華人會占盡機會。馬來人的機會就被取代了。「首先被取代的是貿易和商業，接著是技術勞工，最後甚至是非技術勞工。居住地也被取代，因為馬來人不得不搬出城市。他們沒有理由留在城市裡，除非受僱於政府。事實上，由於城市地區土地價格上漲，加上各種稅費，他們被迫賣掉產業，轉而購買較便宜的鄉村地」（本書頁252）。更甚的是，馬哈迪批評華人和印度人因為來自人口眾多的國家，行為不檢，不知禮貌，「在他們的生活中，總是與教養聯繫在一起的高貴情操完全闕如」（本書頁252）。華人與印

度人移民之所以能夠成功，馬哈迪認為，部分原因在於馬來人「禮貌和謙讓的心理」（本書頁252）。他還因此提出相當煽動性的結論：「馬來人住在鄉村和處於貧困狀態，並不是他們自己的選擇。這是種族特質衝突的結果。他們隨遇而安和寬容忍讓，華人則格外勤奮和精於商業。兩者一旦接觸，就會產生無法避免的結果。面對具掠奪性的華人的攻勢，馬來人就退居到比較差的地區」（本書頁258）。

　　從阿拉塔斯對《馬來人的困境》一書的引述與轉述不難看出，在馬哈迪的想像世界裡，他所謂的馬來人的困境主要肇因於外來移民──尤其是華人。在馬哈迪看來，刨根究底，當下馬來人的困境華人難辭其咎，自然得負起相當的責任。《馬來人的困境》表面上是一本自省的書，實則其整個論述反而是諉過他人居多。與《精神革命》的眾多作者一樣，馬哈迪整個論述計畫的出發點無非也是為憲法有關馬來人地位的規定張目。這一點早就被阿拉塔斯戳破。他一方面痛斥《馬來人的困境》書中「有許多與史實不符之處」（本書頁254），並且以不少篇幅在細節上質疑馬哈迪書中的許多舉例，認定「馬哈迪所談論的馬來人的負面特質若非誇大其詞，就是在判斷上有所偏差」（本書頁274）；另一方面他也承認，「整體而言，這本書可說是為馬來人的憲法保障所做的論述詳盡的辯護」（本書頁254）。換句話說，在馬哈迪的認知裡，馬來人在自己的土地上對移民步步退讓，犧牲不少，他對馬來人的處境不論是自艾自憐，或者是憤怒指控，其用意不難揣測，特別在五一三種族暴動之後：憲法對馬來人地位的保障是協助馬來人走出困境的重要設計，不容其他族群置喙或挑戰。1981年，距《馬來人的困境》出版十一年後，馬哈迪終於得償夙願，在第三任首相胡先翁（Hussein Onn）辭職之後繼任大位，至2003年卸任，呼風喚雨二十二年。2018年在離職十五年後，他捲土重來，以九十二歲高齡再度拜

相，成為第七任首相，儘管這次任期不到兩年。馬哈迪左右馬來西亞歷史進程數十年，馬來西亞國家發展的功過成敗，他要擔負很大的責任。他的執政理念，在《馬來人的困境》一書中早已形塑，一旦大權在握，當然要將理念付諸實踐，因此在他任內，固打制雷厲風行，尤其在教育領域，不少華裔與印度裔學子淪為犧牲者，成績優異卻被排拒在公立大學志願之外，種族不平等與社會分化日益嚴重。馬哈迪在工商企業方面刻意扶植馬來人，甚至還因此造成朋黨主義橫行，至今尾大不掉。

四

《懶惰土著的迷思》出版於四十五年前，現在終於由現居檳城的陳耀宗翻譯成中文。過去四、五十年，東南亞乃至於整個亞太地區發生了很大的變化，在英國與葡萄牙這兩個最後的殖民主分別結束其對香港（1997）與澳門（1999）的殖民統治之後，亞太地區完全進入後殖民時代，阿拉塔斯在書中批判不遺餘力的殖民主義已經一去不返。只不過殖民主義留下的傷疤未必徹底消失，正如我在上文一再強調的，在現實情境中還不時可見殖民主義魅影幢幢，在關鍵的時刻仍會伺機還魂；何況新舊帝國從未忘情於眼前的地緣政治利益，因此我說後殖民時代不必然就會順理成章出現去殖民現象。在這樣的脈絡下，阿拉塔斯對殖民主義的批判儼然是個未竟的計畫，他在書中舉證歷歷，析論新的統治菁英如何內化殖民者的價值，如何複製土著的負面形象與殖民資本主義的意識形態。同時他在書臨結束前還不忘這樣自省：他認為追溯土著形象的意識形態根源「不應被視為試圖建構一個相反的形象，即完美的土著形象。無論是現在還是過去，土著社會都存在著許

多缺陷，其中之一就是缺乏一個能有效發揮作用的知識社群」（本書頁356）。阿拉塔斯並未進一步闡釋他所謂的知識社群，從他對《精神革命》與《馬來人的困境》二書的撻伐不難看出，這些統治菁英顯然未能構成他心目中的知識社群，他們既無能反省殖民統治所帶來的傷害，反而在殖民遺緒中坐困愁城，走不出殖民資本主義的意識形態窠臼。這也正是薩依德在其《文化與帝國主義》中何以要對《懶惰土著的迷思》多方肯定的原因。他說：

> 在阿拉塔斯的《懶惰土著的迷思》一書中，最尖銳的抨擊之一是針對那些在自己的思想中複製殖民意識形態的馬來西亞人，這個意識形態製造並維繫「懶惰土著」的理念。在若干教人想起法農非難民族資產階級的段落中，阿拉塔斯指出殖民資本主義的遺緒如何殘留在新近獲得獨立自主的馬來人的思想中，將他們局限在「殖民資本主義的思想」的類別裡——換言之，他們在方法上並未自我意識到與發現到階級屬性對思想造成的影響。

我引用薩依德上述的話旨在說明，阿拉塔斯四十五年前出版的《懶惰土著的迷思》至今仍具有其當代意義，尤其擺在當前馬來西亞的政治脈絡裡，書中探討的議題還不失其適切性。當阿拉塔斯著手撰寫《懶惰土著的迷思》時，政府剛完成其第二期大馬計畫（1971-1975），他對這個計畫的評價相當負面。究其原因，阿拉塔斯坦然指出，馬來人統治菁英「不會公開承認這主要是貪腐、裙帶關係、計畫執行不力和缺乏體制創新所致」（本書頁283）。半個世紀過去了，阿拉塔斯當年所批評的種種現象非但尚在，甚且變本加厲，益形嚴重。憲法一五三條早為馬來人統治菁英所綁架，固打制已經形成慣例，上層階級的朋

黨主義更是牢不可破。此外，政治倫理蕩然，利之所趨，政客跳槽成風，甚至因此被輿論譏為政治青蛙，政局混亂，政府失能，再加上當下新冠病毒（COVID-19）疫情嚴峻，政府幾近束手無策，阿拉塔斯近五十年前批判的窘境究竟伊於胡底？

　　在這樣的背景下，三十年後我有機會重溫阿拉塔斯的經典，感觸尤其深刻。阿拉塔斯曾經短暫參政，不過他並未像多數馬來人那樣加入巫統或泛馬伊斯蘭教黨，1968年，他與林蒼佑、陳志勤、王賡武、威拉班（V. Veerappen）等成立馬來西亞民政運動黨（簡稱民政黨，Malaysian People's Movement Party），其政綱之一即在要求檢討憲法一五三條有關馬來人特殊地位的規定。該黨在1969年的大選中頗有斬獲，不料大選後三天就發生五一三種族暴動，從此馬來西亞選擇走上一條由種族政治界定的狹隘而崎嶇的歷史進程。1972年，林蒼佑等主張加入聯盟組成新的國民陣線（National Front），阿拉塔斯、陳志勤、威拉班等反對與種族為基礎的政黨合作，選擇退黨並另組馬來西亞社會正義黨（Social Justice Party of Malaysia），希望能夠延續民政黨成立當初的理念。可惜知識分子參政，空有理想，結果功敗垂成，這個新的政黨就因1978年的大選失利，不少黨員易幟加入民主行動黨（Democratic Action Party）而宣告解散。阿拉塔斯自1968年開始就任教於當時的新加坡大學，在結束了他短暫的政治生涯之後，他繼續以學術論政，對貪腐的問題著力最深。1988年他回到吉隆坡，出掌馬來亞大學，至1991年止。1995年轉任馬來西亞國民大學（Universiti Kebangsaan Malaysia）教授。《懶惰土著的迷思》出版於阿拉塔斯退出實際政治前夕，他自許其方法學得力於知識社會學，不過在我看來，他在書中的歷史敘述與分析更多受到歷史社會學的啟發。《懶惰土著的迷思》無疑是一部旅美肯牙作家恩古基（Ngũgĩ wa Thiong'o）稱之為「去

除殖民心靈」（decolonizing the mind）的著作，具有深刻的解放意義，阿拉塔斯藉歷史考察介入政治批判，他的重要指涉始終沒有脫離他所身處與關心的政治現實。這可能也是重讀《懶惰土著的迷思》最令我感動卻又不免心情沉重的原因。

2021 年 9 月 16 日深夜於臺北

導論
Introduction

　　本書嘗試取徑知識社會學方法，分析16至20世紀馬來西亞、菲律賓和印尼「懶惰土著的迷思」(myth of the lazy native)的起源與功能。此迷思作為殖民意識形態重要成分所發揮的功能，將援引歷史和社會實例加以闡述。書中常用的兩個概念，即意識形態(ideology)和殖民資本主義(colonial capitalism)，需在此多加闡明。意識形態一詞的定義歷來多所混淆，其中又以美國為甚。這種混淆部分源自此定義本身所涵納的現象，部分則是由於一些嘗試提出定義者的邏輯混亂。我們無意就此問題展開討論，只想在這裡表明我們如何定義意識形態。我們對此詞含義的選擇既非隨意，也非純為方便。我們的定義十分倚重卡爾・曼海姆(Karl Mannheim)的意識形態概念，並反映了思想世界中形塑了亞洲殖民主義政治哲學的一個切面。這個定義也反映出一個客觀存在：殖民主義的意識形態。

　　就本書的目的而言，意識形態是指以下列屬性為特徵的一套信念體系：(1)它力圖正當化特定的政治、社會和經濟秩序；(2)在這一嘗試中，它扭曲可能有違其主要預設的社會存在；(3)它主要以某種

顯性思想內容的形式出現，而此顯性內容有別於其隱性內容；[1]（4）它具有專斷性；（5）它表達特定群體的利益；（6）當它取得支配性時，它同時在所代表的群體和所支配的群體中形成某種虛假意識；（7）它的觀念可能取自任何來源，包括科學、宗教、文化、經濟、歷史等等；（8）它產生於勞動分工和階級劃分顯著的社會中不同群體間的利益衝突；[2]以及（9）它的主要觀念最終在很大程度上受特定時空的生產方式所制約。

有統治階級意識形態和被統治階級意識形態，也有曼海姆所說的總體意識形態和特殊意識形態。[3]儘管對各種意識形態的研究影響了諸多分析與範疇，但在此我們只提意識形態的四個主要類型：保守意識形態（the conservative ideology）、改革意識形態（the reform ideology）、革命意識形態（the revolutionary ideology）和反向意識形態（the counter ideology）。[4]就我們的目的而言，採用這幾個類型即已足夠。殖民意識形態的歷史經驗顯示，它利用懶惰土著觀來合理化殖民地勞動力動員過程中的強制與不當行為。它為土著及其社會塑造出一個負面形象，藉此正當化與合理化歐洲人對其地區的征服與支配。它扭曲社會與人

1　關於此問題，參見Robert K. Merton, *Social Theory and Social Structure*, ch. 1, "Manifest and Latent Functions". Free Press, New York, 1969. 舉例來說，英國人不鼓勵馬來人種植橡膠，理由是馬來人種稻對其經濟狀況較為有利，這是英國人的顯性想法。而其隱性想法或動機則可能是要把橡膠產量控制在可獲利的範圍內，或是避免更多馬來人棄稻田而種橡膠，以致需進口稻米。

2　哈利・強生（Harry M. Johnson）權宜地列舉了意識形態的五種一般性來源，即社會緊張關係、既得利益、社會變遷導致的痛苦經驗、關於社會位置的有限視角、過時傳統思想的持續存在。參見Harry M. Johnson, "Ideology", II, in David L. Sills (ed.), *International Encyclopaedia of the Social Sciences*, vol. VII. Macmillan/Free Press, USA, 1968.

3　Karl Mannheim, *Ideology and Utopia*. Routledge-Keagan Paul, London, 1948.

4　Harry M. Johnson, *op. cit.*, p. 81.

類現實中的各種要素，以確保它本身得以輕鬆地建構起來。本書接下來的章節將展示那些被縫合而構成土著社會圖像的各種觀念碎片。

殖民資本主義則是以下列屬性為特徵：（1）外來經濟勢力對資本的控制與近用具有支配性；（2）由外來經濟勢力的成員所管理的政府，代表該外來經濟勢力實行對殖民地的控制；（3）最高層級的商業、貿易和工業掌握在外來主導社群手中；（4）國家的進出口貿易以外來統治勢力的利益為導向；（5）相對於工業生產方式，更偏重農業生產方式；（6）技術與科學技能的擴張幅度極小；（7）生產的組織化以半自由勞動力為核心；（8）不存在可制衡剝削行為的同業公會或工會；（9）大部分人口未直接參與資本主義式的企業經營；以及（10）殖民地社會中存在著一組可稱之為二元論（dualism）[5] 的對立性。就我們的目的而言，殖民資本主義發揮作用的時期涵蓋了18世紀、19世紀和20世紀上半葉。我們無法斷然指出殖民資本主義起始的時間，但我們只需指出這一點就已足夠：到了18世紀，殖民資本主義的勢力已在馬來西亞、菲律賓和印尼站穩腳跟。在這段時間裡，土著社會結構發生了巨大的變化。

5　自波克（J. H. Boeke）於1930年以二元論描述印尼社會以來，這一術語一直備受熱議。其他西方論者至今未能充分理解波克所說的殖民地二元經濟制度的意義。在殖民地，資本主義並沒有產生像它在西方社會那樣的影響。下面舉個例子：「新興西方工業所大量生產的物品傾銷到東方市場，淹沒了土著的手工藝品、貿易和分銷制度。在那裡，資本主義只供應新產品，而不提供任何新的勞動資源。從社會角度來看，其影響是破壞性而非建設性的。它不僅未能豐富東方的社會型態，反而導致各種社會活動變得多餘。結果，它折損了本地社會的許多支柱，卻又沒有開啟機會讓新的社會支柱發展起來並取而代之。它迫使自然快速增長的人口回到小規模農耕，且因為法律和秩序的引進，它一方面刺激了人口的增長，另一方面卻又阻礙了人口的分殊。」參見 J. H. Boeke, "Dualistic Economics", p. 172, in *Indonesian Economics*. W. Van Hoeve, the Hague, 1961 (Ed. chairman W. F. Wertheim).

　　至於資本主義這個術語本身，要定義它並不容易。維爾納‧桑巴特（Werner Sombart）引用馬克斯‧韋伯（Max Weber）的觀點寫道，現代資本主義組織是一個龐大的宇宙，人作為個別單位生於其中。如同其前後的其他人，桑巴特把資本主義的精神從它的體制性外衣（institutional trappings）中分離出來。[6] 單是資本的運用並不足以構成資本主義，因為資本主義作為一種經濟制度是與特定的觀念相聯繫的；它具備以下特徵：（1）經濟活動的目的和終極目標是獲取越來越多的財富；（2）金錢是衡量財富的核心標準；（3）作為財富增加泉源的資本必須不斷增加；（4）獲取利潤的邊界必須不斷擴張；（5）其他非經濟價值必須讓位予追求利潤的欲望；（6）採用與發明各種理性方法來創造財富和利潤；（7）參與資本主義事業的組織必須免受公權力控制；（8）資本的擁有者和組織者是少數群體；（9）商品的價值由市場決定；（10）在利潤分配上，資本被視為比勞動重要；（11）在那些被視為財富和利潤來源的商品的生產和銷售上，不同群體參與競爭的權利均受到認可；（12）融資者所扮演的重要角色受到承認；（13）經濟

6　Werner Sombart, *The Quintessence of Capitalism*. Tr. M. Epstein. Howard Fertig, New York, 1967.「要了解滲透在所有資本主義經濟體中的精神，我們必須剝除它的外衣，也就是它的種種機械裝置。從資本主義發軔之初到今時今日，這些裝置始終是一樣的。生產可在市場上銷售的商品需要一大筆錢，這筆錢我們稱為資本。必須有人提供這筆錢，或者按過去的說法，預付這筆錢，如此或許就能讓一名織工購買原料，或是讓礦場取得必要的資金來安裝一架新的水泵。事實上，不論是什麼工業或商業目的，都必須有人提供這樣一筆錢。讓銀行得以運作的資金最早是來自存款；商業與船運公司的資金不是透過股票包銷，就是透過夥伴出資的方式取得。或者，一個可能的情況是，某個人自己擁有足夠的多餘現金，便以此創設了一家資本主義企業。然而，不同的集資方式並不會影響企業本身的精神。決定企業精神的不是為計畫提供資金的那些人，而是運用資本的那個人」（pp. 63-64）。

主體擁有選擇其活動的自由；以及（14）生產手段可以為私人所有。[7]

當一個制度是由這些特徵所支配，我們就可以說它是資本主義的。西歐資本主義發展過程中出現的其他因素，例如工業擴張、銀行制度、科學與技術的發展及其於營利過程中的應用，雖然也是資本主義歷史現象的組成部分，但嚴格而言，它們並不屬於資本主義的本質，而是資本主義的手段和結果。許多研究者堅持區分這兩者。韋伯強調，資本主義的本質在於追求利潤，並且永遠要以持續不斷的、理性的資本主義企業經營為手段來擴增新利潤。他寫道：

> 謀利的衝動，即追求利得、追求金錢、盡可能聚集更多錢財，就其本身而言，與資本主義無關。此種衝動，無論過去或現在，皆可見之於侍者、醫生、車夫、藝術家、娼妓、貪官、軍人、貴族、十字軍騎士、賭徒和乞丐。可以說，不管在任何時代、任何國家，若有客觀機會可以謀利，則此種衝動即可見諸各式各樣的人士之間。因此，在文化史的初步課程裡，我們就該教導人們斷然放棄此種關於資本主義的幼稚觀念。無止境的營利欲絕不等同於資本主義，更加不是其精神所在。反之，資本主義恰倒**可以**等同於對此種非理性衝動的抑制，或至少是加以理性的調節。但是，資本主義永遠以持續不斷的、理性的資本主義企業經營為手段，這一點倒是與追求利潤及追求**一再增新**（renewed）的利潤一致。這是因為它必須如此；在一個完全資本主義秩序化的社會中，個別資本主義企業如果不能利用其可得的機會來營利，則注

4

7   Zakir Hussain, *Capitalism*. Asia Publishing House, London, 1967.

定要滅亡。[8][i]

在把資本主義的本質分離出來的努力上，阿明托雷・范范尼（Amintore Fanfani）也做了卓然有成的嘗試。他對資本主義精神和前資本主義精神做了比較。他認為，資本主義精神不會對利用合法、有效手段謀取財富的行為施加任何限制，也不會讓非經濟限制來約束謀取利潤的行為。前資本主義精神根據生產成本來估算物品的價格，資本主義精神則根據整體需求來估價。前資本主義精神根據工人的需求來調整工資，資本主義精神根據的則是工人的產出。前資本主義者認可社會對其財富享受所施加的限制，資本主義者則否。范范尼指出：

> 就是在這些觀念差異中，我們看到了資本主義精神和前資本主義精神之間的本質性差異。比起體制、形式和經濟手段，這種差異更能讓我們斷言某個制度是或不是資本主義的。但是，在以此為標竿來劃分經濟時期的過程中，我們並不會罔顧體制、形式和技術手段上的差異。反之，我們應看到，這些事項或多或少與盛行的經濟觀念有著緊密、直接的聯繫。我們處理此問題的取徑也絕非意味著我們否認現實環境可能會決定觀念的轉變。[9]

我們依賴這樣的資本主義概念，不僅是受它的正當性，也受歷史必然性所驅使。歷史上的資本主義是與西方社會有著緊密聯繫的概

8　Max Weber, *The Protestant Ethic and the Spirit of Capitalism*. Tr. Talcott Parsons. Charles Scribner, New York, 1958, p. 17.

9　Amintore Fanfani, *Catholicism, Protestantism and Capitalism*, pp. 30-31. Sheed & Ward, London, 1938.

念，沒有其他概念能比它更能清楚地突顯一個概念的文化與歷史相對性了。我們有必要對此加以說明。范范尼關於資本主義本質性特徵的概念源自歐洲歷史；這些特徵興起於14世紀或更早的義大利城市及歐洲其他地方。在討論社會學家和歷史學家對資本主義較全面的定義時，他指出資本主義的各種狹義定義：

> 事實上，這就是許多談論資本主義的人的看法，他們有時候把資本主義定義為由資本支配的制度，或是以自由勞動為特徵的制度，又或是讓競爭毫無節制、信貸擴張、銀行蓬勃發展、大型產業變得規模極為龐大、世界市場趨於一體化的制度。對於這些作者來說，資本主義存在與否，取決於生產手段的規模、財富流通管道的多寡，或工具與機器設備的精密度。我們可以合理地反駁說，若是接受這些條件為資本主義的標誌，那麼資本主義制度根本就沒有任何原創性和新穎性可言。事實上，向來不乏有人善意提醒，許多人相信最早萌動於15世紀的資本主義，實際上早在14世紀就蓬勃發展於義大利各地，尤其是佛羅倫斯。另外還有人補充說，在大約同時期的法蘭德斯（Flemish）和法國許多城市，甚至早在11世紀的威尼斯，就已經可以見到資本主義的蹤跡了。[10]

韋伯把自由勞動的理性組織視為現代資本主義的本質性特徵。[11]他的觀點也是來自歐洲歷史，但比較而言，范范尼的定義較具普遍性，相對性較少。荷蘭人19世紀在爪哇所發展的現代資本主義並非

10　*Ibid.*, pp. 7-8.

11　Max Weber, *op. cit.*, p. 21.

立基於自由勞動。在范范尼的定義中，自由勞動是一項歷史特徵，是歐洲歷史上某個時期所特有的；因此，儘管資本主義在19世紀的荷蘭是立基於自由勞動，但在爪哇卻不是如此。所以，從爪哇社會本身的角度來看，支配這個社會的是一個並非立基於自由勞動的現代資本主義制度。這種資本主義在形式上無異於范范尼所定義的資本主義，但由於東南亞資本主義的歷史構成有別於歐洲，我們便把這種不同歷史構成的資本主義，稱為殖民資本主義。它是范范尼所提出的資本主義本質性要素和東南亞殖民地的體制與歷史因素的混合體。此外，殖民資本主義對其支配的社會（在我們的案例中即馬來西亞、印尼和菲律賓）所產生的影響，恰與歐洲資本主義對歐洲社會所產生的影響相反。

讓我們引用兩位歷史學家以歐洲視角從歐洲歷史中推導出的對資本主義各個階段的描述，來闡明以上的觀點：

> 第一階段，即商業資本主義，與地理大發現、殖民活動和海外貿易的驚人增長有關。在這個階段，受政府的管制、補貼和壟斷所保護的早期資本家透過貨物運輸獲取利潤。從1750年前後開始，製造業採用新的能源和機器，工廠制得到發展，財富快速增長，促成了第二階段，即工業資本主義。工業資本主義的本質在於從製造過程本身獲取利潤。到了19世紀中葉，隨著大型工廠和高效率機器的出現，資本集中在中間階級手中，這個階段達到了巔峰。在19世紀最後數十年裡，當工業發展的最終控制權和方向落入金融家手中，工業資本主義便讓位予金融資本主義。特大型工業企業或工業帝國的建立，其資產的所有權和管理權掌握

在完全與生產分離的人士手中，乃是第三階段的顯著特徵。[12]

　　東南亞曾出現過第一階段；但在歐洲殖民主義在此區域結束之前，東南亞社會並未出現第二和第三階段，因為金融與工業資本主義在歐洲社會內部所產生的作用，並未同樣產生於東南亞社會。而早在18和19世紀，中間階級已被殖民勢力摧毀了。再者，到了17世紀，列寧（Vladimir I. Lenin）視為資本主義最高階段、導致帝國競逐的壟斷資本主義，已在東南亞運作。荷蘭人、西班牙人和葡萄牙人都有份造成這種局面，但其中影響最大的是荷蘭人。所以，比列寧所預測早幾個世紀，[13] 壟斷資本主義就已經被引進東南亞，金融資本主義也遠在它支配西歐社會之前，就已經在印尼運作。西方稱為資本主義的那個歷史構成，與東南亞殖民地社會的資本主義歷史構成，實有根本性的差異。因此，我們有正當的理由使用另一種概念，即殖民資本主義。我們在前面已列出此概念的一些基本成分，從現有資料中可能還可以找出另外一些成分。不過，這需要進行某種經濟史研究，這種研究至今未曾有人嘗試。我們應當把1600年歐洲人到來之前的東南亞商業資本主義，與西歐商業資本主義相互比較。我們可以提出一些核心問題，並圍繞著這些問題展開兩者間的比較。貨幣和資本扮演什麼角色？常駐或移動的頂尖商人具有什麼特性？[14] 地理距離和氣候如何影

12　T. Walter Wallbank, Alastair M. Taylor, *Civilization*, vol. 2, p. 87. Scott, Foresman, USA, 1961 (Fourth edition).

13　V. I. Lenin, *Imperialism, the Highest Stage of Capitalism*. Foreign Languages Publishing House, Moscow, undated, eleventh impression.

14　關於常駐商人的角色，參見 N. S. B. Gras, "Capitalism – Concepts and History", in F. C. Lane, J. C. Riemersma (eds), *Enterprise and Secular Change*. Richard D. Irwin, Illinois, 1953.

響貿易和船運？當時採用的交換模式為何？商業城鎮與鄉區有著怎樣
的關係？是否有新興階級崛起？這些都是可以提出的問題。

建構新概念供研究東南亞社會之用，是符合真正的社會科學應用
方法的。在西方發展而成的現代社會科學的普遍與抽象概念，不應自
動套用於非西方社會。概念中的普遍成分和特殊成分必須分離開來；
我們在處理資本主義概念時已經嘗試這麼做，進而提出了基於東南亞
特殊情況的殖民資本主義概念。意識形態也可說是同樣的情況，因為
在至少一個層面上，殖民意識形態並不能代表西方的意識形態。西方
的意識形態源自於群體之間的衝突，亞洲的許多意識形態也是如此。
然而，殖民資本主義的意識形態，作為西方強權在殖民地遂行統治的
總體意識形態，並非源自群體之間的衝突，儘管該意識形態當中的部
分要素，比如懶惰土著的迷思，會因群體之間的衝突而更為突出。
而即便有這樣的衝突，它也不是發生在支配群體與臣屬群體之間，而
是像19世紀荷蘭人關於爪哇人的辯論那樣，發生在支配群體本身之
間。因此，意識形態起源於群體衝突之說並不屬於意識形態的普遍性
本質：意識形態在有或者沒有衝突的情況下都有可能形成。

殖民資本主義的意識形態試圖透過其所聲稱的目的，即現代化與
文明化臣服於西方強權的社會，來合理化西方統治。在東南亞地區，
此意識形態最直言不諱的倡導者之一，是新加坡殖民地創建者湯瑪
士・史丹福・萊佛士（Thomas Stamford Raffles）。[15] 不論是在馬來西亞、
菲律賓或是印尼，也不論是在英國人、西班牙人或是荷蘭人當中，這
種論述都很流行。歷史上，文明化的過程有不同的形式；例如，有別

15　關於此點，參見Syed Hussein Alatas, *Thomas Stamford Raffles, 1781-1826: Schemer or Reformer?* Angus and Robertson, Singapore/Sydney, 1971.

於菲律賓，在馬來西亞和印尼，天主教不被視為文明化過程的必要成分。但那三大西方強權一致同意，西方統治和西方文化具有優越性，西方民族應領導世界，由西方人來開發東方的自然財富最為恰當，西方人也是最好的行政管理者。因此，殖民資本主義意識形態總是貶低東南亞社會的各種能力。一切能想到的事物都會被用來詆毀東南亞人，包括其身材和相貌。所以，即便民族性研究是一門旨在糾正偏見、促成對民族性的真正了解的學科，專長於此的人類學家傑弗瑞·戈雷爾（Geoffrey Gorer）在其事業初期也曾如此評述爪哇人：

8

> 我個人不覺得爪哇人很值得同情；他們雖然繁殖力強，但不知何故，總令人覺得是個蒼老疲憊、半生不死的族群。他們之所以給人這樣的印象，我想部分原因可能出自他們的宗教，以及大部分人的極度貧窮。四處可見的貧窮，尤其是不由自主卻逆來順受的貧窮，讓人感到麻木與厭惡；而在所有宗教信條中，伊斯蘭教信條最是令人消沉喪志。還有一個純屬個人觀感的關於身材的問題，也讓我無法享受他們的陪伴；我不喜歡身處於一群看起來比我弱小的人當中，除非他們在其他方面有與我旗鼓相當的優點；我不喜歡與那些讓我覺得比我低下的人為伍。[16]

　　在意識形態上對土著及其歷史和社會的貶低有諸多形式，從庸俗的虛構與謊言，到細緻的學術研究都有。一個庸俗虛構的例子出自費奧多爾·雅戈爾（Feodor Jagor），他指稱菲律賓人以竹竿製造船槳，是為了能夠更加頻繁地歇息。「若是船槳斷了，那就更好，因為那累人

16　Geoffrey Gorer, *Bali and Angkor*, p. 40. Michael Joseph, London, 1936.

的划槳動作便必須暫停，直到船槳修好為止。」[17] 雅戈爾是一名德國科學家，與荷西·黎剎（Jose Rizal）相識，其他學者及受過教育的人也抱持類似的看法。至少兩百年，這種看法持續且反覆出現在行政官員、學者、旅行家和記者所寫的成千上萬部書籍和報告中，其意識形態根源在其中顯露無遺。自從馬來西亞、印尼和菲律賓獨立以來，土著的負面形象在外國人的著作中不再顯著。儘管還是會有一些外國著作批評國內的經濟或政治局勢，但整體而言，這些著作不再含有對土著及其社會和歷史的直接貶低。東南亞與西方國家的政經關係已經改變。同樣地，土著的形象也已改變。意識形態成分已經轉變，並且披上了新衣。土著懶惰、愚鈍、落後、奸詐的形象也為之丕變，由具依賴性、需靠協助才能攀上進步階梯的形象取而代之。

我們無意在此追溯後獨立時期土著形象的意識形態根源；我們所關心的，毋寧是殖民時期的土著形象。認為意識形態與學術研究有關聯的主張，在每個時代都能得到證實。在其關於現代資本主義意識形態的開創性研究中，馬克思（Karl Marx）和恩格斯（Friedrich Engels）舉分權學說（the doctrine of the separation of powers）為例，說明了意識形態所扮演的角色。在某個國家的某個時期，當王權、貴族和資產階級互相爭奪統治權，而統治權是分享的時候，關於分權的學說就會成為主導思想，並且被視為永恆的規律。[18] 意識形態不僅在概念的形成上，也在問題的選擇上侵入學術研究。一如曼海姆業已指出的，觀察者若

17　Feodor Jagor, "Travels in the Philippines", p. 36, in Austin Craig (ed.), *The Former Philippines thru Foreign Eyes*. Philippine Education, Manila, 1916.

18　Karl Marx, Frederick Engels, *The German Ideology*, p. 65. Part One, selected and edited by C. J. Arthur. Lawrence and Wisehart, London, 1970. Based on the complete Moscow edition of 1965.

是能意識到其觀念和整體態度的社會根源,他就能夠擺脫意識形態的扭曲影響。[19] 所以,我們不應在絕對意義上接受學術研究受意識形態制約的說法,認為每個學者必定會不自覺地受其意識形態所影響。在這裡我們想要指出的是,在殖民時期,很大程度上在後殖民時期也一樣,關於馬來人、爪哇人和菲律賓人的研究一直是被那種缺乏批判性、膚淺的意識形態力量所強力支配。一個成熟、客觀的學者或可容許意識形態考量左右其研究課題的選擇,但在該課題本身的研究上,他必須遵循標準的科學程序,並且力求客觀。

在本書裡,我自己的意識形態考量也影響了我對課題的選擇。我意在糾正單方面加諸於亞洲土著及其社會的殖民觀點。我認為殖民主義的影響基本上是負面的。[20] 我認為殖民意識形態的真實面目需要被揭穿,因為它的影響力至今依然強大。整體而言,殖民學者迴避了對殖民主義負面影響的研究;但是,嘗試糾正這一點的努力,不應理所當然地被視為試圖進行反向操作。這項嘗試究竟純粹是一種反向操作,抑或是對現有知識的實質擴展與補充,最終應取決於學者所舉出的事實、調集的證據、提出的論題、完成的分析和他的研究態度。以下所舉的一位緬甸學者的例子足以顯示,儘管意識形態會影響主題的選擇(但不是其推論和分析),但學術研究的客觀性仍有可能實現。

仰光經濟學院(Institute of Economics, Rangoon)研究教授吳欽茂基(U Khin Maung Kyi)針對緬甸的西方殖民企業是否促進技術進步和催生本土企業階級的課題提出各種疑問,並擴大了緬甸經濟史研究的

19　Karl Mannheim, *Ideology and Utopia*, pp. 150, 266. Routledge and Kegan Paul, London, 1948.

20　這只是一項信念陳述,還需加以論證,但因為它無關本書主旨,所以沒有必要在此展開論證。

範圍和問題意識。過去已經有人研究過殖民資本主義經濟的一些層
面，但這些都是殖民經濟的結構性層面，例如對原料出口的依賴、殖
民地的經濟是否有能力成長為自力創生的經濟、「自由貿易」如何排
除競爭力較差的緬甸人、外來投資者所採取的「刮脂策略」（skimming
tactics）、快速取得收益及其他利益的機會耗盡之後撤資退場等等。吳
欽茂基的提問乃是基於他的意識形態背景：他是個關心其國家發展的
緬甸人；在選擇提出什麼問題時，他設下的重要條件是，這些問題是
否攸關緬甸的國家利益。他寫道：

> 有鑑於一個國家的長期經濟進步端賴本土企業活動的發展和技術
> 的改良來推進，在對西方企業表現的評估上，我們提出一項替代
> 條件作為評估標準，那就是它是否有促進技術進步和催生出本土
> 企業階級。我們會問諸如此類的問題：在殖民時期，緬甸社會發
> 生過哪種技術傳播，本土企業階級的發展前景又是如何？一如事
> 實所示，緬甸企業階級終究未能發展起來，這當中除了緬甸人缺
> 乏商業觸覺或缺乏資本等常見的解釋之外，還有其他什麼原因？
> 這些問題唯有當我們把西方企業的成長與其對當地情況的衝擊聯
> 繫起來考量，才能得到解答。[21]

　　吳欽茂基的動機和意識形態觀點固然制約了他的研究方向，但並
未減損其研究的價值。他那出色且新穎的提問方式，進一步加深了我
們對緬甸殖民資本主義的認識。學者或任何作者固然有其意識形態觀

21　U Khin Maung Kyi, "Western Enterprise and Economic Development in Burma", p. 26.
Journal of the Burma Research Society, LIII, no. 1, June, 1970.

點，但關鍵在於他們是否意識到它的存在，並防止它削弱其研究的客觀性。否則，馬克思和恩格斯對19世紀歐洲歷史學家的譴責，也應當落在他們身上：「在日常生活中，任何一個小店主都能精明地判別某人的假貌和真相，但我們的歷史學家連這種平凡的認識卻也未能達到。不論每一時代關於自己說了些什麼和想了些什麼，他們都一概信以為真。」[22] 無判別能力的學者會不加反省、毫不猶豫地接受其時代所因襲的概念、問題意識和分析模式。他比小店主更願意相信意識形態宣傳者之所言。這一點只需舉一個例子就足以清楚說明。

　　研究荷屬東印度群島的美國歷史學家克萊夫‧戴伊（Clive Day）在比較荷蘭人統治與土著統治的優勝之處時，傾向於認同土著政府只會作惡的觀點。他透過閱讀土著邦國的史籍所得到的印象是，土著統治者多半昏庸無能，好君主不多，也沒有好的土著政府。[23] 他花了近二十頁的篇幅來描述土著政府的負面特質，包括統治者的殘暴。他注意到，有位統治者在宮中建有一屋，用以觀賞裸女與老虎相鬥的表演。[24] 他描述了土著政府對人民所造成的種種惡果，儘管如同他自己所承認，對這一課題的探討困難重重。[25] 以下的觀察透露了他幼稚的歷史觀：

　　　　我們似乎可以毫不誇張地說，土邦的重大戰爭多半源自於一個愚

22　Karl Marx, Frederick Engels, *op cit.*, p. 67.

23　Clive Day, *The Policy and Administration of the Dutch in Java*, p. 17. Macmillan, New York, 1904. Reproduced by Oxford University Press, Kuala Lumpur, 1966, under the title *The Dutch in Java*.

24　*Ibid.*, p. 17.

25　*Ibid.*, pp. 27-28.

蠢的問題，即在兩個同樣惡劣的人當中，哪一個應成為某地的統治者。我從未見過有任何跡象顯示，在土著統治期間，曾有任何統治者或王朝贏得其人民的愛戴或效忠。1677 年，當馬打蘭王朝（Mataram）一名覬覦王位者起而叛變時，荷蘭總督寫道：數百年來順服於歷任君主的人民，居然完全不顧舊情，轉而擁戴那位叛逆者，實在令人驚訝。[26]

　　這種關於土著社會和土著戰爭之私人性與暴戾性的觀點，被殖民資本主義大力宣揚。相較於描述土著統治者或華人社群時的用語，戴伊在描述荷蘭人統治所引發的種種不公時，其語調頗為不同。荷蘭人的雙面手法和機會主義，他們的分而治之政策，「是他們與土著政治組織接觸時所自然遵循的信條，也是其大部分成功所賴以達成的原則」。[27] 在以下的描述中，荷蘭人的錯誤與不公被戴伊致以敬意：「荷蘭人在嘗試於縱橫曲折的土著政治中擇路而行時曾經犯錯，這些錯誤有時候帶來了災難性的後果；他們在一些案例中所走的路，就現代倫理標準而言，顯然值得商榷。荷蘭人可被批評之處確實很多，但他們在這方面的政策中也展現了可敬的膽識和睿智。」[28] 戴伊也以同樣的方式看待資本主義制度固有的剝削性。他為中間人辯護，認為中間人的作用必不可少。關於爪哇華人，他寫道：

　　華人在其與土著的關係中總是被再現為罪大惡極者，對土著極盡欺壓之能事；他們在交易中欺詐，放高利貸，有時候甚至殘酷無

26　*Ibid.*, p. 19.

27　*Ibid.*, p. 49.

28　*Ibid.*, p. 49.

情地剝削其受害者。這些都是無可否認的事實,但我們往往因此而輕易做出謬誤的推論。應受指責的是土著和土著組織,而不是中國佬。華人在近代爪哇的地位,與猶太人在中世紀歐洲的地位大致相同;他們為土著提供了某種初級經濟教育,卻因此而像昔日的猶太人那樣受到憎恨。[29]

被他指責的反而是受害者,而不是剝削者;剝削行為則被他視為某種形式的教育。荷蘭東印度公司(the Dutch East India Company)[ii] 利用華人作為中間人所犯下的貪婪與剝削行為,頂多也只被描述為「就現代倫理標準而言,顯然值得商榷」。1740 年荷蘭人屠殺巴達維亞(Batavia)華人的事件,或部分荷蘭總督個人的殘暴行為,皆未提及。在書中,東方人總是處於不利的地位。在公正客觀之名的掩護下,作者對於荷蘭人的不公不義總是慎而言之,但對於土著統治者的不公不義卻並非如此。他聲稱不曾找到任何文件可資證明土著對其統治者的愛戴,那麼他是否曾找到足以證明土著愛戴荷蘭人的文件?戴伊是荷蘭殖民主義的辯護士,儘管他對荷蘭殖民主義的某些方面不無批評。他的意識形態立場明顯地介入了他在學術上的客觀性。另外一點是,對於土著本身的觀點,他全然保持緘默。我在檢視了戴伊所使用的幾乎所有基本材料之後發現,事實上我們從中頗能看出土著的態度。那些戰爭並非全是源自於專制君主之間的衝突;許多戰爭與社會不公有很大的關係。對於荷蘭人在這些戰爭與區域動盪局勢中所扮演的角色,戴伊也略而不談或不予置評。

另一個意識形態對學術研究產生負面影響的例子,是傅乃華(J.

29　*Ibid.*, p. 364.

S. Furnivall)的著作。我們不能指控傅乃華厭惡土著；他對土著頗有真誠的同情，對殖民強權和既得利益群體的剝削行為也不加以掩飾。不過，他對承認殖民地獨立之必要的猶豫不決態度，一直作為其指導性意識形態動機影響著他的研究。他在第二次世界大戰前夕出版了《荷屬東印度》(*Netherlands India*)，其中以十二頁的篇幅專門記述印尼本土獨立運動的歷史，卻對蘇卡諾(Sukarno)、哈達(Hatta)、沙里爾(Shahrir)、陳馬六甲(Tan Melaka)、阿利明(Alimin)、慕梭(Muso)等領袖隻字未提。他反而提到並討論了那些溫和派領袖，可見其對蘇卡諾略而不談，並非無心之失。事實上，荷蘭人於1930年在萬隆(Bandung)審訊蘇卡諾的事件曾轟動一時，荷蘭人的紀錄中也不乏關於蘇卡諾的資料。對於共產黨人、陳馬六甲、阿利明和慕梭的活動，他也是如此略而不談。傅乃華不認同民族主義作為建國基礎的觀點；

₁₃ 他認為，在他所謂的多元社會(plural society)中，民族主義是一股破壞性力量，傾向於打破而不是鞏固社會秩序。[30]

　　1939年時的傅乃華篤信開明的殖民統治。因此，他不去討論民族主義者主張以獨立建國取代殖民制度的問題。他之所以明顯避談蘇卡諾和哈達，是因為這兩人是堅持主張獨立的民族主義運動最重要的代表人物。這不符合他的意識形態。在他的另一部著作《殖民政策與實踐》(*Colonial Policy and Practice*)中，他在意識形態上對民族主義的不屑更是昭然若揭。此書序言志期1947年10月，距離1945年8月17日蘇卡諾和哈達宣布印度尼西亞共和國獨立的事件登上世界各地頭條新聞，已有兩年之久。反抗荷蘭殖民當局的印尼民族革命，是二戰後的一起重大事件。傅乃華是不可能因疏忽而遺漏蘇卡諾和哈達的，但他

S. Furnivall, *Netherlands India*, p. 468. Cambridge University Press, London, 1939.

卻完全不提他們在戰前印尼政治中所扮演的角色。這無異於書寫現代
印度政治而不提甘地（Mahatma Gandhi）和尼赫魯（Jawaharlal Nehru），或
是書寫俄國革命而不談列寧和托洛斯基（Leon Trotsky）。

　　1947年，在獨立運動的浪潮席捲各個殖民地、殖民政府正準備
從亞洲撤退之際，傅乃華宣稱支持獨立。他修正了自己早前對民族
主義的猜疑。「唯有獨立才能讓民族主義從破壞性的熱潮，轉變為創
造性的力量。」[31] 換言之，他把獨立前的民族主義視為一股破壞性力
量。由於此意識形態偏見，他在殖民時期不太關注獨立運動。對於殖
民當局過去沒有做更多工作來使當地人民及其領導者具備承擔獨立
責任的能力，他表示遺憾。[32] 對於被殖民者不效忠英國，他則加以譴
責。「我們未能抓住人民的想像，使他們本能上忠於與英國的關係，
實在令人遺憾，但這畢竟是昔日作為的必然結果，我們無從迴避。」[33]
傅乃華是在各殖民地來到獨立的臨界點時，才提出獨立的種種困難予
以討論。他寫道：

　　賦予某個熱帶屬地某種指導性社會意志，讓它在國際大家庭中占
　　有一席之地，這當中所面對的問題，與較簡單但也還未能完全解
　　決的另一個問題，即設法讓囚犯有能力作為自由公民而生活，頗
　　有些共同之處。一如刑滿獲釋的囚犯，習慣於從屬地位的民族也
　　需要更生保護與輔導（after-care）。而且，從屬民族不只像一名囚
　　犯，也像一名病患；因為監禁的緣故，它已變得衰弱無力。在外

14

31　J. S. Furnivall, *Colonial Policy and Practice*, p. XII. Cambridge University Press, London,
　　1948.

32　*Ibid.*, p. XI.

33　*Ibid.*, p. XII.

人的統治下，它的政治與軍事傳統退化，文化生活凋敝，經濟活動在流失其民族特徵之同時，又為了迎合殖民強權的要求而被扭曲。[34]

　　如此，殖民地的自由便被類比為囚犯的自由，兩者都需要更生保護與輔導。而提供獄後輔導者，當然就是過去囚禁他的人！不過，對於他所維護的利益，傅乃華倒是直言不諱──若說讓殖民地獨立是確保西方文明存續的必要之舉，那麼，即便困難重重，還是應當認為獨立是可行的。[35] 傅乃華代表了晚期殖民主義的意識形態，此意識形態承認有需要改善土著福利並最終讓殖民地獨立，但在這之前必須給予一定程度的「訓練和準備」。這其實就是獨立前時期人們異口同聲的論調，而傅乃華用了一本書的篇幅予以分析。他的意識形態傾向於對殖民資本主義加以改革，而不是將它廢除。此意識形態支配了殖民學術研究，但這種支配不包含程序技巧的層面。舉例來說，收集與利用數據的方法不是由此意識形態所驅使，但課題的選擇及其詮釋則是。所以，某個殖民地的殖民資本主義經濟成長會被稱為「經濟進步」，行政政策方面的變動則被稱為「改革」，但對於「進步」和「改革」到底意味著什麼，卻不會嘗試予以批判性的評估。

　　傅乃華可能是對當時的殖民活動最敢於直言批評的人；然而，他的意識形態最終還是傾向於殖民主義。在他看來，一個獨立的政府若是未能符合世界（這裡的世界意指西方世界）所制定的標準，就應當喪失其獨立地位：

34　*Ibid.*, p. 468.

35　*Ibid.*, p. 469. 一如書中其他許多地方，此處的推論不十分清晰。

假如一個政府無法帶來足夠的經濟進步，它將無法抗衡外來經濟
勢力；它將不被允許有生存的空間。而假如它在人類福祉方面，
尤其是在人類、牲畜和農作物流行病的預防上未能達到合理的最
低水平，那麼，為了世界的福祉，它必須受到一定程度的控制。
熱帶民族喪失獨立地位是因為，在其土著統治者的領導下，他們
無法滿足現代世界的要求，因而沒有資格成為現代世界的公民。
比起熱帶土著統治者，取而代之的一般類型的殖民政府更能滿足
那些要求。在殖民地事務的管理上，殖民國無疑會以自身利益為
主要考量，而殖民統治的一個弱點就在於，外界會覺得殖民國沒
有充分考慮到非殖民國的利益。無論如何，在一般情況下，至少
是在英國與荷蘭屬地，儘管殖民政府主要是對其母國負責，但它
大體上是為了現代世界而扮演託管者的角色。[36]

15

在這裡，傅乃華再次將現代西方世界視為人類命運唯一的仲裁
者。他甚至透過扭曲歷史，來合理化西方殖民主義。預防人類、牲
畜和農作物的流行病，是殖民擴張的動機嗎？荷蘭人、葡萄牙人和
西班牙人在16、17和18世紀來到東南亞，難道是受此無私動機所驅
使？若按照這項條件，傅乃華應當要建議對現代西班牙和拉丁美洲諸
共和國進行殖民統治才是。他對獨立所設下的條件純粹是針對非西方
世界，而他的這種觀點，正是意識形態對學術研究產生負面及無意識
影響的一個實例。正是那種意識形態影響力，削弱了學術研究的客觀
性，並扼殺了所探究主題的理性延伸。這一取向只著重關注一個面
向，即殖民國的利益，而壓抑了對殖民地本土居民利益相關事項的關

36　*Ibid.*, p. 489.

注。因此，在殖民時期，沒有任何研究殖民地的學者曾將獨立的問題，視為不久的將來值得期待與實現的事件來予以檢視。即便有一些學者探討了獨立的問題，他們也是為了掌握或記錄其進程，而不是像他們研究殖民地西方教育的方式那樣，將獨立視為一股正當的歷史力量並加以闡發。

　　若傅乃華是以不偏不倚的方式，對民族主義和殖民主義的角色都同樣展開徹底的研究，我們就會把他那種意識形態，視為一種正當、積極的影響力。他或許還是會得出殖民主義有其必要的結論，但在推論的過程中，他應當批判地評估各種概念，邏輯始終保持一致，並且從各個角度來看待問題。舉例來說，當他把流行病的預防列為具正當性的政府必備的一項條件，他也應該把藥物成癮問題的預防列入考量。但他並不能這麼做，因為他一定知道，在英殖民政府的收入中，有一大部分是來自官方鴉片專賣。1918至1922年間，英屬馬來亞（含汶萊）和新加坡每年平均約30%的政府收入是來自鴉片銷售。如果傅乃華認為健康條件是衡量一個政府是否正當合宜的標準，他就應該公平地把殖民地政府鼓勵人民吸食鴉片成癮的問題，與土著政府不懂得如何抗疫的問題放在一起考量，而不是將殖民統治的這一面按下不表，卻對土著統治者無力抗疫之事大加渲染。

　　大體而言，沒有任何學術研究不受意識形態影響。意識形態的影響力可以是不加修飾，也可以是蘊藉細緻的。冷靜客觀地探討失業問題的社會學家不會做出任何價值判斷；他採用的是不含意識形態偏見的研究方法，但這並不表示意識形態對他沒有任何影響。從一開始，意識形態就已經在制約他的研究了。他透過此研究來了解失業情況，是想要看到失業率增加還是減少？他是要探討失業對失業者本身、對社會還是對雇主的影響？無論他的決定是什麼，都會是以一套價值體

系為本，而這套價值體系必然與他的意識形態相關聯。在這個層面上，意識形態的影響是無可避免的，但只要他意識到這一點，且真心追求客觀性，他還是可以不讓一開始時的意識形態扭曲他的分析和結論。同樣的道理，一名致力於獨立理想的土著學者應該也可以在不扭曲殖民主義的情況下肯認其好處，反之亦然。在這裡，我們所關心的是意識形態的負面影響，也就是在學者的推論中，因其無意識地依附於意識形態而出現的扭曲、無判斷力及前後不一的傾向。

　　本書所討論的對殖民時期亞洲土著特性的種種論斷，是殖民學者和一般人士在意識形態的負面影響下所做出的，那些人來自西方國家，擁護殖民制度，並支配著殖民地的思想世界。但並不是每一個對殖民地感興趣的英國或荷蘭學者都是這個意義上的殖民學者；英國學者霍布森（J. A. Hobson）和荷蘭學者韋特海姆（W. F. Wertheim）便不在殖民學者之列。殖民學者、記者或作者是指擁有或蘊藉細緻、或不加修飾的殖民心智（colonial mind）的學者、記者或作者。想要評估這種心智在意識形態負面影響下所生產出來的成品，知識社會學方法（the method of the sociology of knowledge）是最好的取徑。此方法可追溯土著性格特徵被扭曲的根源，並與真實情況相對照。本書嘗試藉此方法，糾正殖民時期當權者所塑造的土著形象。對馬來西亞而言，這不僅僅是一則歷史研究習題：殖民時期的馬來人形象迫切需要被糾正，因為這個形象依然在部分有影響力的非馬來人當中發揮著巨大的作用，也影響了部分馬來知識分子。此形象只要繼續存在，就會損害民族融合的努力。這個形象也導致馬來人在就業上遭到一定程度的歧視：一些雇主避免聘用馬來人，因為他們認為馬來人懶惰。許多人也認為，馬來人天生不具備經商能力。這一切觀念都是源自於殖民時期的馬來人形象。

17

　　一個人無需成為馬克思主義者也會承認，維護與支配著一個明確的社會、經濟和政治秩序的統治菁英，會利用一切能夠影響思想和行為的管道，將其意識形態傳播到人們的心智之中。高等教育機構、媒體、教會、學校和書籍都曾被用作此目的。殖民主義於19世紀大爆發時，尋求為此現象提供正當理由的知識潮流也隨之興起。殖民主義，或規模更大的帝國主義，除了是一個國家及其政府將主權和控制權延伸到另一個國家和政府，也包含對被征服者或從屬者的心智的控制。[37] 在這裡，我們無意介入關於1900年以前的西方殖民擴張是出於什麼原因和動力的爭論。大部分亞洲和非洲地區的殖民化發生在19世紀。1934年，本國面積95,000平方英里、人口46,610,000人的英國，控制了大約5,217,000平方英里的領土和415,595,000人口。荷蘭本國面積13,000平方英里，人口8,290,000人，控制了792,000平方英里的領土和60,971,000人口。[38] 馬來西亞在19世紀成為英國殖民地，菲律賓和印尼分別被西班牙人與荷蘭人殖民統治的時間則更早。英國人之奪取馬來西亞領土是以1786年占領檳榔嶼為始，接著於1795年從荷蘭人手中接管馬六甲，然後在1819年取得新加坡。1870至1900年間的殖民主義大爆發促成了歐洲的工業化和工業金融資本的興起，但早在那之前，作為本書主題的殖民主義及其意識形態就已經開始了。

　　1870至1900年間的第二階段殖民擴張並未影響我們所探討的主題。在馬來西亞，從1819至1942年，殖民資本主義意識形態及其對

37　本書把殖民主義（colonialism）和帝國主義（imperialism）視為基本相同，唯一的差別在於，帝國主義涉及一個國家對大範圍的他國領土的控制。

38　以上數據均以千為單位四捨五入計算，其來源為J. A. Hobson, *Imperialism*, p. 369, appendices, I, II, Allen and Unwin, London, 1938.

土著群體的貶低與對土著形象的描繪，基本上維持不變。儘管19世
紀歐洲的工業與技術革命對殖民地的經濟與社會史確實有所影響，但
就思想史而言，這影響並不顯著。占支配地位的殖民資本主義意識形
態大體上維持不變，因為它是與某種生產方式緊密相連的，而在大範
圍的活動領域中，這種生產方式並未經歷重大的改變。一直到第二次
世界大戰爆發，馬來西亞、印尼和菲律賓基本上都是殖民資本主義環
境下的種植園經濟體（plantation economies）。這是勞動密集型的經濟，
而如同我們稍後會看到的，土著負面形象和殖民資本主義意識形態的
興起，部分原因正是來自於勞動問題。工業革命之所以對殖民地產生
影響，原因在於這些殖民地除了是原料和經濟作物的生產地，也是工
業產品的銷售地。不過，工業革命透過科學與技術所帶給歐洲社會的
體制與結構轉型，並沒有發生在殖民地社會。在歐洲，工業革命把原
有的階級、關鍵行業和體制轉變成另一種不同的東西，其不同之處在
於，這些階級、行業和體制被現代科學技術與整個工業生活複合體的
各種屬性所滲透。但在殖民地，那些無助於殖民資本主義運作的體
制、行業和階級若不是被消滅，就是被棄置而停滯不前；[39] 除了少數
幾項，例如行政結構，這些體制、行業和階級都未能轉型。

　　這並不表示殖民主義沒有對殖民地社會造成重大的改變；只是，
殖民主義透過殖民資本主義制度所帶來的這些重大改變，與資本主義
在歐洲所帶來的改變大不相同。在歐洲，資本主義侵蝕了封建勢力。
在東南亞，至少是在菲律賓和印尼，殖民資本主義變成了一種經過轉
化、帶有種族色彩的封建秩序。在19世紀，隨著歐洲人對亞洲人和

39　可舉歐洲賽馬的發展為例。賽馬早在工業革命之前即已存在。到了20世紀，隨著其
　　對現代科學與技術的應用，賽馬已演變為一項運動。東南亞的鬥雞就不是如此。它
　　仍保留傳統的形式。殖民地社會的廣大領域都沒有受到科學與技術革命的影響。

非洲人的統治，各地白人的社會地位及其語言、風俗、服裝、膚色等一切外在特徵的地位也得到提升，因而產生了一種由種族屬性所主導的身分等級制（status system）。歐洲人成為統治階級，處於此制度的最頂端；接著是歐亞混血和信仰基督教者，再下來是亞裔外來移民社群，最後是土著群體。在印尼，只有土著居民會被徵召從事強迫勞動。

19

在行政與司法領域，在公職與教師任用方面，歧視處處可見。土著婦女在其歐裔丈夫逝世後，對其與歐裔丈夫所親生的子女沒有監護權，子女結婚前無需經過她的同意。一個人的身分地位不是取決於他本人，而是取決於他所屬的人口群體。當局制定各種懲罰措施，以防止種族界限被逾越，例如人們不准穿著非本身所屬人口群體習慣穿著的服裝。殖民統治者甚至在很大程度上成功迫使印尼人本身接受以種族為基礎的價值體系。殖民統治階級的成員從一出生，或者從他們踏上東印度群島海岸的那一刻開始，就被灌輸這種行為模式和與之相關的所有刻板印象。[40]

殖民地身分等級制是殖民資本主義的一項發明。它的某些細節因統治制度不同而有所差異，但大體而言，這種身分等級制是一樣的。同樣的情況也普遍存在於經濟制度中，即歐洲人位於頂端，外來亞裔族群居中，土著位居底層。道德層面也維持著同樣的階序：歐洲人最文明，接著是外來亞裔族群，然後是土著。殖民資本主義的社會世界

40　W. F. Wertheim, *Indonesian Society in Transition*, pp. 137-138, W. van Hoeve, the Hague, 1969.

有別於西方現代資本主義的社會世界。在西方，貧富差距極大，但英國的富人和窮人都是英國人。在殖民地，貧窮的歐洲人是不存在的，也不存在非常富有、經濟勢力強大的土著資產階級。在英國，資產階級建立工廠；但在殖民地，資產階級不這麼做，而是種植經濟作物和設立享有殖民地政府優惠待遇的商行。殖民地的資本主義型態有別於殖民本國的資本主義型態。殖民地的主要資本主義投資是在礦業和種植園業，不在商業和工業；在殖民地展開的工業活動無論範圍或層次皆微不足道。所以，如同前面已經提過的，殖民地的資本主義並沒有促進現代科學與技術的傳播，因為它沒有與工業結合，也因為採礦和種植無需多少科學與技術，就能初步生產那些供直接輸往歐洲的原料。由於原料的加工是在歐洲進行，殖民地並沒有從那些與加工相結合的科學與技術實踐中受惠。

　　上述因素導致殖民時期的土著社會在科學與技術方面停滯不前。殖民當局對經濟、生產活動、教育制度、外交關係、文化交往等方面的控制，剝奪了馬來西亞、印尼和菲律賓社會自行選擇刺激措施與回應方式的自由。黎剎及其他菲律賓改革者在19世紀下半葉旅居西班牙時，便見證了這一事實，當時他們抱怨說，西班牙的許多事物並沒有被引進菲律賓。西方殖民主義帶來西方文明諸多優點之說，是殖民主義教條的一部分；但實際情況是，西方殖民主義阻礙了西方文明優點的傳播。菲律賓、印尼和馬來西亞獨立後的發展足以證明這一點：學校以百倍數增加，識字率迅速普及化，報紙如雨後春筍般冒現，新建築成千上萬，好幾萬名學生前往西方深造，大學也大量湧現。在生活每一個層面出現的文化爆炸，將大量西方文明物品吸納進去。所傳播的知識、方法和書籍，皆來自西方。這是文化的水壩在殖民主義的牆體崩潰之後的一次爆發，前殖民地從中所吸收的西方文明，遠多於

獨立之前。西方較高級、較多樣化的科學與技術如今也被吸納，儘管東南亞社會仍面對著大量的問題，包括貪腐、收入分配、經濟發展等方面的問題，簡言之就是一般的落後問題。無論如何，這些國家獨立後之所得，大於殖民時期。不僅與西方世界的接觸大為增加，科學與技術的流入也大幅度提高。

　　所以，東南亞社會之所以相對停滯，其原因在於殖民統治。殖民主義使這些國家彼此孤立，並且在很大程度上孤立於整個西方世界之外。在最早一批歐洲人於16世紀到來之前，東南亞社會已經以兼容並蓄著稱。印度教、佛教和伊斯蘭教，以及它們的文化特色，早已為東南亞人所接受。印度、中國及其他區域的大量工藝製品及其製作方法，也已被吸收。[41] 遠在歐洲人到來之前，馬來人和爪哇人的足跡業已遍及中國、印度、波斯和阿拉伯。當時已有國際文化交流，若是與西方世界的交往不是在殖民關係框架內進行，其吸收外來文化的進程勢必已經加快。事實上，正是殖民主義限制並延緩了這一進程。如果沒有殖民主義，到了19世紀末，西方勢必已經出現馬來人和爪哇人的貿易商行。在印尼和馬來西亞，也許還有菲律賓，獨立、有影響力的商人階級勢必已經崛起，並成為文化交往的先鋒。更多現代文明要素勢必也會透過這個階級，被吸收進來。（如同我們將會在本書第十二章看到的，這一階級實際上反而是被殖民主義消滅了。）

　　在沿海地區，可能足以媲美15世紀義大利城市並打造出新型經

41　M. A. P. Meilink-Roelofsz, *Asian Trade and European Influence: in the Indonesian Archipelago between 1500 and about 1630*. Martinus Nijhoff, the Hague, 1962.「在16世紀和17世紀初，亞洲人在技術領域受到了歐洲人相當大的影響。到了16世紀下半葉，這些因素必定是提高了亞洲的抗敵能力，讓亞洲得以擊敗葡萄牙人意欲取得壟斷權的企圖」（p. 124）。

濟與社會生活的商業城市原本可以崛起，卻因為荷蘭人在17世紀擴張勢力而受阻。因此，原本可能出現的馬來群島文藝復興，還未誕生便被扼殺了。

若非西方帝國主義介入，菲律賓、印尼和馬來西亞會不會已經成為發達國家？這是極重要的一個問題。在目前這個階段，我們只能這樣說：若非西方帝國主義介入，土著社會勢必已更趨同於西方世界，因而其經濟與社會改革也會比目前走得更加前面。馬來西亞的土著礦家階級不僅不會在英國人的統治下消失，馬六甲的土著礦家也不會在荷蘭人的統治下屈居劣勢，反而會像過去取得其他技術那樣，獲取現代採礦技術。如果當時與歐洲的貿易不是在殖民關係框架內持續擴展，它就會提供必要的誘因，讓土著社會在其與西方的非殖民經濟關係中發展起來。事實上，正是東南亞出口的成長，把西方帝國主義吸引到這個區域來。人們對經濟作物出口的意識存在已久。最晚在15世紀，甚至更早，馬來西亞、菲律賓、印尼及東南亞其他地方即已存在著蓬勃發展的國際貿易和文化交往。但從17世紀開始，貿易壟斷制在荷蘭人最先實施之後，便逐步穩定地發展起來。

這個過程與我們的主題密切相關。荷蘭人實施的貿易壟斷影響了印尼和馬來西亞部分地區，加上西班牙人也在菲律賓採取類似的政策，結果導致獨立、有影響力、經營國際貿易的土著商人階級被消滅。這種情況到了18世紀無疑更為顯著，所留下的真空遂由華裔商人階級填補。由於殖民資本主義把有用的勞動定義為商人的勞動（透過商業活動賺錢，把商品輸出到歐洲殖民國或從那裡引進商品，到了19世紀則從事經濟作物種植園的經營管理），那些沒有這種商人階級的社群就會被視為不勤勞的社群。15世紀和16世紀初到來的歐洲人大體上沒有突出懶惰土著的形象，原因之一就在於，當時存在著一

個蓬勃發展的土著商人階級，土著群體仍是商業船運活動的重要參與者。當時的政治關係也不一樣：西方人並未統治馬來群島。除了西班牙人對菲律賓的統治，西方人在馬來群島的第一個大規模且實質的統治，可說是始於荷蘭人。要確立確切的時間點並不容易，但我們可以很有把握地斷定，到了18世紀中葉，荷蘭人已成為了馬來群島最主要的勢力；而懶惰土著這個主題，就是在那時候萌芽的。這個主題並不是為土著居民而設；他們未被徵詢意見，也不曾獲告知外人對他們的看法。他們就只是成為討論的對象。直到現在，除了少數受過教育的土著，絕大多數東南亞人並沒有意識到，他們成為討論對象已經有數百年之久了。歐洲殖民作家、官員、教士和旅人都是為自己家鄉的讀者而寫的。他們描述土著的懶惰與落後，旨在讓自己的同胞信以為真。

　　如果把懶惰土著的形象放回到其歷史與社會學脈絡來檢視，此形象將會把我們導向大量的歷史與社會學現象。一個主導觀念之所以興起和持續，總是與其歷史脈絡中的重大事件與形勢有關。主導觀念永遠是較大一組觀念的組成部分；它構成一個觀念集群，其根源是錯綜複雜的。與土著形象交織在一起的，包括了區域政治與經濟史、西方殖民主義文明的族群中心主義、殖民資本主義的性質、統治勢力的開明程度、統治集團的意識形態，以及對殖民政策造成影響的特定歷史事件，例如現代自由主義的興起。本書嘗試去理解與分析的，就是這錯綜複雜的根源。首四章和第十章主要揭示土著的各種形象，其餘各章則討論這些形象所引起的諸多問題。在闡述一位作者的觀點時，我們會盡可能直接引用原文。這樣做會比轉述更為信實可靠，因為如果不是透過作者本身的用語來表達，其原話的衝擊力就會大為減弱。我們會盡力做到公平對待其觀點被引述的作者；我們會從頭到尾細讀其

著作，以免斷章取義。同樣地，在使用歷史文獻時，我們也會仔細將相關議題放回到相應的脈絡中予以解讀。當我們要證明荷蘭人摧毀土著貿易時，我們會選擇引用那些足以代表普遍現象的案例，而不是單一個案。所以，我們認為，在馬六甲，個別葡萄牙殖民官對商人敲詐勒索的行為，不是從整體上扼殺整個區域貿易的一個決定因素，但荷蘭人的政策則是。

學者所做之事有時候類似於法官，有時候則類似於裁判。兩者皆須客觀公正，但裁判只需按照比賽所定下的一套規則行事即可，無需根據旁證去考慮真相問題；至於法官，則必須就證據做出評估。法官必須根據事實的性質，在不受任何一方影響下做出判斷。無論如何，直面複雜性乃是學術研究分內之事；避免複雜而力求簡明，則可能導致真相被扭曲。在歷史研究及其他學術研究中，力求簡明的主張有時候是以犧牲真相為代價的。其對事件的評價會以一刀切的方式進行。簡單、不相干的動機會被拿來討論，儘管這些動機實際上對後續事件並沒有什麼影響，而這樣的討論往往旨在減少歷史上某一方的罪責。殖民時期的歷史書寫從來都不忘聲稱，殖民強權之所以占領土地，純屬必要之舉（實際上它們意在貿易）。對此說法，簡明論者總是信以為真。問題是，何謂必要？一套必要之說會引出另一套必要之說。於是，土著懶惰、低人一等的形象，也被視為一種必要。

為了闡明以上所說，讓我們來檢視經常被複述的一個說法：荷蘭人在印尼建立殖民統治，乃形勢所逼。1602年，當荷蘭政府發出特許狀予聯合東印度公司時，該特許狀其實已對領土征服有所設想，儘管外交措施仍屬首選。貿易和戰爭從一開始即已存在於公司意志之中，而荷蘭對貿易壟斷的堅持，是挑起戰爭的因素之一。在17世紀初的印尼，貿易港口皆開放予各民族商人，包括印度人、阿拉伯

人、波斯人、土耳其人、阿比西尼亞人、英國人、法國人、葡萄牙人和丹麥人。數百年來，馬來群島一直都在實行國際自由貿易。突然間，卻有一群人冒出來，聲稱擁有貿易壟斷權。此壟斷所排擠的不只是英國人、葡萄牙人和西班牙人，還有土著商人。這意味著土著的貿易遭到扼殺，而土著若是反抗，還會付出滅族的代價。關於暴力的使用，東印度公司內部有不同的意見。對於切斷糧食與必需品供應以消滅整個族群人口的政策，公司重要人物勞倫斯・雷約爾（Laurens Reael）即不表認同。當時公司當局打算以此政策，對付印尼東部的班達群島（Banda）。[42]

上述武力與暴力政策啟動時，聯合東印度公司成立才不過十年。除了意圖利用武力來達到貿易目的，還會有什麼歷史必然性迫使他們訴諸領土征服？數百年來，其他民族從東南亞貿易中獲利，卻從來就不覺得有必要進行領土征服。這麼說並非暗示17世紀初的荷蘭帝國締造者如揚・彼得松・柯恩（Jan Pieterszoon Coen）也不是衷心覺得應訴諸武力和占領土地；他和公司董事都確實覺得，使用武力是必要的。不過，歷史學家如果也隨之起舞，宣稱那些帝國締造者所說的必要之舉乃是歷史必然性所致，則是無判別能力的表現。馬克思和恩格斯對這類歷史學家的譴責也應當落在他們身上，即這類歷史學家比那些懂得如何判別某人的假貌和真相的小店主還要不如。他們實際上只是不加批判地接受事件參與者本身的說辭，還把某種必然性注入其對事件的詮釋之中。

---

42   M. A. P. Meilink-Roelofsz, *op. cit.*, p. 211.「董事們在信函中提出了消滅班達人（the Bandanese）、讓其他民族移居該地的計畫，但雷約爾請求他們慎重考慮，一個地方要是沒有了原來的居民是否還有價值，因為到時候就不會有勞動力可供種植與收穫荳蔻之用。畢竟在其他地方，以移民取代原住民的做法，曾有過許多慘痛的教訓。」

　　同樣地，土著地位的貶低，也可以被詮釋為一種歷史必然性。一旦他們的國家被占領，他們就必須在事物的階序中接受從屬的位置。他們必須被貶低，使他們覺得自卑、低人一等，否則他們就會掙脫外人強加於他們的枷鎖。正如法蘭茲・法農（Frantz Fanon）所指出：

> 土著社會不只被描述成一個缺乏價值標準的社會。如果殖民者只是斷言，在殖民世界中，那些價值標準已經消失，甚至根本不曾存在過，那是不夠的。土著被宣稱為對道德倫理無動於衷；他們不僅沒有價值標準，也否定價值標準。讓我們坦然承認吧，他們是價值標準的敵人。在這個意義上，他們是絕對的惡。他們是腐蝕元素，摧毀一切接近他們的東西；他們是變形元素，把一切與美或道德有關的東西變得面目全非；他們是惡勢力的淵藪，是盲目暴力的無意識及無法回收的載具。[43]

　　不過，關於必然性的問題，貶低土著的殖民作家都只是含蓄提及，或根本就不提。在對此問題缺乏意識的情況下，他們甚至不會試著停下來思考他們所創造出來的這個形象。要是曾停下來思考，他們就會發現，他們有份協助創造的這個形象，乃是出自他們所認為的殖民之必要。這方面最好的例子就是作為西班牙國王特使於1842年前往菲律賓考察當地狀況的瑪斯（Sinibaldo de Mas）。他的考察報告以獨特而全面的方式，赤裸裸地呈現了殖民統治的理念。那是關於如何落實統治的一套清晰、坦率、客觀、明確的論述。

25

43　Frantz Fanon, *The Wretched of the Earth*, pp. 33-34. Tr. C. Farrington. MacGibbon and Kee, London, 1965.

　　瑪斯以官方身分所寫的報告假定了西班牙將會保留菲律賓殖民地。就個人立場而言他是傾向於讓菲律賓獨立的，但在這裡，我們感興趣的是他的官方觀點。他指出，哪種法律最適合菲律賓，取決於政府的目標是什麼。這個目標可以是以下幾個選項之一：（1）把菲律賓群島永久保留為殖民地；（2）無論西班牙會不會失去這個群島，都不把住在那裡的西班牙人的命運視為重要的考量因素；（3）「決定解放此群島，並讓此群島為獨立做好準備」。[44]如果政府傾向於第二個選項，就應讓此群島維持現狀。瑪斯傾向於向西班牙當局推薦第一個選項，雖然就其所見而言，他認同於順應歷史形勢讓菲律賓獨立的主張。針對保留群島為殖民地的選項，瑪斯提出了三項基本方針：應減少出生於菲律賓的西班牙裔人口的數量；殖民地政府應進行徹底的改革；而對我們的主題而言最重要的一項是，「應使有色人種**自願**（voluntarily）尊重與服從白人」。[45]他建議減少土生西班牙裔人口是因為他們已經成為了一項包袱：製造對殖民政府的不滿，繼而因在地利益考量而激發當地人的獨立願望。菲律賓土生西班牙人是一個錯置的族群。

　　舉例來說，一個土生西班牙人在現實中會被稱為西班牙人並享有身為西班牙人的權益，但他們從來不曾踏足西班牙，在那裡既不認識任何人，也沒有任何私人關係。他們在菲律賓出生，在菲律賓玩當地的童玩和培養出最初的愛好，所有同伴都是在菲律賓認

44　Sinibaldo de Mas, *Report on the Condition of the Philippines in 1842, III, Interior Politics*, p. 121. Tr. C. Botor, revised A. Felix Jr., ed. J. Palazon. Historical Conservation Society, Manila, 1963. 瑪斯提出獨立的問題，比荷蘭與英國殖民作家早了一百年。

45　*Ibid.*, p. 121.

識的，他們的靈魂在菲律賓適得其所。日後他若前往半島[iii]，他很快就會因想念亞洲的天空而嘆息連連。他的家鄉是在菲律賓。當他聽到有人說起馬尼拉、說起煙草或說起錢財被送往馬德里政府的事，他就會像一個西班牙人聽說西班牙的酒或大筆款項作為貢品被送到俄羅斯或英國時那樣，心生厭惡之情。而且，菲律賓土生西班牙人多半是殖民地政府雇員的後代，這些雇員死於殖民地後並沒有給子孫留下什麼東西，除了貧乏的教育、以殖民地主人自居和出入坐馬車的習俗，以及由懶惰與虛榮所驅使的對閒散生活的偏好。由於對宗教生活興趣不大或完全沒有興趣，缺乏資金和機遇供參與商業、農業與工業投機事業，法律或航海方面的工作機會卻又僧多粥少，他們唯有冀望在殖民地政府中謀得一職。[46]

關於如何使菲律賓人尊重歐洲人，瑪斯提出以下建議：

為了做到這一點，有必要使菲律賓人處於某種知識與道德狀態，讓他們意識到，儘管他們在人數方面占盡優勢，但在政治上，他們的重量是比較輕的，就像在天平上，一堆乾草總是比一塊金子輕。工人、牧羊人不會讀懂社會契約，也不會知道自己小鎮之外所發生的事情。摧毀西班牙專制政體的不是這種人，而是在大學接受教育、知道憲法所保障的自由並為之奮鬥的那些人。我們若誠心思考這個問題，就必須時記住這一點。我們必須極力避免自由派的形成，因為在殖民地，**自由**（liberal）與**反抗**（rebellious）是

46　*Ibid.*, p. 122.

同義詞。[47]

在軍隊裡，菲律賓人的軍階不得超過下士。「比起最能幹的土著，讓一名西班牙裔農場工人擔任准尉或中士更為恰當，即便他不懂得讀寫。土著越是有價值和精明，其可能犯下的錯誤便越大。這是一場敗者為王的遊戲。授予最多缺陷、最懦弱、最卑下者准尉的軍階，反而較為安全和較可容許。」[48] 在瑪斯看來，宗教是獲取權力的一種工具，也是激發人們尊重西班牙人的一種手段。

> 把宗教視為我們的統治基礎，就可明顯看出，一切會破壞宗教精神的事物也將會破壞與削弱這個基礎。正因為如此，沒有任何東西會比神職人員的退化與腐敗更能直接傷害宗教了，而歷史經驗也已證明，就像基督的最初追隨者憑著一股熱情和以身殉道的意願而把他們的信仰迅速傳播出去那樣，在世界各地，當神職人員陷入流言、享樂、野心和罪惡的泥沼，人們的信仰就會立刻消失，對宗教也不再重視。因此，政府必須把神職人員看作是一股力量；就像軍隊會竭盡所能確保軍中不會出現違紀和士氣低落的情況那樣，當局也必須對神職人員的行為保持警惕。讓他們盡可能對城鎮施加影響，但同時也要讓他們永遠都是由歐裔西班牙人組成，並且對西班牙利益之外的任何利益皆無動於衷。[49]

27

法律也應當用以激發對西班牙人的尊重和打擊土著的自尊。「全面打

47　*Ibid.*, p. 133.
48　*Ibid.*, pp. 133-134.
　　Ibid., p. 147.

擊土著自尊也是必要之舉，俾使他們不論何時何地，都把西班牙人視為主人，而非彼此平等。我們的東印度群島法律是以最大的善意制定而成，但其中或有不夠審慎之處；它不僅讓土著享有與西班牙人同等的權益，似乎還對他們有所偏袒，在土地所有權方面更是如此。」[50] 他反對在上層階級的菲律賓土生西班牙人名字前面冠上「唐」（don）的尊稱。[51] 他認為不應讓菲律賓人學西班牙語。「我們不可能阻止那些不宜讓他們讀到的文件與書籍在各省流通，而過去的經驗告訴我們，那些懂得我們語言的人，幾乎都是各城鎮中最頑固且會對神父和總督表示不滿、譴責及反抗的人。」[52] 他們也不應被教導如何操作大砲和製造火器。[53]

如果西班牙當局意在讓菲律賓獨立，瑪斯的建議則與他針對保留此殖民地所提的建議截然相反。他個人傾向於為菲律賓的獨立做好準備，但這一傾向不是基於理念上的理由，而是因為菲律賓對西班牙沒有好處。它無助於充實西班牙國庫；它不是西班牙工業製品的傾銷地，因為西班牙沒有什麼工業製品；它也不能用作人口過剩的對策，因為西班牙沒有人口過剩的問題。[54] 他的報告最後以這番具有預言性的話作為總結：

> 總而言之，假如我們是出於對土著的愛而保留此群島，我們其實是在浪費時間與恩惠，因為感恩之情只會偶爾出自個人，從來就

50　*Ibid.*, p. 156.

51　*Ibid.*, p. 161.

52　*Ibid.*, pp. 166-167.

53　*Ibid.*, p. 167.

54　*Ibid.*, p. 192.

不會出自任何民族；而假如我們是為了自己而保留此群島，我們就會陷入一種反常局面，這是因為，我們如何能夠在宣稱自己享有自由的同時，又想要把我們的法律強加於遠方民族身上？為什麼我們希望自己國家可享有種種好處，卻否定其他民族也應享有同樣的好處？鑑於這些道德與普世正義原則，也因為我相信西班牙在當前的政治局勢下將難以兼顧殖民地，以上我所建議的幾項保留殖民地的措施，沒有一項（這是我的判斷）將會被接受；而菲律賓將會在歐洲人和菲律賓土生西班牙人蒙受大量生命財產損失的情況下，透過暴力獲得解放。我認為，遠較為容易、有效和光榮的做法是，我們慷慨大方地預先為實現解放做好準備。[55]

瑪斯對菲律賓問題的看法，是一種現實主義的看法。然而，儘管傾向於為菲律賓的獨立做好準備，他終歸是個殖民作家。因為看到菲律賓處於無人照管的狀態，他才放棄讓它獨立的願望。他建議採取「分而治之」（divide and rule）的政策，[56] 並認同「強權即公理」（might was right）之說，以此合理化西班牙人在菲律賓的殖民統治。

我熱愛自由，但我不屬於那種空有目標卻不知如何實現的夢想家。西班牙人在菲律賓建立了極好的殖民地，也想要繼續保有它；所以，他們必須用盡一切可行手段去實現這個目標。至於這些島嶼的居民，如果不再管治他們，讓他們的省分與省分、村莊與村莊之間自由交戰，難道他們會過得比較好嗎？不，肯定不

55　*Ibid.*, p. 194.

56　*Ibid.*, p. 163.

會。所以，為了母國的利益，也為了這些島嶼居民的利益著想，西班牙人必須採取一切明智而審慎的措施，來維持殖民地地位及維護他們的權益。如果有人質疑，西班牙人憑什麼權利主張繼續做菲律賓的主人，我必須回答說，我們沒有必要談論什麼權利，只需接受既成事實即可。這種情況四處可見。這就是強權即公理的法則。[57]

瑪斯對天主教神職人員在菲律賓所取得的成就深感興趣，因為這些成就與他的西班牙愛國意識相吻合。

對菲律賓的征服是一種宗教上的征服。修士們到了那裡之後所關心的第一件事，就是改變菲律賓土著的信仰，而甚至在群島的治理組織化之前，這些居民的改信就已經發生了。那些修士影響力日增，此影響力又因殖民地政府的性質使然而增強，這是因為總督只是偶爾住在那裡，各種文官也只是暫時停留，而神職人員則長期留駐，並以深受人們愛戴與尊敬的方式，維持與行使他們的權威。神職人員對菲律賓土著的影響力十分強大；他們不會濫用他們的權威，除非是為了維護它，但無論如何，他們懂得如何利用這權威來謀求母國和他們本身的利益；這可從不時威脅殖民地的重大危機中看得出來；他們在危難關頭始終走在群眾之前，成為自我犧牲與奉獻之表率，因而能得到群眾的服從，以至一名修士的價值甚於一隊服役的騎兵。菲律賓所取得的唯一進步，即道路與水道、公共工程以及社會、政治與慈善機構的建設，都是因

29

57　*Ibid.*, p. 204, note 6.

為他們的努力所致；他們也改變了原來的馬來民族，使之成為遵
循西班牙習俗與信仰的群體。對於天主教在美洲和菲律賓所贏得
的偉大勝利，所有無偏見者都會深感欽佩而對它改觀。[58]

不過，瑪斯也沒有忽略那些修士的過失：他們妨礙了菲律賓的工業
化。[59]

瑪斯提呈給西班牙本國政府關於菲律賓的報告，是最能說明問題
的一份文件。那是一份關於殖民政策的坦率論述。英國人、荷蘭人和
葡萄牙人都或多或少實行了他所提出的統治原則。打擊土著的自尊被
視為必要之舉，因此貶低土著性格特質亦屬必要。瑪斯對獨立所抱持
的態度與殖民地官員並無二致，後者在二戰後終於改變想法，接受獨
立為可行方案，但不是因為殖民主義不符合道義，而是因為鑑於各種
理由，保留殖民地對殖民國來說已不切實際。就這點而言，瑪斯是走
在時代之前的。他這個案例清楚顯示，只要有意，一個人即便身處殖
民時代，也還是能夠提出獨立問題來討論的。只不過由於受到殖民意
識形態的壓倒性影響，幾乎所有殖民作家和官員甚至連提也不曾提
過這個問題。即便是瑪斯，也只是在殖民意識形態的脈絡中討論此課
題。對他來說，菲律賓的獨立是西班牙殖民統治瓦解的結果；獨立本
身，即民族的自由解放，並不是目的。這就是瑪斯在傅乃華及其他殖
民作家予以表述之前一個世紀即已預示的晚期殖民主義意識形態。

知識社會學業已證明，不同的人會根據其所處的階級位置、知識
階層、文化環境、權力層級和文化群體，發展出不同的觀點。這些因

3   *Ibid.*, pp. 202-203.

     Ibid., p. 203.

素在時間、空間和情境的脈絡中運作。在人類歷史上，對其他群體的刻板印象和偏見屢見不鮮。我們必須把這些刻板印象和偏見中的普遍成分和特殊成分區分開來，才能對現象有較深入的認識。現在，讓我們來檢視為了統治目的而發展出來的刻板印象。在19世紀的英國，資產階級曾以貶低的形象來描繪工人階級。這個形象的許多特徵也出現在東南亞人的形象之中。英國工人階級被想像為道德低劣、不愛勞動、智力低下等等。殖民地土著也被認為具有這些特質。不過，這兩種貶低現象之間有著巨大的差異。雖然英國資產階級貶低工人階級，但他們並沒有貶低整個英國民族。在殖民意識形態中，被貶低的則是整個土著社會和族群。而且，這種偏見通常會維持很長一段時間。[60]

另一個差異在於，殖民地土著形象中所再現的族群偏見，是由少數族群施加於多數族群。在非殖民地區，族群偏見則是由多數族群施加於少數族群，例如美國的黑人和歐洲的吉普賽人與猶太人便遭受這樣的偏見。另一個差異之處是，在西方非殖民地區，族群或種族刻板印象是在一個互動的框架中運作的。黑人一直都對於加諸他們身上的刻板印象有所意識，並且會對這些刻板印象做出回應。白人眼中的黑人形象是這種互動模式的組成部分，雙方對此形象皆有所意識。但在殖民地土著形象中，只有歐洲殖民統治者在雙方的互動中對此形象有所意識，土著本身則無所知覺。占支配地位的少數族群在表述土著形象時顯然也無所節制。在土著形象的塑造上，他們發揮了狂野的想像力。本書各相關章節將會詳加引述和說明。這種無節制的表述，例如稱土著為唯有強迫才會工作的動物，已成為殖民形象打造者的特徵。

---

60 殖民者對土著的族群偏見在菲律賓和印尼盛行了超過三個世紀之久。在馬來西亞，這種偏見維持超過一個半世紀。

有些人公開贊成讓土著維持貧窮狀態，理由是窮人比較容易管理。這
種觀點支配了殖民地政府長達數世紀之久；一直到20世紀的最初數
十年，印尼和馬來西亞殖民當局才真正嘗試探討土著福利的問題。[61]

　　心中抱持著工人階級扭曲形象的英國資產階級並不會羞辱工人的
宗教、文化、種族、語言和習俗——他們與工人階級共享這些東西。
由此可見，熱帶殖民環境中的偏見，與存在於西方的偏見，屬於兩種
不同的類型。這只是與我們的主題有關的研究面向之一，我們就此打
住，不打算繼續探究，因為偏見的一般類型不是我們的主要研究旨趣
所在。我們也排除了許多與殖民主義的性質和發展相關的研究課題，
只選擇其中與我們的主題密切相關者，也就是殖民時期土著形象的起
源與功能。為什麼荷蘭人會崛起成為東南亞最強大的殖民勢力、土著
邦國的哪些弱點導致它們臣服於殖民統治、各地殖民統治的性質及其
對土著社會的衝擊是什麼、殖民歷史與西方歷史有著怎樣的關係、如
果西方殖民主義未曾到來則可能會出現怎樣的情況、殖民主義如何推
進或延緩土著社會的發展，以及其他許多課題，也都略而不談，儘管
其中一些課題會略為提及。殖民政府以鴉片荼毒全體人口的做法，也
許對殖民地土著及其他亞洲人形象之塑造有一定的影響，也透露了殖
民地政府的道德觀。在這個問題上，我們也將會引用殖民意識形態擁
護者自己的話，來揭示他們內心的想法，然後針對他們對鴉片政策的
辯護做出評價。[62] 在土著商人階級被殖民主義消滅之後，亞洲人卻被

31

61　這種觀點導致19世紀的印尼荷蘭殖民政府漠視土著貧窮的問題。受過高等教育的
　　荷蘭官員、歷任總督和部長都同樣漠視這個問題。關於此課題，參見 F. de Haan,
　　Priangan, vol. 1, pp. 430-431. Bataviasch Genootschap van Kunsten en Weternschappen,
　　Batavia, 1910。

　　關於此事，參見 *Proceedings of the Committee appointed by His Excellency the Governor and*

告知他們天生沒有商業頭腦。針對殖民主義的這一面向，我們會在本書最後部分予以處理。

譯註

i 韋伯（Max Weber）的《新教倫理與資本主義精神》（*The Protestant Ethic and the Spirit of Capitalism*）有幾個中譯本，此處譯文參考了康樂、簡惠美譯本（桂林：廣西師範大學出版社，2007，頁4-5）和黃曉京、彭強譯本（成都：四川人民出版社，1986，頁15-16）。

ii 荷蘭東印度公司（the Dutch East India Company），正式名稱是聯合東印度公司（United East India Company），荷蘭原文為「Vereenigde Oost-Indische Compagnie」，縮寫為「VOC」。

iii 此處指西班牙所在的伊比利亞半島（Ibérian Peninsula）。

High Commissioner to inquire into Matters relating to the Use of Opium in British Malaya. Government Printing Office, Singapore, 1924. 1918至1922年的鴉片稅收是總收入的30%（Appendix XVII, B19）。同期，在成年人口為663,030人的華人社會，所售出的熟鴉片為703噸，相當於每9,043人消費1噸熟鴉片〔譯按：原文如此，但若按以上數據計算，應為每943人消費1噸〕。當時鴉片煙民必定相當多。

| 第一章 |

萊佛士時代以前的馬來人形象
The Image of the Malays until the Time of Raffles

　　在過去四、五個世紀裡，外來觀察者一直都對馬來人抱有一套明確的看法。這套看法是直接闡明的，毫不含糊。馬來人對自己也有一套看法，但他們不會直接予以表述。馬來史料並不關注這個問題。不過，我們還是可以從中推論出馬來人對他們自己以及他們的責任、價值觀和整體文化的看法。外國史料對馬來人的記述則所在多有。我們可以從其中最早的一份，即托梅・皮雷斯（Tom Pires）於公元1512至1515年間彙編的資料，展開我們的討論。他對馬來蘇丹統治下的馬六甲風俗、法律和商業的描述（此書即編寫於馬六甲），也許是這方面最豐富的單一資料來源，至今依然無出其右。比起後來的許多作者，其語調顯得冷靜沉著。關於馬來民族性，皮雷斯曾一筆帶過，說他們是善妒的民族，因為當地重要人物從來不會讓他們的妻子公開拋頭露面。這些婦人出外都是以蒙帷有蓋的轎子代步，並且多人結伴而行。[1]

　　皮雷斯是葡萄牙人，不久就有另一名葡萄牙人杜亞特・巴波薩

1　Tom Pires, *The Suma Oriental of Tom Pires*, p. 268. Tr. and ed. Armando Cortesao. Hakluyt Society, vol. 2, 2nd Series, no. 90, London, 1944.

（Duarte Barbosa）躡步其後。巴波薩的記述完成於公元1518年，其值得
注意之處在於，對於馬來人和馬六甲與爪哇島的爪哇人，他有著截然
不同的看法。他抵達馬六甲是在葡萄牙人占領該地之後不久。他注意
到馬六甲的馬來顯貴都是虔誠的穆斯林，在城外有著許多果園、花園
和水池的大宅裡過著愉快的生活。他們在城裡另外設有商館，並擁有
多名奴隸，這些奴隸都有妻兒。關於他們的性格特質，巴波薩指出：
「他們舉止優雅，教養良好，嗜好音樂，耽於愛情。」[2] 對於同樣是穆
斯林的馬六甲爪哇人，他則持有以下看法：「他們做任何事情皆十分
狡詐，善使各種詭計，所言多虛少實卻又十分凶狠（且隨時準備做任
何邪惡之事）。他們擁有精良武器，戰鬥起來無畏無懼。」[3]

　　他對爪哇島上的爪哇人描繪得十分詳細。我們將全文引用他的描
述，因為這段引文將有助於接下來的討論。他寫道：

> 當地居民胸膛寬厚結實，臉龐寬大，大多數人腰部以上赤裸，其
> 餘則身著長及大腿一半之綢衣。他們鬍鬚盡皆拔除，以示出身高
> 貴，並剃除頭頂中央毛髮，頭上不戴任何東西，據說是因為頭
> 上不可有任何物件蓋頂；若有人將手置於男人頭上，對該男人
> 而言是莫大的羞辱。他們所建的房子皆為單層，以免有人於頭
> 頂上走動。他們極為高傲、暴躁、奸詐，更是狡猾無比。他們
> 十分擅長細木工。所從事的工藝尚有製造明火槍（firelock）、火繩
> 槍（arquebus）及其他各種火器；各地對其火槍手需求甚殷。除前

2　Duarte Barbosa, *The Book of Duarte Barbosa*, p. 176. Tr. and ed. M. L. Dames. Hakluyt
　　Society, vol. 2, 2nd Series, no. 49, London, 1921.

3　Duarte Barbosa, *ibid.*, p. 176. 我認為巴波薩所說的爪哇人指的是所有來自爪哇島的
　　人，未必單指居住在爪哇島中部和東部地區、說爪哇語的族群。

文提及的**戎克船**（junks），他們也有製造精良、以槳推動的輕型船舶，有者以此船舶從事劫掠，當中有成為大海盜者。他們是心細手巧的鎖匠，所製武器堅固無比，鋼鐵切割精良。他們也精通巫術，會於特定時辰製造武器，聲稱持此武器者刀槍不入，而遭此武器刺中則必死無疑，所製另一些武器據稱亦可讓主人立於不敗之地。製造特定武器時，為獲致功效，有時甚至耗費十二年以待時機成熟。此類武器國王極為珍視，因而親自持有。

他們當中精良騎士與獵人也所在多有；他們擁有大量良駒駿馬，可供獵捕的奇禽異鳥也多；每逢出獵，皆攜帶妻妾乘馬車同行，此馬車外觀華美，車廂以木料精製而成。其婦人皮膚極其白皙，體態十分優美，惟臉龐寬大，五官不佳。這些婦人擅長音樂與刺繡，精通各類技藝，且耽於愛情迷咒。[4]

在皮雷斯和巴波薩之後一個世紀，1613年，傑出葡萄牙官員伊曼紐爾・戈迪尼奧・德・艾瑞迪亞（Emanuel Godhino de Eredia）向西班牙國王提交了三篇報告。他對馬來人的描述乃作於葡萄牙人統治馬六甲一個世紀之後，而皮雷斯和巴波薩所描述的馬來人，則是他們在馬六甲王朝滅於葡萄牙人之手不久所見。所以，艾瑞迪亞所觀察到的馬六甲馬來人，是作為從屬族群經歷了一百年殖民統治而在生活各個層面皆受到影響之後的馬來人。在描述了馬來人的外貌和服裝之後，艾瑞迪亞聲稱他們大部分個性開朗、愛惡作劇，並且極其任性妄為。他們也靈巧聰慧，但對待學習和藝術則粗疏馬虎。他們都把時間花在休

37

4　Duarte Barbosa, *ibid.*, pp. 191-194.

閒消遣上。因此,他們當中少有文人、數學家或星相家。[5]

艾瑞迪亞注意到,那些貴族都以鬥雞和音樂來打發時間。他對普通老百姓有較好的觀感。「老百姓品格較佳,因為他們通常會把時間用於謀生的技藝;他們當中有許多技藝精湛的雕刻師,也有精於煉金術者,善於將鋼鐵鍛煉成武器。」[6] 在荷蘭人占領馬六甲約三十五年之後,義大利旅行家、法學博士約翰‧弗蘭西斯‧傑梅利‧卡雷里(John Francis Gemelli Careri)於1695年6月27日抵達馬六甲。他抱怨說馬六甲物價高昂,並且指信奉伊斯蘭教的馬來人(米南加保人〔Menangkabau〕)是滔天大盜。他們是荷蘭人的死對頭,不願意與荷蘭人有任何商業來往,而且,根據卡雷里的說法,他們是過著野獸般生活的野蠻民族,不會輕易臣服於荷蘭人。因此,荷蘭人的統治僅限於城市方圓三英里以內的範圍。[7]

我們的下一位馬來民族性觀察者是荷蘭人弗朗索瓦‧瓦倫丁(Francois Valentyn),其所著馬六甲史完成於公元1726年。我們也許可以把瓦倫丁視為最早對馬來人及其文化和語言發生學術興趣的歐洲人之一。他通曉馬來語,且耗費了極大心力搜羅馬來文學與歷史著作。關於馬來民族性,他指馬來人活潑好動、風趣機智卻又非常自大。在整個東方世界,他們是最狡猾、最足計多謀、最會客套的民族,不怎麼可靠。[8] 與瓦倫丁同時代的葡萄牙軍官德‧瓦勒茲‧古雷

5　E. G. de Eredia, "Description of Malacca and Meridional India and Cathay", p. 31. Tr. from the Portuguese by J. V. Mills. *JMBRAS*, vol. III, pt. 1, April, 1930.

6　E. G. de Eredia, *ibid.*, 39.

7　J. F. G. Careri, *A Voyage Round the World*, p. 272. (Translator and publisher unknown.)

8　F. Valentyn, "Description of Malacca", pp. 52-53. Tr. D. F. A. Hervey. *JSBRAS*, no. 18, June, 1884.

羅（João Tavares de Vellez Guerreiro）上尉，在陪同葡萄牙派駐澳門的一位候任總督從果阿（Goa）途經柔佛（Johore）進行訪問時，於其關於柔佛的記述中表達了一般葡萄牙人對馬來人的看法，認為馬來人是未開化的野蠻人。[9] 他所描述的柔佛馬來人當時維持著獨立的地位，不受占領馬六甲的西方殖民勢力所統治。不過，他在記述中並沒有指稱馬來人作為一個民族具有野蠻、不可靠或狡猾的特性。他對柔佛統治者大為讚賞，但對於沿海地區的馬來人，他則譴責他們為隸屬於「可惡的伊斯蘭教派，天生奸詐，對人背信棄義」。[10] 對於曾與那位葡萄牙總督發生意外衝突的武吉斯（Bugis，又譯布吉斯）馬來人，他的批評更是嚴厲。[11] 反之，接下來我們要討論的萊佛士則對武吉斯馬來人抱持友善的態度。

　　新加坡開埠者、英國駐爪哇及明古連（Bengkulen）副總督湯瑪士・史丹福・萊佛士爵士首次與馬六甲的馬來人接觸，是在他於1810年受委為英屬印度總督代理人之時。在公職之餘，萊佛士對有關馬來人的研究深感興趣。在馬來民族性的研究上，萊佛士可說是重要的先驅，儘管以現代科學標準而言，其研究方法和結論有諸多不足之處。他對此課題之看法的演變，以及他的偏見與偏好，皆值得注意。我們將來會針對萊佛士及所提到的其他人的看法予以評價；現在，先讓我們陳述他對整體馬來人的看法。萊佛士把馬來人置於範圍較大、涵蓋印尼和菲律賓的種族與族群構成脈絡中，把這些地方的馬來人視為單一的民族。他寫道：「我必須把馬來人視為一個民族，儘管他們分布

38

9　J. T. de Vellez Guerreiro, "A Portuguese account of Johore". Tr. T. D. Hughes. *JMBRAS*, vol. XIII, pt. 2, October, 1935.

10　J. T. de Vellez Guerreiro, *ibid.*, p. 119.

11　J. T. de Vellez Guerreiro, *ibid.*, p. 127.

極廣，散居於蘇祿海（Sulu Sea）與南大洋之間、東西以蘇門答臘和巴
布亞或新幾內亞西部為界的所有海國，但他們都說同一種語言，並且
保留著他們的性格特質與習俗。」[12]

　　根據萊佛士的說法，馬來人在知識上尚未達到高度發展的階段。
「從馬來民族相對粗野與不文明的性格來看，我們無法在他們那裡看
到博學的論述；比起科學的或縝密的長篇大論，簡單表述的一些簡單
觀念或許反而更能說明其性格。」[13] 他對馬來人的海事法典和他們的
法律制度尤感興趣。在他看來，馬來民族性之所以退化，最大的影響
因素在於缺乏一套明確且獲普遍接受的法律制度。而之所以缺乏一套
獲普遍接受的法制，是因為馬來人改信伊斯蘭教，加上先前受印度教
影響，以致出現法制多元化的局面。大體上源自印度的習俗法未能與
伊斯蘭法合而為一，造成了令他深感遺憾的多元化和民族性退化的情
況，各種不合宜的制度也隨之在各土邦冒了出來。這樣的情況為馬來
統治者的濫權與暴政開啟了方便之門，並且導致人們普遍上對人身與
財產懷有不安全感。[14]

　　從歷史與社會學的角度來看，萊佛士關於多元化根源的觀點是站
不住腳的。遠在伊斯蘭教傳入之前，多元化現象即已存在。從邏輯上
來說，多元化也不必然對人身與財產安全構成威脅。我們之所以提到
這一點，是因為它關乎萊佛士對馬來人的認知。在他看來，馬來人在
英國人發現他們時已是處於退化狀態了。根據他的看法，在伊斯蘭教
傳入之前，馬來文明大體上已取得可觀的進步。但伊斯蘭教以及阿拉

12　T. S. Raffles, *Memoir of the Life and Public Services of Sir Thomas Stamford Raffles*, p. 29, vol. 1 (ed.), Sophia Raffles. James Duncan, London, 1835.

13　T. S. Raffles, *ibid.*, p. 30.

14　T. S. Raffles, *ibid.* pp. 98-99.

伯人、荷蘭人和華人的綜合影響，造成了他們的衰敗。[15]他如此總結馬來民族衰敗的原因：

> 造成馬來人衰敗及其民族性退化的最重要原因如下：內亂導致各土邦統治者勢力極為薄弱，小酋長之間、村長或縣長之間也彼此爭戰連連；王位繼承規制不明確，因為不是所有馬來土邦都承認長子繼承制；東方海域皆海盜為患；家庭奴隸制及伴隨而來的各種禍害，例如為了取得奴隸而爆發的戰爭，致使家庭與家庭之間、人與人之間普遍缺乏互信；缺乏一套針對一切民法與刑法問題而制定、普遍適用於所有馬來土邦並受到承認的法律制度；缺乏一套關於港稅、碼頭碇泊費及其他收費的商業規制，無法防止各地馬來港口任意收費；馬來統治者的貿易壟斷權妨礙了一般貿易的發展；能否糾正以上種種弊病很大程度上取決於英國人，其民族性大體上是適合做這件事的，其他民族即便有意，也不具備與英國人同等的本領。[16]

在萊佛士看來，人們普遍在馬來人身上看到的特定性格特質，例如傾向於依個人意志行事和展現強烈情感，是在歷史與社會形勢的影響下形成的。[17]他也在馬來人身上看到其他性格特質。他認為，說馬來人懶惰至極，只要他們還有一口飯吃就沒有人能夠說服他們去工作，是相當正確的看法。由於從小就習慣隨身攜帶武器和依靠個人力

15　荷蘭人和華人被描述為見利忘義、詭計多端的人。阿拉伯人則更糟。參見T. S. Raffles, *ibid.*, pp. 80-83。

16　T. S. Raffles, *ibid.*, pp. 91-92.

17　T. S. Raffles, *ibid.*, p.41.

40　量確保自身安全，且對夥伴的隨身武器與力量時時保持戒心，他們成
　　為了所有野蠻民族當中最斯文者。但他們對於他人的羞辱極為敏感，
　　也討厭被他人要求遵守條規。有時候，他們會把長期積壓的怨氣發洩
　　在無辜者身上。[18] 對於其所指出的馬來民族性中的許多負面特質，萊
　　佛士從歷史與社會學角度予以解釋。在此，我們感興趣是他著作中的
　　這一面向及其研究方法，而不是其各種各樣的論斷。萊佛士在馬來文
　　化與社會中看到了構成馬來民族心理素質的特定要素，但他卻是把這
　　些要素視為情境因素所造成的結果。馬來人之所以隨時準備拔**克里斯
　　劍**（*kris*）[i] 自衛、對他人的羞辱極為敏感、在某些情況下會訴諸海盜行
　　為等等，[19] 萊佛士都以情勢所逼來解釋。他在致白金漢郡伯爵（Earl of
　　Buckinghamshire）的一封信函中抱怨說，當時的歐洲對馬來西亞和印尼
　　諸民族的性格特質仍一無所知。[20]

　　　　針對普遍存在於馬來社會的一些特質，萊佛士提出以下的解釋：

　　　　短劍之於馬來民族，猶如決鬥之於歐洲民族。在每個人的觀念構
　　　　成中，總會有某些觀念是法院無從規管的。歐洲人的財產、生
　　　　命、人格等觀念都受法律保護，但有一些觀念則沒有法律保障，
　　　　而這些觀念卻是整個社會賴以維繫之關鍵。當一個人贊成像決鬥
　　　　那樣的觀念，他等於是在控訴既有的法律，這套法律可使他背負
　　　　殺人的罪名，但與此同時，制定這套法律的同一批人卻會說他的
　　　　做法沒有錯。反觀馬來人，無論在財產、生命或人格方面，他們
　　　　都未享有法律保障；所以，當他們在這些方面受到威脅，他們就

18　T. S. Raffles, *ibid.*, pp. 258-259.

19　T. S. Raffles, *ibid.*, pp. 91-93.

20　T. S. Raffles, *ibid.*, p. 287.

會凜然以自己的雙手加以捍衛。隨時準備預先為他人可能帶來的傷害討回公道，具有預防傷害的神奇效果；但在類似戰爭的情況之外，也許除了要捍衛自身的名譽，馬來人鮮少會讓短劍出鞘。當雙方確定彼此存有芥蒂，他們反而會對彼此彬彬有禮並顧及彼此的情緒，以至慣常地表現得教養良好，因此若說他們是野蠻人，他們必定也是最斯文的野蠻人；而事實上，他們遠遠稱不上是野蠻人。[21]

他也注意到了對馬來民族性的剝削所造成的影響。在爪哇，荷蘭殖民統治的特色在於透過強制勞動和苛徵重稅進行剝削，萊佛士對此嚴加譴責。針對這一點，他提出了以下的批評：「此制度的惡性影響，顯然已造成民眾心靈之敗壞和情感上的倦怠與冷漠，而這幾點似乎已成為爪哇人的民族特徵。在權貴們耽溺於奢侈生活之同時，貧困的鄉下人在極度拮据與匱乏中艱苦勞動；然而，由於土地肥沃，而他們又有一種謙卑、逆來順受的心靈，他們總是能夠承受這一切長年累積的剝削與不幸。」[22]

　　在離開萊佛士並轉向下一位觀察者之前，他的另一個論點值得一提；在我看來，這是一個頗為重要的論點。他認為，當前的馬來民族或多或少是伊斯蘭教的產物。

　　關於馬來人的起源，最自然明顯不過的理論是，他們是在阿拉伯人來到東方海域之後，才作為一個獨立且獨特的民族而存在。今

21　T. S. Raffles, *ibid.*, pp. 288-289.

22　T. S. Raffles, *ibid.*, p. 244.

天，他們的面貌似乎有別於其所源自的較為原始的民族，就像在
印度科羅曼德（Coromandel）海岸，吉寧地區的朱羅人（Chuliahs of
Kiling）有別於塔穆爾人（Tamuls）和忒陵伽人（Telingas），或是在馬
拉巴（Malabar）海岸，馬比拉人（Mapillas）有別於那雅人（Nairs）。
一如馬來人，在他們與阿拉伯人混血及阿拉伯語和伊斯蘭教傳入
之後，朱羅人和馬比拉人都各自脫離了原來的民族，逐漸發展成
為獨立的民族。[23]

　　萊佛士對馬來民族的認知，與現今馬來西亞憲法對馬來人的定義不謀
而合。我們將在本書較後章節的綜合討論中對萊佛士的馬來人研究予
以評價。

　　我們要關注的下一位人物是英國派駐爪哇蘇丹宮廷的駐紮官
（Resident）約翰・克勞福（John Crawfurd）。他的著作涵蓋東印度群島的
風俗、藝術、語言、宗教、體制和商業。他認為，這個區域缺乏才智
之士，也沒有發生過什麼偉大的事件。由於受地理位置所限，偉大的
軍事人才難以發揮他們的才華。不過，有幾個人物例外，例如馬打蘭
王朝的蘇丹阿貢（Sultan Agung）和馬六甲王朝遭葡萄牙人攻打時的水
師提督（Laksamana）。一如萊佛士，克勞福也是從社會學的角度，解釋
他所看到的馬來西亞和印尼民族智力落後的問題。他說：「如此智力
低弱，乃社會環境與氣候使然，所以我們通常可以認為，即便是土著
當中智力最強者，論能力與智謀，也未能達到最高文明階段的普通標
準，雖說在比較適合他們的特殊情況下受命行事時，他們必定會有出

T. S. Raffles, *ibid.*, p. 40.

色的表現。」[24]

譯註

i 「克里斯」（*kris*），又稱「馬來短劍」，源自爪哇，為東南亞民族常使用的一種獨特波浪型劍刃的短劍，原為攻守防衛的武器，亦為宗教和靈性的器物，今多作為儀式、配件、象徵之用。

---

24 J. Crawfurd, *History of the Indian Archipelago*, vol. II, p. 287. Archibald Constable, Edinburgh, 1820.

19世紀末至20世紀英國人的馬來人形象
The British Image of the Malays
in the Late 19th Century and 20th Century

對馬來人的關注在19世紀有了明確的輪廓和方向，相關的書籍和期刊明顯增加。在這時期的作者當中，我們尤感興趣的有兩位，即休・克利福（Hugh Clifford）和法蘭克・瑞天咸（Frank Swettenham）。兩人為同時代人，著作皆問世於他們擔任英國參政司期間。他們對那些影響馬來社會的重大變遷皆有所意識。英國人在馬來亞開始殖民統治之後，馬來人的變化頗為可觀。瑞天咸和克利福對這些變化表示歡迎，並視之為必要的進步，至少就政府制度和特定措施而言是如此。關於馬來民族性，瑞天咸寫得比任何其他作家都多。他早期關於馬來人的兩部著作分別完成於1885和1899年。[1] 1906年初版的另一本書也有一章專論馬來人。

以下是他對馬來人的描述：

> 馬來人屬棕色人種，身材短小粗壯，忍耐力極強。他們通常愉快開朗，會對平等對待他們的人報以微笑。他們有著黝黑、茂盛、

1　F. A. Swettenham, *The Real Malay*. John Lane, London and New York, 1907; *Malay Sketches*. John Lane, London and New York, 1913.

平直的頭髮；其鼻子往往較為扁平，鼻翼較寬，嘴巴寬大；其眼
瞳黑而亮，眼白帶點藍色；其顴骨通常頗為顯著，下巴方方正
正，年輕時牙齒極為潔白。他們長得端正整潔，站立時身體直
挺，善使武器，精於撒網捕魚、使用船槳和操控船隻；一般而
言，他們擅長游泳和潛水。他們的勇氣不輸於大多數人，且沒有
奴性，這在東方並不常見。另一方面，他們愛說大話，尤其是對
陌生人。[2]

出身貧窮家庭的馬來人在接受傳統教育之後，就必須開始工作，協助
父親種稻、在河裡捕魚、養山羊或採集森林產物。「年輕的王公貴族
及其他紈絝子弟則沉湎於打陀螺、鬥雞、賭博、抽鴉片、交歡之樂，
有者甚至從事盜竊、打鬥和殺人的勾當。」瑞天咸所描述的，是1874
年他在馬來亞所見的馬來人。他還提到另一個性格特質：「每個階層
馬來人的首要特徵是不喜歡工作。」[3]

瑞天咸也提到，馬來人是穆斯林和宿命論者，且十分迷信。根據
瑞天咸的說法，關於統治者和傳統，馬來人有以下的看法：

最重要的是，他們在某種程度上是保守的，愛自己的國家和人民
並引以為傲，崇尚古老的習俗與傳統，敬畏統治者，對法定權威
予以應有的尊重，而對所有新事物則不以為然，且對突然引進的
新事物會有所抗拒。但如果給他們時間去細加檢視，而不是強塞
給他們，他們是願意相信新事物的好處的。與此同時，他們善於

---

2   F. A. Swettenham, *British Malaya*, p. 134. Allen and Unwin, London, 1955.

3   F. A. Swettenham, *ibid.*, p. 136.

模仿學習，而且一旦有足夠的精力和野心從事技術工作，他們就
會成為優秀的技工。[4]

比起早期的一些作家，瑞天咸對馬來民族性的看法有頗大的修正。他
不同意把馬來人描述為奸詐狡猾。「馬來人經常被說成是奸詐狡猾的
人。我懷疑他們是否比其他人更應受到這樣的譴責。」[5]他還進一步指
出馬來人忠誠、好客、慷慨和奢侈的特質。此外，他也提到馬來人喜
歡向熟人借錢，儘管日後鮮少能夠還清債務。不過，他們會為借錢給
他們的人提供任何服務來抵債，直到清償為止。[6]

　　一如萊佛士等人，瑞天咸嘗試從社會學與歷史的角度，解釋他認
為存在於馬來民族性中的一些負面特質。這些特質包括所謂的馬來人
不喜歡辛勤、持續地從事智力或體力勞動，以及不夠積極主動。關於
前者，瑞天咸歸因於他們所處的環境未能培養出他們對智力與體力勞
動的興趣。他解釋道：

> 無論出於什麼原因，過去和現在的半島馬來人無疑都抗拒從事穩
> 定持續的工作。然而，只要你能讓他們對工作感到一點興趣，他
> 們就會有特別出色的表現；他們會努力工作並持之以恆，且發揮
> 樂觀勇敢的精神至極致。帶馬來人上戰場或參與任何形式的狩
> 獵，甚至只是在河上、海上或森林中展開一般的探險，也就是說
> 進行有點風險的活動，他們就會完全清醒過來，成為最優秀的僕
> 人和最讓人感到寬心愉快的同伴。或許就是因為這些素質，一百

45

4　F. A. Swettenham, *Malay Sketches*, *ibid.*, p. 3.

5　F. A. Swettenham, *ibid.*, p. 4.

6　F. A. Swettenham, *British Malaya*, p. 140.

年前，在早期歐洲航海家與探險家，尤其是葡萄牙人與荷蘭人的
那些無法饒恕的一系列惡行驅使之下，他們成為了令人聞風喪膽
的海盜。[7]

至於不夠積極主動，或缺乏追求財富的動機，瑞天咸提出了以下
的解釋：

> 在1874年的馬來亞，統治階級與人民之間存在著十分巨大的鴻
> 溝。人民一點也不積極主動；統治者命令他們做什麼，他們就做
> 什麼──既不多，也不少。他們從來不去思考所做之事是對是
> 錯，或對他們個人是否有利，而只是想：「拉惹（*Raja*）[i]的命令是
> 什麼？」不管在什麼地方，只要是受認可的拉惹，其命令都會得
> 到執行；唯一的例外，是在地方酋長違抗或質疑拉惹的權威，並
> 告訴人民只可接受他的命令之時。這樣的情況雖有可能，但不常
> 發生。[8]

除了前述因素，瑞天咸也提出各種地理因素。

> 一個人十二個月當中只需斷斷續續工作不超過一個月，用一個魚
> 簍在河裡或沼澤裡撈魚，傍晚時分花一個小時撒網，就能獲得足
> 夠的糧食。稍微努力一些，他就會有剩餘的東西可以販賣。這一
> 點，加上這裡的氣候會讓人體趨於休憩放鬆，並讓人腦陷入如夢

7   F. A. Swettenham, *ibid.*, pp. 139-140.

8   F. A. Swettenham, *ibid.*, p. 141.

似幻狀態而不事艱苦持久的勞作，也許足以說明馬來人與生俱來的怠惰。不過，馬來人不願努力工作，極有可能也是因為，數百年來，經過了許多世代之後，他們已經意識到，每當他們殫思竭力賺取金錢或其他值錢的物品，這些財物立刻就會引起一些人的覬覦，這些人自認為比物主更懂得善用這些財物。[9]

16世紀以來那些關於馬來民族性的看法和解釋，至此變得更加駁雜和更具挑釁意味，足以激發我們對此課題做進一步的探討。隨著克利福提出其看法，此課題又多了另一個面向。一如瑞天咸，克利福也關注英國人在馬來亞的殖民統治對傳統馬來社會和民族性的影響。不管從哪方面來看，到英國政府於1874年干預馬來土邦的治理為止，半島馬來人一直是生活在中世紀。英殖民統治的實行引起了一連串改變馬來亞社會的反應。1896年，當克利福把他的任務描述為「把我們認為最終會為這個族群帶來好處的實質上與觀念上的革命引進來」，[10] 他顯然對自己作為這一劇變之媒介的角色有所自覺。

有別於先前任何作家，他對半島東海岸和西海岸的馬來人做了區分。他聲稱西海岸的馬來人已經「變得可悲地無趣、軟弱與文明化」。[11] 東海岸馬來人在某種程度上較不文明化，以他的話來說就是，其習俗尚未被歐洲人之粗鄙所敗壞，因此對他而言是比較吸引人的類型。[12] 克利福與瑞天咸一樣，批評歐洲人對馬來人事務的無知。1874年，在歐洲人的認知裡，馬來亞是一個未知、神祕、蠻荒的國

46

9　F. A. Swettenham, *ibid.*, p. 137.

10　H. Clifford, *In Court and Kampong*, p. 53. The Richards Press, London, 1927.

11　H. Clifford, *ibid.*, p. 6.

12　H. Clifford, *ibid.*, p. 7. 另參見 p. 20.

度。當時流行的一個印象是，馬來亞內部正在發生的某種形式的權力鬥爭，純粹是因為各方為了享受鬥爭的樂趣。[13] 馬來亞社會的本質，以及其於英國人影響下所經歷的變革，皆未能獲得恰當的認識。當他強調英殖民統治作為變革動因的重要意義時，他其實比其他人更能觸及問題的核心。

他在1896年提出了以下的看法：

我們所嘗試做的，其實無異於把實質上與觀念上的革命壓縮在二十年內進行，但即便是在充滿活力的歐洲，這樣的革命也必須經歷六個漫長的世紀才告完成。當然，說我們自13世紀以來對治理之道的認識取得了長足的進步，以及歐洲人整體狀況已大幅度提升，沒有人會加以反駁；但是，馬來人在其民族自然發展過程中突然被強迫轉變，並且被要求達到比他們進步六個世紀的民族所設定的標準，我們不禁會對他們深表同情。如果一株樹在園丁細心呵護下提早三個月開花結果，我們會認為那是園藝上的巨大成就；但對於這種道德強迫體制，也就是我們所謂的「保護」（Protection），我們該如何評說？我們知道，植物在被強迫生長的過程中是會受苦的；馬來人適宜生存的環境是在13世紀，當他們被強迫結出19世紀的果實，他們自然就會趨於精神萎靡、無精打采，並且喪失原本健全的自尊了。[14]

47　　以英殖民統治對傳統馬來社會的正面和負面衝擊來解釋馬來民族

13　F. A. Swettenham, *The Real Malay*, pp. 7-8.

14　H. Clifford, *ibid.*, p. 3.

性的變化，這樣的解釋方式乃得力於社會學與人類學分析。除了舉現象為證，克利福還強調，要了解馬來人，就必須站在他們的立場來看事情，但他認為要採取這種態度，「歐洲人一般上做不到」。[15] 瑞天咸和克利福都強調的一個方法論原則是，必須從事件參與者的內部觀點來了解該事件。他們強調有必要懂得馬來語，近距離與馬來人一起生活，並以富有同理心的態度來研究他們。後來的許多作家未必都能採用這一合理的方法論原則，因此其對所檢視對象的描繪便扭曲失真。

　　如前所述，克利福對東海岸和西海岸的馬來人做了區分。他心裡顯然存在著兩種類型的區分方式，一種是區分1874年英殖民統治開始之前和之後的馬來人，另一種則是區分英國人到來之前和其他歐洲人到來之前的馬來人。克利福從丁加奴（Trengganu）馬來人和彭亨（Pahang）馬來人身上看出了兩者性格上的差異。根據他的說法，彭亨馬來人滿腦子盡是武力行為、偷情詭計和其宗教所禁止的各種消遣活動。他們蒙昧無知、不虔誠信教、知識低下，卻又狂妄自大。他們的優點在於富有男子氣概和行事無所顧忌。他們也會對地方酋長或長官表現出極大的忠誠。[16]

　　關於他們對勞動的態度，克利福描述如下：

　　如果他們可以不工作，他們就絕不工作，而且通常不會因為受到極優渥薪資的驅使或誘惑，而勉強自己去工作。然而，在承諾和勸說都無法說服他們去工作時，只要在他耳邊小聲說出「苛拉」（krah）[ii] 這個咒語，他們就會一句牢騷話也不說地動起來，並且

15　H. Clifford, *ibid.*, p. 2.

16　H. Clifford, *ibid.*, pp. 17-18.

認真努力地從事這無償的工作，還會自備食物。眾所周知，「苛
拉」這種強迫勞動制，是未接受英國保護的馬來土邦的政府所享
有的一項特權。雖說任何條件都無法說服他們去工作，但只要是
「苛拉」，他們就會在那似乎是從先輩那裡繼承而來的本能的驅
使下，欣然遵從此慣例。一旦經由這種方式開始工作，他們會比
任何人都更加賣力。我就曾讓一群彭亨馬來人連續工作六十個小
時，而且只提供一點米飯給他們；不過，他們只會為認識的、被
他們視為長官的人從事這種勞動，而在長官面前，他們會不好意
思埋怨工作太艱辛，或在大家一起工作時表現輸人。[17]

48　　至於丁加奴馬來人，克利福則視之為與彭亨馬來人很不一樣的類
型。首先，他們是愛好和平的人。他們只對自己的行業和職業感興
趣。若說彭亨馬來人據稱有著顯著的民族與國家自豪感，丁加奴馬來
人則完全沒有。他們對荒唐的統治者不抱任何「效忠的熱情」。[18] 身為
工匠，他們的技藝高於其他馬來人。關於吉蘭丹（Kelantan）馬來人，
克利福則沒有什麼好話可說。他們自尊心低、易怒、敏感，所表現的
勇氣都只是無知之勇。他們有偷竊的癖性，享有盜中之盜的盛名。[19]

　　在轉向另一位觀察者之前，還有一點值得注意，那就是克利福關
於馬來人心理的觀察。他聲稱，馬來人整體上具有罹患一種稱為「拉
塔病」（latah）的精神病理失調症的傾向。拉塔病會因為突然而來的噪
音、驚嚇或意想不到的指令而被引發，患者似乎會變得不知道自己是
誰，或是變得無法做任何事情而只會模仿他人的行為，往往還會伴隨

17　H. Clifford, *ibid.*, p. 19.

18　H. Clifford, *ibid.*, p. 20.

╰　H. Clifford, *ibid.*, p. 25.

著粗言穢語。任何人只要吸引到患者的注意，就能夠使患者模仿其任何動作。這種狀態可持續長達數小時，直到患者耗盡體力而昏厥，一旦醒來就會恢復正常意識。據知，只有成年人才會得此失調症。

根據克利福的說法，任何馬來人一旦面對足夠多的迫害、嘲笑與騷擾，都有可能成為典型拉塔病患者。典型病例和嚴重病例的症狀是一樣的，兩者只有程度輕重之別。[20] 於是，在馬來人於英國人初識他們時已處於萎靡退化狀態的說法之外，又增添了馬來人作為一個民族是病理性精神失調症潛在患者的說法，而且其病根已然潛伏於他們的精神構造之中。對於克利福關於馬來民族性的這項描述，我們大可置之不理，不必費力駁斥。它根本就沒有任何實證基礎可言。如果說這種說法可以接受，我們就沒有理由不把其他民族也視為具有潛在的病理問題。比如說我們也可以主張，因為美國社會有暴露狂，所以美國人都是潛在的病理性暴露狂了。

英國人殖民統治馬來亞約四十年後，對馬來人的評斷變得較為嚴謹。阿諾·萊特（Arnold Wright）和湯瑪士·瑞德（Thomas H. Reid）便駁斥了早期一些關於馬來人懶惰與不忠誠的說法。他們寫道：「此臆斷之不公，已十分明顯地在後來的馬來亞歷史中得到證明。歷史顯示，除了一兩個例外，馬來人在獲得適當待遇的情況下，與臣服於英國王室的其他任何民族一樣忠誠和值得信賴。」[21] 根據他們的說法，與馬來人有密切接觸的人都會同意以下關於馬來民族性的評斷：

> 那些人會發現馬來人是天生的紳士，且往往熱衷於證明，其所擁

49

20　H. Clifford, *Studies in Brown Humanity*, pp. 195-196. Grant Richards, London, 1898.

21　A. Wright, T. H. Reid, *The Malay Peninsula*, p. 314. Fisher Unwin, London, 1912.

有的本能與思維習慣，明顯有別於那些人可能接觸過的其他東方民族。不過，即便是對馬來人最友善者也不得不承認，他們不喜歡從事體力勞動。他們的愛好比較偏向消遣活動那方面，尤其愛好鬥雞，而這些活動與勤奮的生活是格格不入的。憑著數百年來的經驗所孕育而成的本領，他們付出最少的努力就能取得最好的事物，從而得以優雅自如地過活。還在不久之前，他們仍經常以不分劫掠對象的海盜行為，讓自己得以用不同的方式消磨日常時間。[22]

在上述觀察被提出二十六年之後，里奇蒙・惠勒(L. Richmond Wheeler)提出了有關馬來人的另一種看法。就民族性研究而言，他的作品野心更大。讓他印象特別深刻的是馬來人的另外兩種特質，即溫馴和友善。在討論如何於舊秩序的穩定與新秩序所帶來的改變之間取得和諧的問題時，他對馬來人做了以下的評斷：

沒有多少其他民族能像馬來人那樣，提供更好的機會讓我們探討這個問題。他們的舊傳統和信仰沒有遭遇激烈的斷裂；他們的溫馴和友善為必要的進步創造了有利的氛圍，也已經取得巨大的進步。但另一方面，部分因為氣候，部分因為伊斯蘭教的關係，他們有一定程度的懶怠與被動，這種懶怠與被動會導致停滯的狀況，而如果未能透過新的潮流予以激活，最終必然導致腐敗。[23]

---

22 A. Wright, T. H. Reid, *ibid.*, p. 315.

23 L. R. Wheeler, *The Modern Malay*, p. 23. Allen and Unwin, London, 1928.

在這份關於外國人如何看待馬來人的報告尾聲，讓我們來看看理查·溫士德爵士（Sir Richard Winstedt）的觀點。在馬來研究領域，溫士德爵士是用力最深的英國學者之一。這裡引述的說法出自他最近期的一些著作。溫士德所提到的馬來人特質包括原創性匱乏、民族自豪感顯著、適應力強，以及名不副實的懶散惡名。以下是他的一些觀察：

> 馬來人具有強烈的民族自豪感——也許既出於他們所信仰的伊斯蘭教，也出於他們自己已然遺忘的昔日榮光。如同瑞天咸爵士曾經說過的，「他們的勇氣不輸於大多數人」，而他們對生活價值的認識，也比一般人透過書中哲理所獲得的認識還來得深刻。連馬來亞原住民也儀態迷人，更何況是馬來人；後者不僅受過印度禮儀的規訓，還受到伊斯蘭教義的影響，就像英國男孩受公立學校教育影響，因而培養出風度與自信那樣。由於他們是獨立自主的農民，不需要受僱工作，馬來人被賦予了名不副實的懶散惡名，此惡名又被其亞洲競爭對手刻意強化。他們處理事情時除了手腕圓滑，也聰穎過人，具備政治家風範，且擁有兼顧問題兩面的天賦。[24]

關於馬來文學，他描述如下：「至於馬來文學，它至今還是一種翻譯文學。馬來人仍是世故世界裡的自然之子，這世故世界仍等著他們去探索。如果說將來會出現具有原創文學天賦的馬來人，最有可能發生的情況是，此人會是來自人口稠密的爪哇島，甚至是來自蘇門答

_50_

24　Sir Richard Winstedt, *Malaya and Its History*, p. 17. Hutchinson University Library, London, 1956.

臘，而不是來自馬來人口有250萬的半島，雖說最終真正出現的，未必就是原先最有可能發生的情況。」[25] 他在另一部著作中也表達了類似的看法：「任何考察馬來文學園地的人都會赫然發現，其異國花卉茂盛得驚人，本土植物卻何其稀少。」[26]

譯註

i   「拉惹」為「Raja」之音譯，此詞源自梵文，是對國王、土邦君主或酋長的稱呼。

ii   「苛拉」（krah，也拼作kerah），是馬來封建社會的一種義務勞動制。各州統治者（蘇丹）有權要求子民為各種公共建設和服務貢獻個人勞力，但這個制度往往受到酋長或其他領袖濫用來剝削底層農民。英國殖民統治後，各地相繼廢除苛拉制，並以徵稅或其他方式取代。

25   Sir Richard Winstedt, *The Malays: A Cultural History*, p. 181. Routledge and Kegan Paul, London, 1956.

26   Sir Richard Winstedt, "A History of Classical Malay Literature", p. 5. Monograph on Malay subjects no. 5, *JMBRAS*, XXXI, pt. 3, 1958.

17世紀至19世紀的菲律賓人形象

The Image of the Filipinos
during the 17th to the 19th Centuries

　　菲律賓人在西班牙人及其他歐洲造訪者筆下也有著負面的形象。卡雷里於1696年造訪菲律賓之後在寫到菲律賓人時認為，他們判斷力之膚淺一如馬來人。關於米沙鄢人（Bisayan），他表示，自從受了西班牙人的統治，他們已變得懶惰。以他的話來說，「懶惰致使他們看起來不那麼靈巧；因為他們是如此沉溺於懶惰，即便走在路上時腳底被一根刺刺傷了，他們也不會彎下腰把那根刺移開，以免再有其他人踩到」。[1] 修士塞巴斯丁・曼里克（Sebastian Manrique）遊歷東方時（1629-1634）曾訪問馬尼拉，他在遊記裡把馬尼拉的華人形容為一群以西班牙銀元作為命脈的人。西班牙銀元的味道會把華人吸引過去，「其吸引力是如此之強，倘若有可能，他們甚至會下到地獄去帶出新物品供銷售，以便取得令他們垂涎的白銀和西班牙銀元」。[2]

　　18世紀下半葉，法國學者紀歐姆・勒・尚提（Guillaume Le Gentil）遊歷菲律賓後在其豐富精彩的遊記中指出，菲律賓人懶散、隨和、不思進取。一些早期觀察者會把殖民者的種種惡行歸咎於被殖民的熱帶

1　G. F. G. Careri, *A Voyage to the Philippines*, pp. 65, 71. Filipiniana Book Guild, Manila, 1963.

2　*Travels of Fray Sebastian Manrique*, in Careri, *ibid.*, p. 202 (appendix).

居民，他就是其中之一，並證之以許多例子。他提到，由於私人財富起落無常，許多西班牙人家庭陷入貧困之境。他也注意到，馬尼拉的西班牙女士習慣招待客人，即便丈夫不在時也是如此，因此他在馬尼拉時，感覺就像置身法國那樣自在。[3] 他發現，要舉出一個比馬尼拉更加道德敗壞的城市並不容易。他責怪菲律賓人製造了某種氛圍，讓道德鬆散的風氣得以形成，因為他們會男女共浴，還會在街上打情罵俏。所以，也難怪本應獨身禁欲的神父膝下有子的情況並不鮮見了。[4]

關於菲律賓人的民族性，修士加斯帕・德・聖奧古斯丁（Gaspar de San Agustin）在他於1720年特地針對此課題寫給西班牙一位朋友的一封信中做了頗為生動有力的描述。他這封信是歷來對菲律賓民族性最徹底的論斷，所列舉的負面特質超過三十種。他首先為自己以偏概全的做法辯護，聲稱一葉即可知秋，菲律賓人與其他東印度群島民族幾乎沒有差別。他們反覆無常、虛假、不老實。由於深受月亮影響，他們體質濕冷。

他們不值得信賴、無趣、懶惰，喜歡經由河道、海路與湖泊移動。他們顯然不知感恩，向修士借了錢從來不還，為了避見修士還會

3　G. J. H. J. B. Le Gentil de la Galaisiere, *A Voyage to the Indian Seas*, pp. 19, 79. Filipiniana Book Guild, Manila, 1963. 關於他加祿人（Tagalogs），他認為他們缺乏創意，十分懶惰，不思進取，極其平庸，不花光身上最後一分錢就不會停止跳舞玩樂。他們唯有在花光錢之後，才會再次工作。上述說法，除去跳舞玩樂的部分，也同樣見諸荷蘭觀察者對爪哇人的描述。

4　Le Gentil, *ibid.*, pp. 87-88. 根據勒・尚提的說法，馬尼拉似乎有不少西班牙人精神失常，其中又以神父與婦女為最。西班牙人引進了午睡的習慣，即會在中午12時至下午3時之間小睡片刻。且他懷疑城門守衛也有午睡的習慣，因為在這段時間裡，由於擔心遭到突襲，城門都是關閉的。

缺席彌撒。他們向人借了東西從不歸還，除非被物主索討，其藉口是過去從來沒有人要求他們歸還。「他們懶惰到如果打開了一扇門，就不會再花力氣關上；而且，如果他們拿工具來用，例如刀子、剪刀、錘子等等，用完後從不放回原位，而是就地留在工作地點。」[5] 一旦收到預付工資，他們就會丟下工作，帶著工資離開。他們也愛管閒事，好奇心十足，甚至每當有人需要解決生理需求，就會有菲律賓人靠上來提供服務。他們天生無禮。在與修士或西班牙人說話時，他們會先搔一搔鬢角，婦女則搔一搔大腿，「而比較斯文的則是搔頭」。[6] 他們會把斗篷摺得一團糟。與妻子一起走路時，他們會走在前面。他們總是想要知道神父的一舉一動。他們也總是好奇地想要偷看信函的內容、偷聽人們私下的談話，即便與他們完全無關。

他們會在未受邀的情況下走進西班牙人的住家和修院，而如果大門上了鎖，他們也會尋找縫隙往內窺探。但在自己家裡時，他們卻表現得體。他們在自己家裡總是早早就起床，但在主人家裡時，卻會和主人一樣晚起。在修院，廚房是他們的歡樂基地。院內椅子多有損壞，因為他們坐姿不當，為了可以看到婦女，喜歡雙腳張開、身體貼著椅背往後傾。夜裡，他們會隨地丟棄還在燃燒的火炬。如果家裡或修院裡聞不到女人的香味，他們就會活得心不甘情不願。

聖奧古斯丁關於菲律賓人的意見還有很多，我們也許還應當注意以下所述：「可笑的是，當他們想要叫醒一個睡得像石頭一樣沉的人時，他們會悄無聲息地走上前，以手指頭極輕微地碰觸他，並呼叫他長達兩個小時，直到他睡飽醒來。當他們想要把某人叫下樓，或是當

54

5　Gaspar de San Agustin, "Letter on the Filipinos", in E. H. Blair, A. Robertson (eds.), *The Philippine Islands 1493-1898*, vol. XI, 1690-1691. Arthur H. Clark, Cleveland, Ohio, undated.

6　*Ibid.*, p. 211.

某人的房門關著時，他們也會採用同樣的方式，以極微弱的聲音呼叫長達兩個小時，直到那人漫不經心地回應或開門。[7] 至此，我們所引述的評語都是負面的，但在這封信的尾聲裡，他借用一位神祕主義作家的話說：「我們必須摒棄像蜣螂那樣盡往糞堆撲去的天性，而應該像蜜蜂那樣，始終尋覓甜蜜愉悅的事物。」

聖奧古斯丁接著列舉了菲律賓人的正面特質。他們手藝精湛，擅長建造槳船和擔任水手、砲兵或潛水伕。他們懂得製造彈藥、迴旋砲、大砲和鈴鐺。他們為西班牙人提供糧食與服務。他們的農產品讓馬尼拉的西班牙人獲利極豐。因此，聖奧古斯丁無意誇大及強調他們的懶惰。如果這麼做，根本就是不知感恩。他們在自己的土地上被征服之後，幾乎像奴隸那樣為西班牙人服務的是他們，保護西班牙人免受敵人攻擊的也是他們。雖然發生過多宗起義事件，但在他看來，那都是「每個西班牙人來到菲律賓之後所表現出的威權與傲慢作風」所致。一些鎮長及其他西班牙人「從卑微的出身攀上高位之後，便想要在地方上扮演上帝和君王的角色，殘暴專橫地對待東印度人及其財產」，那些起義往往就是因此而爆發的。[8]

與菲律賓有關的值得注意的一點是，民族性曾經是西班牙觀察者之間激烈爭論與認真思考的一項課題。英國人和荷蘭人都不曾像西班牙人那樣熱烈地討論這項課題。針對聖奧古斯丁所提的一些特質，1751年[i] 遊歷菲律賓的胡安・何塞・戴加多（Juan Jose Delgado）在其寫於1751至1754年間的《菲律賓歷史叢集》（*Biblioteca Historia Filipina*）中，以及瑪斯在其《關於菲律賓群島狀況的報告》（*Informe de las Islas*

---

7   *Ibid.*, p. 199.

8   *Ibid.*, pp. 294-295.

Filipinos, 1842）中，都分別做了評論與反駁。戴加多不同意聖奧古斯丁關於菲律賓人借錢態度的描述，批評他以偏概全。針對那些在修院裡服事的男孩的行為，他指出，西班牙人小時候在西班牙國內的修院裡服事時，也會那樣做。開門後不關上的習慣也同樣如此。

　　關於菲律賓人叫醒人的方式，戴加多不同意聖奧古斯丁所述是普遍的做法，因為他看過另一種叫醒人的方式。菲律賓人關於偷竊行為所表現的誠實態度和罪惡感，也讓他印象深刻。他們之所以會欺騙西班牙人，部分原因是西班牙人經常欺騙他們，並且教他們做一些不太好的事情。[9] 瑪斯反對說菲律賓人總體上喜歡偷東西，儘管當時偷竊確實是群島上最主要的犯罪形式。他認為，西班牙人的管理制度可能是原因之一。[10] 像戴加多、瑪斯這樣的例子足以說明，比起荷蘭人或英國人的圈子，西班牙人圈子更加認真看待民族性問題。 *55*

　　19世紀下半葉的德國學者雅戈爾也在很大程度上呼應了前人關於菲律賓人的看法。他發現菲律賓人沉溺於安逸散漫的生活。在馬尼拉，他注意到他們熱衷於鬥雞。[11] 在他看來，土著菲律賓人之愛好模仿，已到了令人厭煩的程度。「他們模仿所看到的一切，卻不會動用腦筋去加以欣賞。」[12] 他們在勞動上缺乏動力。「在菲律賓，人們使用的船槳通常是以竹竿製成，下端的槳板以籐條繫緊。若是船槳斷了，那就更好，因為那累人的划槳動作便必須暫停，直到船槳修好

9　*Ibid.*, p. 214, note.

10　*Ibid.*, p. 215, note.

11　Feodor Jagor, "Travels in the Philippines", in Austin Craig (ed.), *The Former Philippines thru Foreign Eyes*, pp. 26-27. Philippine Education Co., Manila, 1916.

12　*Ibid.*, p. 35.

為止。」[13] 在巴石河（Pasig）沿岸，會看到有人睡在椰子堆上。「如果那堆椰子被沖到岸上，睡覺的人就會醒來，以一根長竹竿把椰堆推離河岸，然後在他那古怪的筏子重新順流漂移時，心滿意足地重返夢鄉。」[14]

西班牙神父華金・馬丁尼茲・祖尼加（Joaquin Martinez de Zuniga）在其初版於1803年的著作中指出，菲律賓人之所以喜歡吃魚，與他們的懶惰有關。在鄉下地區輕易長成的食物，比較適合他們散漫的習性。關於菲律賓人喜歡以捕魚為生，祖尼加是這樣說的：

> 群島居民喜歡此工作更甚於其他，因為既能讓他們沉溺於懶惰的習性，又能滿足他們愛吃魚甚於吃獸類食物的偏好。整個鄉下地區有許多其他可供維生的物產，雖未必如以上所列可口，卻可能更適合他們散漫的習性；棕櫚心、甘蔗筍、綠蔬條及其他多肉植物，足以作為那些不想透過勞動維持生計者的食物。[15]

關於描述菲律賓人，還有一位非常有趣的作者，是前面已經提過的瑪斯。1843年，他那份關於菲律賓群島的報告在馬德里出版。他是以外交使團專員的身分，被派往東方收集科學、政治和商業方面的資料。他關於菲律賓的觀點最具意識形態色彩，而且一以貫之。他注意到了菲律賓獨立意識的萌動。為了讓菲律賓繼續保留為西班牙的殖民地，他在報告中建議採取一些嚴厲措施。他認為土著應當被教導尊

56

---

13   *Ibid.*, p. 36. 本書導論也引用了這段文字，見本書原文第8頁（中譯版頁53-54）。

14   *Ibid.*, p. 40.

15   Fr. Joaquin Martinez de Zuniga, *An Historical View of the Philippine Islands*, p. 7. Tr. J. Maver. Filipiniana Book Guild, Manila, 1966.

重和服從西班牙人。

　　為了做到這一點，有必要使菲律賓人處於某種知識與道德狀態，
讓他們意識到，儘管他們在人數方面占盡優勢，但在政治上，他
們的重量是比較輕的，就像在天平上，一堆乾草總是比一塊金子
輕。工人、牧羊人不會讀懂社會契約，也不會知道自己小鎮以外
所發生的事情。摧毀西班牙專制政體的不是這種人，而是在大學
接受教育、知道憲法所保障的自由並為之奮鬥的那些人。我們若
誠心思考這個問題，就必須時時記住這一點。我們必須極力避免
自由派的形成，因為在殖民地，**自由**與**反抗**是同義詞。[16]

　　在瑪斯看來，打擊土著的自尊是必要之舉。西班牙人應當穿土著
禁穿的特別服裝，以示地位有別。[17] 對待土著的方式應有所不同。

　　當菲律賓人或混血兒遇見西班牙人，他必須停下來（除了在馬尼
拉）向西班牙人問安。當西班牙人與他說話或從他面前經過，原
本坐著的他必須起身站立。任何人要是出手抵擋西班牙人，即便
是為了保護自己的性命，也應當被判處終身勞役；若是出言冒
犯，對他的處罰則應相應調低。西班牙人在家裡不應讓菲律賓人
或混血兒就座，更不應與他一起用餐，而任何人違反此禮節，初
犯和二犯應被罰款，三犯則應被驅逐出殖民地。西班牙男性不得

16　Sinibaldo de Mas, *Report on the Condition of the Philippines in 1842*, p. 133. Tr. C. Botor, revised A. Felix Jr., ed. J. Palazon. Historical Conservation Society, Manila, 1963. 本書導論也引用了這段文字，見本書原文第26頁（中譯版頁77-78）。

17　*Ibid.*, p. 160.

以任何藉口與任何菲律賓人或混血兒女性結婚。菲律賓人或混血兒若想要使用馬車或騎馬，必須申請許可證並繳付年費，如此則可確保只有少數人能夠享有這種奢侈。[18]

且菲律賓人不應被教導西班牙語。在軍隊裡，他們的軍階不得超過下士。[19] 在他看來，菲律賓人無禮、懶惰、目中無人。

有好幾次，在泥濘滿地、只有一條乾淨通道可走的路上，有菲律賓人當中階級最低者停下馬來等我踩進泥濘裡，好讓他們可以通過，而要是我用馬鞭碰觸其坐騎的鼻子以為自己開道，他們就會小聲嘀咕起來。有些人會當著我鼻子嘲笑我，我相信那是因為看到我戴著眼鏡。有一回在某個小鎮附近，我想要向一名售賣食物的小販買一些芒果和烤玉米，他竟然在沒有任何理由的情況下拒絕賣給我。我問我的僕人這意味著什麼，他回答說：「先生，那個人一定是瘋了。」最後，我曾幾次接洽鎮上的治安官，請他們為我安排一名嚮導或類似的人（我當然是有付他們服務費），但儘管我的通行證上寫明我的上尉身分，他們對我還是很不尊重，有兩三次，他們當中甚至有人當著我的面大聲釋放氣體，把周圍的人逗得哈哈大笑，而那氣體是什麼，為體面起見我就不說了。從這一切事件當中，我看不到任何證據足以證明我們的統治是安穩、有保障的；在我看來，從前的日子似乎比較安穩，那時候土著在西班牙人經過時都必須屈身下跪。[20]

18　*Ibid.*, pp. 160-161.

19　*Ibid.*, p. 133.

20　*Ibid.*, pp. 159-160.

　　瑪斯的報告赤裸裸地體現了帝國主義的意識形態。他認為天主教是西班牙統治的基礎。因此，神職人員必須全由西班牙人擔任。[21] 對華人和菲律賓人的統治應採取分而治之的政策。他指出，「治理手法之高下，取決於能否使兩者分開和相互矛盾，從而永遠無法形成一個群體或一種共同的公共精神，而是反過來，其中一方變成是使另一方服從的工具。」[22] 瑪斯這份報告所表達的是他的官方觀點。身為西班牙人，他本身則傾向於讓菲律賓為獨立做好準備，因為在他看來，菲律賓對西班牙毫無助益。[23]

　　引起我們興趣的另一位菲律賓人觀察者是英國商人勞勃・麥克米金（Robert MacMicking）。他寫的一本關於菲律賓的書於1851年在倫敦出版。他除了批評西班牙人對菲律賓的統治，也批評西班牙人關於菲律賓人的著作。他寫道：

　　東印度土著的民族性中有很多優點，但他們長久以來卻有著壞名聲，這是因為對他們的刻畫與描述皆出自西班牙人之口，這些西班牙人太過懶惰，其觀察囿於住家範圍，頂多也只到城牆外；事實上，在我見過的西班牙人當中，除了那些因為是外省鎮長或群島各地駐軍軍官而需要離開馬尼拉去履行職責的人士之外，只有極少數人曾經踏足馬尼拉以外的鄉下地區──而那些遠離馬尼拉的人大多數就只會待在官邸或宿舍裡，一邊抽煙或喝巧克力，一邊哀嘆其遠離馬尼拉、遠離劇院、遠離社會的悲慘命運。這些人只是來來去去，對於周圍的人的任何事情，他們既不了解，也無

_58_

21　_Ibid._, p. 156.
22　_Ibid._, p. 163.
23　_Ibid._, p. 192.

意去了解，唯一的例外就是在節慶來臨之時，那時候他們隨時都準備好拜訪當地人家，在那裡與美女共舞和享用晚餐。[24]

在論斷菲律賓人懶惰這件事情上，麥克米金對西班牙人的譴責也適用於他自己。他對菲律賓人的個人能力與智力的評價，高於他在爪哇或新加坡所見的任何馬來人。[25] 不過，他同樣以炎熱的氣候來解釋菲律賓人的懶惰：

熱帶社會的成員形形色色，且與像英國那種氣候的國家頗為不同。在熱帶太陽底下，無論工時長短，本土東印度人都很難撐得起一個每週須**辛苦**（hard）工作六天的制度；而且，懶惰的習性在某種程度上是他們生存的必要條件，其必要程度或許相當於夜間休息之於英國勞工；這是因為，如果不休息幾天以補充曝晒在太陽下辛苦工作而流失的體力，我深信他們經此曝晒與消耗，不出幾年就會累垮而喪失勞動能力，變成沒有生產力的階級，並成為朋友與社會的包袱。[26]

前香港總督約翰・寶靈爵士（Sir John Bowring）曾訪問菲律賓並寫了一本關於菲律賓的書。他不同意一名歐洲作者認為菲律賓人勤奮的看法。他把菲律賓的落後歸咎於其人民的懶惰。[27] 除了懶惰，他也指

24　Robert MacMicking, *Recollections of Manila and the Philippines*, p. 94. Filipiniana Book Guild, Manila, 1957. 此書所述年代為1848至1850年。

25　*Ibid.*, p. 95.

26　*Ibid.*, pp. 99-100.

27　Sir John Bowring, *A Visit to the Philippine Islands*, pp. 93-94. Smith, Elder, London, 1859.

菲律賓人冷漠無情和逆來順受。他引述一名神父的話為證：

> 假如所有人類都掛在一個掛鉤上，而某個東印度人想要用那個掛鉤來掛帽子，他會犧牲掉所有人類。他們不害怕死亡，但這毋寧是天主對他們的大慈大悲，因為祂知道他們的生命有多脆弱；即便是在臨終者面前，他們也毫不顧忌地談論死亡。假如被送上斷頭台，他們也會同樣地漠然以對，並且如常冷靜地抽他們的雪茄。他們一律會這樣回答前來幫助他們的神父：「我知道自己會死。這我無能為力。我做了壞事——這是天主的旨意——而這就是我的命運。」死亡的臨近也不會影響他們睡覺或吃飯。[28]

關於菲律賓人，寶靈自己則有如下的說法：

> 有人說東印度人比較像是四足動物，而不是兩足動物。他們手大，腳趾柔韌靈活，因為習於爬樹及從事各種其他活動。他們幾乎是水陸兩棲的，很多時間都在水中度過。他們對日晒雨淋皆麻木無感。進入他們腦中的印象轉瞬即逝，無論是對眼前還是對過去的事件，他們只能留下微弱的記憶。問他們年齡，他們無法回答；問他們祖先是誰，他們也不知道或不在乎。他們不受人恩惠，也就不會不知感恩；缺乏野心，所以少有焦慮；欲求不多，因此既不會嫉妒，也不會羨慕他人；不會去關心鄰居的事，事實上對自己的事也不太關心。他們最大的惡習是懶散，而這對他們而言倒是一種福氣。對於必須從事的勞動，他們都做得不情不

（59）

28　*Ibid.*, pp. 138-139.

願。他們一般上健康良好，而如果出現精神狂躁，他們就會服食草藥，其鎮定或鬆懈神經的療效他們都很熟悉。他們洗澡不用肥皂，也不用刮鬍刀來刮鬍子；他們都在河裡洗澡，會以銳利的貝殼來拔除臉上的毛髮；他們不靠時鐘來計量時間，吃飯時也不用桌子、椅子、碗盤和刀叉；他們腰上通常會掛著斧頭和袋子；他們認為沒有任何音樂比得上他們鬥雞的鳴叫，並且認為鞋子就像手套或衣領那樣多餘。[29]

這些就是17世紀以來多位作者對菲律賓人的看法。整體而言，這些看法類似於荷蘭人、英國人及其他歐洲觀察者對爪哇人和馬來人的看法。在關於菲律賓和菲律賓人的著作中，有一部引人注目之作在這裡被我們排除了。那是菲律賓副總督安東尼奧‧德‧莫伽（Antonio de Morga）的作品，1609年初版於墨西哥。莫伽對菲律賓人的描述與其他西班牙人的作品大為不同。他的觀點我們將會在另一章裡與黎剎的觀點一併討論。本章的任務是說明懶惰土著形象之盛行，後面的章節再來對此形象予以評價。

譯註

i   原文寫作1771年，查為1751年之誤。

---

29   *Ibid.*, pp. 140-141.

18世紀至20世紀的爪哇人形象
The Image of the Javanese
from the 18th to the 20th Century

　　如同馬來人和菲律賓人的情況，隨著荷蘭人擴大對爪哇島的殖民控制，其對爪哇人懶惰的評斷變得愈加強烈與頻繁。到了19世紀初，尤其是在總督約翰尼斯‧范‧登‧博世（Johannes van den Bosch）推行強迫種植制（culture system）[i] 之後，懶惰爪哇人的觀念在荷蘭自由派和保守派的爭論中愈形突顯。不過，爪哇人懶惰的問題首次被提起，是在18世紀末。[1] 而即便在這期間雙方意見不同，懶惰爪哇人的迷思始終是占上風。荷蘭東印度公司所推行的強迫供應制（forced delivery），以及後來范‧登‧博世所推行的強迫種植制，都需要從道德上證明其正當性，而提供這種正當性的，正是懶惰爪哇人的迷思。早期（17世紀至18世紀初）荷蘭人關於爪哇的文獻資料極少提到懶惰。當時荷蘭人還沒有直接管制爪哇的勞動力。在范‧登‧博世於1830年推行強迫種植經濟作物的制度之後，對爪哇民族性的負面評斷就變得較為頻密。范‧登‧博世本人認為，爪哇民族的智力發展幾乎還不如12或13歲的荷蘭孩童。[2]

1　F. de Haan, *Priangan*, vol. 4. Kolff/Nijhoff, Batavia/'s-Gravenhage, 1912. pp. 725-729, "Ordeal over den Inlander" (Judgement over the native).

2　J. van den Bosch, "Memorie van den Commissaris-Generaal J. van den Bosch", p. 272.

懶惰爪哇人的形象隨後便一直在人們的腦海中盤桓不去，以致到了1904年，經濟史家克萊夫・戴伊在評論19世紀末的情況時提出了下列的看法：

在土著當中，沒有土地或非以貿易為生而受僱於他人的階級，其人數並不多，且在很大程度上已被吸納到鄉村的內部組織之中。以西方標準來衡量，一般耕種者的生活水準似乎低得令人絕望；一戶家庭的所有私人財產，包括房子、家具、衣服和用具，若按照我們的貨幣來計算，可能只值幾元，例如五到十元。不過，如果他們的欲求不高，低水準的生活也許就足以滿足需求，而事實上對爪哇人來說，生活水準越低，只要不陷入極度飢餓的境況，他們越有可能感到滿足。實際上人們已經發現，想要以提升自我和提高生活水準為訴求來獲取土著的服務，是不可能的事情。唯有當下的物質享受，才能把他們從日常的懶散中喚醒。因此，雇主的普遍做法是，預先支付特定僱用期的大部分工資給土著，以此作為誘餌，待該土著上鉤了，就可以責成他從事勞動（起碼理論上是這樣），直到他清償這筆債務為止。這種預先支付工資以獲取勞動服務的制度，至今仍被視為普遍適用。雇主和政府官員強烈反對這種制度，但都認定此制度有其必要；連政府在需要取得僱傭勞工的服務時，也會採取預付工資的形式。[3]

在荷蘭殖民圈子裡，懶惰爪哇人這一主題是作為殖民意識形態的

BTLVNI, vol. 7, no. 11, 1864 (Amsterdam).

3   Clive Day, *The Dutch in Java*, pp. 355-356. Oxford University Press, London, 1966. (Reprinted from 1904 American edition.)

重要組成部分在發揮作用。後文將會說明，在菲律賓和馬來西亞，懶惰土著這一主題則是作為意識形態的基礎，在西方殖民主義總體意識形態中發揮其功能。不過，在爪哇，這一主題的作用並非僅限於此。它捲入了荷蘭殖民圈子內部相互競爭的兩個派系──保守派與自由派之間的意識形態衝突。從18世紀末到強迫種植制推行的1830年，雙方在如何管理荷屬東印度政府的問題上出現爭議。荷屬東印度殖民地該如何管理，才能在最大程度上有利於在歐洲戰敗後亟需獲得財政援助的荷蘭本國？自由派和保守派都認為，殖民地的管理必須能夠促進荷蘭的利益，但雙方在開發殖民地經濟的方法上意見不一。1830年，隨著范・登・博世總督推行強迫種植制，保守派贏得了這場論戰。

　　針對強迫種植制及其理據，一名荷蘭學者描述如下：

當需錢孔急的形勢迫使當局依循保守派路線做出決定，推出所謂的種植制度，19世紀前三十年關於殖民地管理常見的兩種意見相持不下的情況終於告一段落。由於東印度殖民地政府在東印度公司解散後持續出現財政赤字，也因為爪哇戰爭（1825-1830）導致其開支大增，荷蘭母國政府為其殖民地借貸了不少於3,800盾的貸款。在荷蘭本土，由於拿破崙統治的後續效應及財務管理不當，政府的財政狀況也十分危急。因為這個緣故，一個承諾可即刻補充政府資金的政策便受到歡迎，即便這項政策的落實是以東印度土著的福祉為代價。此方案旨在填補空虛的國庫，其設計者顯然想要透過大規模種植適合歐洲市場的經濟作物，提高東印度地區的土地生產力。不過，這位設計者拒絕以鼓勵私人農業企業作為達到此目的之手段，因為難以在市場上與美洲奴隸殖民地利用廉價勞動力生產的同樣產品競爭。設計者原本的建議是，政

府與農村居民制訂自願性契約,後者同意劃出一部分稻田來為政府種植經濟作物,其面積不超過稻田的五分之一,俾使政府受益。且這個種植制度將由歐籍官員負責監督,由土著酋長負責管理,所占用的時間不應超過農民耕種自己同樣面積的稻田所需的時間。另外,政府必須承擔所有風險,劃出的土地得以豁免土地稅,而當上繳作物的價值高於所豁免的土地稅時,其差額部分應歸於農民。[4]

在實踐上,強迫種植制導致了幾種弊端。前二十年,負責徵收作物的土著官員向農民敲詐勒索的情況日趨嚴重。根據規定,種植經濟作物的面積只能占各村耕地面積的五分之一,但這項規定鮮少得到遵守。在一些政府耕地,對農民的強制勞動要求從正常情況下的一年66天,延長至240天。土地稅也沒有確實得到豁免,而是透過額外稅項來徵收。

此制度創建者刻意違反其本身在官方公報(1834年第22號)上所闡明的幾乎所有基本原則,除此之外還有其他各種不公平、任意為之的做法。其中應當一提的是,當局不僅過度利用農民的強制性無償勞動來建設用於運輸農作物的道路和橋梁、供應建築材料(木材、石頭、磚瓦)和建造各種必要設施,也利用此強制性無償勞動來種植政府所需要的經濟作物。另一個弊端是,不論收成欠佳,抑或財政收入因天災或經濟因素而受到影響,皆把一切責

4　G. H. van der Kolff, "European Influence on Native Agriculture", pp. 107-108, in B. Schrieke (ed.), *The Effect of Western Influence on Native Civilisations in the Malay Archipelago.* Kolff, Batavia, 1929.

任推到爪哇農民身上。付給農民的微薄工資不是根據其服務來計
算,而是根據其所供應農作物的市值,因此這份工資可能會跌至
零。尤其不公平的是,農民本身完全沒有置喙權,他們不能選擇
要種植什麼作物或在哪塊土地上種植,而且往往被迫種植完全不
適合該地區的作物,以致收成極差。如果被迫種植的作物需要加
倍照料,而耕地又位於偏遠的地段,情況會更為嚴重。[5]

到了一八六〇年代,由於強迫種植制對爪哇社會產生不利影響,許多
強制種植活動被迫取消。在這期間,支持強迫種植制的人士根據兩大
論點為其辯護。其一,若非強迫種植制,政府就不會有數百萬盾的利
潤匯回荷蘭。其二,爪哇人不善於從事自由勞動,因為在爪哇,勞動
向來都是強迫性的。[6] 強迫種植制的支持者訴諸爪哇歷史,自由派則
訴諸人性和正義原則。自由派贊成引進工業、歐洲資金和管理人力。
他們要求採行自由勞動制。所以,他們反對強迫種植制。他們也對爪
哇人的命運有著真誠的關懷。為了把這些觀點放到歷史脈絡中予以審
視,我們有必要提到當時知名的荷蘭殖民政策批評者迪克·范·霍根
多普(Dirk van Hogendorp)。

　　1791年,范·霍根多普向專為探討荷屬東印度事務而成立的最
高專員署建議了一系列的改革措施。他大力呼籲當局廢除強制勞動
制、奴隸制和強迫性實物供應制,推行自由貿易和自由勞動制,並以
土著居民利益為考量,落實特定的法律糾正措施。范·霍根多普所提
出的幾項建議,包括實施固定稅率和承認個人土地所有權或世襲土地

5　*Ibid.*, p. 110.

6　G. Gonggrijp, *Schets eener economische geschiedenis van Nederlandsch-Indie*, pp. 149-150.
　　Bohn, Haarlem, 1928.

租賃權，預告了萊佛士後來在爪哇落實的改革措施。他也強烈反對貪腐行為。在爪哇，他受到了殖民政府的迫害。後來他逃回荷蘭尋求討回公道，並大力抨擊荷屬東印度殖民政府。用他自己的話說，「東印度公司的總督、首領、駐紮官及其他人員的一切收入，無非是經由偷竊、強盜、掠奪和壟斷而來」。[7]

大約在18和19世紀之交，歐洲的自由主義運動成為了一股不可忽視的力量。當時人們對法國大革命記憶猶新，啟蒙運動也開始對殖民觀念產生影響。由於無法反駁像范‧霍根多普那樣的自由主義與啟蒙改革者在他們對殖民結構的譴責中所提出的社會正義原則，那些對手便訴諸務實主義的論點。1802年5月19日，荷屬東印度總督約翰尼斯‧西博（Johannes Siberg）從巴達維亞寫信駁斥范‧霍根多普時提出了六大論點，說明為何分配土地和取消強迫供應制的做法不可行：（1）爪哇人過於懶惰散漫，不會想要獲取賴以生存的必需品以外的其他東西；（2）強迫供應制可迫使他們增加生產和從事勞動；（3）如果他們在自由資本主義體制下取得較多利潤，他們就會丟下工作，直到所得利潤耗盡為止；（4）因此，分配給他們的土地就會被置之不顧而荒廢；（5）接下來，他們會以低得可憐的價格，把這些土地轉賣給華人或歐洲人買主，而這些買主最終會以小霸王之姿剝削他們；（6）范‧霍根多普的方案會威脅到爪哇統治者的既得利益，如果採行，要用什麼方法迫使他們接受？[8]

65

7　E. du Perron-de Roos, "Correspondentie van Dirk van Hogendorp met Zijn Broeder Gijsbert Karel", p. 264. *BTLVNI*, vol. 102, 1943. 英譯為本書作者所譯。

8　"Korte Vertoog van den Gouv. Gen. Siberg, omtrent het Bericht van D. van Hogendorp", in J. K. J. de Jonge (ed.), *De Opkomst van het Nederlandsch Gezag over Java*, deel XIII, p. 40. Nijhoff, The Hague, 1888.

　　范‧霍格多普所提議的改革引起了殖民地政府十分強烈的反對，但也獲得了一些人的支持。在1802年8月31日的一封公函中，范‧艾瑟爾戴克（W. H. van Ijsseldijk）[ii] 承認弊端之猖獗與情況之惡劣。他支持范‧霍格多普所展望的改革，但他傾向於把改革限制在荷蘭東印度公司直接管轄的範圍內。他主要著眼於廢除強迫勞動制、推行自由貿易和消除弊端。值得注意的是，他完全沒有指稱爪哇人懶惰。[9] 另外，蒙廷（H. M. Muntinghe）[iii] 在他於1812年5月27日提交給萊佛士的報告中提到了爪哇人的懶惰，但他認為這並非遺傳，而是環境所致。[10] 他不贊成全面廢除強迫勞動制，雖然他也同意說，爪哇先前的情況令人不快。他的政治理念和改革觀念所立基的原則是，「每個殖民地是或必須是為母國的利益而存在」。[11]

　　如同前面所說的，在19世紀，尤其是一八六〇年代，強迫種植制和強迫勞動制（荷文 *herendienst*）不斷受到批評。當時有所謂的「殖民地反對派」。在辯論中，強迫勞動和土著懶惰的問題占據突出的位置。如前所述，支持改革者拒絕接受土著懶惰及強迫勞動制卓有成效的說法，贊成維持現狀者則持相反的意見。一名荷蘭殖民地部長曾經表示，爪哇人喜歡強迫勞動甚於自由勞動。[12] 一名作家透過揭示此問題的整個脈絡，駁斥了該部長的說法。荷蘭殖民政府曾採取行動懲處當地貴族顯要，更進一步顯示強迫勞動和強迫種植經濟作物這一問

66

9　*Ibid.*, pp. 109-112.

10　H. R. C. Wright, "Muntinghe's advice to Raffles on the land question in Java", *BTLVNI*, deel 108, p. 231. The Hague, 1952.

11　H. W. Muntinghe, "Rapport van H. W. Muntinghe, van July 28, 1813", *Tijdschrift voor Nederlandsch Indie*, pp. 267-278, part 2. Zalt-Bommel, 1864.

12　根據泗水（Surabaya）駐紮官的報告，此處出自該部長1868年3月的談話。參見 *TNI*, pp. 332-333, 1868, *op. cit.*

題的重要性。1791年，兩名拉登（Raden）（爪哇貴族成員）因忽視強制
種植咖啡的命令，被流放到荷蘭埃丹（Edam）一年。1706年，一名爪
哇酋長因為「懶惰」（未能成功迫使轄區居民生產足夠分量的指定經濟
作物），被流放到船島（Onrust Island）[iv] 一段時間。1747年，芝普拉根
（Tjiblagoeng）的酋長因「散漫」而受罰。1788年，一名頭目（patih）受到
警告說，「一旦他再次疏懶」，就會被送往巴達維亞。當局也曾威脅要
把那些酋長流放到錫蘭和好望角。1805年，雙木丹（Soemedang）的一
名酋長因為在荷蘭人種植園的管理上疏於職守，被鞭笞及處以五年強
迫勞動。1800年，加拉璜（Krawang）的一名酋長曾雙腳被扣上鎖鏈，
另有幾名村長和督工也因為「懶惰」而被扣上鎖鏈作為懲罰。[13]

愛德華·道維斯·戴克爾（Edward Douwes Dekker）曾針對強迫勞動
的問題寫了大量的文章。他是著名的小說家及強迫種植制批評者，筆
名穆爾塔圖里（Multatuli），代表作《馬格斯·哈弗拉爾》（*Max Havelaar*）
出版於1860年。如同其他自由派改革者及荷蘭殖民制度反對者，戴
克爾反對懶惰土著這一論題，認為是總體的形勢，以及壓迫與惡劣待
遇，導致土著在他們被迫從事的工作中表現懈怠。根據戴克爾的說
法，當荷蘭殖民政府說需要咖啡，而爪哇人卻不予回應時，殖民政府
因得不到咖啡，便強迫爪哇人去種植，且不支付他們任何酬勞。爪哇
人對強迫勞動的怠慢反應，其實就是對荷蘭政府強迫他們種植經濟作
物的無聲抗議。[14] 殖民當局訴諸強迫手段，是因為殖民地的歐洲人本
身不願意成為種植園勞工。事實上，無論原因為何，殖民地的歐洲人

13　關於此課題及其他資訊，參見 F. de Haan, *Priangan*, vol. 3, pp. 630-633. Kolff, Batavia, 1912. 另參見 pp. 538, 706; vol. 1, 160-162; vol. 4, p. 296.

14　參見 Multatuli (Douwes Dekker), *Over Vrijen Arbeid in Nederlandsch Indie*. (Publisher not known); 另參見 Multatuli, *Nog-Eens Vrye-Arbeid in Nederlandsch-Indie*. Cohen, Amsterdam, 1914.

社群當中是沒有體力勞動者的。蒙廷認為，無論什麼類型的歐洲人，都不適宜在熱帶氣候下耕作土地。[15] 正是因為歐洲人不願意耕作，殖民地政府才必須仰賴非自願的土著勞動力，而所謂的懶惰，其實就是這種不情願的表現。而如同蒙廷所指出的，土著的這種懶惰，又成為了人們反對在爪哇推行自由貿易與自由耕種的主要理由之一。[16]

至此我們可以清楚看出，懶惰土著的迷思是以怎樣的方式，呈現在當時爪哇的意識形態鬥爭之中。比起反對此說的范·霍根多普、戴克爾及其他自由派人士，贊成此說者遠較為人多勢眾。此迷思之廣被宣揚與爭論，大約始於19世紀初。其被創造出來，乃是為了合理化強迫供應制和強迫勞動制。到了20世紀，此迷思仍持續發揮其功能，被資本家用作維持低工資的論據。19世紀和20世紀初有許多不同的著作揭示了懶惰土著觀如何在歐洲帝國主義意識形態結構中發揮作用，我們無需在此一一引述。這種例子實在太多了，不勝枚舉，但我們仍有一個問題需要解決：我們論點的有效性，會不會僅僅局限於爪哇與荷蘭殖民主義？萊佛士曾經嘗試廢除強迫勞動制。既然他對強迫勞動的看法與其他許多人有所不同，但為什麼他們所描繪的馬來人，都保持着懶惰的形象？這問題的答案其實顯而易見。基本上，英

15　H. R. C. Wright, *op. cit.*, p. 234. 此看法也有其意識形態根源。蒙廷雖然贊成改革，但他認為種植工作應由爪哇人承擔，原因是歐洲人不適合在熱帶土地耕種。我們不禁要問，為什麼歐洲人適合擔任管理者、醫生、經理人、麵包師、家庭主婦、妓女、軍人等等，卻不適合耕種？如果我們以勞累和疾病這兩項因素為考量，荷蘭軍人的生活可要遠比種植園勞工辛苦苛刻。

16　土著懶惰的問題在自由派反對人士與殖民地政府之間的意識形態鬥爭中占據突出位置的情況，明顯可見於一八六〇年代以後的政治討論。爪哇人工作勤勞是自由派所要嘗試建立的論點。參見 "Een Voorbeeld van Javaansche Luiheid", in *TNI*, part 3, 1869, *ibid.*

國人也面對同樣的問題，土著群體同樣是處於英國殖民資本主義、礦業和經濟作物種植業的網絡之外。

我們必須十分小心謹慎，不要把英殖民統治下馬來亞和新加坡的實際情況，與萊佛士個人對強迫勞動等議題的看法混為一談。我們也必須慎防對英國人的法律做出錯誤的判斷。壟斷和強迫勞動同樣存在於英國人的統治之中，只不過是以另一種面貌出現。我們也許可以稱之為間接強迫勞動和間接壟斷。間接壟斷可見諸19世紀上半葉以降英國人對進出口和對經濟作物種植活動的管制。有關馬來西亞和新加坡經濟的研究資料通常不會對非歐洲群體的投資額與控制權的族群成分再做細分。不過，自19世紀以降，我們可以從主導公司的名稱中看出其國籍。可在英國找到的檔案資料提供了我們所需的資訊。第一次世界大戰（1914-1918）爆發時，世界各國在海峽殖民地的總投資額約為2億美元，其中1.5億美元來自英國。來自法國、德國和美國的投資額微不足道。第二次世界大戰（1942-1945）爆發前夕，世界各國在馬來亞總共投資了7億美元，其中英國的投資額約為4億美元。[17]由此可見，英國人早年對馬來亞經濟的控制，遠比後來大。[18]當萊佛士反對壟斷時，他心裡想的其實是非英國公司或非英國政府的壟斷。

68

17　W. Woodruff, *Impact of Western Man*, pp. 154-160, tables IV, 3 and 4. Macmillan, New York, 1966. 金額以五千萬為單位四捨五入計算。

18　布都遮里（J. J. Puthucheary）那部很有用的著作（*Ownership and Control in the Malayan Economy*. Eastern University Press, Singapore, 1960）未提供歐洲投資者而只提供亞洲投資者的族裔背景。在馬來西亞的檔案資料中，未見有按國籍分類的統計數據。不過，歐洲投資者群體顯然是以英國人為主。如有進一步的興趣，可參考Lim Chong-Yah, *Economic Development of Modern Malaya*. Oxford University Press, Kuala Lumpur, 1967 和 G. C. Allen, A. G. Donnithorne, *Western Enterprise in Indonesia and Malaya*. Allen and Unwin, London, 1957。

如果一個國家的經濟整體上是由英國人主導與控制，他並不反對，雖然他不贊成控制權單獨由一家英國公司壟斷。他的政治理念足以證明這一點。[19]

　　萊佛士在關於政府與公司壟斷權的課題上顯然持有雙重標準。我們只需舉出他迫使爪哇君主簽訂的條約為例就夠了。在他與馬打蘭蘇丹簽訂的條約（1811）中，萊佛士要求蘇丹將生產可食用燕窩的領土，以及各種貿易稅項的獨家控制與管理權，均讓渡予英國政府，蘇丹則每年獲給付一定的金額作為回報。蘇丹也被要求忽略早前與其他歐洲強權簽署、強迫他以不能反映成本的價格出售商品給他們的其他條約。[20] 這一切都是為了使貿易流到英國人手中。而這就是萊佛士政治理念的基本方針。在他從馬六甲寫給印度總督明托伯爵（Lord Minto）的一封信（1811）中，萊佛士譴責荷蘭人對馬來土邦強行實施的貿易壟斷，但基本上，只要不妨礙英國內部的商業與工業發展，他並不反對英國政府實行壟斷。[21] 無論如何，萊佛士是不接受機會平等原則的。他的貿易政策絕對不是自由貿易政策。那是帝國主義的、以英國利益為考量的貿易政策。[22]

19　M. L. van Deventer, *Het Nederlandsch Gezag Over Java En Onderhoorigheden Sedert 1811*. pp. 318-319. Nijhoff, The Hague, 1891.

20　關於有必要統治熱帶地區和引導其經濟發展，參見其致湯瑪士・梅鐸（Thomas Murdoch）的信。T. S. Raffles, *Memoir of the Life and Public Services of Sir Thomas Stamford Raffles*, vol. 2, *op. cit.*, pp. 160-168.

21　砂拉越（Sarawak）白人拉惹、納閩（Labuan）總督詹姆斯・布魯克（James Brooke）也支持英國人的壟斷。參見其著作 *Narrative of Events in Borneo and Celebes, Down to the Occupation of Labuan*, vol. 1, p. 339. John Murray, London, 1848。

22　T. S. Raffles, *Memoir of the Life and Public Services of Sir Thomas Stamford Raffles*, vol. 2, *op. cit.*, pp. 54-109. 萊佛士對華人和阿拉伯人庸俗不堪的貶低，讓他成為了這個區域最惡劣的種族偏見肇始者之一。參見 Syed Hussein Alatas, *Thomas Stamford Raffles, 1781-*

譯註

i 「Culture system」又稱「cultivation system」，印尼民眾稱之為「*tanam paksa*」，即強迫種植之意。此制度規定農民必須種植特定出口作物，並以低於市價之價格出售給殖民政府以代替繳交土地稅。

ii 范‧艾瑟爾戴克（W. H. van Ijsseldijk）曾於1786至1798年間擔任荷蘭東印度公司駐日惹（Yogyakarta）的駐紮官。

iii 蒙廷（H. M. Muntinghe）於1807至1811年任荷屬東印度總督丹德爾斯（H. W. Daendels）的總秘書，1811至1816年擔任英國駐爪哇副總督萊佛士的顧問。

iv 船島（Onrust Island），位於今雅加達北方海上的一座小島。

1826: Schemer or Reformer? Angus and Robertson, Singapore/Sydney, 1971.

懶惰形象與相應現實
The Image of Indolence and the Corresponding Reality

　　我們在前面幾章描述了殖民時期外來歐籍觀察者心目中的土著馬來人、爪哇人和菲律賓人的形象。占主導地位的是懶惰的形象。在爪哇案例中，我們已證明懶惰土著這一主題，如何與19世紀荷蘭保守派和自由派之間的意識形態鬥爭相連結。本書的論旨即在於，懶惰土著的形象大體上是19世紀殖民統治的產物，當時各個強權對殖民地的統治正臻於高峰，殖民資本主義剝削活動需要對殖民地進行多方面的控制。懶惰土著的形象在殖民時代的這一綜合剝削結構中具有一定的功能。那是資本主義勞動觀取得了至高無上地位的時代，任何不符合此勞動觀的勞動類型，都會被拒斥為異類。一個社群如果未能自願且熱情地擁抱此勞動觀，就會被視為懶惰的社群。

　　為了闡明以上論點，我們先來討論土著是否確實是懶惰。首先，我們必須定義何謂懶惰，界定19世紀資本主義的勞動觀，並說明在土著社群的態度中，有哪些特質被那些代表新興資產階級潮流的外來觀察者詮釋為懶惰。我們先來定義懶惰，接著證明土著社會實際上並非懶惰，最後再來解釋為什麼它會被描述為懶惰。這裡的討論會暫時把菲律賓的情況排除在外。菲律賓人懶惰的論題，會在我們討論黎剎關於此課題的論述時一併處理。另外，菲律賓還面對西班牙化和基督

教化所引發的一些具體問題。由於這些因素，菲律賓的情況有必要另闢專章處理。從現代資本主義的角度來看，西班牙人在菲律賓的殖民統治是落伍的。西班牙人在殖民政策上與荷蘭人和英國人截然不同；有別於西班牙人在菲律賓的做法，荷蘭人和英國人把土著的宗教與文化留給土著社群自行處理。[1]

　　斷定土著懶惰的外來觀察者從不費心去定義何謂懶惰。在其就菲律賓人懶惰的課題所提出的著名論述中，黎剎把懶惰定義為「對工作缺乏熱忱，沒有積極性」。[2] 懶惰是一個相對的概念，以「缺乏」特定素質而不是以「具有」特定素質為其表徵。

　　如果說一個人需要藉由工作來維持生計，而在這種情況下他卻缺乏工作的意願和力氣，那就是懶惰。所以，這種懶惰概念具有下列組成元素：（1）對工作缺乏熱忱；（2）缺乏工作意願；（3）工作時缺乏力氣與熱情；（4）不關心工作結果；（5）不關心工作會帶來什麼利益；（6）不關心工作是否必要。

　　操作性定義的懶惰可以有很多種形式。讓我們舉一個我親身經歷的例子。這個例子涉及一名五口之家的主人。這名一家之主是年約四十出頭的男子，他被公司裁退之後就拒絕再工作，把時間都花在白天睡覺、開車兜風或訪友上。他不時會打些零工，一個星期就那麼幾個小時，微薄的收入僅勉強足供家裡所需。在這種情況下，我們也許可以說這個人是懶惰的。為了家人，他有必要去賺取更多錢。他對於自己拒絕工作的後果毫不在意。工作會給他帶來什麼利益，他也不在

1　關於西班牙征服活動的這個面向，參見 J. L. Phelan, *The Hispanization of the Philippines.* University of Wisconsin Press, Madison, 1959.

2　Jose Rizal, "The Indolence of the Filipinos", in E. Alzona (tr. and ed.), *Selected Essays and Letters of Jose Rizal*, p. 182. Rangel and Sons, Manila, 1964.

乎。如果一名漁夫表現出這幾種特點，那麼他就可以被稱為懶惰。農民及其他階級的人也一樣。一個人如果慣常表現出那樣的態度，就可以被歸類為懶惰的人。但如果是由於個人無法控制的原因而短期失業，則不是懶惰；如果一名店員在沒有客人的時候無所事事地站在收銀台後面或在店裡閒晃，同樣也不應被形容為懶惰。

　　所以，懶惰的特點在於對需要付出辛勞與努力的情況予以迴避。一個人在情況允許時挑剔工作，那不是懶惰。但如果他迴避任何形式的工作，那麼他就是懶惰。若按照上述操作性定義來評估，無論如何想像，馬來人、菲律賓人和爪哇人懶惰的說法都是不能成立的。大部分馬來人、菲律賓人和爪哇人每天都有定時工作。若非如此，他們就無法存活下來。外來者也都可以看到，無數的爪哇人、馬來人和菲律賓人都在辛勤勞動。他們種田、捕魚、蓋房子、照料農場，簡而言之，他們每天都忙得不可開交。那為什麼懶惰土著的形象會發展成形？其原因可從溫士德的一句評語看出端倪。他說：「由於他們是獨立自主的農民，不需要受僱工作，馬來人被賦予了名不副實的懶散惡名，此惡名又被其亞洲競爭對手刻意強化。」[3] 正是因為不願意成為殖民資本主義生產體制的一個工具，馬來人背上了懶惰的惡名。這是懶惰馬來人形象之所以形成的原因之一。

　　另一個原因是，馬來人與主要集中在城市地區的歐洲人在工作職務上沒有密切的接觸。城市裡的歐洲人很少有接受馬來人服務的經驗。馬來人不是他們舒適生活的支柱。在酒吧、客棧、旅館和商店裡，都沒有馬來人為歐洲人服務。馬來人從事最多的是駕駛和園藝。

3　Sir Richard Winstedt, *Malaya and Its History*, p. 17, *op. cit.* 參見本書原文第50頁（中譯版頁109）。

他們也不從事房屋建築、道路修建和書記之類的工作，簡而言之，他們沒有參與到現代私人資本主義經濟部門之中。作為一個完整的體系，殖民資本主義並不僅僅局限於經濟領域。它包括整個行政體系、學校及其他相關的活動。因此，如果政府修建一條鐵路，那些修建鐵路的勞工和那些經營鐵路的人員都會進入到殖民資本主義的網絡。馬來人是間接透過公務員體系進入這一網絡的。他們為殖民資本主義操控下的政府行政部門服務。由於這種服務並沒有讓馬來人與歐洲殖民社群產生直接而經常的接觸，他們的服務就不會受歐洲人賞識。在殖民資本主義的整體生活型態中，馬來人沒有發揮功能。

　　約翰・湯姆森（John Thomson）在他的旅行觀察中對此有所提示。他在關於檳榔嶼的記述中說了下面這番話：「在這遙遠的島嶼，外國居民能夠住在巧富歐洲風味的房子並享有一切舒適豪華的生活，事實上幾乎都得歸功於華人。在主人的吩咐下，華人管家阿鴻每天都會在餐桌上擺出豐盛的食物，其中有多種精選的水果，還有芳香怡人的花卉──這是主人熱情好客的象徵，而在這地球之一隅，熱情好客正是商人們最大的驕傲。」[4] 他對華人的讚許是有條件的，那就是華人必須受英國人法律的約束。他說：

> 在檳榔嶼，華人在他們所從事的各行各業中只有很少或幾乎沒有競爭對手，惡習也比較不那麼嚴重，因此要管治他們並不太難。這裡的華人只要受到適度的約束，就會成為最有用、最不可或缺的社會成員。的確，他們會抽鴉片，會信口雌黃，而且一有機會

4　J. Thomson, *The Straits of Malacca, Indo-China and China*, p. 17. Low, Marston and Searle, London, 1875.

就會變得不老實、狡猾、背信棄義；但儘管如此，那些爬到一定地位而值得信賴的人，會完全捨棄這些惡習，或者更可能的情況是，會以華人特有的巧妙方式，掩飾這些惡習。[5]

相對於其對華人如何滿足歐洲人社群需求的描述，儘管他們有時候被認為不老實、狡猾、背信棄義，湯姆森一方面承認自己對馬來人的活動所知甚少，一方面卻又做出以下的評斷：

> 島上有大量的馬來人，比中國人多。然而，要指出他們從事什麼工作則困難得多，因為他們不從事任何行業或職業，他們當中也沒有商人。有些人受僱到種植園裡抓甲蟲、修剪樹木和耕作土地；但整體而言，馬來人都盡可能不工作；有些人擁有一小片園子，用來種果樹，另一些人則當水手，擁有帆船供中國人進行交易。不過，我不記得自己曾遇過任何真正的馬來商人。島上散布著馬來村落，由幾間簡陋的小竹屋和兩、三簇果樹組成。這些村落多半靠海，他們沿海而居，偶爾捕魚，很多時候都在睡覺，而我相信，他們不論睡著或醒著，都總是嚼著一種由石灰、荖葉和檳榔混合而成的東西，以致嘴巴脹得鼓鼓的，嘴唇被染紅，牙齒覆蓋著一層黑垢。[6]

關於威斯利省（Province Wellesley）的馬來人，他寫道：

5　*Ibid.*, pp. 16-17.
6　*Ibid.*, pp. 18-19.

威斯利省有許多馬來人，但他們並不在種植園裡工作，而事實
上，我們連要說出二十分之一的馬來人口在從事什麼工作，也幾
乎不可能。身為穆斯林，他們施行割禮，並經常祈禱。他們一生
的其餘時間似乎都用來養育他們的大家庭，讓家人遵循父輩的典
範，懶散地等待大自然慷慨供應他們賴以生存的糧食。馬來男人
在自己的家鄉稱得上是仕紳，他們不從事貿易，對其隨身攜帶的
刀柄精美、刀尖塗有毒液的短劍深以為傲。[7]

74　　　以上關於馬來人的有點是憑感覺做出的一般性描述，在當時十分
流行。但這種斷定馬來人為懶惰的論述，是毫無根據的。觀察者既沒
有針對這個課題進行實質的研究，也不曾與馬來人一起生活或交往。
即便如此，這樣的形象依然形成了。它源自於馬來人對經濟作物種植
業和對殖民資本主義種植園工作的消極反應。他們迴避了19世紀殖
民資本主義體制下最具剝削性的勞動類型。不過，在採礦等資本主義
部門，馬來勞動力其實並沒有完全缺席。本身也參與採礦業的英國作
者沃恩福德・洛克（C. G. Warnford Lock）曾讚揚馬來勞工。他說：

　　一般而言，馬來人不會受僱於實際採礦的工作；不過，丁加奴的
　　班迪（Bundi）錫礦場是個值得注意的例外。在那裡，爪哇馬來人
　　受僱以鑽岩機在十分堅硬的花崗岩層挖礦，他們操作機械的方式
　　比華人競爭對手更為細膩，表現十分令人滿意。馬來亞還有另一
　　個例子，但不是在半島，而是在婆羅洲的納閩煤礦場。早期大部
　　分的礦井——不是那種淺坑，而是真正的豎井——都是他們在歐

7　　*Ibid.*, p. 33.

洲人管理層的監督下挖掘的。[8]

　　馬來人在礦場裡也是傑出的管理者、水泵操作員、井內監工和井外監工。他們也是十分優秀的機車司機。

　　馬來人，尤其是爪哇馬來人，是非常優秀的起重機和運輸機的操作駕駛員。我在勞勿（Raub）待了大約十五年，任何時候都有至少五個礦井是由馬來司機負責操作運行，且從來不曾因為他們的疏忽而發生過意外。彭亨汽車服務公司（Pahang Automobile Service）也發現了這一點，所以即便彭亨的公路是世界上最凶險的公路之一，卻非常放心地用低五倍的工資，僱用馬來司機取代技術熟練的歐籍司機。今日我們依然可以在擁擠的新加坡街道上看到許多馬來司機。[9]

馬來人擅長的其他工作還包括下列幾種：

　　砍伐森林，一切河上工作，以及一般勘探工作，都不能缺少馬來人，因為他們擅長木工，是極為熟練的船夫，天生善泳，而且膽識過人，足計多謀，有需要時會展現出非凡的努力與耐力。當他們可以不工作而過起閒散的生活，他們從來不會淪為酒鬼（這點得感謝他們優秀的宗教——伊斯蘭教）；他們從不乞討；他們永遠會穿戴得整潔清爽，行為舉止也總是端莊有禮；簡而言之，他

8　C. G. Warnford Lock, *Mining in Malaya for Gold and Tin*, pp. 31-32. Crowther and Goodman, London, 1907.

9　*Ibid.*, p. 32.

75　　們與澳洲那些「日沒客」（sundowner）和「癲痢金」（larrikin）[i] 形成了
　　　絕佳的對比，後者如我們所能想像到的，會把雪梨和墨爾本的
　　　公園弄得髒亂不堪，會縱火燒倉庫，還會讓婦女和小孩感到害
　　　怕。[10]

而根據 19 世紀歐洲殖民資本主義支持者的觀點，有哪些是馬來人不
擅長的工作？上述同一名觀察者也給了我們提示。他說：「採礦活動
中的苦活，那些使用鐵鎚與鑽子、鑿子與鏟子、鋤頭與畚箕進行的辛
苦、無趣、單調、沒完沒了的勞作——直到最近只有一個民族的人值
得考慮僱用，那就是刻苦耐勞、勤勞節儉的華人。」[11]

　　華人被視為勤勞是因為他們提供了最低階的勞動。馬來人雖然在
該作者所指出的那幾種勞動中貢獻良多，卻仍被視為懶惰，這不是因
為根據定義他們確實是懶惰，而是因為他們迴避了華人和印度人所從
事的那種奴役式勞動。華人和印度人因為是移民身分，被我們後文會
談到的那種制度所困，所以不得不從事礦場和種植園勞動中最低階
的工種。這就是懶惰馬來人形象的社會學與意識形態根源之所在。
事實上，馬來人也有小規模種植橡膠，也從事採礦。[12] 我們這位作者
還讚揚了馬來人在另一個領域的表現：「馬來人專長於設陷阱捕捉動
物，政府提供作為消滅害獸的賞金全由他們壟斷。1904年，政府總

10　*Ibid.*, p. 32.

11　*Ibid.*, pp. 32-33.

12　在華人擴大其採礦業之前，確實已有馬來人從事採礦活動。馬來人的採礦活動可追
　　溯到葡萄牙殖民時期以前。在一八九〇年代初期，單單在近打（Kinta）地區就有大約
　　350座馬來礦場。參見 J. B. Scrivenor, "Mining", p. 186, in R. O. Winstedt (ed.), *Malaya:
　　the Straits Settlements and the Federated and Unfederated Malay States*. Constable, London,
　　1923.

共發出約5,000叻元[ii]賞金給他們，所捕獲的害獸包括45頭老虎、20頭花豹和13頭黑豹，另外還有989條蛇、1,130隻鱷魚和1,732顆鱷魚卵。」[13]但儘管如此，關於這幾個族群，他卻是這麼說的：「從勞動力的觀點來看，實質上有三大族群，即馬來人（包括爪哇人）、華人和泰米爾人（Tamil）（一般稱為吉寧人〔Kling〕）。就其本性而言，馬來人是遊手好閒者，華人是盜賊，吉寧人則是酒鬼，但在適當監督的情況下，每個族群在其專屬的工作中都能提供廉價而高效的勞動力。」[14]

關於被他譽為勤勞的華人苦力（coolies），這位作者直言不諱地表達了以下的看法：

> 無需透過殘酷或暴虐手段，無需借助任何類似非洲羅德西亞（Rhodesia）白人礦主對黑人所採取而惹來諸多麻煩的無情暴行，也無需不斷暴打與咒罵，就能讓華人苦力意識到，他們的地位並非與歐洲人平等。他們是諸民族中的驢子，能夠在最惡劣的條件下從事最艱難的任務，忍受各種惡劣氣候和不公待遇，吃得少也喝得少，頑強堅韌又麻木不仁，不討人喜愛但極度有用。但不論在什麼情況下，都絕對不能信任他們或與他們為友。[15]

他進一步說道：

> 華人苦力的整個人生觀中不存在一絲一毫的兄弟情誼，每個人都只為自己而奮鬥。他們的同情心不比低級動物多，感恩心比那些

76

13　C. G. Warnford Lock, *op. cit.*, p. 3.
14　*Ibid.*, p. 31. 此勞動力觀點無疑是殖民資本主義的勞動力觀點，強調的是廉價與高效。
15　*Ibid.*, p. 38.

動物還要少。除非逼不得已,他們會拒絕協助解救瀕死的夥伴,即便他們在工作中也會時時刻刻面對同樣的死亡或傷害威脅。對這樣的民族來說,團結一致地為善或為惡都是不可能的事情。我寧可管理一千名華人苦力,也不想要管理十個南義大利人。除非是遭遇極大的不公,前者從來不會為了報復而殺人,或舉手反抗當權者,雖然他們會為了區區一兩塊錢,就不假思索地毆打同床的伴侶或無助的女人。[16]

從我們對殖民資本主義信念的研究中可以清楚看出,一名勞工若要被視為勤勞,就必須是「諸民族中的驢子,能夠在最惡劣的條件下從事最艱難的任務,忍受各種惡劣氣候和不公待遇,吃得少也喝得少,頑強堅韌又麻木不仁,不討人喜愛但極度有用」。如果從事的是「諸民族中的驢子」範疇以外的其他類型勞動,就會被認定為散漫或懶惰。想要被視為勤勞,就必須成為殖民地農業資本主義制度下的一項動產。支持這個制度的人期望那些勞工去做他們本身所唾棄的工作。那些勞工最好不用吃也不用喝東西。那些勞工不僅是諸民族中的驢子,而且是諸民族中的蜂后。他們期待每個勞工都從事並喜歡「那些使用鐵鎚與鑽子、鑿子與鏟子、鋤頭與畚箕進行的辛苦、無趣、單調、沒完沒了的勞作」。在此,勤勞與壓迫性資本主義勞動在概念上的連結昭然若揭。如果有人想要在實質層面上尋找馬來人懶惰的操作性證據,他必定會無功而返,無法提出任何具體的實證來證明馬來人懶惰的概念。如果以「對工作缺乏熱忱,沒有積極性」這一定義來檢驗作為一個整體的馬來人,我們會發現情況並非如此。不過,如果把

16 *Ibid.*, pp. 39-40.

這一定義用在馬來人對殖民資本主義種植園活動的態度上，則是合適的。馬來人的確不太喜歡在殖民地歐洲人的種植園裡工作。

勉強把對勤勞與否的認定與苦力勞動連結在一起的做法，明顯可見於溫士德在殖民時期出版的一部著作中。他寫道：

> 馬來人以極度懶惰著稱。潮濕的熱帶氣候、瘧疾、可輕易種出農作物的土地，加上在統治者的禁奢令下，農民若住華屋著美服便有可能招致危險——所有這些因素導致馬來人寧願選擇過一種平靜、無欲無求的生活。但即便如此，懶惰之名也不是完全名副其實。在半個世紀內，他們從田園生活的時代栽進了蒸汽輪船、火車和汽車的時代，從父權家長制時代栽進了外來工人與資本家的群體當中。他們正在為適應這些變遷而自我調整，但因為速度太慢，還不足以在這些變遷中存活。所以，他們寧可在河上划船度日，或在稻田泥濘地裡工作，也不願成為在廠房或辦公室裡被時鐘驅使的奴隸。不過，他們在其興趣被激發的領域是勤勞的。[17]

那麼，「懶惰」這一謎樣的特質，到底是什麼東西？溫士德說，馬來人「在其興趣被激發的領域是勤勞的」。所有人不都是會這樣嗎？如果馬來人傾向於當獨立自主的耕作者，難道就會讓他們變得懶惰？殖民地的歐洲人不都是迴避體力勞動？他們不也避開了苦力勞動？為什麼他們不被視為懶惰？從現存的文獻資料可以清楚看到，所謂勤勞，就是在殖民資本主義環境中從事非人的工作。

17　R. O. Winstedt (ed.), *Malaya*, pp. 89-90, *op. cit.* 溫士德還認為，英文教育會把馬來人寵壞。

　　懶惰之謎也在一名英國女士所寫的一本書中進一步得到展現。這名女士做了大量的傳教工作，曾於1879年在馬來亞停留五個星期。在她看來，馬來人當船夫、漁夫和警察還算勤勞。印度人「在其平庸能力允許的範圍內，大體上是有用的」；他們是個無害的民族，「但吵起架來聲音震耳欲聾且凶狠無比，據說罵人的詞彙也是無窮無盡的」。[18] 馬來人「在人們心目中，一般以那把稱為『克里斯』的短劍和促成『殺人狂』（running amok）[iii] 一詞的特殊狂症為其象徵」。[19] 他們過著怪異又平淡無奇的生活。「男人從事捕魚或打獵，如果擁有稻田就犁地種稻，除此之外，他們做任何事情都不願付出太多努力。」[20] 他們的態度冷漠而疏離，不論男女都長得極醜。[21] 在馬六甲造訪一戶馬來人家時，我們這位女性作者這樣評斷馬來婦女：「那些婦女在屋子裡消磨時間，有的洗魚，有的舂米；她們對工作並不在乎，而她們購買衣服所需的小錢，可以透過售賣草蓆或自森林裡採集的水果來賺取。」[22] 我們也許要問作者，這裡的工作是指什麼？難道洗魚和舂米不是工作？如果說這裡的工作意指不是在家裡從事的賺錢活動，那麼編織草蓆和販售水果算不算是工作？很顯然，她這裡所說的工作，是指殖民資本主義所引進的活動。如果那些婦女成為英國種植園主或商行高級職員的苦力或傭人，她就會認為她們有在工作了。

78　　假設外國觀察者所遇見的馬來人多半是漁夫和稻農，或是不貪圖

18　Isabella L. Bird, *The Golden Chersonese*, pp. 115-116. Oxford University Press, Kuala Lumpur, 1967. (Reprinted from 1883 edition.) 她所觀察的是新加坡的馬來人。

19　*Ibid.*, p. 137.

20　*Ibid.*, p. 138.

21　*Ibid.*, p. 138. 她只造訪一個馬來家庭，但對她來說，這似乎已足以讓她對馬來人做出評斷。

22　*Ibid.*, pp. 138-139.

錢財的小園主，他們可以把馬來人歸類為懶惰者嗎？若是可以，那麼最懶惰的應該就是任勞任怨但沒有賺錢念頭的歐洲傳教士了。那些歐籍政府官員的獲利欲望遠比種植園主和商人來得低，他們也同樣要被歸類為懶惰者。另外一名作者雖然相當同情馬來人，卻也批評他們不勤勞。理由很明顯，那就是馬來人沒有興趣按照殖民資本主義常態從事勞動。他說：

> 當今馬來人儘管有許多美德，卻不勤勞。人們向來認為婆羅洲的達雅人（Dyak）是紳士，因為他們從來不會積存勞動成果；據說他們只會為當天或當週的生活所需而工作，一旦他們取得所需的收入並放下辛苦的工作，無論給他們多少錢，也無法誘使他們中斷休閒和享樂——這兩樣東西高於一切，除非他們極度缺錢。按照這個道理，而我也不反對這麼說，馬來人本質上也是紳士；他們不貪圖利欲，只要能夠滿足當下的需求就很開心——諺語所謂「今日之憂足矣，勿為明日擔心」是他們緊抱的信念。在氣候較不宜人、人們也較為自私的地方，這種信念恐怕不太好；但在這裡，大自然是如此仁慈，當地居民又都慷慨大方，這是個堪稱健全的信念。[23]

以上關於馬來人只為滿足當下需求而工作的描述，是對馬來人形象的拙劣扭曲。這樣的描述只適用於一部分馬來勞動者，例如在歐洲人種植園工作的一些人。馬來人向來以不能長期工作著稱，但這也只

23　John Cameron, *Our Tropical Possessions in Malayan India*, pp. 133-134. Smith, Elder, London, 1865.

適用於在殖民資本主義種植園裡工作的人。外來觀察者自己也注意到，其他領域的馬來勞動者，例如公務員、警察、司機、園丁、侍從、馬夫等等，都能長期持續地工作。他們只是不能，或者更正確的說法是不願意，在別人擁有的種植園裡工作。馬來人只是不願意在種植園裡當苦力，而這種不願意卻被詮釋為整個族群的一大缺點。這裡舉個例子：「在馬來亞種植橡膠和椰子，勞動力是關鍵要素。在大型種植園的勞動僱用上，土著馬來人不僅人數不足，在很多方面也不適合受僱；他們不喜歡從事長期、周而復始的工作。在歐洲人的種植園裡，勞動力幾乎全由泰米爾人、華人和爪哇人移民所組成。」[24] 同一名作者繼而如此形容馬來人的農業：「當地馬來農民不是稻農，就是擁有幾畝地的小園主。那些小園主在園裡雜亂地種植水果、椰子和橡膠，一般上也不細加照料，同時還在這些永久性作物沒有擋住太多陽光的地面上，種些蔬菜、花生、鳳梨、橡膠等填閒作物。身為稻農，馬來人在其農耕知識的限制範圍內做得相當成功。」[25]

如果馬來人不喜歡從事長期、周而復始的工作，他們就不會作為人而存活至今。事實上，他們只是迴避其他民族所經營的礦場和種植園裡具有剝削性的長期、周而復始的工作。任何觀察者都能看到，馬來人會把稻田打理得多麼乾淨整齊。家裡的果園也是如此。這一切都需要投入長期、持續的勞動。馬來人選擇在種植園以外的地方從事長期、周而復始的工作，這一事實都被我們的那些作者忽略了。馬來人對於勞動的那種完全健全、正常、符合人性的反應，反而被視為異常的缺點。馬來勞動者其實是不願意離開家人和家鄉到外地工作。另

24　B. J. Eaton, "Agriculture", p. 198, in R. O. Winstedt (ed.), *Malaya*.

25　*Ibid.*, p. 199.

外，在一些情況下，錫礦場給予馬來人的工資會比華人來得低。[26] 在馬來西亞的一些地方，這種歧視行為至今依然存在。

馬來人被指為懶惰並非因為他們確實懶惰，而是因為他們拒絕成為種植園勞工。馬來人的這種態度對殖民地的英國種植園主構成了嚴重的問題，導致後者難以和那些透過欺詐手段從中國引進勞工的華人種植園主競爭。在一八八〇年代和一八九〇年代，由於馬來人拒絕在種植園裡工作，英國種植園主面對勞工短缺的問題。1882年度《雙溪烏戎報告》（*Sungei Ujong Report*）籲請當局以泰米爾勞工取代馬來勞工。該報告寫道：

> 我們只要泰米爾勞工。為了利用馬來勞動力，這裡的種植園主做了很多工作，大量的勞工也從鄰近的小型種植園來到班台（Pantai）和晏斗（Rantau）找工作。但這批勞動力過於昂貴，而且很不穩定，種植園主經常在需要僱用盡可能多的勞動力到他們的種植園裡處理必要的工作時，卻發現沒有人可以僱用，因為一整批勞動力都跑回家鄉揮霍他們少許的積蓄了。一旦把錢花完，這些人又會回來，但在這期間，損害已經造成了。[27]

在霹靂（Perak），1889年的政府年報同樣指出，馬來人「無論在種植園主可接受的任何條件下，都完全拒絕受僱為勞工。華人都被礦場吸收過去了，他們寧可在那裡遭遇失敗，也不願接受種植園的穩定工

80

26　T. J. Newbold, *Political and Statistical Account of the British Settlements in the Straits of Malacca*, vol. 2, p. 97. John Murray, London, 1839.

27　*Straits Settlements Gazettes 1883*, p. 1180. 亦見R. N. Jackson, *Immigrant Labour and the Development of Malaya*, pp. 92-93. Government Printing Press, Federation of Malaya, 1961.

作與薪資。因此，種植園主唯一可以仰賴的勞動力，就是根據特定
條件與月數期限輸入本邦的南印度土著」。[28] 1879年2月，我們前面
引述過的女性作者伊莎貝拉・博兒（Isabella Bird）在太平（Taiping）停留
時，曾與一名來自英屬錫蘭的種植園主會面，後者位於霹靂境外的咖
啡園，當時正被勞工問題所困擾。博兒評論道：「這個勞工問題也許
必須透過從印度引進苦力才能解決，因為馬來人只願為自己工作，不
願受僱於人，而華人則比較喜歡採礦工作的刺激感和採礦小鎮的熱鬧
夜生活，更何況在種植園所在的荒郊野嶺中，不熟悉他們的人也未
必能夠應付得了他們。」[29] 由此可見，懶惰馬來人之迷思的社會學根
源，顯然在於他們拒絕為種植園提供勞動力和不參與殖民勢力所控制
的城市資本主義經濟活動。爪哇島的爪哇人也是同樣的情況。他們並
非熱情擁抱經濟作物種植計畫，而是被當局強迫參與其中。因此，他
們也被指控為懶惰。在歐洲和美洲，19世紀以後也有許多人輾轉各
地從事短期勞動，但這些人都沒有被指控為懶惰。懶惰馬來人形象，
是受種植園主對馬來人工作態度的初期反應所驅使而形成的，這個形
象接著又影響了其他人。這個形象傳播開來之後，它的歷史根源很快
就被人遺忘，而它也變成了一個具有支配性的理論，並且占領了記
者、教師、像伊莎貝拉・博兒那樣的旅行作家、公務員、貿易商、生
意人等無數人的心智。

　　如同歷史上其他眾多民族，馬來人並不是遊手好閒者。他們活躍
於農業、工業、貿易、商業、戰爭、管理等領域，這一切歷史上都有
記載。馬來商人階級趨於沒落，是葡萄牙人到來之後才發生的事情。

28　*Straits Settlements Gazette 1890*, p. 1474. 轉引自 R. N. Jackson, *ibid.*, p.95.

29　Isabella L. Bird, *op. cit.*, p. 357.

　　印度人與華人移民是身陷殖民資本主義生產制度的圈套而無法自拔的群體，他們大多數始終無法擺脫苦力的身分。在他們當中，只有少數人能像葉亞來（Yap Ah Loi）[iv] 那樣，最終成為成功的資本家。這些移民苦力終其一生都處於文盲、落後的狀態。他們只是被當作工具，是「諸民族中的驢子」。當時的馬來人拒絕作為「諸民族中的驢子」被剝削，那是健全合理的反應。他們只是在自己感興趣的領域做他們自己的工作。指控馬來人為懶惰，無非是為了掩飾對於馬來人不願意成為殖民地種植園主致富工具的不滿。

81

譯註

i　「日沒客」（sundowner）和「癲痢金」（larrikin）皆為澳洲俚語，前者指專在日暮時分到農場、牧場等佯裝找工而實為乞食、投宿的流浪者，後者一般指不循規蹈矩、好挑戰社會標準的街頭無賴。

ii　叻元（Straits Dollar），馬來西亞在英殖民地時期，由英殖民政府於1899至1939年間所發行的貨幣。

iii　「殺人狂」（running amok，又譯「狂殺症」），源於馬來語／印尼語，指突發地對他人或自身的攻擊行為或不受控制的行為，被定義為特殊文化專有的病理行為症候群。

iv　葉亞來（Yap Ah Loi, 1837-1885），原籍中國廣東，曾於1868至1885年擔任吉隆坡第三任華人甲必丹（Kapitan China）。

19世紀與20世紀初的殖民資本主義
及其對勞工的態度
Colonial Capitalism and Its Attitude towards Labour
in the 19th and Early 20th Century

　　馬克思和恩格斯合寫於1846年的一部著作為我們對歷史的認識
提供了一個重要的提示。對我們的主題而言，這個提示尤其重要。
他們指出：「統治階級的思想是每個時代占統治地位的思想；也就是
說，作為社會上占統治地位的物質力量，這個階級也是社會上占統治
地位的思想力量。支配物質生產資料的階級同時也支配精神生產的資
料；因此，一般而言，那些沒有精神生產資料的人的思想，是受統治
階級支配的。」[1] 兩人進而寫道：「構成統治階級的個別個體都是具有
意識的，因而他們都會思考。所以，只要他們是作為一個階級進行統
治並決定某個歷史時代的整個面貌，那麼不言而喻，他們的統治就會
涵蓋一切領域，因此他們還會作為思想家和思想生產者來進行統治，
並且控制其時代的思想的生產和分配；如此一來，他們的思想就是那
個時代占統治地位的思想。」[2]

　　在19世紀，立基於種植園經濟的殖民資本主義是統治強權思想
中占主導地位的意識形態，因此，他們關於土著及其他各族群的觀

1　Karl Marx and Frederick Engels, *The German Ideology*, p. 65, ed. R. Pascal. Lawrence and Wisehart, London, 1938.

2　*Ibid.*

念，他們關於懶惰的概念，以及他們對勞動所做的有用和無意義之分，便成為了當時占主導地位的思想。在菲律賓、印尼和馬來西亞，土著一直都被指控為懶惰。這項指控的共同社會學根源，在於土著對種植園勞動的反應。在印尼的強迫種植制時期，強迫勞動被直接施加在土著身上。在菲律賓，西班牙人也依賴強迫勞動。在馬來西亞，儘管沒有直接的強迫勞動，卻有間接的強迫勞動。菲律賓和印尼的強迫勞動制讓西班牙和荷蘭殖民政府免於引進移民勞工。殖民時期的爪哇雖有中國和印度商人，卻沒有中國或印度勞工。蘇門答臘則有一些華人種植園勞工。

　　殖民資本主義的發展觀主要立基於對利潤的貪婪且無止境的追求，其他一切利益都要屈從於這一追求。19世紀的華人和英國人資本家明顯展現了這一特徵。從諸弊端的類型與展現方式看來，人命和健康都被視為次要，以致殖民地政府也認為有必要立法管制某些弊端。這些弊端主要涉及中國和印度契約勞工的招募與聘用。馬來亞的資本家是以這些契約勞工為犧牲品而發達致富的。中國苦力在以勤勞著稱的同時，也無可避免地備受剝削。當局針對此問題採取了一些立法措施，最後在1912年廢除了契約勞工制。在此之前的1823年，萊佛士頒布了下列法令：

> 自中國及其他地方入境而無力自行負擔船票等旅費之自由勞工及其他人等，其旅費素由居住於新加坡之個別人士代墊，該人等則於一定期限內以提供勞動服務來償還此欠款——此做法仍屬可行之安排，惟該人等須以自由人身分入境，每例之欠款以20元為限，每名成年人償還欠款之勞動服務期限不得超過二年，每份契

約亦須於雙方合意下簽訂，並由地方推事見證及正式登記。[3]

　　萊佛士頒布的這項法令並不關注入境者抵達新加坡之前所發生的事、兩年勞務期間的勞動條件，以及兩年後會發生什麼事。一些入境者有足夠的能力，因此可以自付旅費。然而，由於對勞工的需求極為龐大，賒票制（credit-ticket system）因而形成。華南地區、香港和新加坡的苦力掮客透過賒票制，把一批批的苦力運到檳榔嶼和新加坡。苦力上岸後，掮客會為他們安排雇主。這些掮客都是不擇手段的無良之徒。雇主會按照市價，付給他們每名苦力的費用。透過此制度輸入的勞工俗稱「豬仔」，經營管理勞工臨時居所「豬仔館」的人則稱為「豬仔頭」。[4] 這些豬仔來自華南鄉下地區，掮客以種種飛黃騰達的故事把他們誘騙上船，或是先把他們騙到城市裡，誘使他們沉溺於賭博，待他們債台高築時再慫恿或強迫他們前往海外工作以償還賭債。勞工在海外可得的工資比家鄉高，但他們極少能夠全額領取。即便以19世紀的標準而言，這種招募手段也可謂慘無人道。

　　事實上，這些苦力的待遇猶如牲畜或豬仔。在一些已獲證實的案例中，數以百計的苦力在航行途中死於船上，或當船隻沉沒時因無可逃生而如同老鼠般慘遭溺斃。更嚴重的情況不是發生在前往馬來亞的較短航程，而是發生在橫越太平洋的長途航程中。令人驚訝的是，儘管苦力貿易的運作方式如此慘無人道，被誘騙上鉤的苦力卻越來越多。事實上，有鑑於相關弊端極度惡劣，中國各

3　轉引自 W. L. Blythe, "Historical Sketch of Chinese Labour in Malaya", p. 68. *JMBRAS*, vol. XX, pt. 1, June, 1947.

4　*Ibid.*, p. 69.

個口岸業已禁止了這種貿易活動。根據記載，1888年，汕頭一名苦力掮客因誘騙苦力前往海外而被殺頭。然而，雖然類似這樣的嚴厲警告不時可發揮嚇阻作用，但這種貿易實在太有利可圖，貪汙賄賂的空間也極大，透過賒票制這一舊管道出境者始終不曾中斷，中國當局也未能採取有效的行動來改善這些不幸移民的悲慘命運。[5]

新加坡或海峽殖民地當局也沒有針對這個問題採取任何有效的行動。萊佛士頒布的法令除了提到推事庭（magistracy）[i]的角色之外，並沒有包含一套有效的執法機制。[6]那些苦力在離開掮客之手後，就會被轉交到種植園承包商手中。賒票制特有之惡在此得到了延續。在這方面，歐洲人和華人種植公司同樣難辭其咎。以下引文說明了這個制度如何運作：

> 舉例來說，威斯利省蔗糖種植園的一般僱用方式，無論歐洲人或華人種植園，都採用「厝仔」（rumah ketchil，小屋子之意）[ii]制度。在此制度下，種植園主會把種植園劃分為幾個區塊，每個區塊交由一名華人承包商負責。種植園主會負責安排採購苦力，然後把這些苦力交給承包商，同時把費用記入承包商的帳戶。承包商全權負責管理苦力，包括提供及安排宿舍（即「厝仔」）、工資、食物等等。這些苦力除了在受監督的情況下於種植園裡從事勞動之外，一步也不得離開厝仔，且遭到虐待的情況十分普遍。他們不

5　*Ibid.*, p. 70.

6　*Ibid.*, p. 71.

僅挨打，伙食也極差，宿舍到了晚上還會上鎖，以免他們逃跑。
一般而言他們也不提供醫療，因此疾病十分猖獗。承包商還會以
高價供應鴉片，並鼓勵苦力們吸食，從而增加本身的利潤。承包
商或苦力工頭也經營「詐騙式」的賭博活動，藉此把苦力們僅剩
的少許工資榨乾。事實上，苦力從未領取現金工資。他們的工資
都記在他們的帳本裡，他們的鴉片消費、賭債及其他支出皆從中
扣除。他們無時無刻都處於負債的狀態。無論在什麼地方，同樣
的情況都會發生在賒票制下受僱的苦力身上。[7]

上述制度為歐籍與華籍資本家供應勞工，前後運作了超過半個世
紀之久。在殖民地當局的縱容下，此制度本身存在的種種弊端始終未
受管束。1871年，華籍商人與市民曾針對新入境華工或新客（*sinkheh*）[iii]
失踪的問題，向海峽殖民地總督（Governor of the Straits Settlements）[iv] 請
願。1873年，總督接獲當地華人的另一項請願，要求立法禁止綁架
新客的卑鄙事件重演，委派官員嚴加檢查，並設立勞工轉運站供新入
境勞工進行登記與住宿。

1873年，當局提出了一項法案供管制入境事宜。這項法案受到
海峽殖民地立法議會的非官方成員強烈反對，他們認為相關惡行
已被誇大，當局不應插手干預輸入自由〔原文如此〕勞工的事宜，
因為如果勞工入境管道被切斷或不被鼓勵，「目前正在發展中
的大型企業活動必定會衰落和崩潰」。這項法案後來獲得通過，
成為1873年第10號法令（Ordinance X of 1873），但從來不曾得到

7　*Ibid.*, pp. 70-71.

執行。[8]

後來所通過的旨在改善勞工招募制度的類似法令，尤其是改善勞工入境後之命運者，大體上也都只是紙上談兵。1890年，華民護衛司（Protector of Chinese）[v] 表示政府沒有設立勞工檢查站，但已有數所私營勞工轉運站在政府許可下成立。同年成立的調查委員會也提到數起常見的苦力相關弊案，其中包括苦力在違反其意願下被強行運往蘇門答臘。

　　在檳榔嶼，華民護衛司[vi] 注意到一些嚴重的弊端。在一個華人種植園裡，有些勞工是在受到強迫的情況下工作。他們當中有人的契約已在三、四年前結束，但因為持續負債而被迫繼續留下來工作。其中有一人已經被迫工作了九年，但仍然處於負債狀態。他們也無法逃出檳榔嶼，因為會被渡輪看守員制止，也沒有船夫會把他們當作一般乘客載送他們。值得注意的是華工入境時的情況。用以將華工運載到海峽殖民地的是歐洲船隻，而不是早前的中國船隻。那些苦力上岸後會被暫時關在苦力間（勞工轉運站）裡，最多長達十天，在這期間完全沒有機會活動身子。苦力間經營者會把苦力從船上帶到苦力間，時時刻刻監視他們，直到雇主付費把他們帶走為止。他們的待遇猶如牲畜。那個時期的觀察者都同意，整體而言，苦力間經營者是毫無道德良心之徒。有時候，當運載苦力的船隻抵達碼頭時，船上會發生幾近暴動的騷亂。來自岸上的無賴會去搶奪船上其他女性乘客的耳環和手鐲，並煽動那些「未付費的乘客」趁亂逃跑。[9]

8　*Ibid.*, pp. 74-75.

9　*Ibid.*, pp. 78-79.

　　1890年設立的調查委員會旨在調查海峽殖民地的勞工狀況，其報告於1891年提交給政府，其中包含了一般用於海峽殖民地新客的契約內容相關的資訊。在海峽殖民地和馬來土邦，農業領域的勞工一年工作360天，工資為一年30元或一天約8.5分。這筆年薪需扣除19.50元，作為支付從中國入境的旅費。雇主會提供伙食和一些衣物給勞工。如果勞工在一年後仍然欠債並獲留用，其工資為每月3元，包伙食。值得注意的是，契約中已預先考量了勞工一年後會欠債的情況。而在霹靂和彭亨的礦場，勞工的工資和旅費則與上述數額略有差異。歐洲人種植園也採用華人的契約勞工制。種植園公司會付錢給承包商或工頭（*Kong Thau*），再由後者付工資給勞工。

　　歐洲人種植園僱用華工的方式一般如下所述。雇主會透過一名工頭取得苦力。苦力與雇主之間締結的一般契約是在華民護衛司署簽署，但這其實沒有實質的意義，因為種植園經理從不直接支付工資給苦力，甚至在許多案例中，經理連苦力的名字也不會知道。雇主所做的就只是簽署契約，並把所有僱用苦力的費用交由工頭處理。苦力往後工作所得，皆經由工頭按照契約所定下的數額給付，但工頭與苦力之間的帳目從來不會被檢查。因此，對苦力的控制權都操在工頭手中，而工頭也把苦力牢牢控制住。苦力的宿舍一般會分散在種植園裡，遠離種植園的主建築群，宿舍之間也相距甚遠，而且幾乎不受當局監督。這樣的安排實屬刻意為之，工頭因而有機會虐待勞工，而虐待行為無疑是存在的。此外，我們不曾看到或聽說有任何種植園聘用懂得華人語言的歐洲人，所以，除了透過工頭，也可能透過華人書記，就沒有其他管

88

道可供雇主詢問苦力或供苦力進行投訴了。[10]

　　發生在種植園的一些虐待勞工事件值得在此一提。在檳榔嶼，有一名苦力餓死在設於其雇主馬房院子的小醫療所裡，而該醫療所距離警察局只有50碼之遙。調查委員會十分確定，不論在華人或歐洲人的種植園裡，苦力被工頭虐打的事件屢見不鮮。一般而言，苦力只要還能工作，就會獲提供良好的伙食，但調查委員會無法確定，那些生病和無法勝任工作者，是不是也獲得同樣的待遇。關於錫礦場的苦力，調查委員會著墨不多。那是因為在那個時期，歐洲人的採礦活動還微不足道。當時人們認為，馬來亞的礦業對歐洲人而言不是一項有利可圖的事業。因此，殖民資本主義政府對礦場苦力的問題沒有太大的興趣。實際上礦業並沒有勞工短缺的問題，但在歐洲人的種植園裡，這卻是個問題。一八八〇年代是歐洲資本在農業領域大肆擴張的時期。1912年底，契約勞工制被廢除，因為契約勞工逃跑事件頻頻發生，對歐洲人的種植園構成了問題。隨著自由勞工人數日益增加，加上種植園虐待勞工事件頻傳，契約勞工在契約到期後也紛紛出走。

　　在一些種植園裡，勞工從晚上6點到早上6點會被關起來。這些種植園都位於偏遠的地區。調查委員會提供了雇主如何殘忍惡劣地對待勞工的詳情，包括沒有提供醫療予身體不適和染疾的勞工、把一些不合法的收費記入勞工的帳戶、在發工資前以高價賒賣鴉片給勞工等等。[11] 勞工所面對的健康危害可從1873年的一個案例中看出。每

10　出自 *Straits Settlements Labour Commission Report 1890*，轉引自 Blythe, *ibid.*, pp. 80-81. 該委員會建議政府對華工進行檢查並撤銷私人經營的苦力轉運站，由政府設立的轉運站取而代之。

11　轉引自 Blythe, *ibid.*, p. 91.

年從礦場賺取20萬元的拉律（Larut）酋長表示，移居拉律的華工每年約有2,000至3,000人，其中約10%至20%死於開墾森林時染上的熱病。在礦場運作之初，勞工死亡率高達50%。1857年，吉隆坡安邦（Ampang）的錫礦場開闢時，第一批苦力有87人。兩個月後，由於熱病和老虎肆虐，僅剩18人。[12] 最駭人聽聞的虐待事件，是1910年設立的另一個調查委員會所提到的一個案例，發生在古樓（Kurau）河畔的一座種植園裡。由於一名剛從中國抵埠的新客勞工病倒後延誤送醫致死，有三人被判處強制監禁，雇主則被判罰款50元。該名勞工是在晚上6點被送進醫院，次日上午6點死亡。「驗屍結果顯示，其死因為痢疾。2月25日展開的調查證實，這名新客除了長期遭到虐待，在送醫當天還因為身體虛弱得沒有力氣洗澡而被強行餵食人糞。工頭強迫他吃糞便，並且把糞便塗在其牙齒上。這名工頭就是上述因對該名新客造成傷害而被處以監禁的三名工頭之一。」[13] 由於醫生表示無法證明受害者被強行餵食的糞便具有感染性，當局沒有針對這起事件採取進一步的法律行動。在位於吉輦（Krian）地區的另一座種植園裡，一名工頭因為對勞工施暴，最終以強暴罪名被定罪。在種植園裡，同性戀現象並非罕見。

另一個苦力群體是來自印度南部的印度契約勞工。他們主要是被招募到歐洲人的種植園工作。一直到1857年，檳榔嶼的印度勞工都是自發性乘坐印度當地的船隻入境的移民。有鑑於船上過度擁擠的問題，印度政府在1857年和1859年立法管制這種人口流動，明確規定

89

12　*Ibid.*, p. 111.

13　出自*Federated Malay States Labour Commission Report 1910*，轉引自R. N. Jackson, *Immigrant Labour and the Development of Malaya*, p. 152. Government Printing Press, Kuala Lumpur, 1961.

船上的乘客空間面積和承載量。這不僅導致旅費增加，也造成那些以賒帳方式支付船費的移民人數減少。從此以後，雇主委派代理人前往印度招工，勞工變成了出口商品，其數量反而增加了。其結果與中國勞工的情況類似，即印度契約勞工總是被債務捆綁，並且遭受隨之而來的種種虐待。儘管兩者之間因文化差異而在細節上有所不同，其剝削方式基本上無異。1873年，威斯利省曾發生一些種植園置其印度勞工於不顧的可恥事件。那些病倒的勞工被送進政府醫院時，已是回天乏術。[14]

　　當時（1876）關於印度勞工的法制框架，體現在《印度移民保護法令》（*Indian Immigrant Protection Ordinance*）之中。這是威斯利省的種植園主們皆欣然歡迎的法令。殖民地政府在制定此法令時顯然有所偏袒，其所成立的數個委員會只有種植園主代表，而無勞工代表。這項法令規定了勞工償還雇主代墊旅費及其他費用的年限。勞工每月的工資按兩個等級計算，一級勞工一天12分，次級勞工一天10分。雇主可扣抵的勞工薪資每月不得超過1元。勞工如果曠工、疏忽職責或拒絕勞動，可被處以一天50分的罰款。如果這種情況持續超過七天，雇主可要求判處該名勞工強制監禁十四天。勞工如果逃跑，初犯可被判強制監禁一個月，二犯和三犯則可分別被判二個月和三個月。勞工被定罪之後，其義務依然存在。[15] 這項法令顯然對勞工極為不利。勞工觸法有可能被證明有罪，但要證明雇主觸法則往往很難。每過幾年，比如說五到十年或甚至更久，當局會成立委員會展開調查，這時候才會有虐待勞工的事件被揭發。這種虐待事件和弊端至少持續了一個世紀

14　R. H. Vetch, *Life of Lieut-General the Hon. Sir Andrew Clarke*, p. 126. John Murray, London, 1905.

15　R. N. Jackson, *op. cit.*, p. 62.

之久。相關政府官員會抱怨說，他們缺乏人力來為勞工提供有效的保護。就勞工保護而言，許多法律都只是紙上談兵。

　　印度勞工的狀況曾在1879年受到討論。一名歐洲種植園主認為，印度苦力每月賺取3.60元，對他們而言已是綽綽有餘。根據該種植園主的說法，苦力的米飯支出每月1.20元，他每月尚有1.40元可存，[vii] 因為住宿是免費的，柴薪可以到外面撿拾，生病時可獲得免費的食物和藥物。不過，海峽殖民地首席醫務官（Principal Medical Officer）在視察種植園後所提交的報告，卻描繪了另一幅圖景。該醫務官指出，上述種植園主所描述的並非真實的情況。實際上，苦力到了月底很可能就沒有餘錢可存。

> 他們被種植園裡的老手和工頭左右挾迫，陷入重重債務，被各種麻煩包圍，以致任何種植園主都可以告訴你，縱使這1.40元是在他親自監督下確實發放給他的苦力，但通常那筆錢到了苦力手上不到五分鐘，債主們就會公然把它搶走，而且是當著薪資出納員的面這麼做。對於工頭施加於新進苦力的壓迫，種植園管理者應當有所防範。酗酒無疑也是造成他們不幸處境與病痛的元兇，但我認為，如果他們的伙食得到改善，他們就會減少飲酒。正是因為覺得自己處境悲慘，他們才會訴諸酗酒。[16]

由於身陷上述處境，很少有勞工可以在三年之後恢復自由身。1890年勞工調查委員會的報告指出，「一般勞工實際上不會也沒辦法每

91

16　轉引自 R. N. Jackson, *ibid.*, pp. 63-64.

月工作超過二十天」。[17] 根據契約，勞工需為雇主工作三年，一週六天，一天九小時。償還雇主先前代墊的費用，扣除入獄、上庭或曠工的日子，一年申請病假超過三十天，這一切都會導致勞工持續被困在種植園裡。「事實上，只有極少數勞工能夠在三年契約到期後脫身。」[18]

政府的許多報告把這種種弊端歸咎於當地的監工，也就是工頭，而不是歐籍種植園主。這些弊端持續了一個世紀之久，若說歐籍種植園主不曾察覺，那實在是匪夷所思。大多數歐籍種植園主純粹是對其勞工的命運無動於衷。對於債務勞役，對於種植園裡勞工吸食鴉片、酗飲椰花酒（toddy）[viii] 和沉溺於賭博的問題，他們心知肚明。當時的殖民地政府從這些活動中取得了龐大的稅入。政府雖然對種植園勞工的個別健康問題有所關注，對於從根本上解決勞工病弱、吸食鴉片、酗酒等問題，卻是興趣缺缺，而只是把這一切當作理所當然的現象來接受。1879年，伊莎貝拉・博兒生動地描述了她造訪芙蓉（Seremban）一個華人鄉村時所看到的景象：

> 村子中央有個像市場那樣的敞開式有蓋大型建築物，不論白天或夜裡都擠滿數百名貧窮、上身赤裸的人，他們圍站在賭桌邊，沉默、熱切、亢奮，把賺來的每一分錢都押在滾動的骰子上，贏了錢便興奮歡呼——此情此景實在令人悲傷。我們可能是最早幾個步行穿過賭館的歐洲婦女，但那些賭徒因為太過投入，連轉頭看我們一眼都沒有。在那裡，人們也總是在喝茶。那些經營賭博

17　轉引自 R. N. Jackson, *ibid.*, pp. 68-69.

18　*Ibid.*, p. 69.

「餉碼」（farm）[ix] 的人所獲利潤之豐，從政府每年可獲得的逾900
英鎊賭博稅收即可見一斑。[19]

　　賭博、抽鴉片、喝椰花酒是殖民地政府所批准的三種成癮性活
動，儘管當時有包括公務員在內的個別人士基於人道理由提出反對。
這三種成癮性活動有利於殖民資本主義，因為它們有助於使勞工被雇
主束縛的時間，延長至超過契約所規定的期限。這些活動會把工人每
個月底理應存有的微薄儲蓄消耗殆盡。隨著鴉片與椰花酒消費增加，
工人的債務也日益加劇。此外，這些活動也是政府稅收的來源。事實
上，大部分剛從中國入境的勞工並沒有吸食鴉片。《1908年海峽殖民
地與馬來聯邦鴉片調查委員會報告》（ *The Straits Settlements and Federated
Malay States Opium Committee Report 1908* ）指出，大部分華工是在入境馬
來亞之後才學會抽鴉片的。他們開始抽鴉片的地方多半是在妓院。有
些人相信，鴉片有助於健康和性能力。一名歐籍礦家兼種植園主先前
是一名醫務人員，他在1904年前後擔任近打一家大型礦場的執行董
事時，曾為抽鴉片行為辯護。在他管理的兩千多名苦力當中，抽鴉片
者超過半數。他提到了抽鴉片的一些好處，認為抽鴉片可以預防瘧
疾，並相信它對治療肺結核病有所幫助。他說：「如果不是靠著鴉片
煙管的幫助，我不認為這個國家會得以開發。他們以鴉片刺激疲勞的
身體，鴉片能讓他們在較長的時間裡無需進食，他們還說鴉片能預防
腹瀉和痢疾。華人苦力都如此堅信，他們甚至不敢在不帶鴉片煙管的
情況下進入內陸地區。」[20]

19　Isabella Bird, *The Golden Chersonese*, p. 189, *op. cit.*

20　*British Malaya Opium Committee Report 1924* － C.244, 轉引自 R. N. Jackson, *op. cit.*, p. 55.

　　事實上，驅使苦力吸食鴉片的是惡劣的勞動條件。本身也抽鴉片的一名華籍礦家兼種植園主如此告訴1924年的鴉片調查委員會：「一般礦工吸食鴉片主要是為了保命，而不是為了享受。馬來聯邦遍布原始森林，工作環境艱苦，氣候嚴酷。70%的伐木工人吸食鴉片。如果沒有鴉片，我懷疑他們還能不能承受那些惡劣的條件。」[21] 殖民資本主義支持者還提出吸食鴉片者的另一個優點，那就是他們都奉公守法。他們擔心一旦犯法而鋃鐺入獄，就無法獲得鴉片。一名年邁雇主總結道：「我會把眾所周知的四大罪惡依次排列如下：最糟的是耽溺女色，賭博次之，酗酒第三，最後是抽鴉片。耽溺女色者會給他的孩子和家人帶來傷害，賭徒會傾家蕩產，酗酒者會胡作非為，而抽鴉片的人則是穩重沉著的。他會三思而後行。」[22] 這一切都是試圖為鴉片辯護的說辭，因為鴉片有助於殖民資本主義達到其目的，能舒緩勞工難以承受的勞動條件，並且讓鴉片商和殖民地政府錢囊飽滿。鴉片其實就是用來吸引和束縛華人苦力的誘餌。英屬馬來亞政府一大部分的收入是來自鴉片稅。1896至1906年間，鴉片稅在總稅入中最低占了43.3%，最高則是1904年的59.1%。[23] 1910年1月1日以後，英殖民政府廢除鴉片餉碼制，實行對鴉片製造、銷售與分配的壟斷。下表顯示了出自海峽殖民地政府的年度報告或藍皮書的相關數據：[24]

21　*Ibid.* － C. 194 of Report. R. N. Jackson, *ibid.*, p. 55.

22　*Ibid.*

23　Ellen N. La Motte, *The Opium Monopoly*, p. 24. Macmillan, New York, 1920.

24　Ellen N. La Motte, *The Ethics of Opium*, p. 53. Century, New York, 1924.

年度	總稅入（叻元）	支出（叻元）	鴉片稅入（叻元）	占總稅入百分比（%）
1918	23,262,015	15,966,145	15,706,741	60
1919	34,108,465	34,901,233	17,511,229	51
1920	42,469,620	39,260,318	19,983,054	47
1921	39,545,735	35,430,899	15,236,538	38

英屬馬來亞其他土邦的稅入也有很大部分來自於鴉片稅，換言之就是來自於人的苦難與貶抑。因著殖民統治與資本主義利益考量而毫無道德顧忌地以有組織、大規模的方式施行一項政策，這是我們所知史上最明顯的一個例子。英殖民統治者這種以鴉片荼毒一整個民族的做法，儘管曾面對英國人社群內外幾方面人士的抗議，前後持續了超過一個世紀。荷蘭人和西班牙人也採取同樣的做法，但他們不像19世紀和20世紀前幾十年的英國人那樣貪婪放肆。1918年，柔佛政府總稅入的46%來自鴉片。這筆錢足以應付該年度總支出的72%。所以，在超過一百年的時間裡，英國直屬殖民地和保護邦的公務員薪資有一部分是來自於鴉片稅入，也就是來自於人的苦難與貶抑所帶來的收益。艾倫・拉・莫特（Ellen N. La Motte）的意見值得在此引述：

> 鴉片貿易的重心是在遠東地區。百多年來，鴉片一直被當作一種生財工具，讓那些在東方擁有殖民地的歐洲國家得以大量增加稅入。其收益讓一些個人變得富裕，殖民地也得以蓬勃發展。在鴉片誘惑之下，大量廉價的中國勞工來到了本土勞工稀缺的一些殖民地，而無論這種不負責任地棄勞工福利於不顧的政策如何摧毀了許多人，總是會有更多的、數以百萬計的勞工可供利用。人的

生命於此完全遭到了漠視。民眾的健康，以及如何建立一個穩定
有度之社群的問題，都從來不被考量。在東方，沒有其他東西可
以比人命更低賤、更容易被替換了。鴉片一直都被用來摧毀人的
價值與效率，並浪費其生命，而這一切無非是為了歐洲人的興
榮。[25]

94　　對印度移民勞工來說，椰花酒既是誘餌，也是枷鎖。此外，在
種植園裡，腹瀉、痢疾、瘧疾等疾病也是一大問題。關於雪蘭莪
（Selangor）沿海地區種植園勞工酗飲椰花酒的調查報告提供了這一問
題的概貌。涉及的種植園有38個，涵蓋期間為1911至1916年。1916
年，這38個種植園總共有48,408名勞工，其中大部分是印度人。在
那一年裡，有多達22,343人曾入院就醫，其中腹瀉與痢疾者2,345
人，瘧疾者9,786人。受瘧疾之苦的勞動力高達20.2%，這還不包括
之前幾年就已入院的患者。1911年，在41,879名勞工當中，因瘧疾
而入院者有10.1%。1916年，因各種疾病而死亡的勞工總數為1,064
人。[26]

　　殖民地政府利用鴉片等成癮性藥物來提高稅入的做法，也促成
了其他形式的惡習。1936年，當局發現難以禁止橡膠種植園裡的椰
花酒買賣，因為這樣做的話，另一種更危險的酒精飲料——三蒸酒

25　*Ibid.*, pp. 12-13. 英殖民政府在馬來亞推廣鴉片的同一時期，英國本土的法律是禁止鴉片的。

26　*Proceedings and Reports of the Commission Appointed to Inquire into Certain Matters Affecting the Good Government of the State of Selangor in Relation to the Alleged Misuse and Abuse of Toddy in the Coast Districts of Selangor*, pp. 323-324. Federated Malay States Government Press, Kuala Lumpur, 1917.

（samsu）ˣ 可能會乘虛而入。結果，各方同意保留椰花酒買賣，印度勞工的健康繼續被犧牲。英屬印度立法議會成員薩斯特利（V. S. Srinivasi Sastri）於1936年受印度政府委派，前往馬來亞調查印度勞工的狀況。他注意到以下的情況：

> 我想到，在像馬來亞這樣的國家，由於政府的預算案通常毫無例外地屬於盈餘預算，而且消費稅又不是政府的主要稅入來源，所以政府的政策應該會特別偏向於最終禁止椰花酒買賣。有鑑於此，我致力要弄清楚的一點是，在關於椰花酒影響印度勞工的問題上，那些知情者有著怎樣的立場。有一定數量的種植園管理者傾向於認為，椰花酒的飲用如果能控制在一定的限度內，實屬無害的消遣，並且是讓勞工覺得滿足與開心的一個管道。其他人，也許是大部分人，則認為椰花酒絕不是必需品，也不反對禁止椰花酒的飲用。如果禁飲椰花酒，勞工無疑將會省下更多錢，至少其工作效率不會受影響，而種植園管理者本身也可以免去一些麻煩，包括監督椰花酒店及其帳目，以及處理因醉酒而不時發生的爭端。不過，就實際情況而言，他們幾乎眾口一致地宣稱，禁飲椰花酒只是一個完美而不切實際的主張。馬來亞還存在著一種強烈且極為有害的酒類，可輕易且廉宜地以稻米釀製而成，稱為「三蒸酒」。不只是種植園主告訴我，連政府官員也跟我說，在幾乎整個馬來亞，華人私釀三蒸酒的情況十分猖獗。製作釀酒設備顯然很容易，也很便宜，如果要有效加以管制，那會是極為困難的一件事情。在柔佛，人們告訴我，儘管當局實施了最嚴厲的懲罰措施，此禍害顯然仍無法受到控制。據說三蒸酒對身體和精神的傷害遠大於椰花酒，大部分種植園主也告訴我，他們不敢廢除

95

椰花酒店，因為這會導致他們的種植園立即被許多釀製三蒸酒的
非法釀酒廠所包圍。由於擔心三蒸酒入侵，他們也不敢嘗試透過
提高椰花酒零售價來減少其消費量。非法釀製三蒸酒的現象如此
顯著，不可能置之不理。[27]

　　19世紀和20世紀初的殖民資本主義對勞工的態度，有助於解釋
為什麼馬來人會對殖民經濟事業中的勞動做出那樣的反應。當時的勞
動條件與環境遠遠不如人意。馬來人留在農村並從事傳統職業，其境
況反而會比較好。他們可以避開慘無人道的勞動條件，也不用屈身成
為貪婪種植園主和礦家的賺錢工具。就因為這個緣故，他們被指控為
懶惰，雖然那些指控他們的人也同時認可他們在其他領域的良好工作
表現。只不過馬來勞動力所參與的這些領域，並不直接服務於殖民資
本主義。舉例來說，馬來人從事種稻，但相較於鴉片、橡膠和錫礦，
稻米為殖民地政府帶來的稅入微不足道。所以，從殖民資本主義的角
度來看，馬來人不是很有生產力。由於所採用的評估條件有所限制和
扭曲，對整體社會發展有積極貢獻的一些活動未能得到相應的評價。
於是，馬來人在行政管理方面的貢獻被忽略。這個國家原本屬於馬來
人這一事實也被忽略。事實上，稻田裡的勞動並不輕鬆，而且如同鮑
姆加登（F. L. Baumgarten）所指出的，這種勞動自有其社會價值。「廣闊
的稻田既美麗怡人，又能淨化空氣，因此，比起其他耕作種類，稻米
種植理應成為首選；但如果種植業者想要自己開墾沼澤地，我認為他
不應該選擇種稻，因為種稻的勞力需求極大，他需要大量的幫手，萬

27　V. S. Srinivasi Sastri, *Report on the Conditions of Indian Labour in Malaya*, p. 11, para. 16.
　　Government of India Press, New Delhi, 1937.

一稻作損毀，他最終會付出慘痛的代價。」[28]

　　當時的一名作家歐文・魯特（Owen Rutter）為勤勞與種植園勞動之間的連結提供了一個顯著例子。魯特對北婆羅洲高地的杜順人（Dusun）讚譽有加，認為他們是「種植園勞動力的支柱」，在了解其特殊習性的歐洲人手下工作時表現良好。[29] 事實上，殖民資本主義意識形態不僅與勞動問題相連結，其關於人的整個概念也都是出於殖民資本主義利益的考量。賭博、鴉片、不人道的勞動條件、失之偏頗的法律規定、對原屬人民的土地租賃權的僭取、強迫勞動等等，皆以這樣或那樣的方式與殖民意識形態緊扣相連，並且被賦予某種體面的光環。那些不參與其中的人都會受到嘲弄。

96

譯註

i　　推事庭（magistracy），源自英國司法體制審理輕罪的初級刑事法庭。中文「推事」一詞源於唐朝掌理司法的「推官」，清末稱為推事（即根據證據、事理去推斷事實之意），今改稱「法官」。

ii　　馬來文的羅馬拼寫方式在印尼和馬來西亞有差別，兩國至1972年才統一拼寫。本書原文雖出版於1977年，此處「ketchil」的新拼寫應為「kecil」，但作者引用資料多為舊拼寫且全書多處混合使用新舊拼寫。譯文均維持作者原有寫法，不作修改，他處不另贅述。

iii　19世紀末及20世紀上半葉，從中國大陸前往馬來半島、新加坡等東南亞地區從事勞力工作的華人新移民，相對於已經落地生根的「老客」（舊移民及土生華人），俗稱「新客」。

iv　海峽殖民地總督（Governor of the Straits Settlements）為大英帝國派駐海峽殖民地的英國君主代表。海峽殖民地成立於1826年，由新加坡、檳城和馬六甲三個港口城市合併而成，俗稱三州府，故其總督又稱三州府總督。

28　F. L. Baumgarten, "Agriculture in Malacca", pp. 716-717. *JIAEA*, vol. 3, 1849.

29　Owen Rutter, *British North Borneo*, p. 64. Constable, London, 1922.

v   「華民護衛司署」（Chinese Protectorate）為英屬海峽殖民地於1877年設立專責管理華
     人社群事務的機構，擔任護衛司者多為熟識中文的歐籍人士，首任華民護衛司即由
     必麒麟（William Alexander Pickering）擔任。

vi   此處應為副華民護衛司（Assistant Protector of Chinese）之誤。海峽殖民地華民護衛司
     署成立後，在首府新加坡設置華民護衛司一職，並在檳榔嶼和馬六甲各設置副華民
     護衛司一職。當時的檳榔嶼副華民護衛司是喬治・克羅夫頓・雷伊（George Crofton
     Wray），即此筆參考文獻中提到的「Mr. Wray」。

vii 每名苦力每月工資為3.60元，需先扣除1.00元作為賒欠旅費的還款，剩下2.6元作為
     生活費，從中再扣除每個月的米飯伙食費用1.20元，故僅存1.40元的剩餘費用。

viii 椰花酒（toddy）是一種以棕櫚樹花苞（主要是椰子花）提取的汁液發酵而成的酒。椰
     花汁通常於清晨收割，工人需爬上椰樹，削開還未開花的椰花莖，以容器收集從切
     口慢慢滴落的椰花汁液，取下後再放置多天發酵。

ix   餉碼制度（Farm System）是殖民時期東南亞各地政府實行的稅收承包制度，政府將其
     徵稅活動發包給出價最高的投標者，得標的包稅商每年只需預先付給政府一定的稅
     額，即可將稅收悉數保留。餉碼項目眾多，除了賭博餉碼之外，還有鴉片、酒、典
     當、錫、木薯等餉碼。

x   三蒸酒（samsu）普遍指稱廉價米酒，經三次蒸餾而成，通常酒精含量高。

菲律賓人的懶惰
The Indolence of the Filipinos

　　本章的標題含有向黎剎一篇關於此問題的同名文章致敬之意。
這篇文章也許是關於此問題的第一份歷史社會學分析,於1890
年7月15日至9月15日分五次刊登在馬德里的《團結雙週報》(*La
Solidaridad*)。黎剎寫這篇文章是為了回應菲律賓法學博士格雷戈里
奧·桑奇安柯(Gregorio Sancianco)的一部著作,後者討論了菲律賓人
懶惰的問題並予以駁斥。黎剎懇請人們冷靜看待這個問題。他認為,
懶惰一詞已被濫用和誤用,但這並不能否定懶惰現象的存在。在他看
來,受到熱議的懶惰現象背後必定有些什麼東西值得探討。正如我們
先前提過的,黎剎把懶惰定義為「對工作缺乏熱忱,沒有積極性」。
在他看來,這確實是菲律賓的一個問題。

　　仔細分析了我們從小認識的所有人與事和我們國家的生活,我們
　　相信懶惰確實存在。堪與世界上最勤奮者媲美的菲律賓人,肯定
　　不會對這一承認提出質疑。誠然,他們必須努力工作,並且與氣
　　候、大自然和人鬥爭;但我們不應該把例外當作一般規則,而是
　　應該透過陳述我們認為真實的情況,為我們的國家謀求福利。我
　　們必須承認,懶惰確實無疑地存在著;但我們不應該把懶惰視為

落後與混亂的**原因**，而應該視之為混亂與落後的**結果**，是混亂與落後促成了這一**災難性傾向**。[1]

懶惰的傾向並非僅僅局限於菲律賓人。熱帶地區的歐洲人也表現出這種傾向。就像寒冷的氣候會激發人們去工作和活動一樣，人在溫暖的氣候中需要休息。由於這個原因，黎剎認為西班牙人比法國人懶惰，法國人又比德國人懶惰。懶惰因而不是菲律賓人獨有的特質。熱帶地區的歐洲人甚至更加懶惰。

99

那些指控殖民地諸民族懶惰的歐洲人（我指的不再只是西班牙人，還包括德國人和英國人），他們本身在熱帶國家是如何生活的呢？他們身邊有許多僕人侍候，總是騎馬而從不走路，不僅需要僕人幫他們脫鞋，甚至需要僕人為他們搧風！而儘管如此，他們的生活和飲食都比別人好，為自己且為使自己獲致財富而工作，對未來充滿希望，自由，並且受人尊重，而那些可憐、**懶惰**的殖民地人，則是營養不良，不抱任何希望地活著，為他人而勞碌，並且在他人的強迫下工作！這是什麼道理？也許白人會回答說，他們天生就不適合承受熱帶氣候的嚴酷考驗。這說法大錯特錯！人類只要願意去適應氣候的要求和條件，就可以在任何氣候下生活。在氣候溫暖的國家，導致歐洲人死亡的是酗酒，以及想要在另一片天空和另一個太陽下仍舊像在自己國家一樣地過活的渴望。在北歐，我們這些熱帶國家的居民只要採取和北歐人一樣

1 Jose Rizal, "The Indolence of the Filipinos", in E. Alzona (tr. ed.), *Selected Essays and Letters of Jose Rizal*, pp. 182-183. Rangel and Sons, Manila, 1964.

的防範措施，都可以過得很好。歐洲人只要擺脫他們的偏見，也一樣可以在熱帶地區過得很好。[2]

熱帶的酷熱環境不適宜從事嚴苛的工作。在烈日下工作一小時，相當於在溫帶氣候下工作一整天。因此，熱帶土地的產能比別的地方豐盛一百倍，是很公平的一件事情。看看歐洲人對炎熱夏日的反應就知道了。夏天裡，他們會拋下工作幾天，或跑到有水的地方，或坐在咖啡館裡，或四處閒晃。黎剎就懶惰的問題，對菲律賓人和在菲律賓的西班牙官員與神職人員做了比較。

在馬尼拉的辦公室裡，誰是懶惰的人？是早上8點進來，下午1點離開時只撐著一把陽傘，一個人抄抄寫寫和工作的可憐職員？還是早上10點坐馬車來，中午12點以前離開，伸長的雙腿擱在椅子或桌子上邊抽菸邊看報紙，或與朋友說盡每樣東西壞話的長官？是工資低、待遇差，必須到鄉下探望所有貧苦病人的土著主教助手？還是那些富得流油，坐著馬車到處跑，吃好喝好，除非可以收取額外費用否則不會自尋煩惱的神職人員？[3]

黎剎也對菲律賓華人提出同樣的問題。他們做了什麼艱苦的工作？幾乎所有華人都從事貿易或商業。他們很少從事農業，那些在其他殖民地從事農業的華人往往做了幾年就退休了。黎剎最後以下述方式，結束了他對我稱之為「生理性懶惰」問題的討論：

100

2　*Ibid.*, pp. 183-184.
3　*Ibid.*, pp. 184-185.

我們發現，懶惰是非常自然的傾向，我們必須承認並予以祝福，因為我們不能改變自然規律，也因為如果沒有它，這個民族早已消失。人不是野獸，也不是機器。人的目的不只是生產，儘管有些白人基督徒希望把有色人種基督徒變成一種比蒸汽更聰明、成本更低的動力。人的目的不在於滿足另一個人的喜好。人的目的是循著進步與完善的道路，為自己和同伴謀求幸福。[4]

到這裡為止，黎剎指的懶惰是對炎熱氣候的一種生理反應。在冬天，人們喜歡走在雪地裡。烈日當空時，人們喜歡待在樹蔭下，而不是在街上四處走動。這是真實存在的現象。在熱帶地區，腦力工作應分散到不同的時段進行，而不是持續不斷地在一段時間內強行完成。因此，如果一個人一天必須做四個小時的高強度腦力勞動，他最好把它分散到一天裡的幾個時段，有些在早上做，有些在傍晚進行。體力勞動也是如此。在寒冷的氣候下，則有可能一鼓作氣地進行。我這裡指的是一種工作模式，而不是單一零星的案例。無論如何，實際工作時只需要稍作調整。黎剎懶惰觀的這一面向，嚴格來說並不包含在他的懶惰定義內。可能有人熱愛工作，但為了適應氣候，在實際工作時會稍作調整。不過，黎剎所探討的不僅止於此。他寫道：

邪惡之處不在於或多或少存在懶惰的情況，而在於懶惰的情況被助長和放大了。在人與人之間，在民族與民族之間，不僅存在著各種能力，還存在著善與惡的傾向。如果一個社會或政府沒有被不那麼高尚的想法吸引過去，它就會把培養與助長好的傾向和糾

4　*Ibid.*, p. 185.

正與抑制壞的傾向視為己任。邪惡的是，菲律賓的懶惰是一種被放大的懶惰；如果允許我們這樣表達的話，我們可以說這是一種滾雪球式的懶惰，而這種邪惡的懶惰的增長趨勢是與時間的平方成正比的，並且如同我們已經說過的，是管理不善和落後的結果，而不是其原因。其他人或許會有不同的看法，尤其是與管理不善有關係的那些人，但這並不重要；重要的是，我們已經確認了這一點，而現在我們要加以證明。[5]

　　由於他認為菲律賓人的懶惰是落後的結果，而不是其根源，黎剎不認為它具有遺傳性。是菲律賓人在西班牙統治下的社會與歷史經驗，促成了懶惰的現象。他接著講述了菲律賓人輝煌的過去。在歐洲人到來之前，菲律賓人與中國有著活躍的貿易往來。13世紀的一份中國文獻紀錄指出，呂宋島（Luzon）的商人很誠實。1521年，隨費迪南・麥哲倫（Ferdinand Magellan）抵達薩馬島（Samar）的安東尼奧・皮加費塔（Antonio Pigafetta），對當地居民的禮貌與善良留下了深刻的印象。他提到了在武端（Butuan）發現的純金器皿和用具，並指出那裡的居民從事採金活動、身穿綢衣、攜帶有長金柄和木雕護套的短劍、鑲金牙等等。他們種植的農作物有大米、小米、橘子、檸檬和玉米。宿霧（Cebu）則與暹羅有貿易關係。1539年，呂宋島的勇士參加了對蘇門答臘亞齊（Acheh）的戰爭。在群島的海面上，成百上千划著槳的船隻穿梭往來，促進了商業、工業和農業的交流。在那些島嶼上，財富俯拾即是。「簡而言之，早年的歷史都充滿了關於人民從事工業與農業的長篇敘事──礦場、砂金礦床、織布機、墾殖場、以物易物、造

101

5　*Ibid.*, pp. 185-186.

船、家禽畜牧、絲織和棉織、釀酒廠、武器製造、珍珠漁場、麝香
貓、獸角和皮革等等產業。這些東西四處可見，而考慮到群島所處
的時代和條件，可以想見當年的群島生機勃勃，充滿人的活動和流
動。」[6]

黎剎記錄了他對莫伽、佩德羅‧奇里諾（Pedro Chirino）、法蘭西斯
科‧柯林（Francisco Colin）、巴托洛梅‧萊昂納多‧阿根索拉（Bartolome
Leonardo de Argensola）等人廣為人知的早期資料所做的觀察。他提出的
問題是：是什麼原因導致菲律賓人從原本積極活躍的異教徒，變成了
當代作家所指稱的懶惰的基督徒？菲律賓人是如何放棄他們以前從事
的工業、貿易、漁業和企業，甚至完全遺忘了它們？這是由各種情況
所造成的，有些情況不以人的意志和努力為轉移，有些則是出於人的
無知和愚蠢。西班牙人的征服和隨之而來的殖民統治，促成了導致菲
律賓人衰落的條件。

> 首先是戰爭，即新秩序必然帶來的內亂。當局必須透過柔性勸說
> 或武力鎮壓來使人民屈服；這當中會有戰爭和死亡；當那些先前
> 和平屈服的人後來似乎有所反悔，當局就會懷疑有人謀反，而確
> 實有一些叛亂發生了；於是有人因此而被處決，許多熟練工人
> 因而喪命。除了這些騷亂，還有中國海盜林鳳（Li Ma Hong）的入
> 侵，以及當局為了維護西班牙的榮譽，或為了把勢力延伸到婆羅
> 洲、摩鹿加群島和印度支那，而把菲律賓居民牽扯進去的連續戰
> 爭。為了擊退敵對的荷蘭人，有代價高昂的戰爭；這些都是徒勞
> 無功的遠征，據知被派遣出去的菲律賓弓箭手和划船手有千千萬

102

6　*Ibid.*, p. 190.

萬，但他們是否永遠不再回到家鄉則沒有任何說法。就像有個時期希臘向克里特島的半人半牛怪物米諾陶（Minotaur）進貢的童男童女一樣，參加遠征的菲律賓青年永遠告別了他們的故鄉。在前方地平線上等著他們的，是驚濤駭浪的大海，是無休無止的戰爭，是危險重重的征途。[7]

　　黎剎接著引述了聖奧古斯丁所提到的整個地區人口流失的情況，這些地區的居民都是最優秀的水手和最熟練的划槳手。在班乃島（Panay），才半個多世紀，其人口就從原本的50,000戶家庭，減少到14,000個納稅戶。殖民地總督所派遣到海外的船員，多半是從這個地區招募的。除此之外，還有南方海盜的襲擊所帶來的可怕破壞。由於這些南方海盜的突襲活動，菲律賓的人口進一步減少。根據黎剎的說法，那些海盜意圖透過摧毀幫助西班牙人或受西班牙人統治的地區，來削弱西班牙人的統治。這又使得西班牙人必須組織對海盜的防禦。西班牙人也想要消滅給他們到來諸多麻煩的鄰居，也就是荷蘭人。他們需要新的、大型的船隻。為此，他們再度利用菲律賓人。這些船非常大，以至於尋找必要的木材成了一個問題。一艘大帆船的桅杆需要6,000名菲律賓人用三個月的時間拖動7里格的距離，從崎嶇的山間運出來。聖奧古斯丁在1690年觀察到，某個省分之所以發生一次起義事件，就是因為當地居民必須不斷為造船廠砍伐木材，以致他們耕種肥沃平原的工作受到阻礙。

　　然後還有遭到「委託監護人」（encomenderos）[i]剝削的情況。這些受委託監護大片土地的西班牙人有權向菲律賓人徵收稅賦和貢品。有

7　*Ibid.*, pp. 192-193.

些監護人會強迫菲律賓人簽下賣身契而淪為奴隸，以支付其應繳的稅賦。有些菲律賓人被絞死，有些則拋下妻子和孩子，逃進了山區。也有涉及婦女的案例，她們或因負擔過重而死，或睡在田裡、在田裡生孩子及餵奶時被毒蟲咬死。

> 面對如此多的災難，菲律賓人不知道他們播下的種子會不會發芽，不知道他們的田地會不會成為他們葬身之地，不知道他們的莊稼會不會變成劊子手的糧食，因而變得意志消沉，這難道很奇怪嗎？當時那些虔誠但無能為力的修士建議他們可憐的教區居民，為了擺脫監護人的暴政，他們應該停止礦場的工作、放棄他們的工業、摧毀他們的織布機，並且告訴他們天堂是他們唯一的盼望，讓他們準備好以死為此生唯一的安慰，這又有什麼奇怪呢？[8]

黎剎指出了西班牙統治所造成的各種剝削與壓迫。他舉出的案例和情況在歷史上有充分的記載，熟悉菲律賓歷史的人知之甚詳，不需要我們在此多加說明。需要注意的一點是，他是透過說明這些剝削方式，來解釋造成他所謂的懶惰的最重要單一因素，即缺乏工作的動力。「人是為了某個目的而工作的；去掉這個目的，他就會變得什麼都不想做。世界上最勤勞的人一旦發現自己所做之事是愚蠢的，會為他帶來麻煩，還會讓他對內成為他人不安的對象，對外成為掠奪者遂行其貪婪的目標，他就會叉起胳膊，不再繼續做下去了。那些大聲批

8　*Ibid.*, p. 196.

評菲律賓人懶惰的人似乎從來不曾這樣想過。」[9] 在抹除菲律賓人的工作動力方面扮演關鍵角色的常規體制和群體，就是委託監護制和監護人。「菲律賓人從勞動中得到的極少回報最終會讓他們心灰意冷。我們透過歷史學家了解到，監護人除了迫使許多菲律賓人淪為奴隸並強迫他們為其利益工作之外，還會迫使其餘的人無償或以極低的價格把產品賣給他們，或是以不實的度量誆騙他們。」[10] 聖奧古斯丁注意到，在班乃島的某個地區，居民為了避免省長找他們麻煩，寧可生活在貧困之中，也不願去採金。監護人貪婪無厭的行為持續了很長的時間。儘管早期的那種監護人後來絕跡了，但其惡果依然留存。

黎剎還指出另一個扼殺菲律賓人工作動力的因素：

每個企業在與政府交涉時都會遇到的巨大困難，也在不小程度上扼殺了每一種商業或工業活動。任何菲律賓人和任何想要在菲律賓從事商業活動的人都知道，需要提供多少份文件、經過多少次來回、取得多少份蓋章文件、付出多少的耐心，才能從政府那裡取得一紙許可證。他必須仰賴這個人的善意，憑藉那個人的影響力，依靠對另一個人的豐厚賄賂，他的申請表才不會被束之高閣，接著又必須給另一個人送禮，讓那人把申請表轉交給他的長官。接下來他必須向天主禱告，祈求讓那位長官有好心情和時間來審查申請表，讓另一位有足夠的才能來看出這項申請的合宜性，再讓另一位足夠愚蠢而嗅不出這項事業背後的革命目的，最後還得希望這些官員不要把時間花在洗澡、打獵或在修院或鄉間

104

9　*Ibid.*, p. 196.
10　*Ibid.*, p. 200.

別墅裡與修士們打牌上。最重要的是，必須耐心十足，深諳交際之道，很有錢，懂權術，多多鞠躬，完全聽話。歷史告訴我們，今日最繁榮的國家從獲得自由和公民權利的那一天開始，就享有了發展和福祉，而菲律賓儘管土地十分肥沃，卻仍然貧窮落後，這不是很奇怪嗎？一直以來，最商業化和最勤勞的國家都是最自由的國家。法國、英國和美國可以證明這一點。香港原本比最微不足道的菲律賓島嶼都不如，如今它的商業卻比我們所有的島嶼加起來都還要活躍，因為它是自由的，並且治理得很好。[11]

　　統治者對體力勞動的鄙視，也給人們立下了壞榜樣。「統治者的惡劣影響，即喜歡讓自己被僕人環繞侍候，鄙視體力勞動，認為這種勞動與許多世紀以來那些英雄們的高貴氣質與貴族自豪感不相稱；那些被菲律賓人形容為『你就像一個西班牙人』（ *Tila ka Kastila* ）的傲慢作風；以及被統治者想要獲得與統治者同樣的享受或至少可以有同樣作風的渴望——所有這些必然會造成人們對積極作為產生反感，並且討厭或害怕工作。」[12] 這一點和先前提到的所有因素，使得他們的工作動力消失殆盡。還有就是西班牙人對賭博的鼓勵。頻繁宗教活動的花費、個人自由的限制、被指控為叛亂者的憂慮、整個社會制度的腐敗和極度不公，也消除了他們出人頭地和發達致富的動機，更何況財富還會引起官員和陰謀家的覬覦。而且，追求出人頭地和發達致富之舉也不受鼓勵。政府對商業和農業漠不關心，也部分地助長了懶惰的傾向。

11　*Ibid.*, pp. 201-202.

12　*Ibid.*, pp. 202-203.

無論是製造業者或農民，都沒有得到任何鼓勵；當收成不佳、蝗蟲破壞農地或颱風過境而摧毀豐饒的土地時，政府都不會給予援助；政府也不會費心為殖民地產品尋找市場。這些產品不能免稅進入母國的港口，必須負擔各種關稅，母國也不鼓勵其消費，既然如此，政府為什麼要為它們費心？我們看到，倫敦每一面牆都貼滿了殖民地產品的廣告，英國人也付出巨大的努力，從犧牲原來的口味和胃口開始，嘗試以錫蘭茶取代中國茶，但在西班牙，除了煙草之外，來自菲律賓的物產，無論是糖、咖啡、麻、高級紡織品或伊洛卡諾（Ilocano）編織毛毯，沒有一種是為人所知的。[13]

除了沒有提供物質誘因，政府對有抱負的菲律賓人也缺乏精神上的支持。有個案例是，一名菲律賓化學家在爭取一個競爭激烈的職位時脫穎而出，但在他獲得成功後，這個職位竟然被取消了！在這種情況下，「不偷懶的人必定是個傻瓜，至少是個低能兒」。[14] 在西班牙政權下，菲律賓人的教育既戕害人心又令人沮喪。菲律賓人上小學時就被教導：不可離開家裡的水牛，懂西班牙語並非好事，不應該有進一步的野心。

所以，他們一方面試圖把菲律賓人塑造成某種動物，一方面卻又期望他有神聖的作為。我們說神聖的作為是因為，他必須像神那樣，即便在上述氣候和情況下都不會變得懶惰。如果剝奪了一個

13　*Ibid.*, pp. 205-206.
14　*Ibid.*, p. 207.

人的尊嚴，你不僅是剝奪他精神上的力量，還會讓他變得一無是處，即便有人想要利用他也無從用起。每個受造物都有各自的鞭策力和動力來源；人的鞭策力和動力來源就是他的自尊；一旦自尊被剝奪，他就會變成一具屍體；而任何人想要在屍體中尋找活動之物，唯一能找到的就是蠕蟲。[15]

黎剎也提到西班牙人統治下的菲律賓天主教會活動。

他們〔譯按：西班牙神職人員〕以金屬片、五顏六色的玻璃珠串、嘈雜的鈴鐺、閃亮的鏡子及其他飾品蠱惑他們〔譯按：菲律賓人〕，而作為交換，他們付出了黃金和良知，甚至是自由。他們把自己的宗教，換成了另一種宗教的儀式，把他們那由本土氣候和需求所決定的信仰和習俗，換成了在另一片天空和另一種啟示下發展起來的其他習俗和信仰。於是，他們那傾向於擁抱一切看來良善之事的精神，便跟著那個把自己的神及其法則強加給他們的民族的口味而改變。由於與他們打交道的商人帶來的不是有用的鐵器，即耕田的鋤頭，而是蓋了章的文件、十字架、鬥牛和祈禱書；由於沒有皮膚黝黑、肌肉結實的勞動者作為模範，而只有坐在轎子上的貴族老爺可作為他們的樣板，所以這些善於模仿的人便成為了預備修士，他們既虔誠而熱愛祈禱，又學到了奢華鋪張生活的種種觀念，卻沒有相應地改善他們的謀生方式。[16]

15　*Ibid.*, p. 209.

16　*Ibid.*, pp. 213-214.

整體而言，黎剎訴諸歷史與社會學因素來解釋人民缺乏動力的原 *106*
因，這是合理的做法。他的論點，即菲律賓社會的特質在西班牙統治
下經歷了巨大的變遷，也同樣合理。過去和當代的學術研究都證明了
這一點。不過，在關於菲律賓人懶惰的程度和關於他所提到的現象可
否稱為懶惰的問題上，我們的看法與黎剎有所不同。受環境制約而缺
乏工作意願，很難稱得上懶惰。在上一次戰爭期間，有許多被日本人
俘虜的英國士兵不願意為日本人工作。他們的反應很難說是「懶惰」。
我們並不否認有懶惰的菲律賓人，也就是那些符合我們懶惰定義的上
層和中層階級成員；但是，因為菲律賓社會大部分的人對那些壓制積
極工作動力與熱情的環境和條件做出消極的反抗，就認為他們懶惰，
這似乎不太恰當。對西班牙人的持續反抗，與南部地區的戰爭，最後
還有菲律賓革命本身，包括祕密革命團體卡提普南（Katipunan）的活動
和黎剎本人在被西班牙人處死前所見證的群眾起義，換言之就是菲律
賓人自從被西班牙征服以來從未消亡的強烈抵抗精神，都在在清楚表
明，黎剎所定義的懶惰並沒有完全削弱菲律賓社會。

　　黎剎對懶惰程度的評估因為另一項限制而被進一步削弱。他並沒
有廣泛地走遍菲律賓的各個角落。西班牙統治造成的懶惰所帶來的改
變，主要是影響到城市地區。西班牙人也從來不曾完全控制過菲律賓
群島的所有鄉村地區。不過，黎剎把懶惰當作一個問題提出來並嘗試
加以解釋，這一點值得肯定。他至少已成功證明，菲律賓的這個問題
比其他地方更嚴重。然而，他的處理方式有一個重大的弱點。他承認
這一現象，並從歷史與社會學的角度予以解釋。他引用的事實是合理
的。他的推論也合理。但他忽略了這一點：拜西班牙人之賜，懶惰這
一主題的意義被誇大了。黎剎不懂得知識社會學。他並沒有意識到，
某個主題的出現，是以某種利益衝突為條件的。就像懶惰爪哇人這一

主題是起源於荷蘭團體之間的衝突一樣,懶惰菲律賓人這一主題源自於西班牙人內部的衝突。我們很快就會回到這一點,但在這之前,有必要提到關於菲律賓人的一部早期作品,該作品與黎剎所展開的思路基本上一致,但背後的理念有所不同。

107

關於菲律賓群島的這本書的作者只署名「一個英國人」而未提供真實姓名。[17] 他提出的論點基本上與黎剎相同。他認為西班牙人懶惰、暴虐、不公正。他追溯了西班牙人的體制對菲律賓社會整體發展的影響。他對菲律賓人負面特質的觀察是以馬尼拉居民為本,他們因為必須遵從西班牙人的規定並以西班牙人為榜樣,而形成了那些負面特質。[18] 他發現,外省的菲律賓人大體上溫和、勤勞、好客、善良、精明。但三百年來,他們一直受到壓迫。這個國家本身獲得大自然厚愛,卻仍然是個未開發的森林。這樣的狀況被人們歸咎於西班牙人和菲律賓人的懶惰。據作者解釋,實際上還有更深層的原因:

> 因為人不是天生就懶惰的。一個人一旦必需品不虞匱乏,他就會去追求額外的東西,前提是他可以平安享受這些額外的東西;如果不能,如果專制主義的鐵腕(無論以什麼方式出現或透過什麼形式被感受到)準備從他那裡搶走他的所得而不給他任何等值補償,那麼他的確就會變得懶惰,也就是說,他會變得只為今日之所需做準備。這種冷漠態度延續了世世代代,終至成為國民的習

17　*Remarks on the Philippine Islands and on Their Capital Manila, 1819-1822.* By an Englishman. W. Thacker, St. Andrew's Library, Calcutta, 1828. 經過編輯處理的重印版收錄於 E. H. Blair, J. H. Robertson (eds.), *The Philippine Islands, 1493-1898*, vol. LI, 1801-1840, pp. 73-181, *op. cit.* 這裡採用的引文皆出自此版本。

18　E. H. Blair, J. H. Robertson, *ibid.*, p. 89.

慣，然後我們就錯誤地稱之為天性。從南北兩極到赤道，每個人都是世俗體制中的生物，其積極性與其所享有的自由成正比，這一點再怎麼複述都不為過。[19]

值得注意的是，我們在這裡看到了一個罕見且清晰的對資本主義懶惰概念的表述，即只為今日之所需做準備。這並不是因為生理上的不積極，而是因為缺乏為明日工作的動力。

這位英國人以托馬斯・柯米恩（Tomas de Comyn）的記述為本，描述了鎮長（*alcaldes mayores*）對人民的剝削。在談到神職人員的問題時，他指群島上有250名西班牙神父和800至1,000名菲律賓神父。在他看來，他們大多數都行為不端。往往不到一個星期，或頂多一個月，他們當中就會有人被控上教會法庭。他們行為不端的原因在於訓練不足，以及被排除在更高教會職位之外。

這些東印度神父與西班牙神父之間存在著不共戴天的猜忌，或者說，一方是仇恨，另一方是鄙視。東印度神父指責後者疏忽聖職，而且累積了大量的土地及其他財產，而這些財產他們認為「是屬於我們東印度人的」。西班牙神父則默默地鄙視他們，繼續享受最好的福利，並且在修院裡過著悠閒自在的生活。從以上所說不難看出，「雙方對彼此都有很多意見」；而這些指責可能造成的負面效果是，它們會降低雙方在土著眼中的地位，並成為雙方不合的導火線，最終可能會使這兩個國家陷入宗教爭端的一切恐

108

19　*Ibid.*, p. 91.

怖之中。[20]

　　正是西班牙和菲律賓神職人員之間的這種潛在衝突，促成了以菲律賓人的懶惰為主旨的論述。那些書寫菲律賓的人大多數是神父。聖奧古斯丁之所以指責菲律賓人，其深層原因在於，他想要藉此貶低菲律賓神職人員。[21] 這個問題還進一步造成了重大的影響。它不僅是兩組對立的神父之間的衝突，也關係到西班牙殖民政權的存亡。1787年[ii] 12月22日，菲律賓總督唐‧佩德羅‧薩里奧（Don Pedro Sarrio）上尉在致西班牙國王的信中明確表明了這一點。他傾向於站在西班牙神父這一邊的第一個原因是，他們改善了城鎮和郊區的狀況。第二個原因最能說明問題。它是西班牙人在這個課題上的主導思想。唐‧佩德羅‧薩里奧寫道：

20　*Ibid.*, p. 117.

21　如果菲律賓神父取代西班牙神父的位置，會發生什麼事情？聖奧古斯丁如此描述：「被授予聖職的東印度人之所以成為神父，並不是因為這有助於他達到至善地位的呼召，而是因為他所選擇的新地位會為他帶來巨大、幾乎無限的好處。牧靈神父與單身漢（*baguntao*）或教堂司事之間的差別可大了！從繳納貢稅，變成接受薪俸！從〔被強制〕砍伐木材，到接受砍材服務！從班卡船（banca）划手，到班卡船乘客！西班牙人就不是這樣。如果西班牙人成為聖職者，他往往必須放棄鎮長、上尉或上將之職，以及家鄉的許多舒適享受，雖然他的家族會提升到高於整個東印度民族的地位。相較之下，原本被船隻或伐木斧頭束縛的手，如今享有受人親吻的虛榮，這對比何其強烈！而且，在晉身神父者的父親及其被尊稱為夫人或小姐的母親、姐妹、侄女享有尊榮之際，其他許多更優秀的婦女卻仍舊需要從事舂米的勞作，這對村子來說是多麼大的負擔啊！如果說東印度人只要掌握一點點權力就已經變得傲慢無禮且令人難以忍受了，那麼他在取得這麼大的優越性之後，又會如何呢？」Gaspar de San Agustin, "Letter on the Filipinos", pp. 270-271, in E. H. Blair, J. A. Robertson (eds.), *The Philippine Islands, 1493-1898*, vol. XL, 1690-1691, *op. cit.*

我不把修會神職人員與教區分開的第二個動機是，即便菲律賓土著和菲華混血兒具備一切能力和必要的資格，從為國家和陛下服務的角度而言，把所有教區交給他們，絕不是恰當的一件事。兩百多年的經驗告訴我們，在所有的戰爭、動亂和起義中，修會神職人員身為教區神父在平定不安分人士方面發揮了重大的作用。可以肯定的是，每一位歐籍神職人員都是陛下的哨兵，他們會監視菲律賓土著的所有作為和動向，以便將每一個事件通報給本政府。反之，由於幾乎所有西班牙人都住在馬尼拉及其周邊地區，如果所有的教區都掌握在土著或菲華混血的神職人員手中，政府將無法確切掌握所需的消息和資訊。這些人雖然是神職人員，但無法否認的是，他們仍然屬於被征服的民族，並且仍然對自己的同胞和地位相等的人懷有自發的情感。雖然法律的仁慈已使被征服者身上的枷鎖變得很輕，但只要有人對此稍加思索，這個枷鎖就會在一瞬間顯得異常沉重。即便土著神職人員沒有積極鼓動叛亂，也總是會存在著這樣的疑慮，即他們疏忽職守，未能在一開始就撲滅任何叛亂的火花，並向上司傳達有利於及時採取補救措施的訊息。關於這一點，我們最近有個案例，那就是去年2月發生在巴丹省（Bataan）的一起事件。在這起導致一名助理督察和十七名警衛喪命的事件中，可以肯定的是，兩名教區神父事先已經知道該省民心浮動，人們準備發動一場針對煙草專賣管理當局的叛亂，但他們卻沒有通報大主教或本政府。一旦像1762年英國人入侵那樣有敵人來犯，如果中間城鎮沒有任何可資利用的歐洲人，西班牙人就無法採取相應的安全措施逃往某個省分避難，也

109

沒有辦法向偏遠地區發出警訊了。[22]

　　這就是對西班牙神職人員在菲律賓所扮演的角色的主導觀點。教會著作中對菲律賓民族性的攻擊，實際上是意圖讓菲律賓神父受制於西班牙教會當局在菲律賓的主導地位。他們是在捍衛本身的地位和抗拒教會中的親菲律賓趨勢，雖然這一趨勢還很弱。「西班牙修會神職人員的這種敵對態度，是出於維護其特權的自私欲望，以及發自內心的顧慮。菲律賓神職人員若人數眾多，顯然會削弱西班牙修會神職人員的支配地位。」[23] 關於這個問題的爭論在18世紀下半葉至19世紀最為激烈。菲律賓神父與西班牙神父之間的衝突具有政治及其他方面的影響，這一點是顯而易見的。衝突的深層動因是對教區的控制，以及隨之而來的政治權力和社會聲望。[24] 關於這一爭論，還有西薩‧瑪朱爾（Cesar A. Majul）所提出的另一個層面。大多數的候選菲律賓神職人員來自貴族（*principalia*）階級，即城鎮中最重要的市民階層，也就是菲律賓社會的特權階級。1872年，甲米地譁變（Cavite Mutiny）爆發，三名涉及此事的土著神父被處決。早在數十年前，爭奪菲律賓事務控制權的鬥爭就已開始。貴族階級嘗試借助土著神父的身分，間接展開他們的鬥爭。「世俗化之爭反映了土著神父想要提高他們的教區數量及伴隨而來的政治與社會利益的意圖。在某個重要的意義上，這一鬥爭是貴族階級為了爭取對殖民地生活的更大控制權而展開的整體鬥爭的一部分。我們必須從這個背景來看這三位神父的處決，才能理解其真

22　Sinibaldo de Mas, *Report on the Condition of the Philippines in 1842*, III, pp. 144-145, *op. cit.*

23　J. L. Phelan, *op. cit.*, pp. 84-85.

24　Cesar A. Majul, "Social Background of Revolution", p. 8. *Asian Studies*, vol. IX, no. I, April, 1971.

正的意義。」[25]

　　黎剎在分析菲律賓人的懶惰時並沒有考慮到這一切因素。懶惰的主題被放大得不成比例，因為它是大約一個半世紀前就已開始的意識形態衝突的產物。正如一些見證者所證實的，除了在一部分人當中發現的真正懶惰的案例之外，大部分菲律賓人並不是懶惰的。那些拒絕生產剩餘產品的人之所以拒絕，是因為剝削性社會制度扼殺了他們從事生產工作的動力。菲律賓人懶惰的主題之所以比其他任何東西更被突顯出來，是西班牙修士和菲律賓土著神父之間的意識形態衝突所致，而在此之前，西班牙神父本身之間就已經在菲律賓人擔任神職的問題上發生了意見衝突。到黎剎寫作時為止，菲律賓的主導群體是西班牙修士，因此他們的思想成為了主導思想。真正懶惰的群體，即菲律賓的西班牙統治階級，反而從來都沒有受到過這樣的審視。事實上，菲律賓人一直都在為西班牙人勞作、流汗和死亡。一個奴隸不願意熱情工作，那是天經地義的事情。而一個人想要用武力強迫別人為他工作，那才是真正的懶惰。

譯註

i　　在菲律賓和美洲殖民地，西班牙當局在殖民初期乃是透過委託監護制（*encomienda*）進行管理和統治。在此制度下，西班牙國王把所征服國家一定範圍的土地，賜封予殖民事業中的有功人士。獲此封地的委託監護人負責徵收稅賦，分派勞役，維持封地的安全與秩序，保護居民並在發生災害時予以援助，並協助教會在封地內進行傳教工作。

ii　此處原文為 1707 年，應為 1787 年之誤植。

25　Cesar A. Majul, *ibid.*, p. 9.

第八章

殖民形象與民族性研究
The Colonial Image and the Study of National Character

　　在進一步討論之前，我們先來評估前面幾章所檢視的證據。主導殖民意識形態的西方殖民強權對其所征服民族的負面形象的塑造，是建立在粗略觀察的基礎上的，有時候帶有強烈的內在偏見、誤解或錯誤的方法論。這種概括而論的負面形象並非出自學術研究。那些宣稱這個區域的人懶惰、愚鈍、奸詐、幼稚者，一般而言都不是學者，而是僧侶、公務員、種植園主、水手、士兵、通俗旅行作家和遊客。他們塑造了土著的形象，繼而影響了一些學者，例如克萊夫・戴伊。他們的缺點顯然有五大來源，即（1）錯誤地以偏概全；（2）對事件的詮釋脫離其有意義的脈絡；（3）缺乏同理心；（4）源於狂熱、自負和傲慢的偏見；（5）無意識地受到特定類別的西方殖民資本主義思想的支配。他們的工作可以用一個通俗的字眼加以總結，即侮辱。他們的評斷整體而言可說是對相關民族的侮辱。歐洲強權把自己的意志強加在這個區域的民族身上，此後除了剝削他們，還在文字和行為上侮辱他們。一直要到20世紀前數十年，在西歐自由主義和人道主義思潮的影響下，當局才嘗試引進西方的一些有益影響。甚至到了1924年，英國人和荷蘭人還在供應鴉片給馬來亞和印尼的人民。他們後來所引進的種種好處，必須在考量其種種惡劣行徑的情況下予以權衡評估。

113 對民族性進行現代及科學的研究是近年的新發展，其興起與戰爭形勢下所產生的文化與性格問題有關聯。對民族性的關注其實已有很長的歷史，可追溯到古代。不過，在1939年後的全球政治局勢中，隨著幾位學者做出突出的貢獻，尤其是在露絲‧潘乃德（Ruth Benedict）、傑弗瑞‧戈爾（Geoffrey Gorer）、瑪格麗特‧米德（Margaret Mead）、格雷戈里‧貝特森（Gregory Bateson）、拉爾夫‧林頓（Ralph Linton）等人類學家和亞伯拉姆‧卡迪納（Abram Kardiner）等精神分析家的影響下，民族性研究獲得了新的意義。在這裡，我們可以引用米德的話，對民族性研究做一番概括性的描述：

> 民族性研究就像所有文化與性格研究一樣，關注的是人類如何體現他們生長其中或移入其中的文化。這些研究嘗試勾畫出人類的先天屬性、每個人身上的特殊要素和人類成熟過程的普遍與個別模式，如何在一個共同的社會傳統中融為一體，並使此文化中所有成員的行為呈現出某些規律性特質，這些特質可稱為一種具文化規律性的性格。[1]

過去最令人印象深刻的民族性研究之一，是北非穆斯林歷史學家、社會學家阿都拉曼‧伊本‧赫勒敦（Abdul Rahman Ibn Khaldun）在14世紀下半葉完成的。他的研究探討的是阿拉伯人和柏柏人（Berber）的民族性。他得出了幾個重要的結論，其中之一是，阿拉伯人難以形

---

[1] Margaret Mead, "National Character", in A. L. Kroeber, ed. *Anthropology Today*, p. 642. University of Chicago Press, Chicago, 1953.

成一個穩定的政府，是其文化和心態中固有的一些因素所致。[2] 第一次世界大戰後，薩爾瓦多・德・馬達里亞加（Salvador de Madariaga）對英國人、法國人和西班牙人做了研究，其成果發表於1928年。民族性研究的目的在於了解不同民族的性格在多大程度上受到其文化的制約。在這裡，我們需要區分民族文化和民族性。[3] 用愛德華・泰勒（Edward B. Tylor）的話來說，一個民族的文化是指「包括知識、信仰、藝術、道德、法律、習俗及人作為社會成員所養成的任何其他能力和習慣的綜合體」。[4] 文化是一種生活方式，是社會中某一特定群體所表現出的一種安排生活的模式。

　　文化這一概念在近幾十年來持續受到分析，我們需要很多篇幅才能對文化展開充分的描述。不過，就我們目前的目的而言，只需提及以下對文化定義的大致共識即已足夠：「文化包含各種模式化的思維、感覺與反應方式，主要透過符號而取得與傳播，它構成了人類群體的獨特成就，包括其於器物中的體現；文化的基本核心包括傳統的（即源自歷史並經過篩選的）思想觀念，尤其是附屬其中的價值。」[5] 有別於其他文化研究，民族性研究選擇以民族群體對具體情境和問題或對其他民族群體的行為和反應模式，作為其中心主題。其目的不僅

2　Ibn Khaldun, *The Muqaddimah*. Tr. ed. F. Rosenthal, vols. 1-3. Routledge and Kegan Paul, London, 1958.

3　Margaret Mead, *op. cit.*, p. 657. 米德恰如其分地點出了這兩者的區別，並指民族性研究衍生自文化與性格研究。

4　轉引自 M. J. Herskovits, *Cultural Anthropology*, p. 306. A. A. Knopf, New York, 1955.

5　C. Kluckhohn, "The Study of Culture", in D. Lerner and H. D. Lasswell (eds.), *The Policy Sciences*, p. 86. Stanford University Press, California, 1951. 轉引自 A. L. Kroeber, C. Kluckhohn, *The Concept of Culture: A Critical Review of Definitions*. Papers of the Peabody Museum, vol. XLI, 1950 (Harvard University).

在於探究文化如何制約那些行為和反應，從而對那些行為和反應提出
一種解釋，還在於預測該民族未來對某些具體的問題會有怎樣的行
為和反應。[6] 在民族性研究中，受關注的因素包括特定文化的育兒方
式，以及這些文化所秉持的價值觀、所爭取的利益、所培養的情感和
氣質等等。這種研究的基本假設和採用的方法，取決於其所關注的焦
點。這裡必須指出的是，就馬來西亞、印尼和菲律賓而言，或者就
東南亞區域而言，民族性研究幾乎還是一個尚未開發的領域。由於缺
乏關於當地居民的文化和性格的成熟研究，我們很難在資料充分的基
礎上對其民族性展開研究。因此，關於馬來人、爪哇人和菲律賓人性
格的現存觀點，頂多也只是粗略的嘗試性研究的結果。許多關於馬來
人、爪哇人和菲律賓人的著作，並不能直接適用於心理學與社會學分
析。這些著作雖然觸及了巫術、文化、宗教、習俗、迷信、殺人狂、
攻擊性、海盜、效忠等主題，但很少是在適當的基礎上對這些主題進
行社會學與心理學探討。緬甸在某種程度上是個例外。以緬甸歷史背
景研究為先導，已有一些關於緬甸的宗教、成人生活、性格形成、對
決定論的信仰、戲劇活動、男性虛榮、女性主導地位，以及對罪與罰
和對金錢、賭博、作假、暴力與殘忍行為的態度等主題的研究。關於
泰國和峇里島的研究也有一些。

　　我們所鑑定的多部外國作者的著作都缺乏科學依據，而且極其片
面。他們所描繪的各社群性格特質的圖像，是完全失衡的。我們可以
用他們關於馬來人的著作為例來說明，這些著作與他們關於爪哇人和
菲律賓人的著作基本上是一樣的，只有一些細微的差異。就爪哇人而
言，差別之處在於那些著作比較重視爪哇人對勞動的態度。而就菲律

6　　進一步的討論見 M. Mead, "The Study of national character", in *The Policy Sciences, op. cit.*

賓人而言，所強調的則是他們的模仿性。其餘的部分基本上沒有不同。在這幅馬來人圖像中，這些殖民時期的外國作者斷定馬來人具有以下特質：性格隨和；對侮辱很敏感；容易暴怒；善於模仿，在思想和文化上缺乏原創性；喜歡遊手好閒；只效忠於酋長和君主；有禮貌；道德鬆散；缺乏獲取財富的動因或主動性；奸詐狡猾。這些都是過去約四百年間不同的作者所提出的馬來人特質。

　　整體而言，外國觀察者對馬來民族性的描述都在強調他們視為負面的特質。以現代科學標準來判斷，他們所描繪的馬來人圖像是不合理和幼稚的。這幅圖像對觀察者的揭露多過對被觀察者的揭露。研究中所採用的方法和基本假設既粗糙又不專業。對馬來民族性的研究並非基於相關的學科。於是就出現這樣的情況：克利福既不是心理學家，顯然也不熟悉當時的心理學，卻毫不猶豫地宣稱馬來民族是精神病理失調症的潛在患者。民族性研究的重要學科，例如歷史學、人類學、心理分析和社會學，從來沒有被殖民地官員學者和旅行家應用過。他們就馬來民族性所做的結論，並無法滿足科學假設的要求。無論如何，我們感興趣的是他們所表達的思想觀念。他們的著作塑造了馬來人的形象，或者用一個術語來說，塑造了對馬來人的「刻板印象」。這個刻板印象影響了馬來西亞和新加坡的許多人。這些人一直是族群誤解的最持久、最普遍的來源。他們不僅沉湎於講述「懶惰的馬來人」，也一再講述「貪贓枉法」的華人和「阿諛奉承和欺瞞詐騙」的印度人。從科學客觀性的角度來看，這些刻板印象是經由不正確的方法得出的不準確的結論。從民族賴以定義其目標與價值觀的現代宗教或人道主義哲學的角度來看，這些刻板印象是危險的，因為在馬來西亞，它們已經對實際政治造成了影響。

　　想要對這些刻板印象予以科學的駁斥，需要對他們進行更深入的

分析。因此，我們循著知識社會學的路徑展開這項工作。必須提出的問題是：這樣的馬來人形象是否站得住腳？正如本書開頭所示，在社會學的意義上，意識形態並非只是一套知識與信仰體系。意識形態是一個渴望能夠維持其支配地位的統治群體的一種思維方式。一個人對社會現實的看法，對過去與未來的洞察，尤其是對人類本性與自由的認知，取決於一些基本範疇，而這些基本範疇與他的基本政治立場和群體認同是緊密相連的。即便觀察者仔細控制其個人偏見，其思維方式還是會受其社會與歷史背景所制約。

歐洲觀察者所形塑的馬來人形象可以追溯到個別作者所處的歷史位置。早期探險家的著述對此區域的動植物和當地居民的貿易活動與風俗表現出極大的興趣。核心吸引力是香料貿易。他們對當地居民的評斷取決於這些居民對歐洲人是否友善。因此，湯瑪士・鮑雷（Thomas Bowrey）在造訪吉打（Kedah）期間（約1677年）對這個王國及其居民給予高度的評價。他注意到吉打的繁榮，稱讚吉打蘇丹為最公正、誠實、有禮的統治者，是偉大的和平締造者，同時是英國人的朋友。[7] 另一方面，他不喜歡遊走於亞洲各土邦和王國的印度朱羅人，說他們是「狡猾、無賴般的民族」。在一起事件中，一些暹羅人和馬來人挺身反抗備受一名馬來統治者厚待的朱羅人，致使70至75名朱羅人被殺，鮑雷對這樣的結果表示歡迎。他甚至希望在萬丹（Banten）、

7　Thomas Bowrey, *A Geographical Account of Countries round the Bay of Bengal, 1669 to 1679*, pp. 265, 267. R. C. Temple (ed.), Hakluyt Society, Cambridge, 1905. 關於不喜歡朱羅人的理由，鮑雷寫道：「他們也是我們的一大阻力，因為無論在什麼地方，只要有這些流氓，我們就沒辦法把貨物賣給當地人。他們會悄悄跟隨我們並私下告訴當地人，在蘇拉特（Surat）、孟加拉或其他沿海地區，我們的貨物賣多少錢，這大大損害了許多基督教徒的利益。」（p. 258）

亞齊、吉打、柔佛、暹羅和「他們混入的其他許多地方」，也會有同樣的命運等著朱羅人。

　　眾所周知，萊佛士對西里伯斯（Celebes）的武吉斯人多所讚美。萊佛士清楚表明的理由是，武吉斯人尊敬英國人，而且他們的武術本領可以幫助英國人建設帝國。在萊佛士看來，武吉斯人是最大膽、最具冒險精神、最有進取心的東方民族，而且他們極度熱愛軍事生活。他們既忠誠又勇敢。由於上述原因，他們就像歐洲的瑞士人一樣，被暹羅、柬埔寨及其他國家的軍隊招攬為傭傭兵，也擔任其君王的護衛。[8] 萊佛士的評斷是以英國的商業與政治利益為基礎的。他把美國人形容為「另一種商業闖入者，我們需要對他們保持警惕，因為他們無論去到哪裡，都會擴大武器的銷售，這是需求最大的商品。這種商業冒險將會危害英國的政治與商業利益」[9]。

　　從現有資料來看，馬來人形象是在19世紀變得更加負面。這是可以理解的，因為當時英國人與馬來人的接觸正快速增加，干預馬來土邦事務的想法也逐漸抬頭。為殖民母國帶來商業利益和為土著帶來文明這兩大信條，成為了占統治地位的意識形態。由於歐洲人與這個區域的接觸向來都伴隨著抵抗和反擊，衝突的局面從16世紀便已出現，並一直持續到17、18和19世紀。對敵人或重要競爭者的種種刻板印象是這種局面的組成部分。就其功能而言，這些刻板印象具有合理化征服和統治的作用。當掠奪成性的歐洲強權初抵此區域時，馬來人和其他民族都措手不及，而當萊佛士和19世紀的許多英殖民官

117

8　T. S. Raffles, *Memoir of the Life and Public Services of Sir Thomas Stamford Raffles*, vol. 1, p. 67, *op. cit.* 出自他在1811年6月10日從馬六甲寫給明托爵士的信。另參見Syed Hussein Alatas, *Thomas Stamford Raffles, 1781-1826: Schemer or Reformer?, op. cit.*

9　*Ibid.*, p. 86.

員登場時，他們已然經歷了三個多世紀的政治、經濟、社會與軍事衝擊。19世紀觀察者所描述的許多負面特質，其實是之前幾個世紀的歐洲人所塑造出來的。

我們首先來看看懶惰馬來人的形象。讓我們覺得奇怪的是，萊佛士所說的「懶惰至極，只要他們還有一口飯吃就沒有人能夠說服他們去工作」的馬來人，竟然可以持續在戰爭和海盜活動中對抗強大的敵人。從16世紀開始，馬來人的歷史就充滿了內憂外患。事實上，馬來人是最常受外人攻擊的民族。在東南亞，沒有一個地方像馬來半島般，曾被來自世界這麼多地方的這麼多勢力攻打和占領。葡萄牙人、荷蘭人和暹羅人都曾攻打和占領馬來半島的某些地區。除此之外，還有亞齊人和武吉斯人的侵襲。如果馬來人真的那麼懶惰，他們早已失去自主性了。英國人透過外交手段成功占領馬來亞，而那些使用武力者卻都失敗了，部分原因就在於馬來人具有積極性和警覺性。

正如我先前已經指出的，懶惰馬來人的形象並沒有合理的科學依據。這個形象之所以會出現，是因為馬來人迴避了殖民資本主義的種植園勞動。毫無疑問，確實有一部分馬來人是懶惰的，但這些人通常是來自上層階級。同樣地，也有一些狡猾奸詐的馬來人，但他們的狡猾奸詐與他們的職業和處境有關。如果他們的生命和生計取決於是否能夠成功對抗同樣狡猾奸詐的對手，那他們還能怎麼做？馬來人在與荷蘭人和葡萄牙人的衝突中所表現的狡猾奸詐，其實是他們在面對那些本身就很狡猾奸詐的群體時，對當下形勢的反應的一部分。

萊佛士本人在這個區域旅居大約十七年後，仍無法擺脫以偏概全的習慣。他所能達到的最高意識層次，體現在他於1805年9月初抵檳榔嶼後的第十七年，在1821年6月12日寫給薩默塞特公爵夫人（Duchess of Somerset）的一封信中。他如此寫道：

可以十分肯定的是，在第一次發現我們所謂的野蠻民族時，哲學家會超乎一切理性與真理，對未開化的幸福大加讚美；但同樣可以肯定的是，近年來，偏見的潮流正以同等的強度反其道而行；如今蔚為時尚的，是把所有沒有接受過歐洲武器與法律和聖經啟示錄的光芒洗禮的人，視為缺乏任何足以帶來幸福或產生道德之善的感覺和原則。然而，真實的情況一般上最有可能介於兩極之間，而且無疑會因人們所處形勢之不同而有很大的差異。在南太平洋的一些島嶼，我們發現人們慣於惡作劇、喜歡偷竊、懶惰和頑固，但在另一些島嶼，我們看到的卻是截然相反的特質，而那些哲學家卻僅憑所獲得的關於前者的資料，就在缺乏充分、全面資訊的情況下進行推論，於是都被導向了錯誤的認知。[10]

從以上所述可以明顯看出，萊佛士儘管未必想要概括描述一整個區域和一整個族群，卻仍然有意對個別群體進行整體性的描述。不過，他並沒有考慮到他所拒斥的那些負面特質之間，有著像阿都拉曼・伊本・赫勒敦所認為的那種關聯性。[11] 事實上，那些負面特質在任何社群和階級都有，只是因社會與歷史背景有異而在程度上各有不同。雖說民族性的理論有可能得到證明，但我們很難用懶惰、狡猾、奸詐、掠奪成性等詞語來劃分民族性。即便只是針對小型的原始社群，我們也會採用其他特徵來劃分其民族性。如果把民族性與階

10　T. S. Raffles, *Memoir of the Life and Public Services of Sir Thomas Stamford Raffles*, vol. 2, p. 193, *op. cit.*

11　因其謀生方式使然，城市商人比農民更容易有不誠實的行為。比起定居社會，遊牧社會的勇敢精神會得到更好的發展。伊本・赫勒敦雖然活在14與15世紀，其研究方法卻很現代。參見 Ibn Khaldun, *The Muqaddimah*, vols. 1-3, *op. cit.*

級、職業和情境結構聯繫起來，我們得到的將會是另外一幅圖像。所以，在1857年，沃恩（J. D. Vaughan）就嘗試糾正當時大多數歐洲人對馬來人的某些錯誤印象。他有意識地避免把他從海港城市收集到的印象，視為整個國家的普遍現象。在他看來，馬來人的一個突出特點是誠實，而且即使生氣了，也不會以髒話罵人。他們可以成為優秀的船員。歐洲和馬來水手之間的衝突，通常是出於誤解。用他的話來說：

> 歐洲官員習慣於虐待印度水手，又沒有意識到自己的腦袋裡存有對馬來人的偏見，所以他們會以對待孟加拉人或其他土著那樣的方式對待馬來人，不分青紅皂白地加以虐待和毆打。結果，馬來人最致命的情緒被激起，他們為了報復，會對迫害者展開可怕的反擊。如果英國船員受到類似的對待，他們很可能也會有同樣的反應。另一方面，如果把馬來人當人而不是畜牲來對待，他們會證明自己是溫順、忠誠、勤勞的，而且毫無例外地會比任何東方水手更加優秀。[12]

　　無論文化上或宗教上，馬來人都不認同懶惰（malas）的行為。這一點我們後面再來討論。任何親身了解過馬來漁民和稻農的人都會意識到，認為馬來人懶惰的論點何其荒謬。只在港口城市觀察馬來人的歐洲人根本不知道內陸地區的情況，不知道稻農每天都是日出而作、日落而息，不知道漁民是在夜間出海、白天修補漁船漁網，也不知道鄉村裡有「分工合作」（gotong royong）的勞動習慣。萊佛士只認識港口城市

12　J. D. Vaughan, "Notes on the Malays of Pinang and Province Wellesley". *JIAEA*, p. 125, New Series, vol. 11, no. 2, 1857.

的馬來人。而他所認識的馬來人之所以沒有表現出積極進取的資本主義精神，那又是另一番故事了。那時候並不存在靠商業為生的馬來中產階級，大部分馬來人是漁民和稻農。反觀在當時的歐洲，商業與帝國建設是同時受貴族和資本家推崇備至的活動，他們把資本主義精神注入了東印度公司。一個群體如果沒有同樣被這股精神所感召，就會被視為懶惰，因為勤勞和經營謀利被畫上了等號。

　　為了評估這樣的形象是否真實可信，我們把研究範圍擴大。實際上，這些形象是歐洲人所概括描繪的東方人形象的一部分。正如我們已經說明的，不僅英國人，荷蘭人和西班牙人也給他們統治下的民族勾勒了同樣的形象。那是一種以本身族群為中心的傲慢觀點下的產物。這種觀點除了具有勢利、自大和幼稚的特點之外，還進一步以無所節制和粗鄙的表達方式為其特徵。例如，萊佛士把伊斯蘭教稱為強盜宗教。[13] 1846年7月13日，在檳榔嶼，威廉‧諾里斯爵士（Sir William Norris）在判決一名馬來人因殺人狂症發作而殺人的罪名成立時，抓住宣讀判決書的機會對伊斯蘭教大加撻伐，聲稱只有馬來人會患上殺人狂症，而在全人類當中，唯有身為穆斯林的他們「才能把如此卑鄙懦弱、如此殘暴的謀殺行為，與唯有身為謊言之父的魔鬼本身才能夠誘發出來的〔殺人狂症〕概念聯繫起來」。[14] 1911年7月

13　T. S. Raffles, *Memoir of the Life and Public Services of Sir Thomas Stamford Raffles*, p. 94, vol. 1, *op. cit.* 他誤認為伊斯蘭教宣揚對不信教者展開屠殺和掠奪。他對伊斯蘭教的偏執攻擊既出於政治因素，也出於宗教偏見。

14　Sir William Norris, "Malay Amoks referred to Mahomedanism". *JIAEA*, pp. 460-463, vol. III, 1849. 該判決書最後以此作結：「你的遺體接著將移交給外科醫生進行分解，分解後的肢體將根據警長的決定，被扔進大海或溝渠，或拋散在地上。願全能的上帝庇佑你可悲的靈魂。」（p. 463）我們不禁要問，在這樣的案例中，如果殺人犯是英國人，他是否也會被剝奪按其宗教信仰體面下葬的權利。威廉爵士對犯人遺體處理方式的

17日，貢格列普（G. L. Gonggrijp）在寫給《巴達維亞商報》（*Bataviaasch Handelsblad*）的一篇文章中提到，他在與一群爪哇人談話之前，都必須先點上一根雪茄，希望雪茄的煙味可以蓋掉他們衣服上的臭味。[15] 可見懶惰、半開化爪哇人的迷思就像懶惰馬來人的迷思一樣，一直都廣為流傳。

　　如同先前已經提到的，馬來人的形象與菲律賓人和爪哇人的形象十分相似。在四個多世紀裡，這些形象透過數以百計的書籍和持續的口頭傳播，在無數人的思維之間流傳。令人驚訝的是，從沒有人認真努力研究過這些形象的根源和影響。從我們所完成的調查中可以得出以下的結論：馬來人的形象是整個東南亞區域類似的、更廣泛的形象的一部分，它完全是殖民時期的歐洲人所創造出來的。此外，這個形象是以草率的概括，而不是以正確的方法和嚴謹的學術研究為基礎的。它部分是因文化誤解或缺乏同理心而產生，但主要是意識形態所致，旨在合理化殖民統治。

　　為了以更加具有分析力和令人滿意的方式闡釋以上所說，讓我們首先從文化誤解和缺乏同理心的問題開始討論。行為學研究中的一個公認事實是，在文化的解釋和詮釋上，對外顯行為的理解至關重要。同樣地，除非對某個文化的內在層面有所理解，我們對有關行為的詮釋必定有所扭曲。在理想的情況下，我們所分析的作者應該嘗試把自己放到在特定文化脈絡下做出反應的參與者的位置上，而我們則應該嘗試去感受他所經歷的情感與邏輯動機。如此一來，我們就可以在一個較大的參考框架內，對有關行為予以評價和詮釋。

判決，公然違反了伊斯蘭教要求所有死者以體面及符合教規方式下葬的教義。

15　G. L. Gonggrijp, *Brieven van Opheffer*, p. 71. Leiter-Nypels, Maastricht, 1944. 此書曾多次再版。

　　這種同理理解（verstehen）的過程未必總是能夠完成。它必須符合三個基本條件。第一是全面意義上的客觀態度。第二是解釋有關行為的必要科學知識。第三是對該行為相關事實和具體資料的認識。讓我們引用以下實例來說明：

> 一如所有的東方人，爪哇人有個我們沒有的祕訣：真正地休息的祕訣。有別於歐洲人，他們不覺得有必要以娛樂活動來填滿他們的空閒時間（儘管有機會享受的話他們會十分樂在其中），因為就像他們知道如何工作一樣，他們知道如何休閒。他們不管做什麼事情都是慢條斯理的，因此他們對於那驅使我們狂熱地不斷前進的「緊張感」（nerves）一無所知。他們工作得如此努力、如此從容、如此長久，以至於當他們停下來時，唯一還想做的事就是休息，唯一的要求就是讓他們什麼事都不做。正是他們這種完全放鬆的狀態，導致歐洲訪客如此荒唐可笑地以其膚淺的判斷力誤認為他們是「懶惰的土著」。[16]

　　在上面的實例中，所有條件都存在。有關行為在適當的脈絡下得到了詮釋。然而，一旦我們採用正確的方法並取得必要的資料，我們得到的會是一幅不同的圖像。爪哇人、馬來人和菲律賓人一般上都努力工作，但他們的工作模式有別於歐洲工人。他們大多數並沒有採取類似當時西方人那樣的定時工作模式，例如礦工或工廠工人的工作模式。他們沒有固定的工作時間。我能想到的最好例子，是我在第二次

16　H. W. Ponder, *Javanese Panorama*, p. 17. Seeley, Service, London. 此書可以確定是寫於第二次世界大戰之前，在1942年印刷，但書中沒有列明出版日期。

世界大戰之前及期間在西爪哇親眼看到的情況。當時有一群販賣木炭的小販（*tukang arang*）。那時候的木炭都是由雜貨店或木炭小販售賣的。木炭小販會以一根竹竿，把兩大簍筐的木炭挑在肩膀上。這需要特別大的力氣才挑得起來。黎明時分，這些小販會從幾英里外的住家出發前往市鎮。挑著兩大簍筐沉重的木炭一口氣走幾英里的路，所需的力氣比一般體力勞動還要大。抵達市鎮後，他們會挨門逐戶尋找買家，直到以合適的價格售出為止。我也經常在日落時分看到這些小販因為木炭賣不出去而垂頭喪氣。如果一名小販運氣大好，到中午他就能把東西賣出去。在這之後，他整個人就會鬆懈下來，去當地的小吃攤吃頓飯或抽根土煙再回家。如果像貢格利普那樣的荷蘭殖民者看到他在小吃攤裡抽煙聊天，恐怕就會指責他懶惰了。與他的勞動相關的種種事實，以及他休息的意義，都不會得到理解，而他在歐洲人正常工作時間裡出現在工作場所以外的地方，也會被加以錯誤的詮釋。

有人說，這樣的木炭小販缺乏追求更多利益的精神。他為什麼不多賣一些？原因在於木炭的非機械化生產制度。木炭是由小型傳統生產單位製造的，不會有累積的剩餘，因為所有成品都會立即出售。如果木炭小販想要再回到村裡，在傍晚以前把另一擔沉重的貨物挑到幾英里外的鎮上賣，他不僅需要非比常人的力氣，還會把自己累死。因此，一天裡能夠賣完一擔貨物，他就已經心滿意足了。在戰前的印尼，從事這類非機械化職業的人成千上萬。在這樣一個社會裡，人們所付出的體力勞動遠多於一個機械化的社會。撇開其是否符合資本主義所規範的生產力標準的問題不談，對一個付出了如此龐大的體力勞動的社會做出懶惰的指控，就算退一步說，也可稱之為最厚顏無恥的扭曲。

這種扭曲若不是出於偏見，就是資本主義思想的影響所致。讓我

們以施馬爾豪森（H. E. B. Schmalhausen）對爪哇人的評斷為例來說明：

> 當看到一個爪哇人為了在田裡種植甘蔗，在始終維持華氏80度
> 以上的高溫下竭盡力氣挖掘無數的溝渠，而這一切也只能帶給他
> 微薄的收入，我們傾向於把他比作一隻忙碌的工蜂。當看到一個
> 土著為了賺取一點點錢而長途跋涉，我們也會產生同樣的印象，
> 甚至更加強烈。反之，當一個土著罕見地處於不缺錢的情況，因
> 而沒有即時的誘因促使他去工作，並且可以心安理得地連續休息
> 好幾天，所有時間都在半夢半醒的狀態中度過，連最輕鬆的工作
> 也一點都不想做，這時候我們又會衷心認為，這個土著無疑是個
> 懶惰的人。爪哇人缺乏來自北方的歐洲民族所普遍展現的那種對
> 從事定時工作的內在衝動，但他們的生活條件通常也不允許他們
> 培養個人愛好，因此就出現了爪哇人在盡力工作和盡情懶散之間
> 兩極擺盪的奇特現象。[17]

　　爪哇人被認定為懶惰，是因為他們傾向於「心安理得地連續休息
好幾天」。他們在那之前的辛勤勞動都被忽略了。反之，如果歐籍勞
工完全不工作地連續處於休息狀態，即便時間更長，也不被視為懶
惰，而是配合工廠的時間而安排調整的健康休假。所以說，施馬爾豪
森在對休息的意義進行評價時，採用的是資本主義的思想範疇。任何
不符合西方殖民資本主義規範的休息或放棄工作，都被他視為懶惰和
浪費時間。至於他斷定爪哇人缺乏從事定時工作的衝動，那也是一種

123

17　H. E. B. Schmalhausen, *Over Java en de Javanen*. Amsterdam, 1909. 轉引自 G. Gonggrijp,
　　"Value Curves and the Lowest Level of the Indies Economy", in W. F. Wertheim and Others
　　(eds.), *Indonesian Economics*, p. 104. W. Van Hoeve, the Hague, 1961.

扭曲。事實上，受僱於殖民政府的爪哇人都是定時工作的。荷蘭軍隊中的爪哇士兵也定時工作。至於西爪哇及島上其他地方的雙輪馬車夫（*tukang delman*），情況又是如何？在西爪哇，雙輪馬車是由一匹馬拉動的一種公共交通工具。戰前，它們是穿梭於城鎮方圓 10 至 15 英里內的計程車。許多馬車夫多年來，甚至終其一生，每天都是在黎明時分就離開鄉下的住家，晚上 10 點左右才回返。還有什麼能比這更有規律呢？但這種工作並不在資本主義生產體系之內，因此就被忽略了。

施馬爾豪森一心所想的，是那種在殖民資本主義體制下運作的荷蘭人種植園或城鎮工廠中定時工作的工人。事實上，定時工作在傳統社會是存在的。如果沒有定時工作，任何社會都無法生存。菜農、市場小販、士兵、公務員、鄉村教師、木炭小販和數百種其他商販、攤販、馬車夫等等，都是在從事定時的工作。荷蘭殖民官員不可能沒有注意到他們。說穿了，施馬爾豪森及其他持類似觀點者一心所想的，是像現代西方那樣的無產階級，因此才會有爪哇人懶惰和無法定時工作的說法。實際的情況是，許多爪哇人不願被吸納為種植園和工廠勞動力。就歷史而言，全世界的資本主義都是在壓迫和不公的基礎上取得廉價勞動力的。在歐洲，成為剝削受害者的是逃到城鎮的農奴。在馬來亞，勞工是透過欺詐方式招募而來，他們隨後又被鴉片和賭博腐化，並一直被束縛在工作之地。在 19 世紀，爪哇和菲律賓的移民勞動力規模不足，當地居民被強迫勞動。在強迫勞動制廢除之後，荷蘭殖民政府開始染指鴉片的分銷與製造。到了一九二〇年代，它乾脆就直接經營起鴉片的製造與銷售了。

我們可以在菲律賓看到其他去脈絡化詮釋的例子。其中之一是聖奧古斯丁在 1720 年的一封信中對菲律賓的狗和小孩的抱怨。他寫道：「令人驚奇的是，連狗也別有一番性情。牠們對西班牙人尤其反

感，一看到西班牙人就會吠得死去活來。小孩子看到神父，也會立刻嚎啕大哭，可見他們還在搖籃時就開始對每一張白面孔感到恐懼了。」[18] 這是一種去脈絡化的詮釋。對此，瑪斯評論道：

> 如果我們的神父有到各地走動，他就會知道，凡是狗都會朝任何身穿陌生衣服的人吠叫。至於對白面孔的恐懼，他起碼是誇大了。小孩子在看到他從未見過的東西時嚎啕大哭，這一點都不足為奇。我就曾多次遇過小孩子一看到我的眼鏡就突然嚎啕大哭的情況。的確，他們當中的一些人由於不屑、害羞或反感，會盡量不跟我們打交道；但也有非常多的人表示喜歡我們。[19]

聖奧古斯丁還抱怨說，有些工匠會要求預付工資，但拿了錢後就丟下工作離開了。聖奧古斯丁的同時代人戴加多指出，「這只是一些工匠才有的罕見行為，而不是群島上所有民族的特性，同樣的情況也會發生在我們國內的鞋匠、裁縫及其他狡詐的工匠當中」。[20] 關於要求預付工資的做法，瑪斯提出這樣的解釋：

> 沒有一個裁縫、鞋匠或任何種類的工匠在接任何工作訂單時，不是從索錢開始的。如果是木匠，他需要這筆錢來購買木材；如果是洗衣匠，他需要購買肥皂。這並不是因為擔心最後會收不到酬勞，因為同樣的情況也會發生在與信用最好的人的交易上，發生在與牧靈神父的交易上，甚至發生在與總督本人的交易上。這當

18　Gasper de San Agustin, "Letter on the Filipinos", *op. cit.*, p. 249.

19　*Ibid.*, p. 249, footnote.

20　*Ibid.*, p. 198, footnote.

中的原因在於，第一，大部分工匠由於散漫，都很窮；第二，他們相信，在收了部分酬勞之後，顧客就不會去找另一家，而且不管多久（通常就是到那筆定金花完之時），顧客都會等，並且不管最後交付的成品如何，顧客也不得不接受。[21]

另一個例子是莫伽對菲律賓人的評斷，指他們對體力勞動存有敵意。此事關乎向委託監護人繳納貢稅的制度的修訂。修訂之後，菲律賓人除了可以用實物來繳納貢稅，也可以用金錢來繳納。這項修訂是在宗教團體推動下進行的，因為他們看到了監護人對人民的種種剝削，包括對貢品任意定價並以更高的價格出售、使用不實的度量、強制規定只能以特定高利潤產品作為貢品等等。根據莫伽的說法，修訂之後，他們便不再重視農業勞動了。

因為他們天生不喜歡勞動，所以他們不再像過去需要以實物納貢時那樣，從事播種、紡織、挖金、飼養家禽或養殖其他食用動物的工作了。他們不需要怎麼工作，就能賺取相當於貢品價值的比索（peso）。也因為這樣，土著過去靠各種產品而取得充足供應的資金和財富，如今都處於匱乏的狀況。無論其委託監護地是屬於國王陛下或私人所有，委託監護人都蒙受了相當大的損失，該委託監護地的價值也下跌了。[22]

把菲律賓人不願意從事耕種歸因於他們的天性，是去脈絡化的詮

21　*Ibid.*, p. 198, footnote.

22　Antonio de Morga, *History of the Philippine Islands*, vol. 1, pp. 159-160. E. H. Blair, J. A. Robertson (trs. eds.). A. H. Clark, Cleveland, Ohio, 1907. (Klaus Reprint, New York, 1970.)

釋。反之，黎剎在下述脈絡化的解釋中強調：

> 這並不正確，因為就像莫伽自己也聲稱的（見其著作第229、358
> 等頁），在沒有委託監護人的地方，換言之就是在菲律賓人還是
> 異教徒的時候，他們工作得更多，所從事的產業也更多。真實的
> 情況是（而這是西班牙人不能理解的，儘管已經有許多事例向他
> 們揭示，並且已有一些歷史學家指出），土著因為在辛勤勞動有
> 所成果時反而備受監護人騷擾和剝削，而他們又不認為自己是類
> 似馱獸那樣被役使的動物，他們便開始砸破織布機、放棄礦場和
> 農地等等。他們相信，統治他們的監護人看到他們如此貧窮、悲
> 慘、沒有東西可供剝削，就會放過他們。於是，他們退化了，也
> 失去了西班牙人到來之前蓬勃發展的工業和農業——西班牙人本
> 身的記述中不斷提到各種食品、金礦、紡織品、毛毯等物產的豐
> 富供應，足以證明這一點。造成這種狀況的另外一個不小的原因
> 是，戰爭、遠征、叛亂、伐木、造船等活動摧毀了農業和工業勞
> 動者，或讓他們窮於應對，最終導致群島人口減少。即便到了我
> 們這個時代，我們也還經常聽到茅屋裡那些無助的人悲哀又天真
> 的渴望：但願菲律賓一無所有，這樣一來他們或許有機會從所有
> 的災難中得到解放。[23]

---

[23] Antonio de Morga, *Historical Events of the Philippine Islands*, Jose Rizal (ed.), p. 317. Jose Rizal National Centennial Commission, Manila, 1962. 引文頁數據此版本，英譯者為阿爾佐納（E. Alzona）。莫伽這本原名《菲律賓群島的歷史》（*Sucesos de las Islas Filipinas*）的書另有布萊爾、羅伯森（Blair and Robertson）和卡明斯（J. S. Cummins）的譯本，見本書的參考書目。

如此，黎剎便把莫伽所指出的一些菲律賓人不願意致力於農業的現象，納入了適當的詮釋脈絡。同樣採用脈絡化方法的一名觀察者是荷蘭海軍少將約翰・斯普林特・斯塔沃里納斯（Johan Splinter Stavorinus）。他對這個問題的理解在當時十分罕見。1777年，人在爪哇的他討論了爪哇人懶惰的問題。他把這個問題歸結為荷蘭東印度公司和爪哇當地統治者施行壓迫制度的結果。他指出，想要讓爪哇發展和繁榮，唯有改變環境，「停止透過持續不斷的不公和勒索來壓迫和消耗土著，並在未來避免發生任何形式的戰爭」，否則最終將會導致人口進一步減少，並摧毀荷蘭東印度公司。[24] 正是荷蘭東印度公司透過附庸於它的當地統治者所提出的過分要求，扼殺了爪哇人的勤奮精神。爪哇人就像其他人類一樣，都希望擁有掌控和處置自身財產的自由。「但現在，連最渺茫的未來也被剝奪了，又沒有受到任何可改善當前處境的希望所鼓舞，他們唯有頹然坐下，滿足於那些專制貪婪的主人留給他們的一點點東西；這些主人透過這種不明智、冷酷無情的行為，澆熄了每一絲勤奮的火花，使他們的臣民因絕望而陷入了消極不作為之中。」[25]

關於對生產活動缺乏熱情的解釋，斯塔沃里納斯不接受氣候說。他指出，爪哇華人也在同樣的氣候下工作，但他們卻充滿熱情。他提出的理由是，華人在殖民體系中的位置有所不同：「不過，他們相對而言不受束縛，只需繳付政府課徵的稅賦，就可以自由支配他們透過貿易或農業活動所得的其餘收入。這使得他們願意從事最艱苦的工作，且努力堅持不懈，同時合理地覺得，當時機到來，他們的努力將

24   J. S. Stavorinus, *Voyages to the East-Indies*, vol. III, pp. 362-363. S. H. Wilcocke (tr.). Robinson, Pater-Noster-Row, London, 1798.

25   *Ibid.*, pp. 369-370.

獲得應有的回報。」[26] 爪哇人由於身為殖民主義剝削的對象，加上其財產持有權沒有保障，他們只好安於貧窮。從黎剎及其他人的這種或類似的觀點來看，被視為部分土著人口之特徵的懶惰現象，實際上可以解讀為他們的一種無聲抗議。這是某種形式的祕密、集體、持續的罷工。這也是他們唯一能夠採取的抵抗手段，事實上也就是一種偽裝的抵抗。從19世紀末開始，爪哇人被引進到馬來亞為歐洲人的種植園工作。英國當局對他們讚不絕口。他們不容易感染疾病，雇主都善待他們。爪哇勞工不會甘於被虐待，因此「不可能奴役他們」。[27] 除了上述原因，他們也不容易受鴉片、賭博和椰花酒誘惑。由此可見，只要環境不同，爪哇人就不會被歸類為懶惰的民族。

　　去脈絡化的詮釋導致了一些負面特質被編織到土著的形象之中。寶靈曾讚揚菲律賓人對訪客的善意與好客（相對於他所提到的種種負面特質，這一正面特質十分罕見），但他也以其特有的粗鄙不文的方式指出，菲律賓人與其說是兩足動物，不如說是四足動物。[28] 在殖民時期，以這種負面、難以啟齒的詞語來描述土著群體，是司空見慣的做法。這樣的描述當然不能當真。它們必須被揭露和駁斥。它們所編織出來的土著形象，是一個不體面、無人性、非寫實、不誠實的形象。殖民統治下的土著形象，展現了統治群體對其臣屬民族所抱持的最沒有道理的偏見。馬來人把他們的土地和政治權力交給了英國人；他們在礦業中的位置被取代了；他們接受了國家財富流失到英國及其他國家的局面；他們在自己的國家裡成為了窮人；他們不得不與大量

26　*Ibid.*, p. 370.

27　R. N. Jackson, *Immigrant Labour and the Development of Malaya*, p. 128, *op. cit.*

28　John Bowring, *A Visit to the Philippine Islands*, p. 140, *op. cit.* 另參見本書原文頁59註29（中譯版頁121-122）。

的移民群體分享自己的國家，而這些群體都是為了殖民資本主義的利益而被引進的。然而，他們在接受了這一切之後，反而遭到了懶惰、奸詐、具有殺人狂傾向等等指控。

荷蘭人把爪哇島變成了一座經濟作物種植園，但為其勞動和流汗的爪哇人卻被視為愚鈍、懶惰、幼稚。在菲律賓，西班牙人完全靠菲律賓人幫他們取得收入和生計，也靠菲律賓人來跟其他國家開戰，但菲律賓人卻被指責為懶惰和萎靡不振。塑造出這些土著形象的殖民者的忘恩負義、傲慢無禮、粗鄙不文和狂熱極端頗不尋常，因為殖民者的這幾種特徵，並不是像一般情況那樣是由衝突形勢或長期挑釁所激發的。一個又一個的羞辱被殖民者投向了那些過著普通生活的人，儘管他們就只是從事勞動，管好自己的事，接受被殖民的狀況，為歐洲殖民資本主義利益服務，甚至接受強迫勞動，對殖民勢力不構成威脅，對歐洲人社群無害，所作所為整體而言就跟歐洲及其他地方的許多文明社群沒有兩樣。正如荷蘭人關於爪哇勞工的爭議所揭示的，這些形象的根源顯然在於，殖民者需要藉此證明其統治或特定政策具有合理性。這些形象之所以出現，原因就是意識形態的衝突與合理化。

128 然而，儘管這些形象絕不是民族性的可靠寫照，但就像我們將在下一章看到的，這些形象在殖民地獨立之後，仍然發揮著相當大的影響力。

| 第九章 |

馬來人關於勤勞與懶惰的概念
The Malay Concept of Industry and Indolence

　　歐洲的殖民作家，那些業餘從事學術研究的行政官員，總是喜歡以土著生活中聳人聽聞的事件，作為其嘗試對土著社會特徵進行概括性描述的一部分。他們誇大了殖民時期發生的海盜行為、不公事件、騷亂、戰爭、暴政等，藉此合理化殖民統治，並聲稱殖民統治帶來了完全相反的情況。數以百計聳人聽聞的事件被他們廣為宣揚，其中一個例子是瑞天咸對拉惹阿郎（Raja Alang）一案的描述。拉惹阿郎的住家位於連接江沙（Kuala Kangsar）和拉律的小路上。有一天，來自北大年（Patani）的一名馬來人帶著妻子和兩名孩子從他家門前經過。拉惹阿郎從屋子裡可以很清楚看到那名馬來旅人。旅人在經過拉惹阿郎的屋子時為了避免沾到泥巴，便把褲腳提起來。拉惹阿郎認為此舉對他不敬，便把他叫住，要罰他100元，而旅人顯然付不起這筆錢。於是，拉惹阿郎便把旅人及其妻子和兩名孩子扣留在他家裡，好幾天都不給他們東西吃，並威脅說要把妻子和孩子賣掉，好湊足罰款。第二天黎明時分，那名北大年馬來人殺人狂症發作，殺死了九個人，並致傷三個人。他的妻子和拉惹阿郎都受了傷，兩名孩子則被殺死。[1]

1　Frank Swettenham, *Stories and Sketches by Sir Frank Swettenham*, p. 91. Oxford University

在他早期關於馬來人的著作中，1901年成為英屬海峽殖民地總督兼英國駐馬來聯邦高級專員的瑞天咸也引述了一些耸人聽聞的事件。例如，他曾描述一起馬來青年與鄰居妻子私奔的事件。[2]像這樣的事，會有多少馬來青年敢做？其實這只是少數人的作為，並不應該被當作馬來青年的普遍特質來描述。

除了喜歡描述耸人聽聞的事件，業餘殖民學者也喜歡對土著社會及其歷史、文化和宗教做出毫無根據的評斷。以萊佛士為例，他曾指伊斯蘭教是馬來族群同質性的分裂因素。他認為，古代的馬來人是一個單一民族，分布在以菲律賓、蘇門答臘和西紐幾內亞為界的沿海各國，說同一種語言，保留著同樣的性格和習俗。[3]根據他的說法，印度教和伊斯蘭教的傳入致使這個民族進一步多樣化。這導致缺乏一個明確和統一的法律制度。事實上，如果萊佛士有認真研究，他就會發現，馬來世界在族群、語言、政治與宗教上的多樣化，早在這個區域伊斯蘭化之前就已經開始了。與他所說恰恰相反，正是伊斯蘭教帶來了政治和法律上的大幅度統一。在印尼、馬來西亞和菲律賓這個業已多樣化的地區，伊斯蘭教起到了統一的作用。[4]事實上，正是伊斯蘭

Press, Kuala Lumpur, 1967. 此書為瑞天咸各種著作的選集，由威廉・羅夫（William R. Roff）編選和撰寫導言。上述事件發生於1895年11月。

2　*Ibid.*, p. 19. 原出自其所著《真正的馬來人》（*The Real Malay*）。見本書原文第43頁（中譯版頁99）或參考書目。

3　T. S. Raffles, *Memoir of the Life and Public Services of Sir Thomas Stamford Raffles*, p. 29, vol. 1, *op. cit.* 相關引文見本書原文第38頁（中譯版頁91-92）。

4　早期造訪東南亞的歐洲人所留下的文獻記錄顯示，在未受伊斯蘭教影響的地區，語言、政治和法律皆呈現多樣化的面貌。在高度分權的地區，如西班牙殖民之前的菲律賓，伊斯蘭教起到了局部集權的作用，使得它能夠有效抵抗西班牙人的統治。正如費蘭的觀察，「在摩洛人（Moro）的案例中，跨文化融合（transculturation）看來是一項具有決定性影響的因素。伊斯蘭教給了他們一種宗教信仰，這種信仰幾個世紀來

教首次引進了一個共同的法律制度。萊佛士對伊斯蘭教的評斷，是基於他對事實的無知和對伊斯蘭教明顯的反感。伊斯蘭教具有超越地理和族群差異的政治吸引力，從16世紀到19世紀，它是西方帝國主義唯一的強敵。荷蘭人、葡萄牙人和西班牙人都曾與這個區域的幾個伊斯蘭教國家發生戰爭。

　　歐洲殖民學者的另一個執著點，是展示土著統治者的種種惡行。這個區域確實出現過幾個暴君，但暴君在歐洲統治者當中也並不缺乏。荷蘭殖民史家從不忘提到，馬打蘭統治者阿芒古拉一世（Amangkurat I）在1646年繼承父親的王位之後，將其父親的侍衛長及其整個家族誅殺殆盡。在一名愛妾死後，悲痛欲絕的他把100名宮女關進愛妾墳墓上方的暗室裡，讓她們活活餓死。[5] 威廉・馬斯登（William Marsden）提到了死於1636年的亞齊蘇丹伊斯甘達・慕達（Iskander Muda）的殘酷行為，他不僅把有謀反嫌疑的親生母親加以囚

已證明它具有抗衡基督宗教勢力的動態能量，甚至在幾個案例中壓倒了基督宗教勢力。有鑑於〔伊比利亞半島的〕西班牙民族主義是在〔信奉天主教的〕西班牙人從〔信奉伊斯蘭教的〕摩爾人手中收復失地的戰爭中誕生的，西班牙人和摩洛人在民答那峨島上的衝突也成為了十字架和新月之間的另一場衝突。這樣的戰爭對交戰雙方來說似乎都是可以理解的正義之戰。伊斯蘭教在菲律賓南部所具有的支配地位，提供了摩洛人一種政治手段來組織對西班牙人的有效反抗，因為透過穆斯林文化的影響，一種超越親族關係的政治單位被引進了。拉惹（rajah）和蘇丹國（sultanate）這兩種新體制凌駕於伊斯蘭教傳入前的親族關係單位，儘管後者並未失去其活力。於是，政治軍事權力被集中化，且足以組織有效的抵抗，但其集中化的程度卻又不足以讓西班牙人一舉擊敗和篡奪。摩洛人之所以無法被征服，是因為他們的政治軍事組織在前伊斯蘭化的分權和伊斯蘭化的集權之間取得了良好的平衡」（J. P. Phelan, *op. cit.*, pp. 142-143）。

5　F. W. Stapel, *Cornelis Janszoon Speelman*, p. 84. Nijhoff, 's-Gravenhage, 1936. 不過，荷蘭人仍然支持阿芒古拉一世鎮壓叛亂的馬都拉（Madura）王子塔魯納・闍耶（Taruna Jaya）。

禁和折磨，還處死了自己的侄兒，即柔佛蘇丹之子，以及另外幾名近
親，包括彭亨蘇丹的一個兒子和萬丹蘇丹的一個兒子。[6] 這些事件史
書都有記載。然而，那些歐洲殖民學者未能做到的，是持平地描繪
土著統治者的整體圖像，同時對他們自己的殖民統治者（總督、駐紮
官、鎮長）也同樣予以持平的描繪。他們對部分殖民官員的殘暴、壓
迫和不公行為按下不談，卻對土著統治者的類似行為大肆渲染。在菲
律賓，一些監護人的殘酷行為是眾所周知的。[7] 這個區域的歷史都被

6　William Marsden, *The History of Sumatra*, p. 446. Oxford University Press, London, 1966.
　　（此版本據1811年版重印。）

7　1573年，西班牙人到菲律賓七年後，修士迪亞哥・德・埃雷拉（Diego de Herrera）
　　針對西班牙征服者對菲律賓土著的殘酷行為，向西班牙國王菲利普二世（Philip II）
　　做出投訴。許多村莊被燒毀和劫掠，除了因為居民拒絕繳納貢品，也因為居民不
　　同意貢品的數額。在偏遠地區，西班牙人犯下了許多殺人罪。上尉、士兵及其他
　　身居領導位子的人，都對土著施行暴政。「上述所有眾所周知、惡名昭著的行為都
　　沒有受到懲罰。結果，暴虐橫行，我相信只有極少數人是清白的」（Fray Diego de
　　Herrera, "Memoranda", p. 231, in *The Colonization and Conquest of the Philippines by Spain*.
　　Filipiniana Book Guild, Manila, 1965）。另參見該書中修士埃雷拉致菲利普二世的信
　　（pp. 179-182）。該書的索引頗能說明問題。西班牙人的殘酷行為被列為「不公」和
　　「濫權」。1573年，修士佛朗西斯科・德・奧德嘉（Francesco de Ortega）在致新西班牙
　　總督的信中，描述了西班牙人如何迫使土著婦女交出她們的項鍊和手鐲。「當這些如
　　此邪惡的濫權行為施加在他們身上時，他們當中有一些人會拒絕繳納貢品，或不願
　　繳足要求納貢者所希望的分量。另外一些人則因為考量到不得不繳納，而且害怕面
　　對那些陌生、從未見過的軍人，便拋棄家園，逃進荒山野嶺。西班牙人見此情形，
　　就會追蹤他們並向他們發射火砲，盡可能把他們消滅殆盡，再折回村子把所有雞鴨
　　和豬殺死，並帶走這些可憐人賴以維生的所有大米。接著，在搶走簡陋房子裡的所
　　有東西之後，他們就放火把房子燒了。透過這樣的方式，他們在這次對伊洛科斯
　　（Ylocos）的征伐中總共燒毀了四千多間房子，並殺死了五百多個東印度人，而他們對
　　此行徑也承認了。閣下可想而知，這會使得這個國家變得多麼荒涼和破敗，因為連
　　那些做了這壞事的人自己也說了，這個國家在六年內都不會恢復先前的狀態，也有
　　人說一輩子都恢復不了」（pp. 214-215）。

殖民史家扭曲了，有時候是刻意為之，有時候則是無意識地這麼做。他們對事件的解釋是偏頗的。例如，傅乃華呼應了歐洲人從殖民史書中得出的普遍觀點，認為荷蘭東印度公司「只是在不得已的情況下，為了控制貿易才擴大其統治」。[8] 傅乃華清楚知道，荷蘭人是在柯恩的領導下征服了雅加達，但他卻把荷蘭人之所以逐步擴大其統治範圍，詮釋為必要之惡和情非得已之舉。[9]

　　根據荷蘭國會（Staten-Generaal）1609年11月29日的會議紀錄，國會在宣示對東印度群島荷蘭屬地的主權並成立為總督提供諮詢意見的東印度評議會（Raad van Indie）時，曾有「我們已經擁有或以後將會擁有的領土」的說法。[10] 總督獲得國會授權，可採取任何必要的手段來促進荷蘭的利益。當時，領土征服在歐洲列強中蔚然成風，如果認為荷蘭政府沒有這樣的意圖，那未免太天真了。必要性可以用來解釋這項政策的各個階段及其時間點，但不能解釋其意圖。因此，把荷蘭殖民主義在印尼的開展，詮釋為荷蘭人情非得已地被捲入其中的現象，是一種扭曲的解釋。事實上，這段歷史時期的殖民行動者都對殖民擴張充滿熱情；他們絕對不是情非得已。

　　在整個殖民史學或殖民地政治、社會、宗教與文化研究的領域中，普遍存在著一種扭曲的傾向。一如殖民學術研究的其他產物，懶惰土著的形象也會對土著本身產生影響。黎剎承認，懶惰的指控確實有一定的道理，但他嘗試將其解釋為西班牙統治的結果。阿波里納里

8　J. S. Furnivall, *Netherlands India*, p. 34. Cambridge University Press, London, 1939.

9　根據傅乃華的說法，東印度公司在1609年向第一任總督發出的指示中並沒有主張領土擴張（J. S. Furnivall, *ibid.*, p. 26）。

10　J. K. L. de Jonge, *De Opkomst Van Het Nederlandsch Gezag In Oost-indie (1595-1610)* vol. 3, pp. 130-131. Nijhoff, Muller, 's-Gravenhage, Amsterdam, 1865.

奧・馬比尼（Apolinario Mabini）則認為，懶惰菲律賓人之說根本就是鬼話。[11] 我們在討論土著的自我形象時必須謹記，20世紀的土著當中也存在著一些皈依這種殖民意識形態的人。意識形態從來就不只是局限於它的發源群體。那些受到意識形態所合理化的制度支配的人，也會共享該意識形態。在奴隸制盛行的時期，有許多奴隸本身也相信這個制度。他們共享著該意識形態中固有的虛假意識。[12]

殖民史家和觀察者所描繪的土著社會及其統治者，呈現為一幅專制、動盪、失序、落後、缺乏法治的圖像。其中或有一定的道理存在，但這並非完整的圖像。況且，西方殖民主義本身也帶來了專制、動盪、失序、落後和缺乏法治的情況。土著社會雖然偶爾會被瘋狂專制君主或暴君統治，但大多數人從來不曾面對完全沒有法治的狀況。在歐洲殖民統治下也是如此。行為反常的歐洲官員極盡變態之能事而造成當地人受害的事件曾經發生好幾宗，其中之一是比恩先生（Mr. Bean）事件。這位比恩先生是被派到馬六甲擔任印度駐軍指揮官的一名英國高級軍官。事件發生在威廉・法古哈（William Farquhar）擔任馬

11　Apolinario Mabini, *The Philippine Revolution*. L. M. Guerrero (tr.), National Historical Commission, Manila, 1969. 此英譯本以1931年西班牙文版為本。馬比尼指出：「由於監護人為了更快致富而要求農奴根據各自的產業以實物納貢，而農奴在納貢後剩下的物資並不足以滿足自己的需求，因此他們不得不放棄從祖先或從中國人、日本人及其他在西班牙征服前與菲律賓人進行貿易的種族那裡所學到的手工藝，只靠土地所產出的天然物產為生，而由於人口密度低，這些物產仍足以滿足其生存需求。所有關於菲律賓人懶惰的鬼話，至此可以休矣」（p. 19）。

12　關於虛假意識的進一步討論，參見 Karl Mannheim, *Ideology and Utopia*, pp. 62-63, 66, 68, 84-87, *op. cit.* 另參見 Karl Marx, *The German Ideology*, pp. 19-21, 39-40, *op. cit.* 關於馬克思和恩格斯對虛假意識的觀點的簡明扼要且具啟發性的介紹，參見大衛・考特（David Caute）編選的《馬克思精選文集》（*Essential Writings of Karl Marx*. MacGibbon and Kee, London, 1967）。

六甲駐紮官期間，很可能是在他於1807年拆毀馬六甲城堡之後。比
恩先生曾在他家門口安排兩名士兵站崗，他們的任務是把晚上路過的
小孩抓起來，關在一個有圍欄的院子裡。那些小孩如果試圖逃跑，就
會被兩條狗追咬。在收集（更準確地說是綁架）多個小孩之後，比恩
先生把他們兩兩配對，強迫他們進行拳鬥，不從者就會被鞭打。文西
阿都拉（Abdullah bin Abdul Kadir Munshi）在其自傳中提到了這件事。

　　比恩先生看到小拳手們的臉和鼻子傷痕累累，就會開心不已。他
會興奮得又蹦又跳地開懷大笑，並獎賞流血較多的拳手，然後叫下一
對上場。「他的每一天就是在觀賞人血橫流中度過的。」[13] 不久，他的
住所變成了一個拳擊中心。好人家都不敢讓他們的小孩經過他家門前
的那條路。過了不久，他對小孩感到厭倦了，就開始花錢請成年人來
打拳。一些窮人透過為比恩先生打拳，賺了一些錢。再過一段時間，
他也厭倦了拳擊，便轉向鬥雞。每天都會有好幾隻鬥雞慘死。他很快
又放棄鬥雞，把注意力轉向鴨子。他會把鴨子放到家門前，然後放出
兩三條惡狗去咬。

　　他過去非常喜歡這種可以吸引很多觀眾的展演。如果有任何鴨子
　　逃脫惡狗的爪子，他會拿起槍把鴨子射死。所有鴨子都會被殺，
　　有的被狗咬死，有的被子彈打死，這讓比恩先生雀躍不已。過了
　　幾天，他又帶來了幾隻猴子。他讓猴子爬到家門前的青龍木上，
　　然後舉槍射擊，那些猴子就這樣跌死在地上。這名高級軍官每天
　　就這樣做盡各種邪惡和令人不快的事，不僅危害動物的生命，也

13　A. H. Hill, "The Hikayat Abdullah", p. 70. *JMBRAS*, vol. XXVIII, pt. 3, June, 1955. 這是阿
　　都拉自傳的羅馬字（Rumi，即以拉丁字母書寫的馬來文）版及其英文譯註版。

134　給人們帶來許多痛苦。我不知道他以這種愚蠢的方式浪費了多少
錢。只要他還住在那棟房子裡，婦女都不敢使用房子周圍的巷
子，因為怕被他侵犯。[14]

這名變態官員施虐的對象涵蓋極廣，從小男孩和猴子到鬥雞和鴿
子都有。但阿都拉在對這名英國人的品性進行評斷時既大方又細心，
沒有以偏概全地視之為所有英國人的普遍品性，這樣的態度是那個時
代的殖民統治階級所欠缺的。他寫道：

> 令我驚訝的是，當時貴為馬六甲駐紮官的法古哈先生並沒有對這
> 名官員的所作所為採取任何行動，因為其他種族都對我所提到的
> 那些行為嗤之以鼻，並且如同馬來諺語所說的，「一隻水牛身上
> 沾了泥巴，整群水牛都被弄髒」，認為那是所有英國人的典型行
> 為。這種行徑是會長久留存在人們的記憶之中的，因為人們會口
> 耳相傳，直到它烙印在人們的腦海中為止。[15]

他也注意到喝醉酒的英國水手的可怕行徑。他們會去追逐人，一旦有
人掉進河裡淹死，他們就會把死者的錢搶走。他們還會洗劫市場裡的
攤販。「任何人一碰上英國人，都會立刻逃得遠遠的。如果港口裡停
泊著一艘英國船，婦女就不敢在街上走動。連奴隸都要避免遇見英國
人，怕被他們攻擊，更何況是那些體面的人了。我所提到的那些事情
令人感到害怕，類似上述官員的行徑更加劇了這種情況，以致人們越

14　*Ibid.*, p. 71.
15　*Ibid.*, pp. 71-72.

來越感到恐慌。」[16] 其實阿都拉向來親英國人，尤其是萊佛士，並且對英國人的統治讚譽有加。這也許是英國殖民學者之所以會傳揚其著作的原因。

　　我的重點是，懶惰、殘忍、專制、無法無天、海盜行為、殺人、掠奪等，既存在於殖民統治階級，也存在於土著統治階級。就像我們有陰險和殺人的拉惹，我們也有陰險和殺人的歐洲殖民地總督和統治者，例如荷屬東印度總督阿德里安・華根尼爾（Adriaan Valckenier）及其東印度評議會成員，包括其繼任者古斯塔夫・威廉・范・伊姆霍夫（Gustaaf Willem van Imhoff）。1740年10月，巴達維亞城內的華人，包括那些被監禁和住院者，被荷蘭人大肆屠殺和劫掠，前後達十多天之久。當時荷蘭人面對城外華人武裝造反的威脅，於是把城內的華人都殺了。這場大屠殺是一次暴民式的群體歇斯底里。「街上血流成河，婦女和小孩無一倖免，連監獄和醫院裡手無寸鐵的華人也遭到屠殺。」[17] 儘管荷蘭人有理由擔心華人的威脅，但這次屠殺卻是沒有來由的。巴達維亞城外的華人同樣害怕荷蘭人。他們抱怨遭到荷蘭人壓迫，荷蘭人則指控他們為一心想要破壞巴城的壞分子。我們無意對這起事件做出詳細和持平的描述，而只是想要指出，在殖民時期，歐洲人曾在土著幫兇的協助下，多次犯下野蠻的暴行。[18] 歐洲人在殖民時

135

16　*Ibid.*, p. 71.

17　J. K. J. de Jonge, *op. cit.*. vol. 9, p. LXIII (1877). 英譯為本書作者所譯。這次大屠殺的起因之一是，危險的謠言導致敵意日深，並引起了雙方的猜疑。歷史的前因後果其實相當複雜。無論如何，甚至荷蘭政府本身事後也對此事件感到不安。華根尼爾後來遭到逮捕並接受審訊，但之所以如此，更多是因為他和東印度評議會部分成員發生權力衝突，而不是因為大屠殺。指控他的人也同樣需對大屠殺負責。

18　在菲律賓革命期間，一些西班牙指揮官的野蠻行徑是眾所周知的。1897年，在三描禮士省（Zambales），西班牙上將莫內（Monet）把包括婦女和兒童在內的所有人盡

期所犯下的殘忍暴行多不勝數。不過，我們並不能因此而以偏概全。我們不能因為荷蘭人、葡萄牙人、西班牙人和英國人社群中一些成員的殘忍與奸詐行徑，就認為他們作為一個整體是殘忍與奸詐的。然而，如此簡單明瞭的邏輯卻沒有同樣被應用在這個區域的諸多社群身上。只要有一些人行為殘忍，整個民族都會被認為是殘忍的。只要有一些人懶惰，整個民族也都會被視為懶惰。

　　歷史上的暴政、壓迫和剝削，從來都不是一整個社群施加於另一整個社群的。一直以來，這都是某個特定社群中占主導地位的少數人，將其意志強加在自己的社群或另一個社群身上，或者像殖民時期那樣，同時強加在自己的社群和另一個社群身上。所以，17世紀初參與經營荷蘭東印度公司的荷蘭統治階級不僅剝削爪哇人，也剝削自己的國民。普通荷蘭人如果加入公司軍隊，他必須自費購買制服，入院時必須自行承擔費用，還必須花錢賄賂他的隊長。需要參加典禮時，公司會借給他端莊的制服，但在其餘時間裡，許多士兵都得赤腳走路。直到19世紀初，歐洲士兵才普遍有鞋子可穿。從1695年開始，包括鞋子在內的軍用品都是由士兵自掏腰包向公司的販賣部購買的。[19] 由於購買這些用品的費用會從他們微薄的薪餉中扣除，他們顯然都會節省著用，只有在上教堂和參加典禮時才會穿上。如同我們前面提到的中國和印度苦力，這些士兵當中有不少是經由欺詐手法招募

　　皆殺死。在拉烏尼翁省的聖費爾南多（San Fernando, La Union），三名菲律賓神父被以熱鐵棍虐打，強迫他們承認是共濟會員。參見Teodoro A. Agoncillo, *Malolos*, p. 10. University of the Philippines, Quezon City, 1960.

19　D. de Iongh, *Het Krijgswezen onder de Oostindische Compagnie*, p. 83. Stockum en Zoon, 's-Gravenhage, 1950. 這是關於東印度公司軍隊的一本書。另參見其第五章〈歐洲部隊〉（"De Europeesche Troepen", pp. 79-101）。

而來的。把他們誘騙上船的，是關於東印度群島處處有大量珍珠和鑽石的故事，而事實上，許多人都因疾病和惡劣的住宿條件而死於海上航行途中。[20]

休閒生活和輕度體力勞動是保留給統治階級的，無論土著社群或殖民社群都是如此。正如我們已經證明的，荷蘭、西班牙和英國殖民統治階級抱怨土著懶惰，是缺乏事實根據的指控。土著統治者從來不曾抱怨說他們的臣民懶惰，儘管有些統治者與殖民**征服者**（_conquistadores_）一樣殘酷無情。這是因為他們清楚知道土著的價值觀，這套價值觀對勤勞和勞動推崇備至。不過，強調勞動和勤勞價值的歷史文獻並不多見，因為這些價值多半以口頭方式流傳，而且在前殖民時期的土著社會中，無論在感覺或認知上，懶惰與否從來都不被視為一個問題。儘管如此，最近有一些相關的文獻被人發現，其中之一是馬來人的《雙溪烏戎法典》（_Undang-Undang Sungai Ujong_）。雙溪烏戎是現今森美蘭州（Negeri Sembilan）的一個地區，其居民是來自蘇門答臘的米南加保人，這部法典是雙溪烏戎習俗法的彙編。

這部法典共有113條，其中有7條強調了勞動和勤勞的價值。第99條把罪惡的根源分為幾類：鬥雞與賭博、飲酒、抽鴉片，以及怠惰或逃避工作。[21] 這部法典的理念基礎結合了伊斯蘭教義和本土習俗法（_adat_），此理念基礎可追溯到16世紀，甚至更早。現今所見的文本或可追溯到18世紀。可以肯定的是，該文本是在前殖民時代成文的。它表達了蘊含在前殖民時期本土社會價值觀和社會生活中的理

20　_Ibid._, pp. 79-80.

21　Sir Richard Windstedt, P. E. de Josselin de Jong, "A Digest of the Customary Law of Sungai Ujong", p. 68 (Malay text). _JMBRAS_, vol. XXVII, part 3, July, 1954. 這份資料包含《雙溪烏戎法典》的馬來文本及其英文翻譯。

念。關於土地開墾，它闡明的基本條件包括：付出巨大努力與關懷、
力氣大、認真耕作、觀察敏銳、致力節儉、審慎採購、知道該吃什
麼、機敏、了解價格與價值、慷慨對待朋友。[22] 成功商人的基本條件
也與此相似，包括：懂得如何定價、懂得評估價值、機敏、節儉、衣
著講究、能夠付出巨大努力、善於因勢利導、能夠記住各項談判細
節、關注利潤與虧損、趁低買進並趁高賣出。[23] 勤勞精神還在獲取知
識、從事工藝、畜養動物與家禽方面得到進一步的強調。[24] 而要成為
地方上的酋長，其條件則包括：談吐文雅、對朋友總是說好話、願意
花錢、比別人更加勤勞、思想深刻、警覺性高。[25]

　　基本上，這部法典所崇尚的價值都是馬來世界共享的價值。馬來
人強烈反對懶惰。在馬來社會中，被稱為懶人（pemalas）是一種恥辱。
對懶惰的譴責也可以在文西阿都拉的《阿都拉傳》（Hikayat Abdullah）中
137 找到。半是自傳、半是時事敘述的這本書動筆於1840年。他指出，
他所上的伊斯蘭教學校會對懶惰行為處以嚴厲的懲罰。[26] 大約在那之
前兩年，即1838年，他在其吉蘭丹遊記中曾進一步探討彭亨、丁加
奴和吉蘭丹一些馬來人的懶惰問題。他譴責了一些馬來男性在婦女
們忙於生計時在街上遊蕩和展示武器的行為。他不認為這是英勇的表

22　*Ibid.*, p. 69, 馬來文第102條。英譯為本書作者所譯。原有英譯有幾處不甚準確。

23　*Ibid.*, p. 69, 馬來文第104條。英譯為本書作者所譯。

24　*Ibid.*, p. 69, 第103、105條；p. 71, 第110條。

25　*Ibid.*, p. 71, 馬來文第112條。英譯為本書作者所譯。

26　A. H. Hill, "The Hikayat Abdullah", *op. cit.* 關於這一點，阿都拉寫道：「對懶惰學習的
　　學生有一種懲罰方式，那就是點燃一堆乾燥的椰絲產生煙霧，讓受罰者兩腿分開站
　　立其上。有時候還會在火堆裡加入胡椒乾。那煙霧的濃烈味道極為嗆鼻，會讓人淚
　　涕交加」（p. 46）。

現。那些能夠抑制懶惰傾向的人，才堪稱勇者。[27]

關於彭亨和吉蘭丹部分男性人口之所以懶惰的原因，阿都拉的看法與半個世紀後黎剎的看法相似。他訴諸環境說，認為那是社會制度及統治菁英對此制度的濫用所致。唯一的差別在於，黎剎歸咎於西班牙人，阿都拉則歸咎於馬來統治者及其扈從（hamba raja）。他注意到，丁加奴的男性也是遊手好閒地過日子。在彭亨、吉蘭丹和丁加奴，人們都生活在對統治者及其爪牙的恐懼之中。統治階級的無法無天促成了人們的懶散，並扼殺了他們工作和累積財產的動力。他對彭亨的荒涼和貧窮狀況的反思，意在警惕丁加奴和吉蘭丹：為什麼曾經聞名遐邇的一個邦國，會陷入貧窮和荒涼的境地？它並沒有被敵人劫掠，也沒有被其他國家征服。它之所以如此也不是海盜禍害所致，因為他從來沒有聽說過有哪個大國是因為海盜肆虐或土地貧瘠而失去貿易和財富的。

> 這也不僅僅是居民懶惰所致，因為世界上從來沒有一個國家的所有居民都是懶惰的；如果任何一個願意致力追求財富的人知道他可以安然享有其財富而不受干擾，那麼，即便只有一半的人口盡心盡力工作謀生，他們的國家必定也會變得強大和繁榮。
>
> 不，在我看來，彭亨之所以貧窮，原因在於其居民一直是在對拉惹及其他貴族顯要的壓迫與殘忍的恐懼中惶惶度日。當他們

27　R. Brons Middel, *Kesah Pelajaran Abdoellah bin Abdelkadir Moensji dari Singapoera sampai ka Negeri Kalantan*, p. 43. Brill, Leiden, 1893. 這是從爪夷文（以阿拉伯字母書寫的馬來文）轉換成羅馬字（以拉丁字母書寫的馬來文），並根據印尼馬來文拼寫方式書寫的版本。另參見A. E. Coope, *The Voyage of Abdullah*, p. 22. Malaya Publishing House, Singapore, 1949. 此英譯本附有註釋和索引。

賺來的任何利益必定都會被上層階級奪走，他們自然會覺得，
努力工作是沒有用的。所以，他們一生都安於貧窮和悲慘的狀
態。[28]

原因就是統治者和貴族顯要的壓迫和殘忍。居民們覺得再怎麼努力工
作和累積利潤都沒有用，因為這一切最終只會被奪走。於是，他們寧
可安於貧窮和悲慘的狀態。

　　阿都拉對壓迫機制有詳細的描述。如果有人獲得一棟好房子、一
座種植園或一筆遺產，無論大小，拉惹肯定會來染指。拉惹會要求那
人提供貸款或禮物，而如果那人拒絕，其財產就會被沒收。即便他提
供了貸款，這筆錢也絕不會被償還。如果他反抗，他本人和他的整個
家族都會被誅殺或罰款。那些年輕拉惹都是在鬥雞、抽鴉片、賭博、
斂財和縱慾中長大的。一直到他們父親逝世之前，也就是他們繼承王
位之前，都不會改掉這些惡習，而在登基之後，他們就會像鬆綁的老
虎般對人民予取予求。一名拉惹的婚禮、其兒子的割禮或其女兒的打
耳洞儀式，都會成為鴉片煙客、賭徒和鬥雞愛好者群聚的場合。許多
人因此而傾家蕩產，有些人成為小偷，有些人則涉入打架動刀子的勾
當。[29] 當人民被徵召為拉惹工作時，他們不會得到報酬，甚至必須自
備食物和工具。阿都拉平生第一次在馬來土邦看到這些狀況時，他感
到十分震驚。他是在英國人統治下的馬六甲和新加坡長大的，42歲
時才第一次造訪馬來土邦。在英國人統治下的馬六甲和新加坡，正是
因為有法治，居民才願意工作和追求利益。在那裡，生命和財產有所

28　A. E. Coope, *The Voyage of Abdullah*, p. 15, *ibid.*

29　R. Brons Middel, *Kesah Pelajaran Abdoellah*, p. 124, *op. cit.*

保障。[30]

　　阿都拉對懶惰現象的觀察僅限於他所造訪諸土邦的男性，而不包括女性。有別於同時代的英國人，他沒有以偏概全。他十分清楚地意識到，他所描述的懶惰現象是一種病態的社會制度的一部分。這種現象並不是整個馬來社群的特徵。他也意識到，馬來人的伊斯蘭價值觀是譴責懶惰和不公行為的。不過，他的態度有所偏袒，因為他的心智已成為殖民主義世界的俘虜。在離開吉蘭丹之前，阿都拉向沙白（Sabak）的酋長東姑忒米納（Tengku Temena）指出吸食鴉片的害處，並

30　英國殖民資本主義在馬來亞所造成的許多不公現象都發生在阿都拉逝世之後。阿都拉看到馬來土邦的狀況後深感震驚，繼而熱情擁護英國人的統治，以至於未能意識到英國人應該對發生在新加坡的苦難與悲慘狀況負責。他在自傳中生動地描述了發生在英屬新加坡的殘酷奴隸貿易。「擁有這些奴隸的人表現得就像一頭野獸，無恥且毫不敬畏真主阿拉。年輕女子圍繞著他，在此我不宜對他的行為舉止多加描述。任何人想要購買這些女奴，他都會把她們的衣服掀開，他那各式各樣的姿勢我都不好意思在此描述。那些奴隸販子的行為最是野蠻，完全冷酷無情，因為我注意到，當有奴隸的小孩哭鬧時，他們會把小孩踢得雙腳朝天，並用藤條鞭打他們的母親，在她們身上留下難看的鞭痕。對於那些需求殷切的年輕女子，他們會提供一塊布讓她們穿，而對年老病弱者卻毫不關心。我見過最惡劣的行徑，就是把一個女人和她的女兒，分別賣給兩個不同的男人。那女人淚流滿面，女兒看到母親被帶走，一聲又一聲地呼叫。這一幕讓我感到非常憤怒，如果我是當權者，我肯定會懲罰那個應為此負責的惡人。此外，那些負責看管男奴的人會像對待猴子那樣，用繩子繫住他們的腰部，一根繩子一個人，然後綁在船舷上。那些奴隸只能就地大小便，以致船上的臭味讓人掩鼻」（*The Hikayat Abdullah*, p. 162, *op. cit.*）。前來購買奴隸的華人有數百名，他們多半來自峇里島和西里伯斯島。阿都拉把所見報告給萊佛士，萊佛士告訴他說，歐洲也有這種買賣，英國人總有一天會制止這種罪惡。但問題是，在新加坡，這個制度一仍其舊，萊佛士並沒有採取任何行動來使這種交易變得至少符合人性。類似把母女分離和其他所有不人道的做法，萊佛士本可以加以制止，至少在新加坡他是做得到的。萊佛士顯然十分擅長做出不可能實現的承諾。而阿都拉卻未能看出，允許這種情況發生的英國人必須為此負責。

力勸他戒掉此惡習。他告訴東姑忒米納，吸食鴉片有七種罪惡：違反伊斯蘭教禁令、損害身體、耗費金錢、造成懶惰、浪費時間、損害名譽、被有名望的人鄙視。[31] 況且，如果說吸食鴉片有好處，為什麼那些有名望和富裕的歐洲人都不吸食？阿都拉視而不見的一個事實是，正是那些善良、有名望的歐洲人，如他的主子萊佛士，以前所未有的規模發展和利用了鴉片貿易。他們自己不吸食鴉片，卻從事鴉片貿易，並推廣鴉片的使用。而在他們自己的國家，鴉片則被禁用——他們的鴉片是酒精。當英國人在馬六甲準備入侵爪哇時，萊佛士把兩箱鴉片當作禮物，送給了東姑彭里馬勿剎（Tengku Panglima Besar）和彭革蘭（Pangeran），[i] 也就是他派往爪哇島的兩名信使。這件事阿都拉只是一筆帶過，沒有多加評論。[32] 他先前對東姑忒米納的那番道德勸說這時候去了哪裡？那些有名望的英國人雖然不抽鴉片，但卻提倡鴉片吸食並從中獲利，難道他們不也同樣犯了那七種罪惡嗎？

　　阿都拉在1843年完成自傳第一卷之後，又進一步反省了馬來人的狀況。他對馬來人的狀況並不樂觀。他的反省觸及了懶惰的問題。

> 看到馬來人所過的生活和我所認識的人的現狀，我深覺反感。我從年輕時到現在都一直在觀察他們的行為舉止和習慣，而我發現，隨著時間的推移，他們不但沒有變得更加聰明，反而變得越來越愚昧。我仔細思考了這個問題，最後得出的結論是，造成這種狀況的原因有好幾個，但最主要的是馬來統治者的殘忍和暴虐，在對待自己的臣民時更是如此。他們的心已經變成像是不再

31　*Kesah Pelajaran Abdoellah*, p. 97, *op. cit. The Voyage of Abdullah*, p. 54, *op. cit.*

32　"The Hikayat Abdullah", p. 80, *op. cit.*

接受養分的土壤似的，因而長不出任何東西來。勤勞、智慧和學問無法在其中茁壯成長，而他們就像林中之樹，風往哪個方向吹，他們就往哪個方向倒。我發現他們總是被其他種族的人統治；他們就像小魚，唯一的價值就是成為大魚的食物。[33]

馬來統治者是鄙視其臣民的。當一個人遇見統治者時，他必須在滿是泥濘和汙穢的地上蹲下。統治者會把普通老百姓的妻子和財產奪走，對上蒼沒有絲毫敬畏，對窮人也毫不關心。他對法律和懲處的執行取決於他個人的喜好。他縱容王親國戚或扈從對平民百姓的惡行。他手下有數以百計的債奴，這些人會帶給老百姓災難，奪走他們的財產，有時候甚至殺害他們。統治者並不會嘗試去保護他的臣民。

馬來統治者及其治下社會最大的缺失就是忽視教育。統治者在放任自身惡習的情況下養育子女，其子女因而有樣學樣。無知、懶惰和缺乏改革意願導致馬來社會停滯不前，而讀寫和語言學習也備受忽略。阿都拉把馬來人之所以缺乏學習、努力工作和累積財富的意願，歸咎於占支配地位的統治勢力。他如此總結自己的觀點：

140

> 實際上，在馬來人的統治下，普通老百姓無法抬起頭享受生活，也不敢有任何創見，因為這是統治者不允許的。他們想要給自己建一棟美侖美奐的石造房子，卻不敢這樣做。他們不敢穿華服美鞋，不敢使用精緻雨傘，因為害怕觸犯禁忌。他們甚至不敢在家裡收藏精美的衣服，因為據說這些東西專屬於王族。富人更是時時活在恐懼之中，他們若只是失去財產，就值得額手稱慶了。這

33　*Ibid.*, p. 269.

是因為他們的性命的確是旦不保夕的。統治者總是能夠找到藉口懲罰他們，或奪走他們的財產。一個人如果不願意借給統治者他最珍貴的財物，會被視為犯了嚴重的罪行。而一旦借出，就會永遠失去，再也拿不回來了。如果他家裡有個年輕漂亮的女兒，反而是一大弊害，因為幾乎可以肯定的是，不管他同不同意，統治者都會強納為眾妾之一。這種做法比任何事情都更能引起虔誠伊斯蘭教徒的憤恨。我曾聽說有個勇敢的人拒絕與他的女兒分開，結果統治者找個藉口下令把他殺了，然後把他的女兒帶走。這一切行為是阿拉和祂的先知絕不允許的，並且會招致世人的譴責。[34]

阿都拉可以暢所欲言地譴責當時的馬來統治者，因為他並非生活在他們的統治之下。他對馬來統治者所造成的影響具有敏銳的洞察力，並希望馬來社會有所改變。就我們所知，阿都拉是第一個對其社群以本土和伊斯蘭價值觀為基礎追求現代化和進步的問題表達關注的馬來人。對他來說，馬來統治者的不公及其所造成的萎靡不振的狀況，已使馬來社會偏離正道。

到了20世紀之交，勞動、教育和進步的主題再度被賽錫奧哈迪（Syed Sheikh Al-hadi）、錫莫哈末達希爾（Shaykh Mohd. Tahir bin Jalaluddin）、錫莫哈末沙林（Shaykh Mohd. Salim al-Kalali）、哈芝阿巴斯（Haji Abbas bin Mohd. Taha）等伊斯蘭改革者提起。[35] 第二次世界大戰

34　*Ibid.*, p. 271.

35　關於馬來人走向現代化的改革與教育努力的歷史，參見 W. R. Roff, *The Origins of Malay Nationalism*. University of Malaya Press/Yale University Press, Kuala Lumpur/New Haven, 1967.

前，再納阿比丁（Zainal Abidin bin Ahmad）（筆名查巴〔Zaba〕）也在報章
上發表幾篇文章，討論馬來人進步的問題。懶惰的主題並沒有像在菲
律賓那樣被長篇大論。不過，在1922年，吉蘭丹伊斯蘭教與馬來習
俗理事會（Majlis Ugama Islam dan Adat Istiadat Melayu Kelantan）再版了一份
有趣的小冊子，題為《生活的精神力量》（Semangat Kehidupan），撰稿者 *141*
為哈芝旺莫哈末（Haji Wan Mohammed bin Haji Wan Daud Patani）。這份小
冊子是供理事會轄下的宗教學校使用的，其內容在1918年1月獲得
理事會核准。理事會秘書長在前言中強調，小冊子中所傳達的訊息必
須獲得遵守，「俾使我們在每一個年齡層的生活競賽中，都能達到成
熟民族的水平」。[36] 該小冊子大力強調勞動、勤勞工作和恰當運用時
間與精力的重要性。怠惰受到譴責。不工作的人被喻為一根石柱。[ii]
「人有義務工作，因為工作是消除人的弱點和惡習的最佳手段。工作
不就是讓人置身於考驗和努力的處境中，進而引導他朝向真正的存在
嗎？」[37]

　　懶惰、浪費時間和不守時都受到譴責。在工作的執行方面，小冊
子除了強調耐心和節儉，也重視知識的取得和細心的監督與調查。作
為休閒活動，小冊子推薦遊戲和運動。當一個人不工作時，他可以藉
由遊戲或運動來確保身體的健康。整體而言，這本四十六頁的小冊子
以簡單的語言，全面闡述了勞動的理念。它嘗試確立工作的價值並點
出懶惰的罪惡。它在一定程度上回應了統治階級對勞動的態度。考慮
到阿都拉所描述的吉蘭丹的狀況，這部小冊子是為了指引未來世代而
寫，並不是一件偶然的事。其理念不論在內容或精神上都是本土的。

36　*Semangat Kehidupan*, p. III. Majlis Ugama Islam dan Istiadat Melayu, Kelantan, Kota Bahru,
　　1922. 此小冊子以爪夷文書寫。

37　*Ibid.*, p. 4. 英譯為本書作者所譯。

它宣示了馬來人以伊斯蘭教義為本的對勞動的態度。《古蘭經》、先知
穆罕默德和祂的忠誠夥伴都強調勤勞和認真工作的價值。沒有任何人
有義務去扛起他人的負擔。一個人唯有透過努力才能擁有他所追求的
東西。[38] 勤勞工作、犧牲、認真追求目標等主題在當代知名穆斯林領
袖、學者、改革家沙奇普·阿斯蘭（Shakib Arslan）的一部著作中屢被提
及。在這部著作中，沙奇普·阿斯蘭就印尼婆羅洲三發國（Sambas）馬
來宗教司錫巴斯胡尼·因然（Sheikh Bashuni Imran）向他提出的問題，
分析了穆斯林落後的原因。[39]

　　至此，我們已充分證明，勤勞和努力工作是符合馬來人的價值觀
的。這些價值也與爪哇人和菲律賓人的價值觀相符。儘管在這個區
域並非所有社會皆以成文方式來表達這些價值，但在他們的語言、
神話、民間傳說和日常關注的事物中，都或隱或顯地認可勤勞的價
值。我在這裡特意排除了那些與這個區域沒有直接關聯的伊斯蘭教關
於懶惰的觀點，雖然19世紀末的穆斯林改革者如賈邁奧丁·阿富汗
尼（Jamal al-Din al-Afghani）在他們極具說服力地闡述的伊斯蘭進步觀念
中，就包含了對懶惰行為的譴責。本土馬來社會對懶惰的態度，至此
已十分明確。我們現在應當把注意力轉向當今馬來西亞的一部分馬來
菁英，他們在殖民意識形態的影響下對自己社群的勤勞抱持懷疑的

142

38　Abdullah Yusuf Ali, *The Holy Quran*, Sura LIII, 38-41, vol. 2. Khalil Al-Rawaf, New York,
　　1946. 這是穆斯林認為可靠的英文版《古蘭經》文本、翻譯和評註。《古蘭經》中有許
　　多強調工作和正義的經文。

39　Shakib Arsalan, *Our Decline and Its Causes*. M. A. Shakoor (tr.), Muhammad Ashraf, Lahore,
　　1952. 沙奇普·阿斯蘭這部作品原文為阿拉伯文，由開羅著名出版社燈塔（Al-Manar）
　　出版於1930年左右。其馬來文譯本出版於1954年。參見Al-Amier Sjakieb Arsalan,
　　Mengapa Kaum Muslimin Mundur dan Mengapa Kaum Selain Mereka Madju? H. Moenawar
　　Chalil (tr.). Bulan Bintang, Djakarta, 1967 (Third edition).

態度。我們將會討論近年出版的兩本書。其中一本的出版單位是執政聯盟中占主導地位的馬來政黨，即馬來民族統一機構（United Malay National Organization）（簡稱巫統／UMNO）。另一本是馬來醫生馬哈迪‧莫哈末（Mahathir bin Mohamad）的作品。馬哈迪的書寫於他被逐出巫統之後，後來他又重新入黨。這兩本書都是殖民意識形態的產物。它們是對殖民論述的一種回應，但它們所表達的回應和態度，顯然受到了殖民論述的制約。在這兩部作品中，閒散、不愛勞動、慵懶的馬來人形象十分突出。有別於黎剎對菲律賓人懶惰問題的處理，這兩部近年才出版的馬來人著作既缺乏洞察力和分析力，也不科學。它們近似於創造出它們的殖民資本主義意識形態。

譯註

i　兩者皆為王公貴族頭銜。根據《阿都拉傳》，東姑彭里馬勿剎（Tengku Panglima Besar）是蘇門答臘錫國（Siak）統治者的兒子，本名為沙益‧再因（Sayid Zain）；彭革蘭（Pangeran）則是當時住在馬六甲的一名爪哇貴族子弟。

ii　石柱有惡魔之寓意。在麥加朝聖活動的第三天，信徒須前往麥加附近的米那山谷（Mina），向象徵惡魔的石柱投擲石子。相傳先知伊布拉欣（Ibrahim）曾夢見真主阿拉啟示，命他以兒子伊斯瑪儀（Ismail）獻祭，以考驗其對阿拉的忠誠。在伊斯瑪儀俯首就命之際，惡魔企圖從中破壞，伊布拉欣遂撿起石子擲向惡魔，將其擊退。後來，阿拉命伊布拉欣改以羊代替兒子獻祭。麥加朝聖的投石儀式即由此而來。

| 第十章 |

「精神革命」與馬來人的懶惰

"Mental Revolution" and the Indolence of the Malays

　　1971年，主導馬來西亞執政聯盟的馬來政黨，即馬來民族統一機構（「巫統」），出版了一本以馬來文撰寫的書，名為《精神革命》（*Revolusi Mental*）。該書是十四位作者的勞動成果，其中三位有博士學位，七位有學士學位，一位有專科文憑，三位沒有學位。主編是巫統秘書長、前資訊部長、前駐印尼大使瑟努・阿都拉曼（Senu bin Abdul Rahman）。他取的書名顯然是借用了蘇卡諾所造的詞彙。除了眾所周知的簡單觀念之外，精神革命這一概念始終是模糊不清的。該書把精神革命定義為某個社會在態度、價值觀和社會理念上的變革。[1] 其目的是「改變社會成員的思維方式、觀念和態度，以適應時代的要求，並促使他們更加努力在生活的各個領域取得進步」。[2] 在此，我們感興趣的是這些作者如何看待精神革命所要改變的那個社會。我們將避免討論書中的錯誤，它的缺乏知識深度，它對某些情況所做出的荒唐結論，它對發展過程的天真觀點，它自相矛盾的陳述，以及它對過去約一個世紀馬來人本身關於同樣問題的著作與見解略而不談的態度。

1　Senu Abdul Rahman, *Revolusi Mental*, p. 87. Penerbitan Utusan Melayu, Kuala Lumpur, 1971.

2　*Ibid.*, p. 89. 引文原文為馬來文，英譯為本書作者所譯，後不贅述。

根據該書的說法，馬來西亞的馬來社會普遍具有以下的態度：馬來人對自己不誠實，也看不到自己的缺點。因此，他們把自己的落後歸咎於殖民主義、其他族群的剝削、資本主義制度、宗教及其他幾項因素。馬來人整體上缺乏為真理而戰的勇氣。證據就是，馬來人對其歷史上經常發生的壓迫都不加抵抗。從整體來看，馬來人知道如何承

擔責任，但也有很多馬來人不具備這種素質。若領袖領導有方，馬來人是準備做出犧牲的。他們奉公守法，而且只要他們的宗教不被冒犯，他們也不被侮辱，他們就會對其他族群寬容以待。馬來人重視全體的福利，但他們相信宿命論，而這就是他們落後的一大原因。「這種態度導致馬來人不太願意付出努力，而當他們有意付出努力時，即便只是遇上一個小小的障礙，他們也會輕易認輸。」[3][i] 這種態度與伊斯蘭教義背道而馳。《古蘭經》說，真主不會改變一個民族的命運，除非這個民族自行改變它。

該書認為，馬來人整體上不擅長理性思考。他們更多時候是受情緒驅使。馬來人過去沒有守紀律或守時的習慣。馬來詞庫中沒有這類詞彙，這說明他們沒有這樣的觀念，也因此沒有這樣的表現。[4] 俗

---

3   *Ibid.*, p. 158.

4   這是該書經由荒謬的推理而得出的荒謬結論。根據書中說法，馬來人過去並沒有自力更生的觀念，因為馬來語中沒有這個詞彙。馬來語的「自力更生」（*berdikari*）是個新詞。「主動」和「守時」也是新詞。這意味著馬來人過去不會有主動和守時的表現（*ibid.*, pp. 62, 159）。這種推理荒謬之處在於，它因為過去在語言中沒有相關的詞彙，就斷定沒有這樣的表現。一個明顯的事實是，馬來人終其歷史都有主動和自力更生的表現。如果不是因為自力更生和主動，他們的海上航行，他們的農耕活動，他們的戰爭，他們的海盜活動，他們的外交，他們的貿易，他們的社會組織，怎麼可能會出現？如果以這種荒謬推理進一步演繹，還可以得出更加荒謬的結論。比如說，在伊斯蘭教傳入之前，馬來人根本就不思考，因為過去的馬來語並沒有「思考」一詞。現在用以表示「思考」的 *pikir* 一詞，實源自阿拉伯語！

語「*janji Melayu*」（馬來人的承諾）經常被用來形容馬來人的不守時。[5]
面對逆境時，馬來人不會表現出堅持不懈、持之以恆的精神。俗語
「*hangat-hangat tahi ayam*」（雞糞般的熱度）被引以為據：雞糞只有三分
鐘熱度，無法持久。

　　「馬來人渴望擁有財富，但他們在追求財富方面不夠努力。」他
們不節儉，喜歡把錢浪費在不必要的開支上，例如宴會、慶典和遠遠
超出其能力範圍的家具。[6]許多馬來人不去思考自己的未來。他們不
會為未來所需而儲蓄。在學術志業上，直至今日，馬來人對科學與工
藝的興趣始終比不上對人文科學的興趣。他們應該把傳統職業現代
化。一些馬來人認為白人比較優越。在馬來社會，追求利益的本能沒
有得到普遍認可。[7]馬來人也缺乏思想創見、[8]想像力和探索精神。他
們欠缺務實的態度，也無法付出努力（*kurang usaha*）。他們認為今世
的生活並不是最重要的；他們不重視時間，也不認真做事。他們沒有
勇氣承擔風險，[9]而導致他們落後的不是金錢的不足，而是靈魂的貧乏
（*kemiskinan jiwa*）。[10]整體而言，他們並不是一個坦誠直率的民族。
他們會隱藏自己的情感，以免傷害他人。[11]

　　以上種種，都是該書作者們認為塑造了傳統馬來民族性的特質。

5　　*Ibid.*, p. 159. 書中這一節第一句是「勤勞和努力是致富的階梯」。馬來詞庫中有「勤勞」
　　（*rajin*）一詞，但文中沒有提到馬來人是勤勞的，僅聲稱他們不守紀律和不守時。

6　　*Ibid.*, pp. 161-162.

7　　*Ibid.*, p. 119.

8　　*Ibid.*, p. 75. 書中這個部分以被視為塑造了傳統馬來民族性的馬來俗語為依據，列舉
　　了十七種負面特質。其中一些俗語也在書中其他地方重複提到。

9　　*Ibid.*, p. 76.

10　*Ibid.*, p. 351.

11　*Ibid.*, p. 442.

言下之意是，相對於傳統馬來人，這十四位作者是已經現代化和進步的馬來人。他們所描述的馬來民族性主要是負面的，是民族轉型所要革除的對象。他們奉為圭臬的是自由資本主義經濟和個人主義哲學。他們強調，個別馬來人必須具備獲取財富、社會地位和職業發展的能力，並以日本人、美國人、德國人、猶太人和華人為效仿對象。「這些人在農業、貿易和工業領域的成功足以證明，在經濟事務上，『為己』的方法比『為群』更優越，這也是為什麼我們在國家經濟中會處於最落後的地位。」[12]

　　這裡提到的華人不是指中國大陸人，德國人則顯然是指西德人。來自西方資本主義世界的國家領導人、商界領袖、哲學家和核心資本家在該書中備受推崇。同樣受推崇的是一些擁護資本主義制度的西方社會科學家。他們的觀點被引用。一些馬來西亞華裔富豪、福特（Ford）、洛克斐勒（Rockefeller）、羅斯柴爾德（Rothschild）和克虜伯（Krupp）被視為機敏和智慧的化身。[13] 所謂現代英雄是月入馬幣2,000元的企業主管，衣著整潔，打著領帶，手提詹姆士・龐德（James Bond）公事包，開一輛捷豹（Jaguar）轎車，在冷氣房裡上班。而最高級的英雄當然就是美國億萬富翁約翰・保羅・蓋提（John Paul Getty）了。[14]

　　這本由毫無深度的合理常識和絕對荒謬的推論混雜而成的書，恐怕是最天真、最低智、定義最不明確的資本主義理念之作了，雖然它聲稱代表了馬來人的現代和本土理念。殖民資本主義對它的影響十分強烈。它迴避了馬來人懶惰的問題。它對這個問題的態度曖昧不明，

12　*Ibid.*, p. 122. 由於原文句子結構有缺陷，英文翻譯並非完全按照原文譯出。

13　*Ibid.*, p. 99.

14　*Ibid.*, p. 172.

但肯定是傾向於視馬來人為懶惰的民族。有別於黎剎的是，它提到英國人指責馬來人懶惰，但既不去證實，也未加以否認。[15] 它認為馬來人接受命運的態度，比努力和勤勞的態度更加強而有力。[16] 它認為馬來人不夠努力和主動。它提到人們認為馬來農民和漁民懶惰和缺乏主動性，而對此它並未加以否認或證實。[17] 它認為馬來人落後不是因為被別人剝削，而是因為他們自己不夠努力所致。[18] 在教育方面，它認為馬來人並不懶惰，只是不夠努力。[19] 身為巫統祕書長的拿督瑟努·阿都拉曼在序言中指出，16世紀以來外國觀察者所描繪的馬來人負面形象，至今仍存在於非馬來人當中。這個形象所呈現的馬來人是懶惰、不願意像其他人一樣工作、滿足於現狀、事事漠不關心的。由於形象如此，人們對於政府採取特別措施促進馬來人權益的做法感到不滿。拿督瑟努如何回應？他是這樣說的：「另一方面，我們不需要把這些觀點看成是一個問題，但現在是時候讓馬來人重新分析他們的背景和上個時代遺留下來的特質了。」[20] 他進一步指出，如果確實有這些負面特質，就應當加以揚棄。「否認這種觀點和指責，或是對它們表示憤怒，都無所助益。反之，我們應該讓這樣的觀點驅使我們去追求那些能讓我們與他人競爭的素質。」[21]

150

　　也難怪該書用來描述馬來人特質的負面詞彙之多，在殖民主義史上是前所未見的了。雖然許多英國殖民作家強調馬來人的懶惰，但他

15　*Ibid.*, p. 41.
16　*Ibid.*, p. 71.
17　*Ibid.*, p. 115.
18　*Ibid.*, p. 214.
19　*Ibid.*, p. 316.
20　*Ibid.*, p. 13. 為了忠於原文，英文翻譯盡可能按字面譯出，對行文風格未多加考慮。
21　*Ibid.*, p. 13.

們並沒有像《精神革命》那樣，把馬來人的許多其他特質剝奪殆盡。
沒有任何一本英國殖民時期的著作曾記錄這麼多關於馬來人的負面素
質，或認為這些負面素質是形塑馬來民族性的主要影響因素。該書
的另一部分提到，馬來人的特質並非全是負面的。但作者寫道：「儘
管如此，那些作家對馬來人的負面意見應該被當作是對我們的一項挑
戰，驅策我們去設法增加優良的素質，以便能夠向前邁進，從而達到
與先進國家同樣的地位。」[22] 絕大多數的馬來人都受制於書中所列舉
的負面特質，只有一小批人例外。[23] 所以，《精神革命》一書可說是證
實了殖民資本主義意識形態對馬來人的影響。它所描繪的馬來人形象
甚至比殖民資本主義所描繪的形象更加負面。正是這種負面形象制約
了馬來人的生活。《精神革命》就是為了改變這種形象而寫的。它就
進步問題提出了許多合理的建議，但這些建議在知識分子當中已是常
識，無需腦力勞動就提得出來。更諷刺的是，諸作者所描繪的馬來人
天生特質，例如容易滿足、效率低下、缺乏主動性、想像力不足、不
夠努力，在他們這本書裡都有體現。這個問題我們後面會展開討論。
要批評《精神革命》一書的意識形態，我們必須說明它欠缺什麼、它
的方法論缺點何在，以及它的作者們的階級歸屬。說穿了，《精神革
命》其實就是一個保守統治集團在面對某些政治問題之際所提出來的
最極致的政治意識形態。

　　在討論虛假意識和意識形態的問題時，曼海姆指出：「在發展一
個新觀點時，某一方會扮演先鋒角色，而其他各方為了應付其對手在
競爭中的優勢，勢必也會運用這一觀點。」[24] 就我們的主題而言，新

151

22　*Ibid.*, p. 61.

23　*Ibid.*, p. 154.

24　Karl Mannheim, *Ideology and Utopia*, p. 67, *op.cit.*

觀點是由殖民資本主義發展起來的。殖民資本主義會根據一個社群在多大程度上為統治集團的利益服務來衡量其價值。在殖民資本主義中，歐洲人社群最有價值，接著是移民社群，最後是土著社群。大約七十年前，著名英殖民官員克利福宣稱，馬來人已經成為了「無利可圖、不盡人意的社會成員」，因為馬來人沒有提供開發國家資源所需的勞動力。[25]《精神革命》服膺了這一觀點。它提到了華人移民對國家財富增長的貢獻，卻沒有提到馬來人的貢獻。[26] 它透過殖民資本主義思想範疇來分析過去。在殖民資本主義意識形態中，只有那些直接貢獻金錢或直接參與到殖民資本主義經濟中的人，才會被視為發展的推動者。馬來人對發展的貢獻因而被淡化了。而實際上，管理國家的是馬來人。為警察部隊提供人力的是馬來人。國家主要的糧食生產者，尤其是在殖民時期，是馬來人。在資本主義制度下，大部分的利潤都會進到少數人的口袋，但即便如此，在資本主義的發展概念中，像馬來人所提供的上述種種服務還是會被視為發展過程中不可或缺的部分。馬來人對法治的貢獻也很可觀。但殖民資本主義意識形態只重視對資本主義事業的直接參與。法治無疑對發展具有重要的意義。如果沒有馬來統治者和行政人員的支持，單靠人數不多的英殖民官員是不可能實現法治的。在管理井然有序的政府方面，馬來人的無數貢獻完全被忽略了。事實上，馬來人為創造一個讓資本主義得以發展的環境做出了巨大的貢獻。因此，《精神革命》根本就沒有必要接受那種把馬來人放到最低位置的殖民資本主義等級制度。

　　書中有兩個地方出現了略微不和諧的音符。英國人被指責透過各 *152*

25　Hugh Clifford, "Rival Systems and the Malayan Peoples", pp. 407-408. *North American Review*, vol. 177, 1903.

26　*Revolusi Mental*, p. 103.

種手段來削弱馬來人的精神，其中之一是指控馬來人懶惰，同時從中國和印度引進移民來開發國內豐富的資源，從而為殖民勢力和移民帶來利益。馬來人因而成為了自己國家裡的窮人。[27]「外國人受鼓勵前來馬來亞的橡膠園和錫礦場工作。隨著大量移民從中國和印度湧進馬來亞，歐洲人手下的小型企業被這些移民壟斷了，其後當馬來人想要進入這個領域時，那些已經控制這個領域的人不給他們任何機會。由於上述原因，馬來人無法像過去那樣取得進步。」[28] 不過，這些不和諧音並未影響全書的主調。它們大概是十四位作者當中的兩位所寫下的。像這樣援引外在社會狀況來解釋落後現象的例子，在這本書中十分罕見。這種做法與作為《精神革命》特徵的自責自貶的精神格格不入。《精神革命》反映的是一個馬來執政黨的一種扭曲的意識形態，這種意識形態與殖民資本主義有著同樣的虛假意識。這種虛假意識扭曲了現實。這個馬來執政黨沒有經歷過像印尼、印度和菲律賓所經歷的獨立鬥爭，就繼承了英國人的統治。因此，它也沒有經歷過意識形態鬥爭。在思想深層中，它並沒有與英國人的意識形態思想決裂。該黨的領導層是從英國人栽培出來的頂尖公務員中吸收的，另外還有中產階級的馬來學校教師和一般公務員。也有少數的專業人士與它有連結，但這種連結沒有形成一種模式。

　　他們強調個人作為變革的主導力量，而沒有充分考慮制度的問題，這其實反映了他們所處的權力位置。在大約十五年的時間裡，該黨透過它所控制的政府，啟動了多項旨在改善鄉村馬來人狀況的計畫。其中有許多計畫不完全成功，並且招致批評。為了逃避責任，

27　*Ibid.*, pp. 40-41.

28　*Ibid.*, p. 53. 這個部分對歷史背景做了描述。

該黨便歸咎於馬來人自己。在1969年大選前，該黨許多領導人都表現出這樣的態度。該書雖然描述了政府在各個領域所做的努力，但它也提醒說，人們最終還是必須依靠個人的努力，而不是依靠政府的措施。[29] 書中還抱怨說，由於某些政府官員陽奉陰違，政府的許多計畫未能得到落實。[30] 它也強烈譴責鄉村馬來人期待政府和政黨領袖為他們解決問題的態度。它強調，政府提供援助的能力是有限的，並援引《古蘭經》中的一句話為訓：自助者，真主助之。缺乏累積財富和獲取專業地位的積極動力，個人主義意識低於集體主義，對政府和領袖百般依賴，在在使馬來人變得落後。[31]《精神革命》一書的精神，就是在這樣的個人主義和資本主義背景下形成的。

　　除了以上所述，值得注意的是，該黨許多領袖和重要人物都參與了大型企業或華裔商人主導的事業。秘書長本人在一家船運公司擔任要職。黨內許多重要人物都是重要公司的董事會成員。雖然不是直接作為所有人和管理人參與其中，但他們都與資本主義制度有關聯，也因此對資本主義充滿了熱情。他們所傳達的訊息，即馬來人應當透過個人努力致富，就是他們自己生活模式的寫照。而巫統高層領導人與大型企業利益之間的兄弟關係，早已是眾所周知的事實了。正如我們在導論中已經指出的，意識形態中存在著扭曲的元素。巫統意識形態最獨特的一點，就是那強烈的自我貶低元素。從歷史經驗來看，全世界統治階級的意識形態都具有強烈的自我肯定元素，會自豪於本身所屬的群體和成就。巫統的意識形態卻不是這樣。他們的自責與自貶反映了他們在承襲自殖民資本主義的經濟結構中的位置。他們會覺得自

153

29　*Ibid.*, pp. 99, 100, 105, 111.

30　*Ibid.*, p. 115.

31　*Ibid.*, pp. 118-120.

己低人一等是因為衡量的標準源自殖民資本主義。他們在大企業中處於外圍的位置，也就是在董事會中。大企業的財富和權力必定給他們留下了深刻的印象。因此，他們歌頌資本主義，歌頌克虜伯、羅斯柴爾德、約翰・保羅・蓋提和一些馬來西亞華裔富豪。因此，他們感嘆馬來人當中沒有這樣的人。

《精神革命》對馬來民族性的這種扭曲描述，可以解釋為作者們知識能力貧乏所致。如果是由一群知識能力比較強的人來做，應該可以建構出一個比較複雜精密、不含自貶元素的資本主義意識形態。這種扭曲其實是謬誤推理的結果。他們所聲稱形塑馬來民族性的那三十多種負面特質，是從錯誤的前提出發而得出的結論。這些前提並非以研究為基礎，也不是基於理智的觀察。事實上，也許除了一兩個例外之外，這些作者與大企業並沒有任何關聯。但話說回來，意識形態家的本質就是，他們未必需要與他們所擁護的制度的所有主要元素有直接的關聯。黑格爾（Hegel）是擁護普魯士王國意識形態的偉大思想家，但他並不是該王國的官員，也不是公開為該王國背書說項的政治人物，而是一名大學教授。

某些主要思想範疇會主導一個時代。馬來人的負面形象是這類主要思想範疇之一。作為一個至高無上的思想範疇，無論它是由一名巫統領袖還是由一名英國官員提出，都不會有太大的分別。它是屬於某個特定時代的。馬來西亞目前正從殖民資本主義，過渡到一種較具國族色彩的資本主義。在過渡時期，上一個時代的統治思想往往會以更大的力度來維護其地位。西班牙殖民時代的主導觀念，即菲律賓人懶惰的觀念，就是在西班牙對菲律賓的統治幾乎接近尾聲時以更大的力度來自我維護，這一點可以在19世紀下半葉歐洲人和西班牙人關於菲律賓人的著作中得到證明。因此，《精神革命》對馬來人更加徹底

的貶低，並非意味著一個新的馬來人形象會崛起。馬來西亞現有的統
治階級與殖民歷史的連結並沒有斷裂。儘管他們發表了許多反殖民聲
明，但他們仍然是在殖民主義思想範疇中運作。他們對財產、所得
稅、商業機構和國家的概念，仍然受殖民範疇支配。例如，政府永遠
不會同意把父母撫養費列入所得稅扣除額之中。它不會同意限制收入
和利潤，卻樂於接受限制工資的建議。

　　《精神革命》所引發的問題是，為什麼一個執政的馬來政黨會建
構一個資本主義意識形態，而且這個意識形態是以一種比殖民時期更
加徹底的方式來貶低馬來人？為什麼一個執政黨會想要貶低本身所屬
的社群？在貶低的過程中，它掩蓋了什麼既得利益？對此的解釋主要
有三。第一，該執政黨的一些成員真心認為馬來人處境糟糕，並將這
樣的處境歸咎於馬來民族性。第二，相對於其他社群所取得的進步，
政府無法改善馬來社群的處境，執政黨想要藉貶低馬來人來逃避它在
這方面的責任。第三是需要合理化改善馬來人總體經濟狀況的具體
計畫，因為這些計畫首先促進的其實是某些馬來當權者和華裔商人的 *155*
利益。強調馬來人的困境，就有理由為那些最終與某些馬來當權者的
利益掛鉤的計畫提供資金。毫無疑問，這一切無需把貶低因素強加其
中也能做到，但整個局面之所以會如此發展，是當時的環境偶然造成
的。制定這個意識形態的那些人仍然沒有擺脫殖民時期馬來人形象的
魔咒。他們當中缺乏具備高度知識能力的人，因而未能制定一個比較
複雜精密的意識形態；也缺乏了解知識社會學的人，因而未能對時下
的觀點和意見，以及這些觀點和意見背後的思想範疇進行批判。我們
會在下一章討論巫統意識形態家的知識缺陷和他們所塑造的馬來人形
象。現在先讓我們轉向另一種觀點，這種觀點在許多方面與《精神革
命》相似，但它至少在一個方面更加極端，那就是在對馬來人的貶低

這一點上。

　　1970年，還在巫統黨外的吉打州馬來醫生、政治人物馬哈迪‧莫哈末出版了一本書，闡述他對馬來人問題的思考。他目前已經重返巫統，並且在該黨的中央執行理事會中占有一席之地。[ii] 馬哈迪在馬來人問題中加入了遺傳的層面。在他看來，馬來人先天上不如華人。他以環境因素來解釋他所謂的遺傳性種族特質的起源和持續傳播。他首先描述了華人的優越性。

> 中國歷史充滿天災和人禍。根據記載，這個國家四千年前曾爆發一場大洪水，隨後洪水和饑荒交替發生，還慘遭侵略者和掠奪成性的皇帝與軍閥一波又一波的蹂躪。對華人來說，生活就是一場持續不斷的生存鬥爭。在這過程中，身心衰弱者被強壯機智者所淘汰。四千多年來，經過了一代又一代，在適者生存法則的助力與限制下，不適者不斷被淘汰。但是，彷彿這還不足以產生一個堅強的民族似的，華人習俗還規定同一氏族不能通婚。這造成雜交繁殖多過近親繁殖，與馬來人偏向近親繁殖的情況恰成對比。這種華人習俗所產生的結果是繁衍出最好的血統和特性，既有利於生存，又能彰顯出環境在華人身上的作用。[32]

　　馬來人所處的地理環境則促成了弱質的「種族」特性的發展。馬來人世代定居在容易從事耕種的平原與河岸。

32　Mahathir bin Mohamad, *The Malay Dilemma*, p. 24. Asia Pacific Press, Singapore, 1970. 馬哈迪並沒有宣稱他所做的是一項科學研究。他承認這本書「充其量也只不過是一種明智的臆測」，目的是使人們對此課題產生興趣。

每個人都有大量的土地可用，從來不需要為了耕種或定居而去開墾山林。富饒的熱帶平原和豐富的糧食來源，足以維持早期馬來亞相對較少的人口之所需。不需要付出巨大的努力或心機，就可以獲得食物。每個人終年糧食充足。中國等國家常見的饑荒，在馬來亞是不存在的。在這樣的條件下，每個人都能生存。即便是最弱和最懶惰的人，也能過得相對舒適、結婚和繁衍後代。適者生存的觀點在這裡並不適用，因為即便是最弱的人，也有大量的食物供他們生存下去。[33]

馬來人種植的作物也對他們的民族性有所影響。

大多數馬來人從事種稻，這是一種季節性的職業。實際的工作只需兩個月，其收穫卻足夠全年食用。這種情況在人口少、土地充足的年代尤其顯著。他們擁有大量的空閒時間。即便在採集其他糧食之後，還會剩下許多空閒時間。這裡氣候炎熱潮濕，不利於從事劇烈的工作，甚至也不利於從事腦力活動。因此，除了少數人之外，人們喜歡把無限的空閒時間，純粹用來休息或與鄰居朋友長聊。[34]

無論從遺傳或環境的角度來看都比較弱的馬來人與強大的華人之間的衝突，對馬來人產生了不利的影響。

33　*Ibid.*, p. 21.
34　*Ibid.*, pp. 21-22.

遺傳和環境影響使馬來人變得如此虛弱，以致在面對華人移民的
衝擊時，他們無能為力，只能退縮。凡是馬來人能做的，華人都
能做得更好、更便宜。很快地，勤勞又堅強的華人移民就取代了
馬來人在小型商業和各種技術工作領域的地位。隨著財富的增
加，他們的交往圈子也擴大了。憑著過去在原鄉與官場打交道
的經驗，華人移民很快就建立起過去存在於中國的那種官商關
係。[35]

華人在原鄉貪汙賄賂的經驗，到了馬來亞反而對他們很有幫助。

統治階級有組織的公開回報，很快就讓華人在城鎮牢牢紮根，並
幫助他們全面控制其經濟。城鎮的面貌改變了。馬來人的小舖子
讓位予一排排的華人商店。隨著華裔人口的增加和商業活動的擴
展，城鎮的土地價格急劇上升。在高價格的誘惑下，馬來人賣掉
了他們的土地，開始往距離市區越來越遠的郊區遷移。這種模式
在英國人開始統治時即已形成。英國人立刻承認了華人的企業，
並意識到富裕的華裔人口有利於英國人的貿易。華人不僅為英國
大型進出口商行的正規運作提供基礎設施，其快速增加的財富也
讓他們成為英國人的好主顧。華人的移入大受鼓勵，於是這些城
鎮很快就開始出現我們目前所看到的馬來亞城鎮的特徵。[36]

華人破壞了馬來人在手工藝、技術工作和商業方面的自力更生。

35　*Ibid.*, p. 25.
36　*Ibid.*, p. 25.

隨著英國人對移民的鼓勵，馬來人完全被排除在這些領域之外。城鎮馬來人受鼓勵保留其行政的工作。[37] 1957年馬來亞獨立之後，儘管馬來人在專業和商業領域的人數有所增加，但他們的整體狀況並沒有多大的改變。「儘管取得了這些進展，馬來人的經濟困境仍然存在。它之所以存在，是因為馬來人在經濟領域每前進一步，其他種族就前進十步。它之所以存在，是因為在馬來西亞獨立之後，政府幫助馬來人的政策都會被其他政策抵消。它之所以存在，是因為商業概念不斷在改變，儘管馬來人已經開始掌握了最初打敗他們的那些正統方法。」[38]後獨立時期的情況是從過去繼承下來的。這種從過去發展而來的情況對華人移民有利。

> 華人懂得在地語言，並且擁有一切聯繫和必要的組織，使得歐洲商人能夠藉以榨乾馬來蘇丹王朝的財富。很快地，華裔商人和前來征服的西方商人之間便建立起完美的關係（rapport）。隨著這種夥伴關係的發展，加上這些華裔夥伴一次又一次地證明了他們的用處，華人向馬來亞的移入便得到鼓勵，並且加速進行。現在，英國人作為葡萄牙人和荷蘭人在馬來亞的繼承者，還獲得了一份紅利。華人在英國人保護下發達致富之後，又成為了英國人的好主顧。英國商品在馬來亞的市場擴大了，並且獲利豐厚。緊跟著華裔商人而來的還有技術勞工，最後還有非技術苦力。對英國統治者來說，各等級和各階層華人的湧入，意味著社會變得更加成熟和有組織，這對他們的商業活動和行政管理都有所助益。但對

158

37　*Ibid.*, p. 27.

38　*Ibid.*, p. 47.

馬來人來說，華人的湧入意味著他們會被取代。首先被取代的是
貿易和商業，接著是技術勞工，最後甚至是非技術勞工。居住地
也被取代，因為馬來人不得不搬出城市。他們沒有理由留在城市
裡，除非受僱於政府。事實上，由於城市地區土地價格上漲，加
上各種稅費，他們被迫賣掉產業，轉而購買較便宜的鄉村地。[39]

馬來人之所以在殖民統治影響下被移民人口取代，部分原因在於
他們禮貌和謙讓的心理。

華人和印度人來自人口眾多的國家，他們比較不注重良好的行為
和禮貌。在他們的生活中，總是與教養聯繫在一起的高貴情操完
全闕如。他們只順服於年齡和財富。華人和印度人從來不理解馬
來人讓步的習慣。他們不把這種可以促成良好教養的習慣當一回
事。他們不懂得欣賞，也從不覺得有必要加以仿效。但他們肯定
知道，這對他們有利。他們發現他們可以不用循規蹈矩，可以不
受任何約束。他們發現他們可以做馬來人不能做的事情，而這對
他們有利。他們也發現，在這片馬來人的土地上，他們事實上是
享有特權的一群。[40]

馬來人這種禮貌和謙讓的習慣時時制約著他們。

他們總是有一種內在掙扎，一種衝突，而這種衝突會透過幾種方

39　*Ibid.*, pp. 35-36.

40　*Ibid.*, p. 117.

式表現出來。最先和最重要的結果是，他們會向內退縮到他們自
身和他們的族群之中。他們從不對別人坦誠，除非是那些同情他
們且絕對受他們信賴的人。而他們可以絕對信賴的，就只有他們
本族人。因此，他們對外族人所表達的想法，與對本族人所表達
的想法是不同的。當然，只有在表達不客氣或令人討厭的想法
時，才會有這種差異。如果他們的真實想法是不會引起不快或敵
意的那種，他們就會毫不猶豫地向本族人和外族人表達出來。所
以，對馬來人的表面說法信以為真，是會造成誤判的。從他們的
禮貌和他們對不愉快事物的厭惡中辨識出他們的真實想法，是遠
較為妥當的做法。他們的內在衝突具有潛在的危險。這種衝突永
遠都在尋求一種表現方式。[41]

馬哈迪接著認為，殺人狂是馬來民族性的一個重要部分。   *159*

殺人狂代表了馬來人內在衝突的外在表現，這種內在衝突是他長
期遵循生活中的種種條規的結果。這是他內在痛苦的一種溢出或
宣洩，是束縛他的紐帶斷裂所致，是對加諸他身上的理性和規訓
的終極掙脫。他身上的壓力和束縛解除了。責任消失了。什麼都
不重要了。他自由了。與過去的連結切斷了，與未來也不再有所
牽連。只有當下是重要的。用一句俗話來說就是：他爆開了。在
恍惚狀態中，他不分青紅皂白地攻擊任何人。他原本懦弱、謙
讓的自我被取代了。他變成了海德先生（Mr. Hyde）[iii]——殘忍而
凶暴，冷酷又無情，只想摧毀一切。不過，馬來人從謙讓有禮過

---

41   *Ibid.*, p. 117.

渡到殺人狂的狀態，往往是一個緩慢的過程。這個過程是如此緩
慢，甚至可能根本就不會出現。[42]

這個現象顯然與馬來人問題息息相關。

對馬來民族性的某些方面做此簡略的考察，純粹是為了說明：馬
來人問題較其所顯露的跡象更具爆炸性。這樣做的目的是希望馬
來人壓抑其不滿情緒的特殊情況，能引起人們的注意。我們現在
可以理解，為什麼在整個歷史發展過程中，馬來人似乎滿足於自
己越來越向後退縮到背景之中的處境。他們把他們在自己土地上
僅剩的勢力和權威幾乎都放棄掉，顯然是謙讓有禮的表現。[43]

比起《精神革命》，馬哈迪書中展現了較多的腦力勞動。雖然書
中使用了遺傳論，但他也採納了許多環境論和社會學的論點。儘管書
中有許多與史實不符之處，但整體而言，這本書可說是為馬來人的憲
法保障所做的論述詳盡的辯護。

在這裡，我們感興趣的是他關於馬來民族性的觀念。他的觀念在
許多方面與《精神革命》的觀念是相同的，因為他遵循的是同樣的思
潮。他發現馬來人是宿命論者，缺乏那種積極型的勇氣。

像柏拉圖所描述的那種堅強意志，即在對局勢的真正洞察力的指
導下堅決進擊、撤退或持守的意志，不是馬來人性格的組成部

分。事實上，堅強根本就不是馬來人的特性。因此，那種需要透過堅強和固守原則來展現的勇氣，在馬來人當中並不常見。在大多數情況下，勇氣相等於面對一種絕望局勢的意志，是面對必然導致失敗與毀滅的壓倒性局勢的意志。在對手似乎超出自己能力範圍的情況下仍然迎上前去，這就是勇氣。預先去計算和評估自己獲勝的機會，則是懦弱的表現。沒有能力或不願意去權衡勝負的機率，一再地導致了馬來人的失敗和災難。有勇氣或敢於冒險犯難的馬來人通常是有勇無謀，而由於他們做事常常不顧後果，普通馬來人都會敬而遠之。普通人都知道，那種人不值得去招惹，讓他們為所欲為反而較為安全。因此，普通人代表了另一個極端，他們會為了安全起見而輕易地把原則擱置一旁。[44]

儘管也有例外，但例外的情況並不多見。「這說明了為什麼馬來人善於透過偷偷摸摸和狡猾的方式，而鮮少透過正面攻擊的方式戰勝敵人。」[45] 馬來人有一種特殊的決策方式。

人們認識到控制欲望和引導意志力的必要，卻把智慧主要視為規避特定局勢的能力。受到讚揚的不是克制力和引導能力，而是避免做出明確決定及事後糾正的能力。馬來人從來不會對任何事情做出承諾。他們總是會在某個地方找出漏洞，讓自己得以逃避。在特定情況下，為了找到一條完善的逃避路線，決策過程往往會變得冗長耗時。事實上，如果情況允許，他們會完全避免做決

---

44   *Ibid.*, pp. 160-161.

45   *Ibid.*, p. 161.

定，以便為反悔和日後的辯解鋪路。[46]

馬來人不重視時間。

對時間的漠視體現在他們對時間的草率運用。無所事事、喝咖啡或閒聊，幾乎已是馬來人的民族習慣。在鄉下，宴會（*khenduri*）都不會有一個明確的時間。人們可以在任何時候抵達，任何時候用餐，任何時候離開。開會時，沒有人會準時到場，而一旦開始了，會議時間就不會有所限制。因此，無論事先如何為了配合每個人而調整時間，會議總是會延遲開始，然後更遲結束。[47]

對時間的漠視影響了馬來人的進步。工作和規畫永遠是不可靠的。

時間表是現代人生活中一個重要的部分。事實上，科技越是進步，人類就越受時間束縛。倒數計時象徵了現代科技對時間的絕對依賴。如果沒有數學上完美的計時，人類就不會成功征服太空。一個社會沒有時間意識，必定會被視為十分落後的社會。而且，它將會一直是一個落後的社會。它永遠不可能靠自己的力量取得任何成就，我們也永遠不能指望它進步和趕上具有時間意識的優秀文明。毫無疑問的是，馬來人的不重視時間，是他們取得進步的最大障礙之一。[48]

46　*Ibid.*, p. 161.

47　*Ibid.*, p. 163.

48　*Ibid.*, p. 163.

關於懶惰這一主題，馬哈迪的觀點不是十分明確，但他或許比較傾向於認為馬來人缺乏努力工作的能力。在工商領域，馬來人已經陷入了極度怠惰的狀態。他們在這個領域的潛力未能得到開發。

除了吉蘭丹的馬來人之外，一般馬來人沒有真正的能力建造自己的磚屋，但馬來建築師卻有能力規劃和指導整個複雜的工程。馬來工程師能夠規劃和指導設計最現代化橋梁的建築工程。馬來農學家能夠主持實驗和指導任何一種農作物的種植。馬來醫生和律師可媲美其他種族的醫生和律師。馬來行政人員比其他人更為優秀。他們具有潛力，但這份潛力只在有限的領域中得到發展。從事農業的傳統馬來人和受過教育的**菁英**之間存在著的巨大缺口，還沒有馬來人可以填補。他們在其中的潛力尚未得到開發。之所以如此，部分是由於他們本身的冷漠，部分是由於領袖的短視和冷漠。事實上，即使是為此負責的領袖，也深受那滲透整個社會的怠惰風氣之害。[49]

關於勤奮工作的能力，他說：「馬來領袖向來認為，馬來人不適合從事商業或技術工作。他們是農耕者。金錢對他們的意義和對華人的意義是不一樣的。他們沒有勤奮工作的意願和能力。而最重要的是，他們不能改變。」[50] 馬哈迪沒有否定馬來人缺乏勤奮工作的意願和能力的說法，但他否認馬來人不能被改變。他對馬來人和華人的比較進一步表明他如何看待馬來人勤奮工作的能力。

49　*Ibid.*, pp. 58-59.
50　*Ibid.*, p. 59.

馬來人住在鄉村和處於貧困狀態，並不是他們自己的選擇。這是
種族特質衝突的結果。他們隨遇而安和寬容忍讓，華人則格外勤
奮和精於商業。兩者一旦接觸，就會產生無法避免的結果。面對
具掠奪性的華人的攻勢，馬來人就退居到比較差的地區。政府看
到了這種種族特性相互競爭的後果，便趕緊制定馬來保留地法律
（Malay Reservation Laws）。[iv] 這些法律雖然確實有助於馬來人，卻
也導致馬來人世代居住在鄉村地區。[51]

他認為馬來人天生就是隨遇而安。

162　　　關於鄉村馬來人的健康問題，馬哈迪反而提出了比較明確的看
法。

馬來亞存在著各種使人變得虛弱的地方性疾病，例如瘧疾和雅司
病（yaws）[v]。此外，還經常小規模爆發霍亂、痢疾等流行病。如
同持續暴露在這些疾病風險中的社群經常會出現的情況，鄉村馬
來人對這些疾病已產生了相當程度的抵抗力。他們生存下來了，
但精力已消耗殆盡。例如，瘧疾影響了幾乎所有的鄉村馬來人。
貧血和頻繁發燒使他們變得虛弱和無精打采，因此不願做超額的
工作。每年兩個月的種稻和收割工作，就已耗盡他們的體力。他
們沒有多餘的精力去謀求更好的生活或學習新的技能。[52]

整體而言，馬哈迪書中的評論讓我們傾向於認為，他對馬來人勤

51　*Ibid.*, p. 85.

52　*Ibid.*, p. 28.

奮工作的能力抱持著負面的看法。一如《精神革命》，他對馬來人的
種種看法受到了殖民資本主義的支配。儘管他在書中生動地描述了馬
來人在英國統治下日益惡化的處境，但他對英國人還是抱有一些好
感。他說：

> 獨立前，英國人把這個國家治理得很好。他們或許沒有給予非英
> 國公民最好的待遇，但他們無疑是卓越的行政人員。他們的工作
> 卓有成效。他們建立了高效的公務員體系和充分發揮效力的執法
> 機關。他們為霹靂和雪蘭莪那些飽受械鬥蹂躪的礦區帶來了法
> 治，解決了馬來拉惹之間的小規模戰爭，並平息了海盜之亂。他
> 們建設公路和鐵路，徵收的稅款直接進入國庫並用於公共服務。
> 他們無疑是擅長行政管理的民族。[53]

馬哈迪的精神世界並沒有與殖民思想完全決裂。在馬來人能否勤奮工
作的問題上，他的評斷具有認輸的意味。這裡可以舉一個例子：

> 一般零售商店可以輕易請到馬來人擔任售貨員。他們可能比不上
> 華人，但如果不給他們機會學習，他們肯定將永遠不會有所出
> 息。起初會有人半途離職，也許人數還不少，但我們可以合理期
> 待，至少會有少數人堅持到底並取得成功。以英語為商業語言的
> 大型華人公司和銀行似乎也沒有理由不能僱用馬來人。他們或許
> 不像華人那樣勤奮，關於他們懶散的指責似乎也有一定的根據，
> 但事實並不像人們所理解的那樣糟糕。政府部門和好些英國商行

53　*Ibid.*, p. 76.

163　　僱用了馬來人，也同樣能夠生存下去。把所有馬來人歸為一類並
貼上懶惰的標籤，是不合理的。我們需要以更加開明和體諒的態
度來看待他們。[54]

在關於提升個別馬來人的財富與地位的問題上，馬哈迪也表現出
與《精神革命》同樣的態度。他認為讓少數馬來人晉升為公司董事會
有許多好處。他對馬來人改革的想法必須放到資本主義脈絡中來看。
他並沒有質疑資本主義制度。他的改革建議只限於馬來人的態度和價
值觀；在他看來，在馬來西亞憲法脈絡和資本主義制度下，這些態度
和價值觀基本上是負面的。他的想法隱含著法律調整的意味，但這只
是針對制度的一部分做調整，而不是改變整個意識形態。他甚至對封
建主義表示讚賞。他說：

> 馬來人的封建主義傾向本身並不具破壞性。它促成了一個有秩
> 序、奉公守法的社會。人們如果能夠遵循不成文的行為準則，必
> 定很容易就能遵守國家的成文法律。人們如果能夠接受說，一個
> 社會裡必須容許不同程度的權威和權利的人存在，必定很容易就
> 能促成一個穩定的社會和國家。在這樣的社會中，革命是罕見
> 的，除非是由上層所領導。所以，封建社會未必就是一個靜止或
> 倒退的社會。如果上層有活力，它可以是一個有活力的社會。但
> 是，如果上層失能，或者只關注本身的利益，民眾就不會有進步
> 的動力。[55]

54　*Ibid.*, p. 83.
55　*Ibid.*, pp. 170-171.

他的論述至此戛然而止。有別於早他一百二十年的阿都拉，他並沒有討論馬來社會封建領導層的本質。《精神革命》和馬哈迪這本書的共同缺點在於，作者們都把對馬來人的剝削歸咎於馬來人的民族性、英國人的統治和移民商業的影響，而沒有在同等程度上歸咎於從殖民主義中受惠的馬來統治階級。所以，當他們說馬來人不坦誠時，意味著他們自己也不坦誠。就這一點來說，他們對馬來統治階級造成馬來人處境惡化的情況保持沉默，說明了他們的虛偽。與阿都拉不同的是，他們自己並非坦誠的人。在下一章裡，我們將對這兩部作品展開批判性討論。這兩部作品大體上反映了統治菁英的理念。他們一方面嘗試對馬來人進行詳細的批評，一方面卻又迴避對統治菁英進行同樣詳細的處理。雖然曾約略提過一兩次，卻都是一筆帶過，從未被當作一個章節或一個段落的主題詳加探討。這反映了他們在權力結構中的位置，因為他們本身就是現狀的一部分。

譯註

i　此處原書誤植為註腳編號4，以致其後各註腳編號與內容有所錯置，經查核後已逐一更正，後不贅述。

ii　馬哈迪，1925年出生於吉打州，1953年畢業於新加坡馬來亞大學醫學院（前身為愛德華七世醫學院，現為新加坡國立大學的一部分）。他在1946年巫統成立時即已成為黨員，1959年成為巫統吉打州主席，1964年首次參加全國大選並中選為國會議員。1969年，以巫統為首的執政聯盟在5月舉行的全國大選中雖再次贏得執政權，卻失去了三分之二絕對優勢，選後的5月13日爆發了嚴重的族群流血衝突。6月17日，在此次大選中失去國會議席的馬哈迪寫信向時任首相兼巫統主席東姑阿都拉曼（Tunku Abdul Rahman）發難，批評東姑未能維護馬來人的權益，並要求他辭職下台，結果在9月被巫統開除黨籍。《馬來人的困境》（ *The Malay Dilemma* ）即寫於他被逐出巫統之後，次年在新加坡出版。馬哈迪在1972年重返巫統，此後平步青雲，1976年受委為副首相，1981年7月成為馬來西亞第四任首相，任期長達二十二年，

是馬來西亞在位最久的首相。他在2003年退位後仍活躍於政治，2016年退出巫統，隨後於2018年5月帶領反對黨聯盟在全國大選中勝出後，以92歲之齡擔任馬來西亞第七任首相至2020年2月下台為止。

iii　海德博士（Mr. Hyde），典出英國小說家羅伯特‧路易‧史蒂文生（Robert Louis Stevenson）名著《化身博士》（*Strange Case of Dr Jekyll and Mr Hyde*, 1886）。小說主角傑奇博士（Dr. Jekyll）一旦喝下自己配製的藥水，平時被壓抑的邪惡人格就會顯露出來，使他從善良的紳士，變成凶暴殘忍的海德先生。

iv　馬來保留地（Malay reservation），係指保留供分配給馬來人或土地所在州原住民的土地。除了海峽殖民地（馬六甲、檳榔嶼、新加坡）之外，英屬馬來亞各州都有各自的馬來保留地法律。最早的是馬來聯邦四州（雪蘭莪、森美蘭、霹靂、彭亨）在1913年頒布的馬來保留地法令（*Malay Reservation Enactment 1913*），這項法令也是第一個明確定義「馬來人」的法律。該法令在二十年後由1933年馬來保留地法令（*Malay Reservation Enactment 1933*）取而代之，再過兩年經修訂後重新頒布為1935年馬來保留地法令（*Malay Reservation Enactment 1935*），從此沿用至今。從1930年開始，吉蘭丹、吉打、玻璃市、柔佛、丁加奴五州也先後頒布了各自的馬來保留地法令。這項法令旨在確保被劃定為馬來保留地的土地不會落入非馬來人手中。

v　雅司病（yaws），病原為雅司螺旋體（Treponema pallidum pertenue），是一種透過接觸傳染，在皮膚、骨骼及關節產生類肉芽腫疤痕的熱帶感染病，故又稱「熱帶肉芽腫」。

| 第十一章 |

馬來民族性的扭曲
The Distortion of Malay Character

　　《精神革命》的作者們扭曲馬來民族性，某種程度上馬哈迪也是如此，都是因為他們對社會科學缺乏深刻的理解，推論不嚴謹，對馬來人的歷史也不熟悉。無論如何，他們都同情馬來人。他們的情況與一些美國黑人相信白人種族主義者對他們的看法如出一轍。在殖民時代，有一些土著名人會相信殖民強權的道德與文明使命。在古代社會，也同樣有不質疑奴隸制的奴隸。正如我們所指出的，某個意識形態一旦取得至高無上的地位，它就會在一定程度上被受它支配的一方所接受。由於馬來西亞在獨立建國的過程中沒有經歷過漫長和深刻的政治鬥爭，統治階級具有連續性，馬來菁英分子的意識形態並沒有出現急劇的斷裂，因此便有《精神革命》與殖民意識形態十分相似的情況發生。正是殖民意識形態持久的影響力，加上科學研究和知識方面的不足，造就了《精神革命》的特色。我們對此書的批評首先要針對的就是它的無知，或對過去關於馬來人落後問題的探討缺乏認識。

　　正如我們已看到的，自文西阿都拉1838年在新加坡寫出他的吉蘭丹遊記以來，馬來人落後的課題便持續受到關注。第二次世界大戰之前，馬來人拿督瑟迪亞拉惹阿都拉（Dato Sedia Raja Abdullah）評論說，馬來人在思想觀念上必須有所改變。他發現一些馬來農民的迷信

和巫術行為妨礙了馬來人的進步。[1] 這方面的另一個例子，是前面提過的吉蘭丹伊斯蘭教與馬來習俗理事會於1918年開始策劃出版的小冊子。第二次世界大戰結束後，馬來領袖如拿督翁・惹化（Dato Onn bin Ja'afar）和布哈努丁・阿爾賀爾米（Burhanuddin al-Helmy）也關注馬來人落後的問題。他們的觀點散見於他們眾多的演講和報章報導中。1957年國家獨立之後，這個主題經常被討論。翁姑阿都阿茲（Ungku Abdul Aziz）寫過關於馬來人貧窮問題的文章。我本身也從1959年開始探討這個問題。在那個時期，人們認為政府內部的規畫和外部的體制改革已經足夠。精神革命的說法，即觀念的徹底改變，是我在1959年發表於馬來文日報上一篇探討改革問題和意識形態角色的文章中提出的。[2] 1960年，我指出了馬來西亞的馬來社群所面臨的三大問題：如何提高人民的生活水平；如何保護馬來人的語言和文化；如何「透過揚棄有礙進步的東西和追求美好的東西，實現思想與態度的革命」。[3] 1965年，我在泛馬來亞回教黨（Pan Malayan Islamic Party）於吉蘭

1　Dato Sedia Raja Abdullah, "The Origin of the Pawang and the Berpuar Ceremony". *JMBRAS*, vol. V, pt. 2, November, 1927. 關於農業活動中的巫術和迷信行為，他寫道：「總之，我不得不說，只要馬來人當中仍存在著這種及其他類似的信仰，我們就不能妄想他們在經濟上取得進步。只要那些信仰依然根深蒂固，科學就無法取得多大的進展，因為迷信和科學真理是不能並存的。如果認為農作物的損害是因為邪靈肆虐所致，那麼，想要科學地處理蟲害問題即便不是完全不可能，也必定困難重重」（p. 313）。

2　Syed Hussein Alatas, "Erti Kemajuan Masharakat". *Utusan Melayu*, October 7, 1959, Kuala Lumpur. 文中寫道：「歷史上發生的每一項重大改革和每一次革命，總是以精神上的大改革為先導。歷史上沒有一項改革不是以人們對生活觀念的改革為先導的。」除了關於馬來民族性的討論之外，《精神革命》提到的那些基本主題都可以在這篇文章中找到。它探討了進步的概念、進步所需要的心態、實現進步的方法等問題。雖然經濟改革是主要目標之一，但經濟至上論（economism）不應主導分析方法。

3　Syed Hussein Alatas, "Sekitar Bahasa dan Kebudayaan Melayu", p. 82. *Dewan Bahasa*, IV, no.

丹哥打峇魯（Kota Bahru）舉辦的公開講座上強調：「穆斯林的宗教要求他們行善、行義和消除邪惡之事。正如先知穆罕默德所示範，首先要嘗試做的改變，是思想和情感上的改變。唯有在這之後，外在行為的改變才會出現。」⁴ 這裡所提出的，就是馬來人精神革命的概念。對封建價值觀與思想的摒棄，和對馬來文化中有價值元素的保留，「在未來將激發我們展開精神革命（revolusi rohani）與奮鬥，而不是固守於陳腐與汙穢之中」⁵。

　　1965年，我發表的一篇研究報告探討了集體再現（collective representations）（法國社會學派所概念化的各種信仰類型）對馬來人經濟發展的影響。我甚至使用了「精神革命」這一詞彙。⁶ 1963年和1970年，我在巴黎先後發表的兩篇研究報告觸及了馬來人發展的問題。《精神革命》的作者們若不是刻意忽略這些論文，就是不知道它們的存在，儘管這些論文都與他們的主題高度相關。如果是後面一種情況，那麼他們的知識與科學意識就由此可見一斑了。《精神革命》所犯的第一個大錯誤，是把馬來社群所遵循的價值觀視為單一、統一和同質的實體。被他們歸納為馬來民族性格特徵的那三十多種負面特

　　2, February, 1960, Kuala Lumpur.

4　Syed Hussein Alatas, "Sejarah Melayu Berisi Unsur2 Yang Tidak Sehat Dari Segi Falsafah Perjuangan Islam". *Angkatan Baru*, October, 1965, Kuala Lumpur. 演講稿刊登於此份月刊。

5　*Ibid.*

6　Syed Hussein Alatas, "Collective Representations and Economic Development". *Kajian Ekonomi Malaysia*, vol. II, no. I, June, 1965, Kuala Lumpur. 這篇文章認為：「在我看來，政治、醫藥、工藝、農業、漁業、土地開墾、建築、交通等領域的集體再現，包括其中的神祕元素，是造成東南亞社會停滯與落後的巨大影響因素之一。它們在人們的日常生活中具有重大的意義。在我們希望東南亞各民族的社會與經濟狀況取得大幅度和積極的改變之前，我們必須先促成一種觀念上的改變，一種精神革命」（pp. 106-107）。文中也討論了巫術和迷信如何影響發展。

質，更多的是反映馬來統治階級，而不是整個馬來社群。[7] 在傳統馬來社會，懶惰現象更普遍存在於統治階級，而不是存在於人民之中。所有社會都會有一定數量的懶惰分子。而在馬來社會中，統治階級中的懶人數量更多。

168　　按照我們的定義，我們必須把個人的懶惰品性，與他因報酬上的考量而決定迴避某些工作的行為區分開來。一個人如果寧可去當園丁並賺得較少，也不願意去當服務員，只要他在園藝工作上恪盡職守，就不能視之為懶惰。所以，馬來人如果偏好某種類型的工作，例如喜歡去種稻甚於去當商店售貨員，這偏好本身不能被視為懶惰的證明。《精神革命》傾向於認為馬來人懶惰，是不自覺地受殖民資本主義影響所致。正如我們已經證明的，殖民資本主義是從資本主義剝削體制的角度來考量勤勞與否的問題。令人驚訝的是，無論殖民資本主義或《精神革命》，都從來沒有提到過懶惰的華人。在他們看來，所有華人都是勤勞的。雖然整體而言華人無疑是一個勤勞的民族，但如果認為懶惰的華人不存在，那未免太荒謬了。相對於全體懶惰的馬來人形象，全體勤勞的華人形象也是殖民資本主義的產物。在華人社群裡，上層階級中有較高比例的懶惰分子。有許多富二代、賭徒、花花公子和情婦是懶惰的。有許多華人地主是懶惰的，每天就只是悠閒地坐等月底收租。有許多華人地產業主是懶惰的，他們買下地皮後什麼都不做，只等它漲價。

　　《精神革命》的錯誤在於，作者們只是遇到一些案例，便據此以偏概全。的確，缺乏主動性的馬來人、懶惰的馬來人、不認真做事的

7　　參見Syed Hussein Alatas, "Feudalism in Malaysian Society: A Study in Historical Continuity", in *Civilizations*, vol. XVIII, no. 4, 1969.

馬來人和不考慮未來的馬來人是存在的。《精神革命》所列舉的所有
負面特質，都存在於一些馬來人身上。但以偏概全卻是另一回事。作
者們以偏概全的基礎，是民間傳說和俗語。他們進行推論時的最基本
假設是，如果馬來詞庫中不存在某個詞彙，該詞彙所表述的現象就不
存在。他們的第二個基本假設是，如果某些俗語在馬來文獻紀錄中出
現的次數多過另一些俗語，其所承載的中心思想相較於後者便是主導
馬來人觀念的思想。這些謬誤不需要多少才智就能揭穿。《精神革命》
憑著一些表達負面特質的馬來俗語，就認為這些負面特質是馬來民族
性中的主導因素。所以，「*Hangat-hangat tahi ayam*」（雞糞般的熱度）
這句俗語，便被他們用來證明馬來人做事缺乏熱情和毅力，因為雞
糞只有三分鐘熱度，無法持久。《精神革命》所犯的第一個基本錯誤
是，它沒有將這些俗語分門別類。這些俗語大致可分為三個類別，儘
管有時候類別之間的界線很難截然劃分。我們姑且稱它們為提倡類、
禁制類和描述類。提倡類俗語提出理想或正面的主張，並希望能夠加
以實現。禁制類俗語含有拒絕、不認同、迴避的成分。描述類則純粹
是描述某種情境，既不提倡，也不禁制。提倡類俗語的一個例子是
「*Tangan menetak bahu memikul*」（手在砍，肩在扛），用以形容勤奮工
作。另一個例子是「*Genggam bara api, biar jadi arang*」（既然握住了燃
燒的木頭，就讓它變成木炭），意指有始有終、堅持不懈地完成任務
的毅力。禁制類的一個例子是「*Jangan nantikan nasi disajikan di lutut*」
（勿等飯菜送到膝前）。馬來人一般上是盤腿坐在地上吃飯，飯菜就擺
在膝蓋前方，這句俗語規勸人們不要期望不勞而獲。一個描述類俗語
的例子是「*Retak menanti pechah*」（裂隙等待破裂），描述的是脆弱的友
誼即將破裂的狀況。

　　僅憑存在於馬來語中的一句俗語，並不足以證明那就是馬來人的

169

一種性格特徵。它只是社會對某個具體情境的反應。從提倡類和禁制類俗語列表中，倒是可以看出馬來人的價值觀。「雞糞般的熱度」是禁制類俗語。馬來人說這句俗語時，是帶著否定或嘲諷成分的。這句俗語並沒有提倡的意味。但《精神革命》的作者們卻認為，馬來人主張這種行事態度。此外，他們也暗示大多數馬來人受此觀念影響。對於與他們所誤解的馬來俗語相矛盾的其他俗語，他們還會按下不表。例如，他們指馬來人是宿命論者，引以為據的俗語是「*Rezeki sechupak tidak boleh jadi segantang*」（一朱巴的糧食不會變成一干冬）[i]。[8] 他們認為這句俗語顯示了馬來人的宿命論。嚴格而言，宿命論者是不相信一個人的努力可以對其作為產生影響的人。根據這個定義，馬來人並非宿命論者，因為他們相信人有自由意志。他們相信人的作為可以影響其命運。有好些記錄在案已有百多年之久的俗語強調了人類作為的價值。下面舉幾個例子：「*Tanam lalang tidak akan tumboh padi*」（如果種的是茅草，就不會長出稻米）；「*Malu berdayong perahu hanyut*」（如果羞於划槳，船就會隨波逐流）；「*Segan bertanya, sesat jalan*」（如果羞於詢問，就會迷路）。這些俗語在在表明，馬來人相信人是自由的行動者。馬來人所謂的「*takdir*」（宿命之意），是指那些不可避免、無法阻止其發生而只能接受的事物。

　　《精神革命》在俗語的選擇上是有偏見的，對俗語的詮釋也是為了配合其既有的馬來人形象。此外，它的推論也多有謬誤之處。它宣稱

170

8　「*Rezeki*」一詞源自阿拉伯語，意思是糧食、饋贈、生計。《精神革命》列舉了七句俗語來證明馬來人相信命運。參見 *op. cit.*, p. 69. 馬來諺語的大收集家麥斯維爾認為，這句俗語並沒有任何宿命論色彩。他指出，這句俗語描述的是「一個只能剛剛好養活自己的人，其日常收入只夠他存活，不夠讓他儲蓄」。參見 W. E. Maxwell, "Malay Proverbs", p. 150. *JSBRAS*, no. 2, 1878.

在早期馬來詞庫中，「主動」、「自力更生」、「守時」、「紀律」等詞彙
並不存在。它的錯誤在於誤解了詞庫的性質。沒有一個民族的詞庫是
能夠完全表達該民族的有意識思想和感覺的。一種思想或觀念，例如
「主動」，即便沒有透過一個詞彙來表述，還是有可能存在並以不同
的形式表現出來的。馬來人肯定有「主動」這一觀念，因為馬來語的
「*chergas*」（積極、活躍之意）一詞，就包含了主動的意思。如果說一個
詞彙不存在就真的表示該詞彙所表述的現象不存在，那麼我們就會得
出類似這種荒謬的結論：在伊斯蘭教傳入之前馬來人從來不思考，因
為馬來語中表述思考的「*pikir*」一詞，是從阿拉伯語引進的外來詞，
馬來語本來沒有「思考」這一詞彙。《精神革命》的另一個錯誤是指
馬來人過去不知紀律為何物，因為馬來語中沒有「紀律」一詞。事實
上，馬來語中的「*patoh*」（遵守之意）一詞，就已包含了紀律的意思。
而且，如果沒有紀律，馬來人歷史上的某些現象就不可能出現。如果
沒有紀律，馬來土邦過去所見的軍事組織、戰爭、劫掠、政府，甚至
海盜活動，都不會出現，15世紀也不會出現強大的馬六甲王朝。《精
神革命》在討論馬來人的紀律時竟然忽略了所有這些因素，實在令人
驚訝。

　　另一項錯誤認識是與理性（rationality）有關。馬來人對理性行為
的重視是顯而易見的，儘管馬來人的理性往往與巫術和迷信並存。
這是全世界普遍存在的情況。只有在高度工業化的現代社會中，理
性因素才占據主導的地位。不過，說馬來社會過去不重視理性並不
正確。這裡可以舉兩句《精神革命》忽略的馬來俗語為證。第一句是
「*Ikut hati mati, ikut rasa binasa*」（跟著心走，死路一條；跟著感覺走，
終將毀滅）。麥斯維爾（W. E Maxwell）的解釋如下：「這是一句格言，
指一個人如果不顧法律和社會義務，以個人願望和感覺作為行動的唯

一指南,那是愚蠢和不道德的。」[9] 第二句是「*Turutkan gatal sampai ke tulang*」(抓癢抓到骨頭上),意指始終被激情牽著走,或耽溺於非理性的憤怒而造成災難。如果說能夠透過手段來解釋的目的就是合乎理性的,那麼理性這一素質確實存在於馬來人當中。馬來人在17世紀所從事的手工業、農業、漁業、貿易和商業,在在表明其理性觀念的存在。不過,如果理性這個詞是指現代商業實踐、工業活動和商業,這種理性確實是馬來人所欠缺的。但我們不能指責馬來社會過去缺乏這種工商業理性,因為東南亞的工商業理性是到了19世紀和20世紀才由殖民勢力創生的。如此指責馬來社會,就像指它在電力尚未發明的時代不知道如何使用電力一樣荒謬。

在馬來人過去被指不守時的問題上,情況也是如此。由於社會性質不同和沒有時鐘這種東西,馬來社會過去並沒有以時鐘為衡量標準的機械式守時觀念。那時候的社會生產過程尚未機械化,因此不需要有現代的守時習慣。以船運為例,由於船隻的移動取決於風向和人力,船隻的出發或抵達無法根據可測量的時間單位來確定。所以,在社會生活的大部分領域,機械化的守時觀念並沒有存在的必要。農民和漁民工作時也沒有必要以時鐘為準。但話說回來,儘管有以上這些因素,馬來人並非沒有守時的意識,而這意識與宗教有關。無論是前殖民時期的馬來人,其後各時期的馬來人,還是今日的馬來人,每天都會準時進行禮拜,尤其是黎明的晨禮和傍晚的昏禮。他們都會嚴格遵守禮拜的時間。在齋戒月(Ramadan)裡,同一個地區的整個穆斯林社群會集體開齋,時間精確到以分鐘計。他們會按照清真寺的喚拜,嚴格遵守禮拜的時間。因此,聲稱他們沒有守時的觀念,無疑是一種

---

9   W. E. Maxwell, "Malay Proverbs", p. 90. *JSBRAS*, no. 1, July, 1878.

誤導；並不是他們不守時，只是他們的時間觀與時鐘無關而已。隨著現代科學與技術對現代馬來人生活的各個領域產生了影響，必須守時的範圍擴大了，於是，以時鐘為準的計時方式被引進馬來社會。就像其他人一樣，馬來人很容易就能應付這一轉變。他們以時鐘為準，按時到辦公室上班、搭乘火車或上學。每天以時鐘為準從事日常活動的馬來人有數以百萬計，他們接受守時觀念至少已經有五十年了。[10]

　　反之，在不需要嚴格地以時鐘為準的場合，例如鄉村地區的宴會，馬來人就不會遵從守時的觀念，一小時或半小時的落差是常有的事。但這也是高度工業化的現代社會的情況。相當於馬來鄉村宴會的，是持續到深夜的住家開放式派對。在歷時二到三個小時的雞尾酒會中，客人可以在這段時間內的任何時候進場，這也很像馬來人的鄉村宴會。每個社會其實都會有一些生活領域是不需要嚴格遵守時間衡量標準的。另一個例子是上酒吧或俱樂部。馬來鄉村沒有酒吧或俱樂部，但人們隨時出入鄉村宴會的現象，顯然與隨時出入酒吧或俱樂部的現象相似。《精神革命》的作者們和馬哈迪一方面選擇馬來人生活中不需要守時的情況為例，另一方面則忽略了存在著守時和時間觀念的事例，從而錯誤地指責馬來人缺乏時間觀念和不守時。他們對事例的選擇有著嚴重的偏見，而到底是什麼原因，導致他們如此刻意扭曲馬來人的形象？在回答這個問題之前，讓我們先來看看馬哈迪對馬來稻農形象的扭曲。他認為，馬來稻農一年中只實際工作兩個月，而除了少數人之外，他們喜歡把農閒時間花在休息和長聊上。這是一幅扭

172

10　我早前曾討論過作為一種價值觀存在於一些傳統社會的守時觀念，以反駁赫斯科維奇（M. J. Herskovits）對蘇丹（Sudan）的概括論述。參見 Syed Hussein Alatas, "Modernization and National Consciousness", in Ooi Jin Bee, Chiang Hai Ding (eds.), *Modern Singapore*. University of Singapore, Singapore, 1969.

曲的馬來稻農圖像。

在某些地區,例如吉打和玻璃市(Perlis),在雙季稻種植期開始之前,稻農確實有可能面對農閒就業不足的情況。這是因為這些地區相對缺乏割膠、築路、排水與灌溉工程、捕魚、編織草蓆等兼職打工的就業機會。但這肯定不是遍及整個馬來亞的情況。涵蓋吉蘭丹哥姆布(Kemubu)1,157個稻田的一項研究顯示,一名稻農的年均工作天數是123天,其中還不包括用於飼養牲畜的時間。[11] 在稻作成長期間,當農民不在田裡工作時,他們必須花大量的時間照料養在欄裡的牲畜。該研究報告指出,農民一年中有180天忙於勞動,其中94天的勞動與一年一季的種稻活動直接相關。在農閒期,一些稻農會種植菸草。1967年,在吉蘭丹估計約6萬個農戶中,登記種植菸草的農民有1.3萬名。他們也種植糧食作物。有些則種植橡膠。所以,說馬來稻農一年只工作兩個月,是一種粗暴的扭曲說法。在瓜拉雪蘭莪(Kuala Selangor),農民單是種稻,年均工作日就多達131天。[12] 在馬六甲的雙季稻產區峇章(Bachang),農民幾乎全年無休。在150個工作日(含假日即六個月)當中,務農者有134天忙於工作,其中42天用於種稻。該地區毗鄰馬六甲市,那裡有非農業性質的就業機會,農民可短期受僱為三輪車夫或計程車司機,或參與當地貿易或小生意。也有人是受僱於製造繩索、草蓆和袋子或切割木板的家庭代工。[13]

11   S. Selvadurai, Ani bin Arope, Nik Hassani bin Mohammad, *Socio-Economic Study of Padi Farms in the Kemubu Area of Kelantan, 1968*, p. 91. Ministry of Agriculture and Co-operatives, Kuala Lumpur, 1969.

12   Udhis Narkswadi, S. Selvadurai, *Economic Survey of Padi Production in West Malaysia, Report no. 1, Selangor*, p. 143, table 37. Ministry of Agriculture and Co-operatives, Kuala Lumpur, 1967.

13   Udhis Narkswasdi, S. Selvadurai, *Economic Survey of Padi Production in West Malaysia, Report*

　　馬哈迪在評估農民的年均工作天數時，並沒有把該數字與那些在公務員體系和私人公司就業者的工作天數做比較。在公務員體系、私人公司和工業領域，高階職員一年平均工作185天。讓我們以公務員為例，並按照農民工作天的定義，視8小時為一個工作天。在一年的365天中，星期天和半個星期六占了78天，年假占約30天，公共假日和病假占27天，剩下230天是工作日。由於政府部門一天實際上只工作6.5小時，所以需要減去43天。另外還要減去齋戒月共計5天的時間，因為直到1972年，在齋戒月期間，政府部門一天從上午8時到下午2時只工作6個小時。因此，230天減去48天，按照8個小時為一個工作天來計算的一年實際工作天數是182天。讓我們把這個天數與吉蘭丹稻農做比較。前述關於吉蘭丹的研究報告指出：「至於農民，他們的工作時間相當於123個工作天，其中一半以上（68個工作天）是在農場外工作。值得注意的是，農民在一年中大約有180天是處於就業不足的情況，這超過了他們一半的工作時間。」[14] 沒有人會去談論公務員就業不足或懶惰的情況。低階公務員和高階公務員之間的工作天數差異介於7至14天之間。至於花在閒聊、進行休閒活動和參加節慶的時間，公務員比起農民不遑多讓。公務員的休閒時間在工作日是大約8個小時，在假日則是16個小時，這些時間他們用來休息、聊天、看電視、聽廣播、上電影院或夜店、賭博。也有一小部分公務員利用休閒時間從事體育活動、閱讀或培養愛好。這些來自各個族群的城市居民，這些不會成為瘧疾受害者、平常也不會精疲力盡的

　　　no. 2, *Collective Padi Cultivation in Bachang, Malacca*, pp. 144-146. Ministry of Agriculture and Co-operatives, Kuala Lumpur, 1967.

14　S. Selvadurai, Ani bin Arope, Nik Hassani bin Mohammad, *Socio-Economic Study of Padi Farms in the Kemubu Area of Kelantan, 1968*, p. 91, *op. cit.*

上班族，為什麼就沒有被馬哈迪視為「不願做超額工作」的人呢？

馬哈迪和《精神革命》沒有把問題放在適當的脈絡中加以檢視。馬來鄉村居民和城市居民一樣努力工作，只是他們在收入和機會方面受到較大的限制。馬哈迪所談論的馬來人負面特質若非誇大其詞，就是判斷上有所偏差。例如，他認為馬來人只會對他們絕對信賴的人坦誠，而他們可以絕對信賴的就只有本族人。這根本不足為奇，因為每個社群都會有這種態度。除了像納粹分子和美國白人種族主義者那種不受道德約束的人之外，有誰會對其他族群的成員表達其對該族群的不客氣或令人不快的想法？無論在亞洲或西方世界，大多數社群都有一種禮貌或克制的意識。這種意識不是馬來人特有的。另一個誇大或偏差的判斷，是馬哈迪對馬來人心理構成中的殺人狂的評價。首先，被稱為殺人狂的這種現象並非局限於馬來人。華人和印度人在精神失常狀態下殺死家人的事件也時有所聞。此外，由於歷史條件已經改變，這種現象在馬來人當中已大為減少。對一個人施加極端精神迫害的情況，如18世紀巴達維亞一個荷蘭家庭虐待其武吉斯奴隸的案例，已經不再是常有的事。再者，馬哈迪把某些只關係到個別人士的現象看作是集體特質的反映，也是錯誤的做法。第二次世界大戰期間，日本士兵很少被俘虜。他們寧可自殺，也不願投降。到最後，作為一個民族的日本投降了，但日本人並沒有全體自殺。促使日本士兵自殺而不投降的，是支配他們個人行為的榮譽感，但這種榮譽感並沒有支配整個日本民族。因此，我們不能說戰敗自殺是日本民族性中的一項基本特質。

把少數人的行為概括為一個社群的特質，會造成混淆。馬來人喜歡偷竊，因為有些馬來人偷竊；馬來人是懶惰的，因為有些馬來人懶惰；馬來婦女對丈夫不忠，因為有些馬來婦女對丈夫不忠；馬來人是

瘋狂的，因為有些馬來人發瘋了；馬來人是鴉片煙鬼，因為有些馬來人抽鴉片。若按照這種邏輯，我們可以根據一些馬來人在某些時候表現出某種特質的事實，無限多地列舉出馬來人的負面特質。誠然，精神疾病在特定社群中是存在的，但我們不能理所當然地認為那是該社群心理構成的一部分。新加坡和馬來西亞華人社群中有一種稱為「縮陽症」（koro）的精神疾病，那是一種強烈擔心生殖器縮入體內的焦慮症，主要發生在男性當中。[ii] 難道僅僅因為這種精神疾病主要發生在華人社群中，我們就可以斷定，擔心喪失性能力、擔心重要生殖器官往體內縮的焦慮，是華人基本心理構成的一部分嗎？這樣的結論無疑會是一個非常荒謬、糊塗的結論。縮陽症與華人民族性或華人「困境」根本就毫無關係。它的存在僅僅意味著一小部分的華人有患上這種精神疾病的傾向。它可以從文化和心理的角度得到解釋，儘管文化因素未必是直接的影響因素。但這種現象無關一個社群的集體性格。

　　馬哈迪和《精神革命》所嘗試做的，嚴格來說是民族性研究。但民族性研究本身就存在著一些嚴重的問題，這些問題讓社會科學領域最優秀的人才也感到困惑，其中之一就是民族性的定義。

　　民族性之所以難以定義，原因在於社會分為許多階級，各階級有各自的次文化，又有年齡和性別之分，而且整個社會對特定情境的反應還會因為有或沒有受到民族性主導而有所不同。以日本社會為例，潘乃德已成功證明，日本是一個完完全全滲透著等級心理的社會。

　　在家庭與人際關係中，年齡、輩分、性別和階級決定了什麼是適當的行為。政治、宗教、軍隊、產業等各個領域都有細緻的等級劃分，無論上層或下層都不能逾越權限，否則會受到懲罰。只要「各得其所」的情況得以維持，日本人就會毫無怨言地生活下

去。他們就會感到安全。當然，他們感到「安全」不是因為他們的最大利益得到保護，而是因為他們已經接受等級制為合法的制度。就像對平等與自由企業的信賴是美國人生活方式的特徵一樣，對等級制的接受是日本人人生觀的特徵。[15]

　　在這裡，潘乃德把主導日本人行為的一項特徵從日本民族性中分離了出來。她指出，日本人所犯的一個錯誤是，他們試圖把這一特徵施加於被他們征服的領土，期望被征服的民族也能在這等級制中各安其分，接受較低的地位。這當然引起不滿。日據時期（1942-1945），我在爪哇就目睹了日本人對等級和組織的熱情。在日本人的「亞洲人的亞洲」（Asia for the Asians）概念中，日本占據「大哥」（*saudara tua*）的位置，這基本上就是等級制的一種表現方式。河崎一郎（Ichiro Kawasaki）指出，日本人最擅長集體行動。在公司裡，決策往往具有全體共識的性質。[16] 這些特質可視為構成民族性的部分要素。它們主導著整個民族的心理。它們透過社會化過程來傳播；它們能夠被理解，並且理所當然地被接受；它們並非只適用於某個階層，而是普遍適用於整個民族的所有成員。然而，並不是每個民族的民族性都是可以明確地勾勒清楚的。

　　我們想要強調的一點是，在某些情況下，談論民族性並非不可能，但會面對很大的問題。我們不否認馬來人或許確實具有某種民族性，但也許除了一兩個例外之外，馬來民族性的構成要素肯定不是馬哈迪和《精神革命》所提到的那些。要在那些顯而易見但不具深遠影

176

15　Ruth Benedict, *The Chrysanthemum and the Sword*, pp. 66-67. Routledge and Kegan Paul, London, 1967.

16　Ichiro Kawasaki, *Japan Unmasked*, p. 188. Charles E. Tuttle, Tokyo, 1970.

響力的特徵之外逐一確定馬來民族性的特質，還需要進行大量的專門研究。例如，馬來人整體上說話輕聲細語，不喜歡大聲交談。他們往往會避免在個人或團體之間發生劇烈、激情和公開的爭執，雖然他們並不會迴避爭執本身。馬來人有自己一套展開和解決爭執的方式，但也未必是所有爭執都按照這套方式處理。在過去，馬來統治者之間曾發生直接而激烈的爭鬥。宗教上也發生過直接而激烈的爭端。在不否認可能存在某種具體的馬來民族性的前提下，我們希望在此指出，馬哈迪和《精神革命》所選擇的那些特質，絕不是馬來民族性的特徵。馬來人的歷史與現況，與他們不能勤奮工作、缺乏紀律、不守時、耽溺於閒聊的說法是相互矛盾的。這些作者把某些馬來人的行為，誤認為整個馬來社群的普遍表現。長谷川如是閑（Nyozekan Hasegawa）在談到日本民族性時指出，與其說民族性是某個階級的特性，不如說它是整個民族的特性。一種價值，例如做事有分寸，也許是起源於上層階級，但如果它延伸到整個民族，它就會成為民族性的一部分。[17] 懶惰、缺乏紀律、不守時等價值，並不是整個馬來社會秉持的價值。殺人狂也不是馬來人集體接受的面對艱難處境時的反應模式。它只不過是精神崩潰的徵兆，只對個別馬來人產生影響，不能被視為馬來民族性的一部分。認為某種心理疾病是馬來人集體傾向的一部分，無異於延續殖民思維。正如我們已經指出的，英殖民官員克利福聲稱，「拉塔病」是馬來人心理中固有的一種精神病理失調症。[18] 馬哈迪以殺人狂代替拉塔病，視之為馬來人心理構成的一項要素，這樣的主張聽起來像是殖民主義的迴響。

17　Nyozekan Hasegawa, *The Japanese Character*, pp. 16-17. Tr. John Bester. Kodansha International, Tokyo, 1965.

18　Hugh Clifford, *Studies in Brown Humanity*, pp. 195-196, *op. cit.*

　　前面提到，我們不可能把精神失調視為任何社群的民族性的組成
部分。原因如下：它不是該社群有意傳播的；它沒有主導對民族問題
的集體反應；它不是絕大多數人所共有，也不是受認可或默許的反應
模式。只有積極符合上述條件的價值、態度和反應模式，才能被視為
民族性的構成要素。

　　如果有許多英國人喝醉酒並在街上蹣跚而行和大吵大鬧，這行為
本身並不構成英國民族性的一部分。只有證明英國人對民族危機的集
體反應在某種程度上受到喝醉酒這一特殊現象的制約，而喝醉酒又是
遍及英國生活的一種根深蒂固的全民現象，我們才能認定這種特殊形
式的醉酒是英國民族性的組成部分。或許會有個別英國人是酒鬼，其
生活完全被酒精所支配，但我們很難因此而斷定這就是英國民族性的
一項基本特質。馬哈迪因為不熟悉社會科學，才會認為殺人狂是馬來
人心理構成的基本要素。

　　關於民族性，還有最後一點要說。它不能與宗教、文化、儀式、
體制、習俗或情境混為一談，儘管在一個民族或社群的某個歷史點
上，它們全部或其中一部分可能有助於其民族性的形成。薩爾瓦多·
德·馬達里亞加強調，相較於英國人的集體生活，知性元素在法國人
的集體生活中具有更顯著的主導地位。在他看來，法國這個國家是嘗
試落實某種知性秩序的標誌。「在英國人的集體生活中，人們會在問
題出現的那一刻才憑著當下的本能去解決它，而在法國，整個集體
生活都已預先經過調節，所有情況都是可預見的。一塊錶的誕生，必
定先有一個鐘錶匠存在。在法國，國家就是社會機制的首席鐘錶匠。
因此，法國特有的把所有公共職權集中在國家手中的傾向，似乎是法
國知性主義（intellectualism）的一個必然結果。順便提醒一點，法國的

集權化即是由知識階層發動並完成的。」[19] 毫無疑問，法國文化和歷史造就了法國知性主義的主導地位，但知性主義是在它對法國人的生活產生重大影響之後，才成為法國民族性的一部分的。一項知性元素如果僅僅是存在於社群中，它並不能成為該社群集體生活中的主導元素。像殺人狂那樣的精神病理失調症更是如此。

《精神革命》和馬哈迪的書都存在著許多缺陷。我曾專門針對《精神革命》一書，以馬來文發表了一篇詳盡的評論。[20] 如果要討論這兩部作品中的所有錯誤說法，恐怕會偏離本書主題太遠。不過，這裡需要對馬哈迪關於種族低劣性的觀點加以評論。他的說法都是含糊不清的。在書中其他部分，他引用了環境影響說（environmental influences）。他相信馬來人的種族低劣性，但實際上並沒有詳細說明這種低劣性何在。他沒有說馬來人沒有能力成為優秀的商人或專業人士，但他引用了一般的種族性觀點，來解釋為何馬來人在資本主義發展中會滯後。他對「適者生存」假說的應用並非一以貫之。他用這個假說來說明為何中國會出現刻苦耐勞的個體，卻沒有把它用在馬來人身上，儘管馬來人也經歷過嚴酷的生存鬥爭。馬來人的捕魚和種稻活動並不像馬哈迪所說的那麼容易。獨立前，鄉村馬來人不得不與各種疾病展開艱苦的鬥爭。一位名叫海恩斯（Haynes）的公務員在他提交給1931年水稻種植調查委員會的備忘錄中寫道：「當我說這人口中有許多兒童的死亡是由於可避免的原因，我是根據大量的個人經驗而說的。最近，我在一些人口明顯健康的稻田區走動時遇見了當地僅有的兩位馬來戶主。我問他們生了多少個孩子，其中有多少個早夭。一位回答說，

---

19 Salvador de Madariaga, *Englishmen, Frenchmen, Spaniards*, p. 37. Oxford University Press, London, 1949.

20 Syed Hussem Alatas, *Siapa Yang Salah*. Pustaka Nasional, Singapura, 1972.

他生有五個孩子，三個已歿；另一位則說，他生了八個孩子，五個已
歿。這兩位以種稻為生的父親都是身強體健的好男人。在醫生和衛
生官員未能照顧到的偏遠地區，這些只是我所知道的眾多案例中的
179 兩個。」[21] 馬來人的死亡率偏高，其嬰兒死亡率更是如此，這是馬哈
迪也知道的。為什麼在馬來人當中，適者生存的理論並沒有像在中
國人當中那樣起作用？在社會科學領域，從種族和查爾斯・達爾文
（Charles Darwin）的進化論這一角度來解釋文化現象的做法，已經不足
為信了。事實上，達爾文進化論也不適用於中國。幾千年來，中國農
民始終必須面對種種生存困境。直到最近，他們才在社會和經濟上有
所進展。

即便土壤適宜耕種，也並不意味著農民就能過得輕鬆自在。他們
必須不斷地與雜草、昆蟲和害蟲搏鬥。絕大多數農民還必須與債務搏
鬥。遲至1966年，當政府已較為重視對稻農的援助時，各地都還有
作物受老鼠及其他害蟲侵害的報導傳出。有個地區約有25%的作物為
害蟲所害，[22] 而在較早時期，損害率更高。50%至60%的損害是由老
鼠造成的；有些則是鳥害和雨澇所致。

1931年，各地農業人口的負債率介於40%到90%。「負債的形式
有兩種，一種是以抵押土地的方式向印度放貸者或其他人借貸，一種
是在作物生育期向華人店家預支現金或賒賬。兩者中以後者遠較為
普遍和有害。普遍發生的情況是，種植者在作物生育期獲得貨物之
後，到了收成期需要以農產品償還時，店家所開的價格偏低，以致他

---

21   *Report of the Rice Cultivation Committee*, vol. I, p. 53. Federated Malay States Government
      Press, Kuala Lumpur, 1931.

22   Udhis Narkswasdi, S. Selvadurai, *Economic Survey of Padi Production in West Malaysia, Report
      no. 3, Malacca*, p. 35. Ministry of Agriculture and Co-operatives, Kuala Lumpur, 1967.

們實際所得的報酬，遠遠低於該農產品真正的市價。」[23] 這種情況至少持續了半個世紀，而且自1966年以來更是日益惡化。在農民有較多機會在農場外兼職的地區，例如馬六甲，農民的年均收入估計為馬幣1,628元，家庭支出為馬幣1,561元，淨儲蓄為馬幣66元。不過，其年均借貸額多達馬幣963元。該地區約83%的農民都有借貸，而約66%的貸款是用於消費目的，即購買食品和衣服。大部分的貸款是由雜貨店以實物的方式貸出。單單是這種貸款就占了馬六甲地區所有貸款的68.5%。

　　雜貨店以提高實物預付價格的形式間接收取的年利率估計為205%，當舖的利息則是25%。一般上，農民到了年底能夠償還大約70%的債務。所有這些因素顯示，馬來稻農的生活並不像馬哈迪所說的那樣輕鬆和簡單。而且，如果真是那樣輕鬆，他們就不會成為放貸者圖利的目標了。在這裡我們看到了馬來農民勤奮工作的另一個動機：為了償還債務。「應當看到的是，儘管雜貨店提供了農民所需信貸總額的80%以上，但在這些債務中，未能償還而結轉到下一年的只占一小部分。欠雜貨店的大部分債務到了年底都能還清；這是因為農民擔心，如果未能在每個月底償還應還款項，店家就不再允許他們賒賬。」[24] 1956年，稻米委員會列出了以下幾種導致稻農收益過低的情況：生產者欠債情況普遍且債務沉重，繳付的利息過高；缺乏組織化的信貸機制；營銷成本和利潤率過高，營銷商和中間商營私舞弊；缺乏公認的品質標準；倉儲設施不足和有缺陷；缺乏提供融資、加工、

23　*Report of the Rice Cultivation Committee*, vol. I, p. 40, *op. cit.*

24　Udhis Narkswasdi, S. Selvadurai, *Report no. 3, Malacca*, p. 147, *op. cit.* 在馬六甲，雜貨店的平均利率為267.5%，見此書頁157。

倉儲和配銷的生產者組織，以及鄉村地區資訊傳遞不佳。[25] 正是這些
因素，而不是他們天性中所謂的負面特質或任何遺傳素質，才能解釋
馬來人在脫離鄉民社會方面的緩慢進展。

　　總結而言，《精神革命》的作者們和馬哈迪為馬來人描繪的，看
來都是一幅扭曲的圖像。這幅圖像頂多只能反映馬來統治菁英的生
活，絕不是整個馬來社群的真實寫照。他們的推論基礎不嚴謹，對事
實的認識也有限。他們的詮釋漏洞百出，他們的思想也都是殖民意識
形態的延伸。他們忽略了馬來文化與歷史中許多強調進步價值的元
素。他們也混淆了文化與歷史。這一點我們留到下一章再來處理。當
今馬來西亞之所以缺乏馬來商人階級，是由於歷史因素，而不是馬來
人價值觀所致。

　　1971至1975年第二大馬計畫（The Second Malaysia Plan 1971-1975）
的目標是在二十年內建立一個馬來企業家階級，並使全國工商業的
30%由馬來人擁有和經營。[26] 這項計畫等於是間接承認了先前經濟規
畫的失敗。在國家獨立十四年後，馬來人在工商領域的參與度依然微
乎其微。《精神革命》為第二大馬計畫最終的失敗做了鋪墊。一旦這
項計畫無法實現目標，其責任就會被歸咎於馬來人的態度。我們在此
不去評估馬來西亞政府的實際表現，只追溯《精神革命》的意識形態
動機的根源。執政黨之所以貶低馬來民族性，是因為它試圖為自己在
確保馬來社群進步方面的實際或預期的失敗開脫責任。政府出版品和
各領袖的聲明從來不提政府的重大失敗或不足。這個問題需要另外單

25　*Final Report of the Rice Committee*, p. 16. Federation of Malaya, Government Press, Kuala Lumpur, 1956.

26　對此計畫的批評分析，參見Syed Hussein Alatas, *The Second Malaysia Plan 1971-1975: A Critique*, Occasional Paper no. 15. Institute of Southeast Asian Studies, Singapore, 1972.

獨研究。這裡只需指出，對於馬來人狀況沒有實質改善的情況，當權的馬來領袖越來越感到焦慮。他們不會公開承認這主要是貪腐、裙帶關係、計畫執行不力和缺乏體制創新所致。這些年來他們多次發表聲明，指人民必須對現狀做出反應，這恰恰表明他們對人民的無所反應感到焦慮。當然，要評估這一點我們必須了解問題所在，這樣才能確定是人民還是政府應該負責。我在這本書裡所做的，只是嘗試證明這種焦慮的存在，並證明這種焦慮的作用就在於，它是執政黨為馬來社群塗上負面色彩的一大動因，以便執政黨在無法實現其所宣布的目標時，可以把責任推給馬來人。

譯註

i　朱巴（chupak）和干冬（gantang）是馬來人過去採用的容量單位，1朱巴約等於900公克，1干冬等於4朱巴或3.60公斤。

ii　「縮陽症」（koro）與「殺人狂」一樣，是特殊文化專有的病理行為症候群，常見於中國華南地區和東南亞地區的華人社群，患者多為男性，在身體無實質變化的情況下，仍堅信自己的生殖器官正縮入體內，且認為一旦生殖器完全縮入體內，便會導致死亡，故又稱「恐縮症」。這種焦慮症也會發生在女性身上，女性患者則會以為其乳頭縮入乳房，或以為其乳房縮入體內。

土著商人階級的消失
The Disappearance of the Indigenous Trading Class

歷史上，菲律賓人、爪哇人和馬來人的社會都有商人階級。這個商人階級後來怎麼了？它後來被歐洲殖民主義摧毀了。摧毀的過程始於16世紀初葡萄牙人的到來。隨著西班牙對菲律賓群島的征服，菲律賓人的貿易越來越局限於島嶼之間的小規模貿易。1600年左右，即西班牙人1565年來到菲律賓五年後，同情菲律賓人的耶穌會教士佩德羅·奇里諾對菲律賓蓬勃的貿易做了描寫。他說菲律賓人在貿易方面是最精明熟練的民族。[1] 在西班牙征服菲律賓後約半個世紀，莫伽注意到了這次征服對菲律賓人的一些影響。除了我們之前提到的強迫勞動制和強迫供應制之外，還出現了一項限制貿易的新因素：除非獲得西班牙當局批准，否則土著不得離開所在城鎮出外進行貿易考察。[2] 因此，久而久之，越來越多重要的貿易落入了西班牙人手中。在這一章裡，我們會給予馬來和爪哇商人階級較多關注。相較於菲律賓人，他們的貿易活動規模更大，範圍也更廣。在15和16世紀，馬來商人和爪哇商人非常有影響力。他們的活動範圍介於印度和摩鹿加

1　Pedro Chirino, S. J., *The Philippines in 1600*, p. 240. Tr. Ramon Echevarria, Historical Conservation Society XV, Manila, 1969.

2　Antonio de Morga, *Sucesos de Las Islas Filipinas*, p. 247. Tr. J. S. Cummins, *op. cit.*

群島之間。據信，爪哇水手的足跡甚至遠達馬達加斯加。一個顯而
易見的事實是，爪哇人曾有過一個航海與貿易群體。伯特倫·施里
克（Bertram Schrieke）逾五十年前曾問：為什麼爪哇人的這個階級消失
了？他的回答，即馬打蘭王朝的統治者禁止爪哇人在爪哇島從事貿
易，只說對了一部分。[3]

　　馬來人也是同樣的情況。隨著葡萄牙人對馬六甲的征服，接下來
又因荷蘭統治勢力的增長，馬來商人階級也消失了。因此，當英國人
於18世紀末來到馬來亞時，他們並沒有看到一個堪與他們相比的馬
來商人階級。這是葡萄牙人與荷蘭人壓制近三個世紀之後的狀況。換
句話說，經過了那三個世紀的壓制，馬來和爪哇商人階級被消滅了。
不過，商人階級的消滅並不是一致及同時發生的過程。在爪哇，這一
消滅過程在17世紀非常明顯；在摩鹿加群島和蘇門答臘則發生得較
晚，而北大年更晚。在進一步討論之前，讓我們先來定義商人階級。
我們所說的商人階級是指獨立從事商品進出口活動的商人群體，他們
自行籌措資本，資助交易活動，為交易融資，組織大規模的船運，並
採用當時最先進的船舶遠航各地。當歐洲人在16和17世紀到來時，
他們只是眾多商人群體之一。他們在貿易上的主導地位還有待確立。
荷蘭人對這個區域的控制要到18世紀才變得較為顯著。到了19世紀
末，尤其是在蒸汽輪船出現之後，歐洲人才全面控制這個區域的貿
易。英國人在那時候也已登上了這個區域的政治舞台。

　　這裡需要在概念上釐清「馬來人」和「爪哇人」這兩個名稱。我們
所說的馬來人是指起源於蘇門答臘、母語是我們現在稱為馬來語和印
尼語的族群。爪哇人是指源自爪哇島、母語為爪哇語的族群。這就排

185

3　B. Schrieke, "Javanen als Zee-en Handelsvolk", p. 427. *TITLV*, deel LVIII, 1919.

除了西爪哇和巽他地區（Sunda area）的居民，因為他們的母語是巽他語。我們參考的歷史文獻資料都有提到馬來人和爪哇人這兩個族群規模龐大的貿易活動。第三個族群是亞齊人（Achinese）。其他族群也有參與貿易活動，但他們主要從事地方性的島際貿易。從所涉及的商品類型、買賣雙方的國籍和地理範圍來看，馬來人和爪哇人參與的是國際貿易。據知，馬來商人和爪哇商人曾到達印度的蘇拉特（Surat）。1604年，柔佛一名馬來使者曾訪問荷蘭。他和科內利斯‧馬特利夫（Cornelis Matelief）於1606年一起從荷蘭返回柔佛。[4] 這趟荷蘭之行可能是柔佛與荷蘭簽訂同盟條約共同對抗葡萄牙人和西班牙人的準備工作的一部分。[5] 他可能是第一個造訪西歐的亞洲人。德‧榮格（J. K. L. de Jonge）認為，馬來人之大規模從事貿易活動，始於12世紀中葉。[6] 這可從馬來語的傳播程度看得出來。我們在這裡主要關注17和18世紀的情況。

　　1603年，可能是斯塔爾帕特‧范‧德‧維爾（Stalpaert van der Wiele）撰寫的一份荷蘭文報告討論了荷蘭人在各地的貿易機會。根據這份報告，吉打是一個很好的貿易城鎮。柔佛和北大年也是貿易城鎮，柔佛居民在班達有大量的貿易活動。馬來人在望加錫（Macassar）的貿易不斷增長，是因為葡萄牙人在馬六甲的所作所為，阻礙了那裡的貿易活動。報告指望加錫的馬來人從事的是大宗買賣。他們會將裝

186

4　P. Tiele, "De Europeers in den Maleischen Archipel", p. 61. Zevende Gedeelte, 1606-1610. *BTLVNI*, pp. 49-118, vol. VIII, 1884. 另參見 Hendrik P. N. Muller, "The Malay Peninsula in the Past", p. 59. Abstracted and tr. from the Dutch, P. C. H. van Papendrecht. *JSBRAS*, pp. 57-84, no. 67, December, 1914.

5　這兩份條約的荷蘭文版見 J. K. L. de Jonge, *De Opkomst Van Het Nederlandsch Gezag In Oost-Indie (1595-1610)*, vol. 3, 1865, *op. cit.*

6　*Ibid.*, p.115, (1595-1610), vol. 2, 1864.

滿整艘船的貨物出口到中國。[7] 約17世紀中葉，爪哇萬丹的貿易增長
給觀察者留下了深刻的印象。在英國人和丹麥人的協助下，萬丹人與
波斯、蘇拉特、摩卡（Mocha）、科羅曼德、孟加拉、東京（Tonkin）、
暹羅、中國、馬尼拉，甚至日本，都有頻繁活躍的貿易往來。[8] 安汶
島（Ambon）的荷蘭總督揚‧范‧霍爾克姆（Jan van Gorcum）在1626年致
荷蘭東印度公司總督彼得‧德‧卡爾龐傑（Pieter de Carpentier）的信中
引述當地統治者的觀點，指馬來人和爪哇人在荷蘭人到來之前一個世
紀，就已經在望加錫從事貿易了。這是該統治者在荷蘭人企圖要求他
禁止馬來人在望加錫從事貿易時給予的回應。[9] 在1627年另一封類似
的信中，霍爾克姆指馬來人和望加錫商人從香料貿易中獲得了豐厚的
利潤。[10] 1637年，荷蘭商人亨德瑞克‧克爾克林（Hendrik Kerckringh）
在一份關於望加錫狀況的報告中寫道：「馬來人在那裡備受尊重。他
們十分富裕，房子就蓋在村子裡望加錫人的房子中間。」[11] 他接著提
到了馬來人所從事的稻米、衣服、瓷器和香料貿易，以及他們船舶的
季節性航行。

　　1638年，荷蘭駐爪哇總督安東尼奧‧范‧迪門（Antonio van
Diemen）寫信給他在荷蘭的上司，轉述來自萬丹和馬打蘭的馬來人和
爪哇人的大型船舶如何逃脫荷蘭人對印尼群島東部的封鎖。[12] 他也提
到，商人經常前往吉打和霹靂。武吉斯、馬來和爪哇商人從那裡出

7　　J. K. J. de Jonge, *op. cit.*, vol. 3, pp. 149-163.

8　　*Ibid.*, vol. 6, pp. LXXVII-LXXVIII, 1872.

9　　P. A. Tiele, J. E. Heeres, *Bouwstoffen voor de Geschiedenis der Nederlanders in den Maleischen
　　　Archipel*, p. 109, vol. 2. Martinus Nijhoff, 'S-Gravenhage, 1890.

10　 *Ibid.*, p. 113.

11　 *Ibid.*, p. 336

12　 *Ibid.*, p. 339.

口了大量的錫。1649年，總督科內利斯・范・德・萊恩（Cornelis van der Lijn）在關於其轄區的事務報告中指出，荷蘭人已經徵得亞齊統治者同意，禁止爪哇人、華人、馬來人及其他商人在霹靂和整個蘇門答臘西海岸從事貿易活動。[13] 我們發現，16、17和18世紀的許多歷史文獻紀錄都提到，爪哇和馬來商人在經營生意方面是與西方人並駕齊驅的。在那之前一個半世紀，托梅・皮雷斯也提到其到訪之地的馬來和爪哇商人。他說，貿易對蘇門答臘因德拉吉里（Indragiri）的居民來說是家常便飯。在皮雷斯的時代，因德拉吉里、甘巴（Kampar）和占碑（Jambi）是以馬六甲為中心的許多貿易活動的來往對象。這三個地方都歸屬於馬六甲王朝。[14] 幾乎同一時期，即1518年，杜亞特・巴波薩宣稱馬六甲城是全世界最富裕的海港，擁有數量最多的批發商和豐富的船運與貿易活動。[15] 他提到，聚集在這裡的世界各國商人中有馬來和爪哇商人。據他說，爪哇人的貿易活動範圍從摩鹿加群島一直延伸到孟加拉、馬拉巴海岸、勃固（Pegu）和坎貝（Cambay）。來自爪哇的帆船有別於葡萄牙人的帆船，其船體是用厚實的木材建造的。

　　爪哇人利用這些帆船運載稻米、牛、羊、豬、鹿、醃肉、雞鴨、大蒜、洋蔥、武器、長矛、短劍及其他各種小商品。他們帶回印尼群島的是各種棉製品、水銀、熱銅、鈴缽、瓷器和中國銅錢。巴波薩提到馬來商人時，也提及他們的語言和社會習俗。同時期的另一位葡萄牙觀察者若昂・德・巴羅斯（Joao de Barros）指出，馬來人在1511年被

187

13　P. A. Tiele, J. E. Heeres, *Bouwstoffen voor de Geschiedenis der Nederlanders in den Maleischen Archipel*, p. 469, vol. 3. Martinus Nijhoff, 'S-Gravenhage, 1895.

14　Tom Pires, *The Suma Oriental*, vol. 1, p.153. Tr. A. Cortesao, Hakluyt Society, 2nd Series, no. 89, London, 1944.

15　Duarte Barbosa, *op. cit.*, p.175.

葡萄牙人趕出馬六甲後，便沿著海岸尋找新的落腳處，把最適合作為貿易與航海據點而未被當地土著使用的地點據為己有，成為了那裡的主人。[16] 儘管仍有一些馬來商人留在馬六甲，但大部分都已遷走，其餘則留在望加錫。一個世紀後，荷蘭人關於馬來人和爪哇人活躍於印尼東部的報告表明，他們之所以如此活躍於印尼東部，其實是從上個世紀逐漸累積下來的。隨著葡萄牙人加強對馬六甲周邊地區的控制，他們的活動中心便逐漸往印尼東部轉移。獨立經營國際貿易的馬來和爪哇商人階級的衰退和最終被消滅，與當地歐洲勢力的增長息息相關。到了18世紀末，無論在馬來亞或印尼，獨立經營國際批發貿易、自籌活動資金、自行組織的船運、與當時其他商人平起平坐的土著商人階級，都消失了。其中的原因我們留待後文討論。

施里克對爪哇貿易所涵蓋的範圍做了如下的評論：「爪哇人從事船運貿易是在印尼群島內，並涵蓋遠印度（Farther India）[i]，其活動十分頻繁。關於這一點，葡萄牙文獻和17世紀荷蘭東印度公司的文件提供了大量的證據。」[17] 1600年，荷蘭海軍上將雅各·范·海姆斯凱克（Jacob van Heemskerck）發現，爪哇的查臘坦（Jaratan）是整個爪哇島最好、效率最高的港口。那裡的商業合約語言為馬來語。爪哇人、馬來人、阿拉伯人、葡萄牙人和古吉拉特人（Guijarah）都忙著與班達進行貿易。[18] 關於扎巴拉（Japara）、錦石（Gresik）和泗水（Surabaya），1622年的〈東印度群島戰事錄〉（Account of Some Wars in the Indies）有如下記載：

188

---

16 Appendix I, Duarte Barbosa, *ibid.*, p. 243. 摘錄自Joao de Barros, "Decadas", Book ix, ch. 3.

17 B. Schrieke, "Javanese Trade and the Rise of Islam in the Archipelago", in B. Schrieke, *Indonesian Sociological Studies*, Part 1, p. 19. W. van Hoeve, the Hague, 1955.

18 J. K. J. de Jonge, *op. cit.*, (1595-1610), vol. 2, pp. 448-454, 1864.

從上面提到的這些地方，即錦石、查臘坦和司達由（Sedayu），他們前往東印度群島各地進行大規模的海上貿易，因為他們擁有大量的船舶。那些地方有多達千多艘20、50到100噸的船可供他們穩定地展開貿易活動，而且我們必須考慮到，那裡所見的船永遠只是總數的一半，因為他們都是利用季風出航的。他們利用東季風前往馬六甲海峽、蘇門答臘、巨港（Palembang）、婆羅洲、北大年、暹羅及上百個其他地方，在此無法一一列舉。順著西季風，他們前往峇里、萬丹、比馬（Bima）、索洛群島（Solor）、帝汶島（Timor）、亞羅群島（Alor）、沙拉雅爾島（Salayar）、布通島（Buton）、布路島（Buru）、望涯群島（Banggai）、民答那峨島（Mindanao）、摩鹿加群島（Moluccas）、安汶島，以及目前已經被奪走的班達群島。他們也前往凱伊群島（Kai）、阿魯群島（Aru）、希蘭島（Ceram）以及不勝枚舉的其他地方進行實物交易，賺取至少百分之兩百或三百的利潤之後才回家。[19]

關於杜板（Tuban），第二次荷蘭東印度群島航行（1601）的日誌有如下記載：

此城住有許多貴族，他們從事買賣絲綢、駝毛呢、棉布以及他們身上所穿布料的大宗生意，其中一些為當地製品。他們擁有稱為戎克船的帆船，船上裝滿胡椒後駛往峇里島，用胡椒換取那裡大量生產的簡單棉布。在那裡用胡椒換取棉布後，他們帶著棉布航向班達群島、特爾納特（Ternate）、菲律賓群島以及周邊其他島

19　轉引與翻譯自 B. Schrieke, *op. cit.*, p. 20.

嶼，然後用棉布換取荳蔻花、肉荳蔻和丁香，裝滿後再航行回家。普通人則以捕魚和畜牧為生，因為那裡牲口多。[20]

爪哇人和馬來人的貿易實力，從他國商人在船運上對他們的依賴即可看出。另一項指標則是華商在這前殖民時代的地位。在當時的貿易結構中，華人並沒有占據強大中間商的地位；他們只是眾多商人群體之一。他們當時的地位恰恰與後來相反。關於華人的貿易，施里克指出：

> 從 1349 年、1425 至 1432 年和 1436 年的中國文獻紀錄可以推斷，巴羅斯所提到的華人在摩鹿加群島的直接貿易，必定是在 14 世紀發展起來的，並且可能一直持續到 15 世紀上半葉。然而，部分因為古吉拉特人的需求已透過日本人的船運服務得到滿足，華人的貿易在同樣運輸香料到馬六甲的爪哇和馬來商人的競爭下，早在葡萄牙人於 1511 年到來之前就已經無以為繼了。當時華人最遠就只到錦石，那個地方能夠在 1400 年左右崛起，得要感謝他們。[21]

由此可見，那個時期的馬來人和爪哇人擁有一個強大的商人階級，並且牢牢控制了船運業。1625 年，英國商人司霍德（Sihordt）觀察到：「駕駛這些帆船從望加錫前往摩鹿加群島的，多半是來自北大年、柔佛及其他地方的馬來人，他們有幾千人住在望加錫，並控制著從望加

20　轉引與翻譯自 *ibid.*, p. 20.

21　B. Schrieke, *ibid.*, p. 25.

錫往來各方的船運業；望加錫人很少從事遠海船運，他們大多以小船在西里伯斯周邊活動。」[22] 如前所述，馬來商人轉移到望加錫，是歐洲人入侵所致。

> 在葡萄牙人於16世紀初到來時，爪哇人和來自馬六甲及其後來自柔佛的馬來人，仍控制著香料貿易，當時望加錫還沒有在印尼群島中扮演任何重要的角色。由於他們在馬六甲所遭到的待遇，一些馬來人逐漸往望加錫遷移，望加錫也因此成為了馬來人從事摩鹿加群島船運的基地。在亞齊多次征討而摧毀柔佛王朝，並使得原屬馬六甲王朝的半島各地大致臣服之後，馬來人的移民更是有增無減。最後，荷蘭東印度公司對馬六甲的封鎖也是一個因素。[23]

荷蘭東印度公司總督亨德瑞克・布勞威爾（Hendrik Brouwer）在1634年注意到了馬來和爪哇商人遷移到望加錫的現象。這些馬來人來自柔佛、彭亨和陵加島（Lingga），爪哇人則來自錦石、宜里（Giri）、查臘坦、司達由等地。[24] 由於望加錫蘇丹採取自由貿易政策，其與荷蘭人的關係頗為緊張。布勞威爾之前的總督雅克・斯佩克斯（Jacques Specx）認為，望加錫和萬丹是荷蘭人在馬來群島確立勢力和發展貿易的障礙，因為這兩個國家吸引了所有外國和穆斯林國家的商人前去進行貿易。望加錫被形容為一個奉行自由和開放貿易的國家，不僅提供

22　B. Schrieke, *ibid.*, p. 66. 轉引與翻譯自 *Daghregister 1625*, p. 125.

23　*Ibid.*, pp. 66-67.

24　P. A. Tiele, J. E. Heeres, *op. cit.*, vol. 2, p. 260.

良好的待遇，徵收的通行費也不高。[25] 可見那時候已經有自由貿易政
策的觀念了，萊佛士後來只是重新落實一些土著統治者在他之前幾個
世紀就已實行的政策。馬六甲在被葡萄牙人征服之前一個多世紀，也
同樣實行自由貿易政策。在應付貿易需求方面，馬六甲當局花了很大
的力氣，務求做到效率卓著及調和各方利益。下面的描述說明了這一
點：

> 貨物按照議定的價格買進後，再按照每個買家所購買的份額進行
> 分配。因此，在馬六甲，有別於亞洲許多其他地方，價格的構成
> 並非完全自由，但也不是由蘇丹從上而下決定。馬六甲的這種做
> 法讓買賣在十分有利於馬六甲商人的條件下迅速成交，而賣家也
> 沒有不滿意的理由。按照慣例，先到的船先卸貨。如此一來，賣
> 家可以迅速處理掉他們的貨物，而且所得也不會過低，因為在馬
> 六甲，一般上大家對價格都知之甚詳。整個制度旨在把買賣所需
> 的時間減至最低。當地商人在這配置中發揮了一定的作用，並且
> 在關稅的制定上，包括固定規則和固定稅率，他們也有一定程度
> 的參與。在這裡，我們也看到了當局致力讓事務得到快速有效的
> 處理。為了防範通貨膨脹，還設有一個由商人組成的委員會。因
> 此可以說，在馬六甲，商人確實對貿易進程有一定的影響力。[26]

根據威廉·洛德維克茲（Willem Lodewycksz）對1595至1597年科內
利斯·德·豪特曼（Cornelis de Houtman）所領導的荷蘭人第一次東印度

---

25   *Ibid.*, p. XLVIII.

26   M. A. P. Meilink-Roelofsz, *Asian Trade and European Influence: In the Indonesian Archipelago
between 1500 and about 1630*, p. 45. Martinus Nijhoff, the Hague, 1962.

群島航行的紀錄，萬丹的馬來商人和印度（吉寧）商人會以有息借貸
和船貨押貸的方式為航行融資。被招募為船員的通常是古吉拉特的印
度人，因為他們很窮；他們也會借錢從事貿易。[27] 爪哇人和馬來人在
當時的貿易中顯然扮演重要的角色。馬來語是通用語，也是商業合約
和外交信函的官方用語，這在在說明馬來人在貿易與商業上的影響力
之大。不過，馬來語作為主導語言的地位，並非取決於15世紀馬六
甲王朝的強大。馬六甲王朝覆滅兩個多世紀後，馬來語仍然是貿易和
外交的主導語言。有以下幾個原因：馬來人在船運業占據主導地位；
馬來商人具有強大的影響力；講馬來語的沿海貿易港口具有強大的影
響力；馬來人喜歡四處遷徙。如果馬來人在當時的實際經濟與政治形
勢中沒有相應的實力，馬來語就不可能取得如此具有影響力的地位。

　　馬來和爪哇商人階級的消失是一個始於17世紀的漸進過程，始　　*191*
作俑者是印尼的荷蘭人和馬來亞的葡萄牙人，某種程度上也包括爪
哇的當地統治者。到了18世紀末，隨著貿易中心越來越少，商人階
級也日趨萎縮。在18世紀，不受荷蘭人控制的馬來和爪哇貿易集中
在廖內群島（Riau）。中國和英國商人正是到這裡交換他們的貨物。荷
蘭駐馬六甲總督德‧布魯因（P. G. de Bruijn）曾籲請巴達維亞總督允許
他將馬六甲發展成一個交易港，以免武吉斯人在1784年被荷蘭人驅
逐出廖內之後，可能在其他地方另建交易港。[28] 廖內可能是最後一個
由土著統治者和獨立馬來商人共同維持的重要貿易中心和交易港。

27　Willem Lodewycksz, "D'Eerste Boeck", in G. P. Rouffaer, J. W. Ijzerman (eds.), *De Eerste Schipvaart der Nederlanders naar Oost-Indie onder Cornelis de Houtman, 1595-1597*, vol. 1, p. 121. Martinus Nijhoff, 'S-Gravenhage, 1915.

28　"Trade in the Straits of Malacca in 1785. A Memorandum by P. G. de Bruijn, Governor of Malacca". Tr. Brian Harrison, *JMBRAS*, vol. XXVI, pt. 1, July, 1953.

此時，貿易的國際屬性已經丕變。曾在16世紀雲集於萬丹港的丹麥人、波斯人、古吉拉特人、葡萄牙人、日本人、阿拉伯人、英國人、荷蘭人、馬來人、爪哇人、華人及其他商人，如今已經不去那裡了。土著直接貿易就僅限於馬來群島範圍內。爪哇和馬來商人不再直接從印度採購貨物。他們不再前往印度。究竟是什麼事件導致這個階級規模萎縮，影響力丕變，最後終於消失？

　　要回答這個問題，我們必須回到17世紀及其後的荷蘭政策。如果葡萄牙人在這個區域一枝獨秀，他們可能就只是留守在馬六甲、帝汶和另外一兩個地方。葡萄牙人沒有能力擴張勢力並將其統治擴大到整個馬來群島。能夠做到的是荷蘭人。[29] 葡萄牙人的統治就只限於馬六甲及其周邊地區。他們沒有能力征服柔佛，而只能洗劫它。他們從未能控制廖內或蘇門答臘。若不是因為荷蘭人，馬來人和爪哇人的諸多土邦就會繼續存在，其商人階級也不會消失。[30]

29　荷蘭打敗葡萄牙的原因在於它在經濟資源、人力和海上力量方面占盡優勢。「兩國人口或許大致相當（各125萬至150萬人），但葡萄牙在1640年以前必須為西班牙軍隊提供新兵當炮灰，此後又要與西班牙對抗，而荷蘭的軍隊和船隊卻可以使用並確實大量使用了毗鄰的德國和斯堪地那維亞的人力。海上力量更是懸殊，偉大的葡萄牙耶穌會教士安東尼奧·維埃拉（Antonio Vieira）在1649年曾就此做了有力的表述。據他估計，荷蘭人擁有超過14,000艘可用作戰艦的船舶，而葡萄牙所擁有的同類型船舶卻不到13艘。他聲稱，荷蘭人有25萬名水手可為他們的船隻提供服務，而葡萄牙卻連4,000名都召集不到。維埃拉顯然是誇大了，但他並沒有誇大得太多。1620年在里斯本展開的普查顯示，全國可用作船隊配備人員的水手只有6,260人。1643年11月，果阿總督諮詢委員會會議表明，里斯本沒有足夠的合格領航員為任何前往印度的船隻導航，因為所有夠資格者（不到十人）當時都在被荷蘭人封鎖於果阿的三艘印度貿易船上」（C. R. Boxer, *The Portuguese Seaborne Empire*, p. 114. Hutchison, London, 1969）。

30　這裡有必要提醒的是，我們所說的商人階級是指獨立的高階商人、融資人、進出口商、分銷商，不是指在分銷網絡外圍運作的小商販和鄉村小店主。

　　荷蘭人使商人階級消失的手段在17世紀的爪哇十分顯著，當時
這手段是用在當權的馬打蘭王朝身上。但在討論這一點之前，讓我們
先來看看托梅‧皮雷斯在一個世紀前觀察到的先例。沿海地區的貿易
社群與內陸地區的貴族和商人社群之間發生利益衝突，是常見的事。
皮雷斯注意到，蘇門答臘巴賽王國（Pasai）的內陸地區有人口眾多的大
城鎮，那裡住著一些貴族顯要。這些人有時候會在胡椒、絲綢和安息 *192*
香的貿易上與巴賽產生分歧，但最後都是巴賽占上風。[31] 皮雷斯也同
樣在1512至1515年間注意到沿海地區穆斯林統治者的強大勢力，「他
們在爪哇很有勢力，且控制了所有的貿易，因為他們既是船舶的主
人，也是人民的主人」。[32] 皮雷斯描述了穆斯林崛起成為統治勢力的
過程。

> 在爪哇沿海地區還住著異教徒的時候，許多商人曾經來過，包括
> 帕西人（Parsee）、阿拉伯人、古吉拉特人、孟加拉人、馬來人及
> 其他民族的人，其中有不少是摩爾人（Moor）。這些摩爾人開始在
> 那裡從事貿易並逐漸富裕起來。他們建造了清真寺，然後有伊斯
> 蘭學者從外地過來宣教。由於來的人越來越多，加上他們在這些
> 地方已經住了大約有七十年之久了，這些摩爾人的孩子都成為了
> 爪哇人，而且都很富有。在一些地方，原本是異教徒的爪哇貴族
> 自己也改信伊斯蘭教，於是這些伊斯蘭學者和摩爾商人也占據了
> 這些地方。[33]

31　Tom Pires, *The Suma Oriental of Tom Pires*, vol. 1, p. 143, *op. cit.*
32　*Ibid.*, p. 182.
33　*Ibid.*, p. 182.

　　後來在17世紀的馬打蘭戰爭中被荷蘭人摧毀的，正是這些沿海貿易土邦。1676年是荷蘭殖民歷史的轉折點。那年，荷蘭海軍上將柯內利斯・斯皮爾曼（Cornelis Speelman）介入爪哇內戰，協助馬打蘭對抗馬都拉（Madura）王子塔魯納・闍耶（Taruna Jaya）。塔魯納・闍耶和他的盟友當時已擊破馬打蘭的勢力，馬打蘭的領土一點一點地落入了他們手中。荷蘭人起初在表面上保持中立。馬打蘭的首都甚至被洗劫一空。但到了最後，1679年12月，塔魯納・闍耶向荷蘭人投降。荷蘭人把他交給了年輕的馬打蘭國王阿芒古拉二世（Amangkurat II），後者親手將他刺死。這整起事件大大擴展了荷蘭人在爪哇的勢力。曾經強大的馬打蘭變得對荷蘭人百般依賴。作為協助維持王位的回報，斯皮爾曼從馬打蘭統治者手中榨取了大量的利益。除了開出巨額的帳單，斯皮爾曼還要求馬打蘭統治者抵押東爪哇的所有港口，並指示將這些港口的所有收入收歸荷蘭東印度公司。馬打蘭及其領地的居民所生產的稻米，只能售賣給荷蘭東印度公司或經公司批准的商家。馬打蘭統治者也不得向荷蘭東印度公司以外的任何人進口和銷售印度和波斯的貨物及鴉片。德・榮格指出，「透過這一規定，整個爪哇東海岸都被置於荷蘭東印度公司的壟斷體系之下」。[34] 東印度公司透過十足的蠻力，確立了它的優勢地位。在這樣的環境下，獨立的爪哇商人和融資者根本無從運作，爪哇商人階級因而無法蓬勃發展。

　　早在那之前，馬打蘭統治者阿芒古拉一世就已經限制其臣民的貿易活動了。他禁止爪哇臣民出海，並自己控制了主要的進出口貿易。正如里克洛夫・范・胡恩斯（Ryckloff V. van Goens）所說的，他希望其他

34　J. K. J. de Jonge, *op. cit.*, vol. 7, p. XXXV, 1873. 原文英譯為本書作者所譯。

人都跟他買貨。[35] 他控制稻米的銷售，但這項壟斷可能是對巴達維亞的荷蘭人的一種反應。透過對貿易活動的集中控制，他讓自己而不是爪哇商人階級在經濟上變得更加強大。這也是為什麼越來越多爪哇商人會離開馬打蘭這個占爪哇島相當大面積的王國，轉而分散到其他地區。荷蘭人後來對該地區的壟斷和控制，加速了爪哇商人階級的消失。

除了上述情況之外，還有爪哇島內的多次戰爭，如17世紀四分之三爪哇島捲入其中的馬打蘭戰爭。這場戰爭導致許多城鎮和村莊被摧毀、饑餓、糧食作物遭破壞、人口被迫遷徙、沉重的稅賦、死亡、疾病和貿易衰退。1627年的《巴達維亞城日誌》(*The Dagh Register*) 有如下記載：「由於內部戰爭和人命損失慘重，爪哇島上臣屬於馬打蘭〔統治者〕的地區人口銳減，許多沿海貿易良港被遺棄，農業荒廢，很大一部分人口變得赤貧，因此馬打蘭本年度的貿易量微不足道。自一月份以來的十個月裡，巴達維亞從那裡只收到1,200噸稻米，此外就只有少數的其他必需品。」[36] 破壞和荒廢的情況在整個18世紀持續發生。施里克認為，「任何規模的戰爭對爪哇人而言都是一場經濟災難」。[37] 除了爪哇統治者和荷蘭東印度公司的直接政策之外，這就是導致爪哇商人階級消失的內部事件。現在讓我們來談談那些政策如何導致商人階級的消失。這方面最好的指標是荷蘭人謀劃並與各地統治者簽訂的多份條約。

馬來半島土邦所簽訂的影響馬來商人階級的第一份條約，是柔佛

35　Ryckloff V. van Goens, "Corte Beschrijvinge van't Eijland Java", p. 366. *BTLVNI*, vol. 4, 1856.

36　轉引與翻譯自 B. Schrieke, *Indonesian Sociological Studies*, part 2, p. 149. W. van Hoeve, the Hague, 1957.

37　*Ibid.*, p. 143.

與荷蘭東印度公司在1685年4月簽訂的。這份條約允許荷蘭人壟斷蘇門答臘碩坡（Siak）沿岸重要商品的貿易，使用的船舶數量不限，並且無需繳付通行費。壟斷的商品包括錫和黃金。條約中提到了柔佛臣民的角色。他們可以在河流沿岸自由從事糧食、鹽、魚、稻米及那裡出售的其他爪哇商品的買賣。[38] 1689年4月，該條約進一步被收緊。其他歐洲民族和摩爾人（阿拉伯、印度、土耳其和波斯的穆斯林）不准在柔佛和彭亨從事貿易。摩爾人被指抽走了本應屬於柔佛人的利潤。[39] 到了18世紀，荷蘭人在占領馬六甲之後又重施故伎，在1753年3月與霹靂訂立協議。雙方同意，只有荷蘭東印度公司可以向霹靂購買錫，霹靂蘇丹必須命令所有船舶先經過荷蘭人的檢查站才能離開。[40] 1754年11月，荷蘭人又與勢力範圍涵蓋彭亨和丁加奴的柔佛王朝簽訂條約，規定馬六甲為其進口羊毛和絲綢的唯一來源地。[41] 荷蘭東印度公司顯然遠較為強勢，因而得以強力遂行己意。按照荷蘭人與馬來土邦柔佛在1606年5月和9月簽訂的首兩份條約，荷蘭人打敗葡萄牙人後應將馬六甲歸還給柔佛蘇丹。然而，荷蘭人在1641年打敗葡萄牙人之後，卻永久地占領了馬六甲。

那時候柔佛並沒有被視為荷蘭的附庸國。它是與荷蘭當局直接談判的，1604年抵達荷蘭的使團可資證明。大使梅格‧曼蘇爾（Megat Mansur）在途中去世，但隨行的還有因仄‧卡瑪（Inche Kamar）。[42] 因

38　E. Netscher, *De Nederlanders in Djohor en Siak*, Bijlagen p. V. Bruining en Wijt, Batavia, 1870.

39　*Ibid.*, Bijlagen p. IX.

40　F. W. Stapel, *Corpus Diplomaticum Neerlando-Indicum*, pp. 1-2, vol. 6. Martinus Nijhoff, 'S-Gravenhage, 1955.

41　*Ibid.*, p. 23.

42　E. Netscher, *op. cit.*, pp. 8-9.

仄・卡瑪是第一個造訪西歐的東南亞人，甚至可能是第一個造訪西歐的亞洲人。他在1606年與海軍上將馬特利夫一起回到了柔佛。一百五十年後，整個馬來群島的局勢已經改變。荷蘭人的壟斷隨著其勢力增強而擴大。到了18世紀末，馬打蘭、馬六甲、萬丹等沿海國家和蘇門答臘各個蘇丹國的覆滅，為馬來世界和印尼群島帶來了我們後文將會討論的結構性巨變。如一系列的協議所示，這一結構性巨變的一個根本原因，在於荷蘭人對馬來群島的控制。群島各國基本上都面對同樣的情況；協議的語氣和內容如何，則取決於它與荷蘭的相對規模與實力。所以，在荷蘭人與蘇門答臘西海岸土山國（Trusan）統治者簽訂並於1755年2月修訂與收緊的協議中，土山統治者被明確告知，他必須完全服從東印度公司，並且有責任發展胡椒種植業，將所有產品賣給東印度公司，還須徵得駐巴東（Padang）指揮官的同意才可派船前往比青閣島（Chingkuk Island）更遠的地方。[43]

　　18世紀下半葉，在荷蘭人與馬來土邦如雪蘭莪和彭亨所簽訂的條約中，除了慣常的壟斷權之外，還包括禁止中國船進入這些土邦的條款。在荷蘭人與柔佛王朝於1784年11月簽訂的協議中，柔佛、彭亨和廖內被迫更加屈服於荷蘭人。此前，武吉斯人在隸屬柔佛王朝的廖內掌權和對抗荷蘭人。1784年10月，武吉斯人放棄廖內。荷蘭人隨後占領了廖內，並強迫柔佛廖內統治者蘇丹馬末（Sultan Mahmud）簽署投降協定。這份協定的一個奇特部分是，對於荷蘭指揮官沒有掠奪和燒毀廖內，蘇丹需給予經濟賠償。蘇丹還必須承擔部分戰爭費用。[44] 在那之前一個半世紀，曾經強大的馬打蘭也遭遇了與廖內相同

195

43　F. W. Stapel, *op. cit.*, pp. 30-31.

44　*Ibid.*, pp. 549-551.

的命運，落入了荷蘭人手中。1749年12月，因內戰消耗而奄奄一息的馬打蘭統治者在去世前五天，無條件地將其領土割讓給荷蘭東印度公司。為了安撫馬打蘭內部的競爭勢力和維持其至高地位，荷蘭人最終將馬打蘭分為三個蘇丹國。這些蘇丹國之間和它們內部的權貴之間處處存在分歧，荷蘭人因此得以實行「分而治之」的政策。就像范・德文特（M. L. van Deventer）所說的，這「分而治之」正是東印度公司最喜歡的政策。[45]

在荷蘭人於1755年2月與日惹蘇丹哈芒古・布瓦納（Hamangku Buwana）簽訂的條約中，蘇丹同意從舊馬打蘭王國中分割出一小國，並承諾以固定價格將所有可移動產品售予東印度公司。蘇丹也承諾為荷蘭人種植和供應指定的農作物。[46] 在占領馬六甲時，荷蘭人與鄰近的林茂（Rembau）和巴生（Klang）簽訂條約，規定所有產自寧宜（Linggi）、林茂和巴生的錫，都必須以固定價格售予東印度公司。任何船隻自北往南或自南往北經過馬六甲，無論船主是誰，都必須停在馬六甲向荷蘭當局申請許可。按照荷蘭人的慣例，也不得與其他歐洲人進行貿易。條約還規定，居民有義務遵守法律，不得有海盜行為，而作為回報，東印度公司將提供「有利和父親般的保護」。[47] 1678年10月，荷屬馬六甲總督巴爾薩澤・博特（Balthasar Bort）在向其繼任者雅各・約里斯・皮茨（Jacob Jorisz Pits）提交的報告中附上了與南寧（Nanning）及其周圍村莊簽訂的條約。這個地區每年必須以其稻田以及水果、檳榔和胡椒所得，向荷蘭人繳交什一稅（tithe）。居民

45　M. L. van Deventer, *Geschiedehis de Nederlanders op Java*, vol. 2, p. 188. Tjeenk Willink, Haarlem, 1887.

46　F. W. Stapel, *op. cit.*, pp. 41-45. 各商品的價格根據條約來制定。

47　*Ibid.*, p. 187.

之間的交易也必須繳納10%的銷售稅。如果南寧地區的米南加保人　*196*
（Minangkabau）死後沒有繼嗣，其遺產將由東印度公司和南寧酋長平
分。如果有繼嗣，則東印度公司將分得遺產的十分之一，酋長則分得
一半。[48] 這樣的規定必然導致米南加保族的有產者陷入貧困，同時讓
酋長和東印度公司富裕起來。

　　東印度公司甚至還覬覦南寧的家禽。「若南寧居民有意遷徙到其
他地方，他們需向上述徵收員出示酋長簽發並蓋有公司印章的書面許
可，每人另需繳交一隻家禽作為禮物，以維護前述的公司利益。」[49]
居民也不准與任何其他外國人進行直接或間接的貿易。他們只能順
著馬六甲河，把貨物帶到下游的馬六甲。[50] 在17和18世紀這兩百年
裡，從馬六甲到特爾納特，荷蘭人成功與馬來群島各地土著酋長和
統治者簽訂的這種限制性協議數以百計。在這期間，荷蘭東印度公司
崛起成為了區域內一枝獨秀的強權。它所展開和贏得的戰爭比任何其
他勢力都來得多。它在一些地區助長衝突，卻也在另一些地區推動和
平。到了18世紀末和19世紀初，荷蘭勢力在印尼的崛起給這個區域
的社會帶來了一些新的結構性變化。在這個區域的歷史上，這是第一
次出現一個強大到足以支配整個群島的勢力。這個高度集權的勢力維
持驚人的凝聚力長達兩百多年，直到第二次世界大戰爆發為止。

　　首先發生重大變化的是這個區域的階級結構。一整個從事最高層
級商業活動的獨立商人階級消失了。它的消失並非某個國家如馬六甲
或馬打蘭滅亡所致，因為商人階級和貿易中心可以轉移。它的消失是

48　C. O. Blagden, "Report of Governor Balthasar Bort on Malacca 1678", *JMBRAS*, vol. 5, p. 56, August, 1927.

49　*Ibid.*, p. 58.

50　*Ibid.*, p. 59.

因為荷蘭勢力逐步擴張和不斷擠壓而造成的。荷蘭勢力的擴張最終消滅了印尼群島的眾多小國，只保留其中幾個作為荷蘭當局的行政工具。荷蘭人對重要商品貿易的壟斷，導致獨立、高層級、跨國運作的土著商人階級變得多餘。它的功能被荷蘭東印度公司所取代。土著商人被推到了有限和次級的國內貿易領域。荷蘭人所造成的另一個不利於形成強大土著商人階級的巨變，是將土著統治者和酋長轉變為荷蘭東印度公司的供應商和監督人。統治者和貴族成為了東印度公司的代理人。他們負責監督經濟作物的種植和採礦活動，並為東印度公司供應這些經濟活動的產品。如此一來，他們成為了在東印度公司中有既得利益的財團的一分子。如同19世紀的一些報告所指出的，他們當中的一部分成為了其臣民的壓迫者。正是荷蘭人這種把統治者和貴族納入體制並使之成為東印度公司商業代理人的做法，加上其對貿易的壟斷和限制，最終消滅了獨立而強大的土著商人階級，並妨礙這一階級重新崛起。

　　18世紀萬丹蘇丹國及其屬國楠榜（Lampong）的情況，說明了妨礙商人階級興起的社會學機制。我們的描述是以馬來胡椒商人納哥達‧慕達（Nakoda Muda）的傳記為基礎，其作者是傳主的兒子，約寫於1788年。納哥達‧慕達和他的家人反抗並殺死了逮捕他們的荷蘭士兵，因為後者誣告他們與英國人進行交易。事緣納哥達‧慕達獲萬丹蘇丹表彰後，卻被荷蘭人羞辱。荷蘭人把他和家人騙上了一艘荷蘭軍艦，並逮捕他們。他們後來成功逃脫，把荷蘭士兵殺死，然後逃到英國人在明古連（Bencoolen）的殖民地尋求庇護，並獲得英國當局批准。從傳記中我們可以看到萬丹蘇丹所扮演的角色。楠榜的馬來商人可以用每巴拉（bara）7西班牙銀元（reals）的價格買到胡椒。他們以12西班牙銀元的價格賣給萬丹蘇丹，後者則以20西班牙銀元的價格賣給荷

蘭人。運到萬丹的胡椒數量無論多少，蘇丹都會全部買下。商人不准把胡椒直接賣給東印度公司，違例者會被處以死刑。[51] 反過來，東印度公司也發現與蘇丹交涉較為方便。價格永遠都是由上而下制定的。蘇丹是國內最大的中間商。他只需直接與受他控制的小商人進行交易，根本就不需要靠國內的其他大商人。在沒有蘇丹或拉惹的其他地區，荷蘭人則將這一職能交給地方酋長。

　　至於主要商品的進口，也是由荷蘭人直接控制。東印度公司是當地唯一的大進口商，所有人都必須向它購買。因此，在進口業務上，也沒有機會出現一個強大的土著貿易階級。無論什麼商人，都只能在最低階的供銷領域運作。這種情景，與16世紀和部分17世紀萬丹還是一個繁榮的國際貿易中心時大相徑庭。如今的萬丹不再有各種國籍的商人聚集，也不再有爪哇和馬來商人與遠方國家進行進出口貿易、資助遠洋航行、組織自己的船運，並作為獨立商人向客戶售出或從自己選擇的來源買進貨物。托梅・皮雷斯在16世紀初所看到的萬丹已不復見。那時候的蘇丹扮演著不同的角色。他們的收入來自稅收；他們沒有壟斷商業。他們清楚知道，如果他們實行壟斷，商人就會轉移到其他地方。吸引商人前來才符合他們的利益。這就是為什麼這個地區的大多數國家沒有像荷蘭人那樣，實行壟斷和價格控制的政策。此外，在15世紀，沒有一個國家強大到足以像荷蘭東印度公司後來所做到的那樣支配整個區域，因為只有當這個地區的很大部分處於壟斷勢力的統治之下，其壟斷政策才能奏效。

　　我們在研究這段歷史的過程中還發現了另一個改變馬來群島歷

51　G. W. J. Drewes, "De Biografie van Een Minangkabause Peperhandelaar in de Lampongs", p. 105, Malay text. *VKITLV*, vol. 36, Martinus Nijhoff, 's-Gravenhage, 1961. 這份資料包含荷蘭文翻譯和馬來文文本。

史進程的一個重要因素：荷蘭勢力在17和18世紀的增長與擴張，遏制了15世紀已明顯可見的一個進程，即沿海商業國家的興起。在15和16世紀，沿海地區出現了一些以商業為核心的穆斯林國家：馬六甲、萬丹、淡目（Demak），以及較早之前的巴賽和霹靂。亞齊在16世紀是一個有影響力的國家，其影響力延伸至整個蘇門答臘西海岸和馬來半島部分地區。以各自的獨立國家為後盾，各地的馬來人有各種機會展示自己的能力，而這些機會後來被葡萄牙和荷蘭勢力遏制了。他們參與貿易的程度反映在以下描述中：

> 亞齊船航行到印度，甚至遠達紅海，而前來亞齊的不僅有古吉拉特商船，還有來自埃及的土耳其船。事實上我們也知道，早在1346年，當伊本·巴圖塔（Ibn Battuta）從泉州返國時，他乘坐了一艘由馬來人駕駛的帆船前往蘇門答臘。他也提到，當時在馬拉巴海岸的古里（Calicut）出沒的商人中，就包括了馬來人。他還在孟加拉海岸發現在那裡定居的馬來人。1440年，阿布達拉札克（'Abd arRazzaq）甚至在奧木茲（Hormuz）看到馬來人。更早的時候，伊德里西（Idrisi）在1154年寫道，馬來人的船舶，或至少是來自「闍婆群島」（Zabag Islands）的船舶，經常前往非洲東部的索法拉海岸（Sofala Coast）運載鐵。[52]

到了18世紀末，除了亞齊，整個印尼群島的面貌已經改變。亞齊是抵抗荷蘭勢力的最後堡壘，雙方的對峙一直拖到19世紀末，才以亞

52　B. Schrieke, *Indonesian Sociological Studies*, part 2, pp. 244-245. W. van Hoeve, the Hague, 1957.

齊勢力被擊潰而告終。[53]

　　沿海商業國家在正要崛起之際失去其獨立地位，造成了與這些國家有關聯的許多活動無以為繼，與這些活動有關聯的階級和職業群體也隨之消失。從區域發展的角度來看，這是一個非常巨大的挫折。讓我們舉個例子。一個國家一旦喪失獨立地位，也會一併失去它的軍隊。這意味著土著武器工業的機會也流失了。接下來，一整個武器工匠階級也會消失。爪哇在15世紀仍有武器出口。到了19世紀，這個出口產業已經不見蹤影了。唯一增長且有所發展的出口產業，就是經濟作物種植業，因為這是殖民當局所需求的產業。於是，農民階級擴大，其他階級則萎縮了。所以說，早在現代資本主義於19世紀出現之前，殖民統治已經造成了土著經濟的重組。隨著經濟的重組，商人階級和一些職業消失了。這個過程是漸進式的，對每個地區的影響也有所不同。到了17世紀末，在爪哇島，曾經是航海民族的馬打蘭爪哇人的影響力已經蕩然無存。1657年，扎巴拉酋長寫信要求荷蘭總督約安・馬策伊克（Joan Maetsuijker）協助馬打蘭統治者，為其沿爪哇海岸航行的商船提供水手。他寫道：「海很大，爪哇人駕馭不了。」[54]二十年後的1677年，《巴達維亞城日誌》比較萬丹和東爪哇馬打蘭的居民時指出，馬打蘭爪哇人「除了對航海非常無知之外，如今更是全然缺乏自己的船舶，甚至連作為必要用途的船舶都沒有」。[55]

　　誠然，從事航海的爪哇人遷移到望加錫，是馬打蘭統治者阿芒古

53　關於這方面的具有啟發性的說明，參見 Anthony Reid, *The Contest for North Sumatra*. Oxford University Press/University of Malaya Press, Kuala Lumpur, 1969.

54　*Dagh-Register 1637*, p. 198. 轉引自 B. Schrieke, *Indonesian Sociological Studies*, part 1, p. 78, *op. cit.*

55　*Dagh-Register 1677*, p. 436. 轉引自 *ibid.*, p. 79.

拉一世(Amangkurat I)的政策所致。然而,在因為內陸農業國馬打蘭
試圖透過削弱海港城市來遂行對其沿海商業屬國的統治而爆發的內戰
中,如果荷蘭人沒有介入支持馬打蘭,那麼,正如後來的事件所表明
的,馬打蘭必然已被打敗,然後就像過去經常發生的情況那樣,就只
是一個土著國家被另一個土著國家所取代,隨後也不會出現某個階級
和職業群體被摧毀的情況。

　　如果不是因為巴達維亞的荷蘭人,爪哇航海群體就會在沿海地區
站穩腳跟,並成功推翻馬打蘭的勢力。但事情並非如此發展,而隨後
發生的事,更是加速了爪哇商人階級及其航海群體的消失。這一次,
接替馬打蘭的是荷蘭東印度公司。

> 因內部不和而分裂的馬打蘭王朝得以倖免於覆滅,但其代價卻
> 是,在1677和1678年,它把重要的領土割讓給了東印度公司。
> 從那時候開始,統治者(susuhunan)與總督之間的關係發生了變
> 化。總督被視為爪哇統治者的「保護人」、「父親」,如今甚至被
> 稱為「祖父」,而在這之前,連當時還有權力發布命令的沿海地
> 區酋長都可以稱他為「兄弟」。與此同時,荷蘭人的貨幣成為了
> 法定貨幣,東印度公司也獲授予在馬打蘭各地港口銷售布匹和鴉
> 片的壟斷權,而這壟斷權之授予,某種程度上是為了配合公司董
> 事在1676年嚴格下達的加強壟斷的命令。[56]

　　權力落入荷蘭人手中,與權力落入土著繼承者手中,兩者大不相
同。土著政權在貿易方面一般上較為自由開放。它不會把屬下整個區

56　B. Schrieke, *ibid.*, p. 78.

域的商人階級消滅殆盡，並且會繼續採用國內原有工業的產品。它會
建造自己的船舶，最後但同樣重要的是，它沒有能力在印尼大部分地
區實行壟斷。即便當權者是一名暴君，這個政權本身還是會提升自己
人民的能力。一些強勢的土著統治者控制貿易的方式，與荷蘭人的做
法大相逕庭。在17世紀，亞齊的蘇丹伊斯甘達‧慕達是最苛刻的統
治者之一，但即便在其權力顛峰時期，他要求臣民繳付的胡椒稅率也
只是定價的四分之一。他更傾向於提高對外國人的售價。1615年，
英國人取得了為期兩年的購買亞齊胡椒的壟斷權。由於酋長和商人
的反對，這項協議期滿後不獲更新。[57] 在荷蘭人的統治下，這是不可
能發生的事。如果控制亞齊的是荷蘭人而不是蘇丹伊斯甘達‧慕達，
那些酋長和商人的功能和地位就會被貶抑，變成只是抽佣的胡椒收集
商，而亞齊蘇丹或許就會像18世紀末的萬丹蘇丹那樣，成為超級中
間商。

　　統治者直接參與貿易的危險，在伊本‧赫勒敦寫於1377年的書 [201]
中已有所描述。統治者的參與會損害其臣民的利益，因為他有能力降
低買價和提高售價。統治者不可能向自己徵稅，因此國家會失去稅
收；他的競爭者則會被徵稅，因而失去競爭力。最後，他會破壞人
們從事貿易的動力以及商人階級本身。[58] 這正是荷蘭東印度公司在印
尼之所為。原本獨立行事的酋長和統治者逐漸變成只是東印度公司的
代理人。一整個獨立、在最高層級運作的土著商人階級被消滅了。於
是，土著社會的階級結構中出現了一個斷層。這個斷層的存在隨後制
約了殖民意識形態的思維傾向。土著社會被視為與商業貿易格格不入

57　P. A. Tiele, "De Europeers in den Maleischen Archipel", *BTLVNI*, vol. XXXVI, p. 243, 1887.

58　Ibn Khaldun, *The Muqaddimah*, pp. 93-95, vol. 2, *op. cit.*

的社會。由於商業貿易是殖民資本主義勤勞概念的組成部分，缺乏商
人階級的社會就會被視為懶惰的社會。在菲律賓，西班牙人同樣摧毀
了商人階級。摧毀的過程雖在細節上有所不同，但基本模式是一樣
的，那就是把一個獨立、頂尖的土著商人階級箝制扼殺。畢竟殖民制
度的一個基本要素就是，在具有重大社會意義的事務上，比如經濟權
力，它不會與土著一起分享。

譯註

i　　遠印度（Farther India），19世紀歐洲學者的地理概念，指印度次大陸以東、中國以南
　　的地區，相當於現在的東南亞。

結論
Conclusion

在前面的十二章中，我們討論了16至20世紀馬來人、菲律賓人和爪哇人形象的演變。這個形象最突出的一點，是所謂的土著的懶惰。我們已嘗試證明，懶惰並不是整個土著社群的特徵。我們也已嘗試說明土著懶惰之說何以出現，以及它在殖民意識形態中的功能。但還有一點需要說明。一種形象或偏見之所以出現，未必完全是空穴來風。歐洲殖民者所塑造的懶惰、能力不足、狡猾奸詐的土著形象，確實在某種程度上反映了土著社會部分階層的情況。在19世紀，歐洲人密切接觸的土著主要來自統治階級。那時候，土著社會的統治階級或貴族階級已歷經變化。他們已經沒有能力對彼此發動大規模的戰爭，因為這需要很大的才智、勇氣和領導力。他們未能控制主要的貿易港口，因為這需要他們對國際貿易有所興趣和警覺。他們不再能夠維持國家的獨立，因為這需要具備外交和政治才幹。他們不再對其臣民的經濟活動產生影響，因為這需要他們真切關注經濟發展。因此，土著貴族階級的利益相關領域和行動範圍已大幅度萎縮，他們所關心的就只剩下土地和他們從殖民統治者那裡獲得的利益。

到了19世紀末，獨立、強大的土著統治者和酋長已悉數被消滅。事實上到了18世紀中葉，他們多半已經消失。不時還會有零

星的叛亂發生，如1825至1830年發生在爪哇的蒂博尼哥羅王子（Pangeran Diponegoro）起義。但反抗殖民政府的酋長和統治者都一一被打敗，沒有一次叛亂是成功的。這意味著在殖民政府牢牢控制的地區，後續世代的土著領袖都屬於被動或溫馴的類型。在貿易、行政管理等領域，被動溫馴者才會獲得發展的機會。大企業和重要職位則掌握在歐洲統治階級手中。到了19世紀，在整個群島的政治、經濟和行政層級體系中，除了殖民政府有意保留的一些職位，如臣屬於荷蘭殖民統治者的爪哇地方酋長，土著原有的高層職位都已被汰換。政治、經濟和行政層級體系中的所有高層職位，都保留給了殖民統治菁英階級的成員。結果，本土有志之士的向上流動受到了阻礙。殖民統治就這樣阻礙了土著社會的社會流動。它遏制了土著追求較好人生地位的動力。這一現象反過來又被殖民菁英用來支持其關於土著缺乏動力與野心的論述。他們把自己塑造出來的土著特質，歸咎於土著本身。殖民勢力在摧毀土著的上層商人階級之後，又指責土著對貿易缺乏興趣。而數十年或數百年前的殖民統治所產生的這種後果，到了19和20世紀卻被殖民觀察者們詮釋為土著社會的本質。這樣的推論所依循的原則，我們稱之為「責任錯置原則」（principle of misplaced responsibility）。

　　責任錯置原則是以殖民統治所造成的狀況為基礎的。這種狀況改變了土著社會，然後土著社會卻又被指責為這種狀況的始作俑者。最好的一個例子是鴉片在土著社會中的擴散。鴉片吸食在西方殖民勢力到來之前即已存在。當時的吸食者僅限於土著統治者和酋長，以及沿海城鎮的有錢人。荷蘭人於1641年征服馬六甲後，他們可以更輕易地取得來自孟加拉的鴉片供應。九十年之後，鮑德（J. C. Baud）發現鴉片吸食在巴達維亞已成為一種普遍的公害（*eene algemeene*

volksondeugd)。[1] 荷蘭東印度公司隨後逐步壟斷了鴉片貿易。到了1808
年，總督赫爾曼・威廉・丹德爾斯（Herman Willem Daendels）利用地方
當局來銷售殖民政府所供應的鴉片。殖民政府透過這種方式，把鴉片
分銷到爪哇島各個角落。這樣做是為了防止走私者和未經授權的經銷
商，收刮政府認為應歸屬於它的利益，並確保普通爪哇人都能得到鴉
片供應。丹德爾斯在他致荷蘭殖民地部長的信函中解釋，無論鴉片的
危害有多大，它已經成為爪哇人的永久需求。[2] 一個不爭的事實是，
歐洲強權憑著大型船舶和更具效率的組織，大大影響了這種毒品的推
廣。他們自己沒有養成吸食鴉片的惡習，卻一方面宣稱它為邪惡之
物，一方面大肆推廣。而擴散這種惡習的責任，卻被錯誤地推到吸食
者身上，儘管他們才是殖民操控的受害者。

　　有一位荷蘭學者雖然沒有譴責鴉片吸食，其言論甚至還有為這
種惡習辯護之嫌，但他也承認，致使爪哇鴉片進口量增加的，是東
印度公司。[3] 1914年，荷屬東印度群島政府的收入是2.814億荷蘭盾
（guilders），其中0.349億荷蘭盾或12.4%來自政府的鴉片銷售。[4] 鴉片
收入時有起落，但作為單一收入項目，這筆收入從17世紀開始即相
當可觀。不過，歷史上在整個亞洲地區推廣鴉片最力者，非英國莫
屬。它最後甚至與中國開戰，並成功迫使中國准許英國商人銷售印
度鴉片。1729年，從印度出口到中國的鴉片為200箱，每箱含有約

1　J. C. Baud, "Proeve van Eene Geschiedenis van den Handel en het Verbruik van Opium in Nederiandsch Indie", p. 91. *BTLVNI*, vol. 1, 1851.
2　*Ibid.*, p. 145.
3　J. F. van Bemmelen, "Opium", p. 158, in D. G. Stibbe (ed.), *Encyclopaedie van Nederlandsch-Indie*, III. Martinus Nijhoff, E. J. Brill, Leiden, 1919.
4　W. W. Willoughby, *Opium as an International Problem*, p. 112. Johns Hopkins Press. Baltimore, 1925.

140磅的鴉片。1773年，英國東印度公司以全副武裝的船隻，與中國進行了第一次鴉片交易。直到1800年，鴉片在中國一直都被視為藥品，其進口並未引起太多的注意。此後，中國政府意識到鴉片作為一種享樂藥物被廣為傳播所產生的道德與經濟後果，便禁止了鴉片的進口。不過，由於英國人透過中國走私者密集走私鴉片的問題日趨嚴重，中國政府在1860年取消了這項禁令。到了1875年，從英屬印度出口到中國的鴉片多達85,454箱，總值10,000,000英鎊，其中運往馬六甲者有8,943箱。同年，英國國內供醫療用途的鴉片消費量為165箱。[5]

英國人也在海峽殖民地和馬來亞其他地區大力推廣鴉片。在砂拉越和汶萊也同樣如此。1918至1921年間，在整個英屬馬來亞，包括三個海峽殖民地（新加坡是其中之一）和九個馬來土邦，鴉片收入占了總收入的25%至60%。1918年，海峽殖民地的鴉片收入甚至占總收入的60%，幾乎相等於總支出。同年，柔佛的鴉片收入占總收入的46%，相當於總支出的72%。[6] 菲律賓於1898年被美國併吞之前，其收入的一大部分來自將鴉片稅收外包的鴉片餉碼制。美國人廢除了這種做法，改為准許鴉片直接進口，並徵收高額的關稅。[7] 對進口數據做比較，可以看出不同政府政策之間的差異。1899年，菲律賓總共進口大約120,000磅鴉片，而十年前，海峽殖民地從孟加拉進口了逾1,924,000磅（13,749箱，每箱140磅）的鴉片。[8] 在海峽殖民地，絕大

5　Theodore Christlieb, *The Indo-British Opium Trade and Its Effect*, p. 22. Tr. David B. Croom. James Nisbet, London, 1881.

6　Ellen N. la Motte, *The Ethics of Opium*, pp. 53, 62, *op. cit.*

7　W. W. Willoughby, *op. cit.*, p. 18.

8　菲律賓的數據見 *Use of Opium and Traffic Therein*, p. 160. Senate Document no. 265, 59th

多數的鴉片吸食者是入境後才染上此惡習的華人。有大量統計數據及其他證據可以證明，菲律賓（美國時期以前）、印尼和馬來西亞的殖民政府在其統治期間的大部分時間裡，都在大力推動鴉片貿易，直到第二次世界大戰爆發為止。

這裡涉及到按照責任錯置原則做出的評斷。亞裔居民鴉片上癮者數量的增加，被歸咎於亞裔居民本身。儘管西方的反鴉片抗爭從中國鴉片戰爭時期（1839-1842）甚至更早就已出現，但相對於那些贊成鴉片貿易者，其影響力微乎其微。贊成鴉片貿易者提出的論點包括：每一個民族都需要有一種藥物，東方民族是鴉片，西方民族則是酒精；適度使用鴉片是無害的；濫用鴉片固然不好，但濫用酒精也同樣不好，而如果禁止鴉片，東方人就會轉向更糟糕的藥物，也就是酒精。因此，即使到了1939年，仍然有一位荷蘭學者在對撤銷鴉片貿易表示尊重之同時，還在為鴉片貿易辯護。他認為，適度吸食鴉片對個人健康的危害，是否比吸食煙草或飲酒來得大，這仍是個懸而未決的問題；如果一個人適度吸食品質良好的鴉片，他可以很多年不必擔心健康受損。不過，以下引文透露了他猶豫曖昧的態度：

> 在人們慣常吸食鴉片的國家裡，惡劣的工作條件是工人吸食鴉片的原因之一，也是購買劣質鴉片的原因，而這對死亡率會有不利的影響。另外一個事實是，吸食鴉片還會導致危害極大的上癮問題。酗酒者有時候的確可以回歸正道，但這一點鴉片上癮者幾乎做不到。因此，全世界終究是要完全禁止吸食熟鴉片的。然而，

208

Congress, 1st Session, Government Printing Office, Washington, 1906. 海峽殖民地的數據見 M. van Geuns, *De Opium Cultuur in Nederlandsch-Indie, eene Nieuwe Bron van Inkomsten*, p. 54. J. H. de Bussy, Amsterdam, 1903.

這件事知易行難。人類沒有了刺激品似乎就活不下去。如果把鴉片吸食者的煙槍拿走，他就會嘗試透過非法販運管道或其他種類的奢侈品來滿足他的渴望。如果他選擇其他替代品，如大麻或酒精，後果會更加嚴重；因此，以大麻或酒精代替鴉片，可能是我們最不想看到的事情。此外，我們還必須考慮到，在那些仍有吸食鴉片習慣的國家裡，為人民提供的醫療服務的不足，也是人們將鴉片作為藥物使用的原因之一，這一事實對嚴屬廢除這項惡習也構成了障礙。[9]

　　以上所述說明了18世紀以降縱容鴉片貿易者的整體思想傾向。土著社會因使用鴉片作為藥物而受到指責，但西方社會同樣是這麼做，卻沒有受到指責。身為這種毒品主要推廣者的殖民地政府也沒有受到指責。醫學意見認為，即便是適度上癮也會造成傷害，但這項意見被忽略了；鴉片用量增加會導致食欲不振，這一事實也被忽略。一旦吸食鴉片，無論富人或窮人都會變得憔悴瘦弱，但這一事實不獲正視。殖民體制下的鴉片飼碼制，即把銷售鴉片的權利外包給商人的做法，會導致這些商人為了利益而密集展開鴉片推廣活動，這一點也沒有被視為鴉片消費量增加的決定性因素。緬甸的情況足以說明這一點。在英屬緬甸毗鄰中印邊界的地區，某個政府部門推廣鴉片銷售之舉已成為了一樁人盡皆知的醜聞。在阿拉干（Arakan）被英國人統治之前，吸食鴉片會被判處死刑。1817年的一份報告指出：

---

9   Tj. J. Addens, *The Distribution of Opium Cultivation and the Trade in Opium*, pp. 85-86. Enschede en Zonen, Haarlem, 1939.

這裡的人民工作勤奮，頭腦清醒，思想單純。不幸的是，我們政府所採取的最早措施之一，是經由孟加拉稅務局（Bengal Board of Revenue）引進了酒類與麻醉品製造銷售條例（Abkari rules）。興德先生（Mr. Hind）漫長人生的大部分時間都在阿拉干人當中度過，他對道德敗壞的過程做了描述。孟加拉代理人會有組織地推介這種毒品的使用，並培養新一代人對這種毒品的愛好。一般的策略是開一家店，店裡放幾塊鴉片，然後邀請年輕人進來並免費派發鴉片給他們品嚐。他們對鴉片的愛好建立起來之後，就以低價把鴉片賣給他們。最後，當這種愛好傳遍整個社區，鴉片價格就會被提高，豐厚利潤就會隨之而來。[10]

一位觀察者在這個地區看到，「一代優秀、健康的壯丁，被新一代形容枯槁的鴉片煙鬼所取代，他們是如此耽溺於鴉片，以致精神和肢體力量都被耗盡了」。[11] ₂₀₉

從大量的委員會報告、報紙文章、書籍和私人信件中可以十分清楚地看到，殖民強權推廣吸食鴉片惡習的規模之大，是前所未有的。即便是鴉片貿易捍衛者也不會對這一點加以駁斥。他們在捍衛鴉片貿易的持續存在之同時，並不否認是他們大規模地推廣了這項貿易。他們在推廣鴉片銷售之餘，還不時會挺身捍衛鴉片銷售的環境，以防止出現任何變化。1924年，英屬馬來亞政府委任的英屬馬來亞鴉片使用相關問題調查委員會反對推行登記鴉片成癮者的政策，理由是這項政策可能會影響中國勞動力的自由流入馬來亞。該委員會指

---

10 原出自 *Report, East Indian Finance*, 1871, no. 5097，轉引自 J. F. B. Tinling, *The Poppy-Plague and England's Crime*, p. 7. Elliot Stock, London, 1876.

11 *Ibid.*, p. 7.

出：「對中國勞動力的自由流動施加任何限制，都會對英屬馬來亞的經濟地位產生災難性的影響，而且這些領地還會面對收入不斷減少和支出不斷增加的情況，因為我們需要設立成本高昂的預防性服務和機構，才能讓這個體制有效運作。」[12] 對此，曾擔任中國政府法律顧問的約翰霍普金斯大學（John Hopkins University）政治學教授威洛比（W. W. Willoughby）評論道：「如此坦白地說出鴉片問題中的經濟和財政因素，並不是常有的事。」[13] 此前二十年，一位徹頭徹尾的殖民意識形態家說得更加坦白。他說：「據我所知，從來沒有人企圖讓人們相信，許多遠東國家發出賭博和鴉片銷售准證，是希望能夠藉此根除這些惡習；它們之所以發出准證，是因為出售這些壟斷權可以帶來豐厚的收入。不過，雖然不可能根除，但將鴉片和賭博壟斷權授予某個人或某家公司，倒是可以達到某種程度的控制效果。」[14] 這位作者甚至完全不顧歷史，把責任推給了中國人。他聲稱，三百年來與中國接觸的經驗告訴他，任何法律或壓制手段，都無法使中國人遠離鴉片和賭博。[15]

　　他和其他像他那樣的人是在責任錯置原則的基礎上，做出了錯誤的評斷。這種評斷並非僅限於鴉片吸食，還包括了東南亞歷史上的許多其他現象。

　　弔詭的是，先前提過的曾擔任西班牙駐中國公使的西班牙殖民作

12　轉引自W. W. Willoughby, *op. cit.*, pp. 85-86，原出自 *Proceedings of the Committee Appointed by His Excellency the Governor and High Commissioner to enquire into Matters Relating to the Use of Opium in British Malaya*, p. A54. Government Printing Office, Singapore, 1924.

13　W. W. Willoughby, *op. cit.*, p. 86.

14　Alleyne Ireland, *The Far Eastern Tropics*, p. 47. Archibald Constable, London, 1905.

15　*Ibid.*, p. 47.

家瑪斯，反而在1858年抱怨說菲律賓人不吸食鴉片。他說：「目前，　210
在印度種植鴉片的成本很低，因此其他地方很少種植。在菲律賓，如
同我先前所說的，當局禁止鴉片種植是因為擔心土著可能會吸食而變
得比現在更加懶惰。在我看來，這是一項完全錯誤的政策，因為菲律
賓土著的懶惰是源於他們完全無欲無求，而如果讓他們喜歡上鴉片，
為了滿足這習得的欲求，他們自然就會迫使自己去工作。」[16] 由此可
見，土著不僅會因為做了什麼而被指責，也會因為沒做什麼而被指
責。在歐洲殖民擴張初期，殖民勢力對與他們競爭的土著商人階級抱
有敵意。於是，如同荷蘭人的例子所示，他們摧毀了這個商人階級。
隨後，土著社會又因為沒有體現商業價值而受到鄙視。後來的殖民意
識形態家往往不是不了解過去的歷史，就是刻意扭曲歷史。他們譴責
土著社會的某些狀況，卻沒有考慮到這些狀況其實是殖民主義造成
的。他們不但譴責土著社會縱容這些狀況，還會因為殖民政府譴責這
些狀況而對它表示讚揚，即便殖民政府往往只是譴責而沒有採取行動
加以解決，而且這些狀況還是它早前所造成的。殖民主義不僅僅是為
了榨取經濟利益而強行對他國進行統治而已。它也灌輸了文化、價值
觀、倫理觀、處事態度和推論模式。殖民者預期土著社會接受他們在
責任錯置的基礎上所做出的種種評斷。這些評斷涵蓋面極廣，所涉及
的課題也十分多樣化。讓我們來看鴉片之外的其他例子。

　我們先來看看奴役問題。這裡所說的奴役是指一個人為了供應勞
動力而受另一個人束縛的狀況。東南亞的奴隸制與西方的奴隸制有著
不同的意涵。一般而言，東南亞的奴隸是融入家庭組織之中的家庭幫

16　H. H. Sultzberger (ed.), *All about Opium*, pp. 104-105. London, 1884（出版者不詳）. 此書
　　節錄的文獻包括 Sinibaldo de Mas, *England, China, and India*, Paris, 1858.

手或農場助手。過去在西印度群島和美國所見的虐待奴隸現象，從未成為東南亞奴隸制的特徵。在東西方外來勢力到來之前，戰爭和債務是奴隸的主要來源。歐洲人到來並建立城鎮和貿易站之後，奴隸演變成為一種可供出口的商品。隨著有組織的擄掠活動成為奴隸的主要來源，奴隸遭受非人道待遇的情況也有所增加。萊佛士在他於 1821 年 6 月 22 日寫給薩默塞特公爵夫人的信中提到了尼亞斯島（Nias）的奴隸制。該島面積約 1,500 平方英里，人口約 230,000 人。島上農耕面積大，土壤肥沃，人民勤勞又聰明。[17] 據萊佛士說，尼亞斯出口的奴隸每年超過 1,500 人。當地拉惹告訴他，外國人是商業奴隸出口的始作俑者。許多拉惹也趁機成為了奴隸出口商。不過，萊佛士指出，也有一些拉惹拒絕參與奴隸貿易，甚至拒絕讓內陸地區的奴隸經由他們的領地過境。在寫於 1819 年的另一封信中，萊佛士對東印度公司在蘇門答臘僱用 200 至 300 名奴隸的做法大加譴責。在印尼，荷蘭人從 17 世紀開始就積極參與了商業奴隸制。1720 年，巴達維亞開始徵收奴隸進口稅。一項數據顯示，在彼得魯斯・阿爾伯特斯・范・德・帕拉（Petrus Albertus van der Parra）擔任總督期間，輸入的奴隸每年有 4,000 名。這些奴隸多半被當作家奴來役使，或被主人出租牟利。1689 年，有位荷蘭女士家裡養了 59 名奴隸。1775 年，總督傑瑞米亞斯・范・里姆斯戴克（Jeremias van Riemsdijke）家裡有大約 200 名奴隸。1782 年，某位死者所擁有的奴隸估計總值高達 33,000 荷蘭盾。在英國人短暫統治爪哇期間的 1816 年，巴達維亞及其周邊地區的奴隸數目估計約有 12,000 名。在個人所擁有的奴隸數量中，最高的是 165 人。在 18

17　T. S. Raffles, *Memoir of the Life and Public Services of Sir Thomas Stamford Raffles*, vol. 2, p. 173.

世紀，也許更早之前也一樣，巴達維亞的奴隸人口在數量上遠遠超過了自由人。[18]

　　相較於傳統土著社會，殖民地社會出現了兩個新的社會學因素。首先，在傳統土著社會中，不曾有過奴隸占城鎮人口大多數的例子。其次，在傳統土著社會中，只有重要的統治者和酋長，而不是普通市民，才會擁有大量的奴隸。但在巴達維亞，荷蘭中產階級卻擁有大量的奴隸。歐洲人在17世紀引進了大規模的商業奴隸制，隨後又引進關於奴隸待遇與剝削的法律。當時，奴隸多半是透過擄掠的方式取得。借用萊佛士在英國人接管印尼時就當時的奴隸制所說的話，「這些奴隸都是歐洲人和華人的財產：土著酋長從不需要奴隸的服務，也從不參與奴隸販賣」。[19] 英國人在1812至1813年間進行的人口普查頗能揭示真實的情況。巴達維亞城人口的第二大群體是奴隸。在47,083人的總人口中，1,928人是歐洲人，14,239人是奴隸。在巴達維亞城周邊地區的218,777名人口中，奴隸有5,244名。整個爪哇島和馬都拉島的人口普查顯示，奴隸都集中在巴達維亞城及其周圍。[20] 據萊佛士透露，整個爪哇島有逾30,000名奴隸。後來的統計顯示，泗水和三寶壟（Semarang）是另外兩個奴隸集中地。很明顯的是，一個地區的奴隸制實行程度，與歐洲人對該地區的控制程度成正比。

　　如同前面所說的，19和20世紀土著社會的許多歐洲觀察者往往沒有意識到歐洲人在過去幾個世紀所帶來的變革。正是這些變革擾亂了傳統社會體制，並造成了隨後幾個世紀的觀察者視為不可取的種種

212

18　F. de Haan, *Oud Batavia*, pp. 450-453. A. G. Nix, Bandoeng, 1935.

19　T. S. Raffles, *The History of Java*, vol. 1, p. 76. Oxford Univ. Press, London, 1965.

20　*Ibid.*, p. 63. 關於奴隸制，另參見 D. G. Stibbe (ed.), *Encyclopedie van Nederlandsch-Indie*, art. "Slavernij", vol. 3. Nijhoff, Brill, The Hague, Leiden, 1919.

現象。然後，他們又把19世紀所見的奴役現象，說成是傳統社會內在的野蠻本質所致。當然也有一些像萊佛士那樣的例外者。土著企業也是同樣的情況。19世紀以降，歐洲觀察者透過印刷術，把土著社會描繪成一個萎靡、衰敗的社會，卻沒有意識到他們所看到的，是早前歐洲人實行掠奪和壟斷貿易政策的結果。如同湯瑪士・布萊德爾（Thomas Braddell）所觀察到的，16、17和18世紀東印度群島上那些繁榮的土著貿易港口，到了19世紀已不復存在。它們都已悉數衰落。[21] 迫使許多土著統治者從事海盜和抵抗活動的，正是早期歐洲強權的大肆掠奪和無法無天的行為。布萊德對這種情況做了如下的概括：

> 早期荷蘭人和英國人似乎競相以協議為憑，在他們控制的港口加強對商品的壟斷。一旦取得某國領土，他們就會以類似的憑據，強制該國為他們生產和向他們獨家售賣其產品。這種制度引起各階層土著的反對，最終激發了致命的敵意。由於歐洲外來者唯我獨尊的傲慢和暴政，土著酋長們眼睜睜看著他們的港口被遺棄，收入被破壞，權力被削弱，人民也幾乎淪為奴隸。這些酋長自然只能訴諸海盜行為。事實上他們也只是循著歐洲人的先例，憑一己之力占有他們有能力留住的東西。在歐洲人把群島上所有土著貿易港口摧毀殆盡，並把所有貿易導向他們建立的殖民地之後，他們反而對那些被他們逼入絕境者的襲擊抱怨連連，然後就把當初自己從事時並不覺得有何不妥的行徑，稱為海盜行為。[22]

213

21　T. Braddell, "The Europeans in the Indian Archipelago in the 16th and 17th centuries", p. 329. *JIAEA*, New Series, vol. 2, no. 4, 1857, Singapore.

22　*Ibid.*, pp. 328-329.

同樣的情況也發生在對馬來人及其他民族如菲律賓人和爪哇人的另一項指控，即指他們對任何事情都漠不關心。事實上，他們的漠不關心是對殖民統治所產生的一種情境的反應。他們被迫工作，卻未能完全享有勞動成果。早期歐洲人和臣服於歐洲人的土著統治者都只為自己累積財富，沒有留下多少空間讓其他人也能夠累積財富，以致一般人只能維持基本生存所需，上層階級也只能維持起碼的舒適生活。大多數人既沒有理性的動機，也沒有足夠的機會去獲取生存所需之外的財富。在印尼，壟斷制、強迫供應制和強迫種植制，以及隨後在當權政府支持下興起的經濟作物種植業及由歐洲人控制的相關產業的資本主義生產組織模式，加上偏袒殖民政府的種種條規，在在導致印尼人本身不可能獲得足以媲美荷蘭和歐洲籍工商界成功人士的財富和聲望。實際上，印尼人、馬來西亞人和菲律賓人所缺乏的並不是工作的意願，而是不斷追求西方資本主義意義上的更多財富的意願。他們欠缺現代資本主義的積極進取和經營謀利的精神。許多觀察者把這種欠缺，錯誤地詮釋為懶惰。在殖民時期，這個區域的人民的確沒有對殖民勢力所引進的那種資本主義經濟活動表現出太大的興趣。問題是，他們為什麼要對那種經濟活動感興趣？菲律賓人為什麼要對那些只會讓西班牙人致富的企業活動感興趣？爪哇人為什麼要為荷蘭人的種植園辛苦工作？鄉村生活可以讓馬來人過得更加心滿意足，他們何必湧向礦場和種植園？

就因為是根據殖民資本主義的標準來衡量，他們才被評斷為有所欠缺。殖民資本主義意識形態是根據人們在生產制度中的效益和獲利性來評斷其價值的。如果一個社群不從事與殖民資本主義企業直接相關的活動，這個社群就會從負面的角度被加以論說。

關於殖民資本主義意識形態，還可以舉世紀之交的一位作者作為

214

最後一個例子。他的表述以恬不知恥、粗鄙、庸俗、惡意的方式體現了殖民意識形態，並且伴隨著所有重大的扭曲。我們之所以要提這個例子，是因為作者並不是不識字的普通人，不是短暫造訪的水手，不是小鎮的記者，也不是思想狹隘的行政官員，而是一個應該具備學術風範的學者。1901 年，這位作者在芝加哥大學（University of Chicago）委託之下，探討了熱帶殖民地的行政管理。他在訪問東南亞期間為倫敦和紐約的雜誌寫了一系列的文章，隨後結集成書。在這些文章裡，意識形態扭曲的本質以一種極端的形式得到了展現。學術研究在這本書裡成為了一則笑話，一切理性不知所踪。整本書暴露了作者對特定群體的敵意和怨恨，所提出的觀點只能以全然荒謬來形容。

這位殖民意識形態家如此描述馬來人：

> 就我個人的觀察而言，我應該說，半島的馬來人是地表上最堅定不移的遊手好閒之徒。每一個與他們接觸過的人都確認了這項特點。他們既不為自己，也不為政府或私人雇主工作。他們用竹子和亞答葉（attap）自蓋房子，所種稻米加上來自溪流與森林的食材就足以填滿日常菜單，而年復一年，在十分之九醒著的時間裡，他們就只是坐在樹蔭下的木製長凳上，看著華人和泰米爾人修築公路和鐵路、採礦、種地、養牛和納稅。[23]

像這樣具有學者身分的一位作者，怎會如此放縱想像力，以致提出如此荒謬的說法？如果馬來人年復一年在他們十分之九醒著的時間裡就只是在樹蔭下的木製長凳上無所事事地坐著，他們恐怕全都死光了。

23　Alleyne Ireland, *The Far Eastern Tropics*, pp. 115-116, *op. cit*

　　這種關於馬來人的看法如此不懷好意和惡毒，根本沒有必要在此認真反駁。但值得注意的是它的意識形態根源。該書作者所依據的，是1901年的年度報告中一名馬來聯邦總參政司的觀點。這份報告寫道：「政府透過一種幾乎不觸及馬來人的稅收制度，取得了龐大的收入，並經由公路、鐵路、灌溉工程等建設計畫，在鄉村資源開發方面投入了龐大的支出。不過，參與開發的勞動力幾乎全由外國苦力提供，負責監督工作的也是外國工程師和主管。馬來人對任何形式的穩定工作有著根深蒂固的厭惡，他們既不願意為政府事業服務，也不願意為礦場或種植園工作。」[24]

215

　　馬來人顯然是因為迴避了殖民資本主義企業活動，而被斷定為抗拒穩定的工作。這裡也暴露了殖民意識形態家無法根據脈絡，對稅收問題做出評估。大部分馬來人是自給自足的農民和漁民，收入並不高。他們固然納稅不多，但他們也沒有從公路和鐵路建設中受惠。馬來人占大多數的東海岸嚴重受到殖民政府忽略，也是一項事實。為什麼要期望馬來人繳稅給一個不重視他們且為殖民資本主義利益服務的政府？在殖民時期，得到政府最大關注的，都是那些位於採礦和橡膠種植地區的城鎮。

　　我已充分揭示了懶惰土著形象的根源，闡明它是殖民資本主義意識形態的一個重要成分。它可以成為合理化領土征服的一個重要依據，因為土著的低劣形象正是殖民意識形態的基礎。不同時代和不同民族的帝國主義者向來有著許多共同的觀念。所以，美國社會哲學家、帝國主義者班傑明・基德（Benjamin Kidd）把熱帶地區的居民比作

24　*Ibid.*, p. 116. 從歷史上看，這個說法並不準確。實際上有馬來人為馬來土邦和海峽殖民地的政府工作。

小孩，一些荷蘭帝國主義者也同樣把爪哇人視為小孩。[25] 同樣地，他
也聲稱絕不可能出現一個好的土著政府。[26] 就像西班牙修士把西班牙
人的道德敗壞歸咎於菲律賓人那樣，基德指土著拖累了白人，從而在
意識形態上合理化殖民政府的治理不善。基德甚至說，人們無權期望
一個好的歐洲殖民政府。他給的理由如下：「在對他們來說是一種負
擔的氣候條件下，在處於不同和較低發展階段的種族當中，在脫離形
塑他們的各種影響因素並遠離其所來自的道德與政治環境的情況下，
白人建立了他們的非自然家園並與那些種族一起生活，最終往往會因
為上述種種情況，非但不能提升那些種族，反而會漸漸淪落到與那些
種族同樣的水準。」[27] 殖民意識形態家還經常強調，土著政府沒有能
力開發國內的天然資源。如此一來，土著的能力就會受到質疑，其落
後形象也被強化。馬來人、爪哇人、菲律賓人等東南亞民族的社會事
實上並不是一個簡陋無文的社會。但殖民意識形態家必須往回追溯，
判定他們沒有能力開發國家資源，才有理由剝奪他們獨立自主的權
利。基德的說法如下：「也許人們會在不久的將來清楚意識到，我們
的文明最不能長久容忍的一件事是，擁有資源的種族因為缺乏基本的
社會效率，浪費了地球上最富裕地區的資源。那些種族保有資源的權
利仍會受到認可，但在未來，這種認可必須以此為條件：他們不得阻
止其他人利用他們所掌管的那些龐大天然資源。」[28]

上述說法忽略了歷史上有過的另一個替代方案，即土著社會可能
可以透過吸收西方的科學與技術來開發自己的資源。像緬甸、印度支

25   Benjamin Kidd, *The Control of the Tropics*, p. 52. Macmillan, New York, 1898.

26   *Ibid.*, p. 51.

27   *Ibid.*, p. 50.

28   *Ibid.*, pp. 96-97.

那、馬來亞、爪哇、蘇門答臘和菲律賓這樣的國家在歷史上**並非簡陋無文**。如前所述，它們已發展出自己的社會組織、技術和治國之道。這些國家內部固然也有一些簡陋無文的社群，但這無損於這樣一個事實，即當16世紀初歐洲人初來乍到時，這些國家一直是由發達的社會所管理的。殖民意識形態家提出的一個觀點是，西方社會和土著社會之間直到第二次世界大戰爆發為止的科學與技術鴻溝，可以往前追溯好幾個世紀，但事實上，這一鴻溝在16和17世紀幾乎不存在。如同前面提到的，正是殖民主義的束縛，阻礙了源自西方世界的同化之流。假如獨立的亞齊與西方世界從16世紀開始就自由交往，亞齊和像它那樣的其他印尼小國現在應該都已經取得高度的發展了。但實際的情況是，荷蘭人藉由一場曠日持久的戰爭，把亞齊給摧毀了。時至今日，亞齊仍然未能恢復昔日的地位。假如當初荷蘭人沒有推翻爪哇島諸國，爪哇島上也許還會存在著幾個爪哇人的國家。一如日本、俄國、土耳其和泰國，到了19世紀，這些國家也許會像它們過去認識到其他社會的種種優點那樣，也認識到西方現代科學技術的諸多好處。

　　對土著形象的描繪，是一個整體性的意識形態運動的組成部分，而這個意識形態運動並不是在某個慎重考量的指令下展開的。它是某個群體在某個共同觀念和利益意識的推動下所做出的集體反應。對土著形象的貶低也引發了對土著的各種活動的貶低。讓我們舉土著生活中的經濟為例。

　　一直以來，對殖民地經濟的研究多半聚焦在那些為西方資本家帶來利潤的事項。這種情況至今仍然存在。例如在馬來西亞和印尼，我還沒有看過任何關於某個東南亞城鎮貿易的研究，但關於阿姆斯特丹或漢堡貿易的研究卻數以百計。這種現象出現的原因或許在於，與殖民資本主義利潤追求無關的經濟沒有受到任何關注。關於東南亞內部

217

區域之間的研究被忽略了。沒有人去研究土著社會的經濟。被研究
的，是對西方的進出口貿易、西方所需商品的生產、西方資本的流
入，以及對西方的利潤轉移。一般經濟學定義在很大程度上取決於對
欲求的滿足，以及對滿足欲求的手段的認知；而殖民資本主義對經濟
的態度，則取決於殖民利益群體的利潤是否得到滿足，以及滿足此利
潤的手段。

　　從歷史上看，一個時代的意識形態很少會直言不諱地自我表述並
有意識地自我揭示其全部本質。但它的本質也不會完全被遮蔽，而是
會零零散散地自我揭示。從西方資本主義角度來定義經濟史的荷蘭經
濟學教授貢格列普的作品，便是這樣的一個例子。他寫道：「經濟史
以經濟變遷為前提。那些年復一年、一個世紀又一個世紀地以同樣的
方式來滿足其欲求的農村、城鎮和國家，不會有經濟史。」[29] 依此定
義，19世紀以前的中國、日本和印度是沒有經濟史的。貢格列普指
的是傳統印尼社會。他指出，中歐和西歐也有農村，但印尼的農村缺
乏歐洲農村早前幾個世紀存在的個人主義。[30] 歐洲個人主義在他看來
是構成經濟史的一個重要條件。我們在這裡看到的，是一種側身於科
學概念領域的文化帝國主義。於是，不符合此意義概念的經濟過程，
就這樣被族群中心主義的殖民學術研究摒棄了。

　　如同我在導論中已指出的，殖民意識形態會影響學術研究的主題
選擇、分析和結論。同樣地，就土著形象而言，它會導致負面特質被
大力強調，正面特質則備受忽略，於是就出現了一幅扭曲、失衡的土
著圖像。最後，土著歷史中重要的部分也被忽略了。例如，一直以來

---

29   G. Gonggrijp, *Schets eener Economische Geschiedenis van Nederlandsch Indie*, p. 3. Erven F.
　　　Bohn, Haarlem, 1928. 原文英譯為本書作者所譯。

30   *Ibid.*, pp. 5-6.

都沒有人去研究土著國家的毀滅對土著本身的影響，但關於其對殖民勢力的影響的研究卻有一些。造成這種情況的原因之一是，土著的負面形象無法激發人們研究其當代事務的欲望。這也說明為什麼在殖民時期，會去研究土著事務的，通常只有人類學家和殖民地顧問，而不是其他學科的學者，例如經濟學家、政治學家和社會學家。在關於印尼的研究上，例外者包括施里克、波克、韋特海姆和道維斯·戴克爾。在馬來西亞，對土著的學術興趣出自英國行政官員，如克利福、瑞天咸、麥斯維爾和溫士德，但他們的研究興趣只是強化了土著懶惰、變幻莫測、遊手好閒、迷信、愛模仿的形象。他們編纂字典，出版馬來文獻，書寫馬來人歷史，但他們多半是以業餘方式進行，作品中缺乏科學方法的應用。整體而言，他們的作品撐起了關於土著社會的殖民意識形態。

在這本書裡，我們無意評價作為一種歷史現象的殖民主義，也無意評價殖民學術研究對知識的貢獻。我們的焦點始終放在殖民時期的土著形象及其於殖民意識形態中的功能。我們也指出了意識形態對學術研究的負面影響。在導論中，我們把意識形態的影響分為積極和消極兩種。意識形態的消極影響具有扭曲性和片面性，會產生不一致和膚淺的觀點。有時候，它提供的觀點看似客觀冷靜，底下卻潛藏著對殖民主義的同情。在我看來，一個真正客觀的學者會坦然宣示他的同情，然後以最理性的方式加以論證。用客觀冷靜的姿態來掩蓋真正的態度，只會阻礙而不是促進學術的發展。讓我們看看以下的例子：「重點不在於帝國主義是好事還是十惡不赦之罪。要如何評斷這種問題，取決於個人的良心。在這裡，我們要把帝國主義當作一個事實來

219

討論；它需要的是解釋，而不是指責或辯護。」[31] 對寫下這句話的兩位作者來說，嘗試對殖民主義是否有利於殖民地社會的問題進行評估，不能被視為科學；那是一個取決於良心的問題。但事實上，作為「事實」的帝國主義並不是一個良心問題，而是一個有待科學處理的問題。

如果把對殖民主義的評價視為不科學，就會同樣地把對殖民主義各個層面的評價視為不科學；就我們的案例而言，就是把對殖民意識形態及其所描繪的土著負面形象的評價視為不科學。難道我們不能評價說，殖民主義所描繪的土著形象有礙族群和諧，它是各種偏見的混合體、是沒有來由的侮辱、是對現實的扭曲，總之，真實的土著形象根本就不該是這個樣子？[32] 如果我們同意上述兩位作者的觀點，就表示我們允許這一殖民形象普遍流行並影響學術研究。任何拒絕此形象的努力，都會被視為超出學術研究的範圍。揭露此形象背後的扭曲、虛假和偏見，等於是說此形象不好，即便我們並沒有使用「不好」這個字眼。把帝國主義和殖民主義當作「事實」來看待而不做任何價值判斷，這是一種妄想，不是無意識地被其價值觀所影響，就是允許其價值觀侵入我們的學術研究。讓我們試著把帝國主義和殖民主義當作一個「事實」來看待。這意味著什麼？

現代西方帝國主義標誌著西方對非西方世界大部分地區的統治和支配的擴張。它對西方和非西方世界都產生了深遠的影響。這是一個「事實」。但這只是一般和抽象意義上的「事實」。一旦我們進入具體

31　G. H. Nadel, P. Curtis (eds.), *Imperialism and Colonialism*, p. 25. Macmillan, New York, 1964.

32　偏見的最精簡定義是「沒有充分理由就認為別人不好」。參見 Gordon W. Allport, *The Nature of Prejudice*, p. 6. Addison-Wesley, Massachusetts, 1966.

的事例，我們關於這個「事實」的論述必然會涉及某種價值取向。我們也許不會在論述中使用「好」或「不好」這樣的字眼，但是，當我們說殖民主義帶來了和平與穩定、引進了現代衛生設施和開發了天然資源的時候，我們實際上就是在宣稱它是好的。反之，我們也可以選擇述說殖民主義的負面影響，這樣做的話我們實際上就是在宣稱它是不好的。本書並無意評價殖民主義和帝國主義的整體影響。帕克・穆恩（Parker T. Moon）曾提醒我們，「到最後，帝國主義的一些好處和壞處仍將無法估量，而對它的最終評斷將是主觀而不是科學的，因為我們畢竟無法設計出一種科學的天平，在船舶與學校、原料與戰爭、利潤與愛國主義、文明與自相殘殺之間衡量孰輕孰重」。[33] 要評估構成帝國主義現象的無數事件無疑是有困難的，況且這些事件的性質和影響在不同時代會有所變化。舉例來說，在馬來亞，英國人曾與瘧疾展開鬥爭。但他們是在迫切地種植橡膠、在疫區大量使用身體虛弱的移民勞工、忽略民眾的醫療福利，以致瘧疾病例大幅度增加之後，才這樣做的。要對殖民主義的這個方面做出評價，我們必須問一個問題：如果當時不存在西方殖民資本主義政府，那麼馬來亞的人口會是如何？但既然這個政府確實存在，我們必須問的問題就變成是：這個政府原本可以做些什麼來預防瘧疾的肆虐？這個問題的所有方面都必須詳加探討。正是在這一點上，穆恩及其他相信不可能有客觀解釋的人錯了。宣稱社會學和歷史學無法提供客觀評價，無異於宣稱人類理性的無能。如果說我們不能評價殖民主義，那麼理論上我們也就不能評價歷史上的任何東西了。我們既不能宣稱某某統治者是暴君，也不能宣稱某某政府是軟弱的政府；既不能宣稱某某制度是倒退的制度，也不

220

33　Parker T. Moon, *Imperialism and World Politics*, p. 526. Macmillan, New York, 1937.

能宣稱西方文明有各種好處。但事實上，評價殖民主義的困難是實踐上的困難，而不是理論上的困難。

不過，穆恩在告誡我們不要太急著宣稱殖民主義為邪惡時，他自己卻急急宣布了殖民主義的好處。他說：

> 當資本主義的魔棒在森林和荒野上一揮，鐵路、礦場、油井、城市、種植園、碼頭、工廠、發電廠、電報和倉庫就出現了。在所產生的利潤中，土著人口一開始也許只能分得微薄的份額。另外，物質的進步還會與現代工業主義的種種惡習、疾病和問題掛鉤。落後國家如印度會經歷工業革命，以及連帶而來的低工資、童工、工時過長、貧民窟過度擁擠等問題；由於勞動條件不適合土著的體質，殖民地也會面對死亡率高的問題。任何事情都是有正反兩面的。我們只能希望，無節制的剝削和經濟轉型的問題都只是過渡時期的現象，並且就像它們在進步國家至少已在某種程度上得到糾正那樣，將來會及時得到糾正，而工業進步的好處則能夠較為持久不衰。這樣的希望也許並不至於過分樂觀。那些感嘆喧囂的商業和吵雜的機器入侵東方的人，或那些感嘆非洲部落主義之消失的人，就讓他們感嘆去吧。[34]

在這裡，他的價值取向介入了。有別於霍布森，他並不反對帝國主義。修辭學中常見的論據選擇手法也出現了。令人震驚和不人道的工作環境，被他以一句「勞動條件不適合土著的體質」加以掩飾。這裡也有責任錯置的因素。高死亡率被歸咎於土著體質。但怎樣的體質才

221

34　*Ibid.*, p. 537.

會造成高死亡率，他卻沒有多加說明。在這裡我們也可以看到殖民研究的另一個特點，即當涉及到研究者不感興趣或可能引起尷尬的問題時，他們喜歡籠統帶過。他們會用商品語言來討論人與人的關係。在土著形象的問題上，我們發現，這一形象是在沒有任何操作性基礎的情況下，基於籠統的概括而建構起來的。正如我們先前已經指出的，所謂馬來人的懶惰並沒有被賦予操作性定義。不過，這一形象的操作性背景有時候會罕見地出現。關於這一點，我們有必要詳細檢驗類似穆恩書中所使用的那種抽象詞語，並仔細探討對殖民主義進行客觀評價的可能性。馬來亞一名英國種植園主的回憶恰好可作為我們的案例。

讓我們來探討這一說法：生產力低下肇因於懶惰、契約勞工和體質不適。關於馬來人，我們的這位種植園主說：

> 在種植園裡，馬來勞工屬於極少數，其原因不外乎馬來人極不喜歡工作，尤其是那種需要不斷艱苦付出體力勞動並嚴格遵守日常作息時間的工作。這種辛苦乏味的工作對他們的性情來說猶如毒藥，因此我們只能僱用他們從事可透過合約方式進行的工作，例如伐木和搬運，而他們在這兩種工作上都有出色的表現，因為馬來人在砍伐森林和駕馭牛車方面幾乎沒有對手。[35]

在這裡，他公開聲稱馬來人不喜歡從事辛苦乏味的工作，雖說不喜歡從事辛苦乏味的工作本就完全是人之常情。他自己和其他種植園主則無需受制於嚴格的日常作息時間。對他們來說，不喜歡辛苦乏味的工

---

35 Leopold Ainsworth, *The Confessions of a Planter in Malaya*, pp. 53-54. Witherby, London, 1933.

作不成問題,但馬來人不喜歡辛苦乏味的工作卻是個問題。他們顯然也不把砍伐森林看成是工作,不認為從事伐木者有資格脫離「懶惰」的行列。殖民資本主義的勤勞標準在此展露無遺。唯有能夠直接促進利潤增長的勞動,才能使從事者免於被標籤為「懶惰」。更能揭示問題所在的文件,是官方的年報。關於馬來勞動力,年報說:

> 這股勞動力的重要性微乎其微。沒有任何大型種植園是大量依賴馬來人的,而且在任何時候,馬來聯邦的種植園所僱用的馬來勞工人數,總計大約只有3,500人。沒有更多馬來勞工受僱的原因是,他們不願意從事固定的工作。他們只是利用種植園工作之便來補貼他們在自己鄉下的生計,種植園不能仰賴他們留下來提供其所迫切需要的服務。一般而言,他們只要能夠維持生活和滿足當下所需就夠了,不會想要賺取更多錢。就像當地受僱的爪哇人那樣,少數的馬來人填補了許多種植園所缺乏的印度人或華人固定勞動力,但馬來人的工作時間甚至比當地受僱的爪哇人更不固定。[36]

這裡所謂的重要勞動是指種植園勞動。除了數據不同和增加一個短語之外,同樣的段落重複出現在其後幾年的年報中。1934年,除了關於吉打和吉蘭丹這兩個土邦的部分,同一段落的其餘部分皆無所更動。1935和1936年,這個段落再次重複出現。但到了1937年,我們可以注意到話雖相同,語氣卻不一樣。該年度的報告說:

---

36   C. D. Ahearne, *Annual Report of the Labour Department for the Year 1931*, pp. 19-20. Federated Malay States, Kuala Lumpur, 1932.

今年，本部門的檢查官員受指示詳查本地馬來人的就業程度和狀況。雖然受僱者總數不大，但所揭示的一些事實表明，鄉村馬來人與世界其他地區的人一樣，正以意想不到的方式經歷著變化。在吉蘭丹，正如人們所預期的，有一些種植園完全是由馬來人經營。當地成功實行的一個制度是，每個家庭承擔起一項或多項任務，並由家庭中的某個成員出面負責。唯有透過像這樣的安排，才有可能成功僱用到馬來人。馬六甲一個歐洲人擁有的種植園也建立了完全相同的制度。馬來人已經學會了按時上工之必要，也證明了他們是優秀的員工，並獲支付標準工資。[37]

這裡不再提馬來人不喜歡從事固定工作的事。馬來人已經變「好」；他們開始到種植園工作了。出現的一個新因素是，馬來人以家庭為單位受僱，並獲支付標準工資。較早的時候，官方對馬來人還存有歧視。吉隆坡馬來聚落的名譽秘書如此描述1908年的情況：

目前，馬來人在申請政府工作上所受到的待遇，整體上比泰米爾人或華人差。馬來人當然有著懶惰之名，而無論理由是否充分，這都會對他們造成阻礙。此外，在一些情況下，提供給馬來人的工資實際上會比馬來聯邦的其他亞洲人來得少。直到最近，馬來警察才享有錫克警察多年前即已享有的較高工資。在官方的薪級表中，華人苦力的工資仍然高於馬來勞工。馬來助理教師的薪資也比泰米爾辦公室雜工來得低。來自錫蘭賈夫納（Jaffna）的泰米 *223*

37　C. Wilson, *Annual Report of the Labour Department, Malaya, for the Year 1937*, p. 72. Federated Malay States Government Press, Kuala Lumpur, 1938.

僱書記請假回鄉期間可享有半薪，但馬來書記如果請假回鄉探親，卻完全沒有薪水可領。他必須出國才能享有半薪假。[38]

1938年的報告提到，馬來人對種植園工作已有較好的反應。部分原因是腳踏車的引進：「腳踏車似乎還扮演了一個重要的角色，那就是讓人們能夠輕易應付鄉村和種植園或礦場之間的距離。」[39]

如果關於馬來人對種植園勞動的態度背後的所有歷史與社會學因素都能得到考量，那麼，對馬來人懶惰的一般和抽象的責難，就會顯現為庸俗的扭曲。在這些歷史與社會學因素中，有一些我們已經提過，如歧視性的工資、艱苦的工作環境、離家太遠、與社群隔絕的種植園生活等。這些都是人們迴避從事特定工作的一般理由。我們無需靠那些抽象的觀念，如「天性懶惰」、「不喜歡固定工作」、文化與民族性，就能解釋為什麼馬來人迴避種植園勞動。以模糊的觀念為論據來支持它的一些合理化論述，是殖民意識形態的特徵。除了關係到經濟與行政利益的事項之外，它都不會用具體的論據來進行其複雜的思想建構。

在殖民作品中，勞動主體整體上會被當作一種商品、一種抽象的統計過程來看待。對這些作品來說，勞動是人們為賺取工資而工作的現象。勞動的實際歷史情況被忽略了。事實上，人正是對這個實際歷史情況做出反應的。許多殖民作品在討論像契約勞工這樣的課題時，它們討論的是金錢、勞動的正式條款和條件、相關的法律，以及其與

38　B. O. Stoney, "The Malays of British Malaya", in Arnold Wright (ed.), *Twentieth Century Impressions of British Malaya*, p. 228, *op. cit.*

39　C. Wilson, *Annual Report of the Labour Department, Malaya, for the Year 1938*, p. 76. Federated Malay States Government Press, Kuala Lumpur, 1939.

影響勞動力的生產活動、移民和整體環境的關係。學者的論述很少會
包含對契約勞工實際情況的描述。至少到一九二〇年代末，馬來亞的
契約勞工制實際上是某種形式的奴隸制。這一點得到了一些種植園主
的證實。在本書的前面部分，我們曾討論礦場和種植園的勞工虐待問
題。據推測寫於一九二〇年代末的對吉打某個種植園契約勞工的描
述，說明了契約勞工所遭受的非人道待遇。該種植園的歐亞籍主管身
上帶著槍，而華人工頭則帶著鞭子。每當有苦力停下來，工頭就會朝
苦力大喊，命令他繼續工作；苦力如果沒有即刻遵從，工頭就會以鞭 *224*
子抽打他的腳。如果他因為受此懲罰而流露出想要對工頭展開報復的
跡象，主管就會對他大聲斥責，工頭也會對他威脅恫嚇。[40] 剛從英國
抵步的作者看到苦力所遭到的這種待遇，感到十分震驚。來自中國的
這些契約勞工被契約捆綁三年，一天的工資只有10分，而當時的標
準工資率是介於35分至50分之間。他們必須償還所欠下的大約10英
鎊旅費。每天收工後，他們會被趕回宿舍，由兩名手持來福槍的錫克
籍守衛看守，以防他們造反或逃跑。我們這位初來乍到的種植園主認
為，從各個方面來看，他們都是奴隸。[41]

還有無止境的為女人爭風吃醋的打鬥事件。種植園裡的印度勞動
力以男性為主。由於種植園裡極度缺乏女性，而且過的是與世隔絕的
群體生活，一些女性會同時與多名男性交往。也有同性戀的現象。[42]
歐洲種植園主也會與種植園裡的女性發生關係。曾有一名孟加拉印度
人因嫉妒而殺人狂症爆發，殺死了兩個人。每天早上，種植園經理和

40　Leopold Ainsworth, *op. cit.*, pp. 46-47. 作者未提供這件事發生的年分，但這本書是在
　　1933年出版的。

41　*Ibid.*, p. 47.

42　*Ibid.*, p. 71.

另外兩名英國籍職員會去宿舍檢查，確保所有工人都有及時起床。一旦發現有工人還在睡覺，他們就會抓住那工人的腳踝，猛然把他從板床上拉下來，讓他砰地一聲摔倒在地。種植園裡不斷有人病倒，死亡案例經常發生。這種情況相當普遍，主要原因是衛生條件惡劣。種植園勞動力是由印度勞工和中國契約勞工所組成，其中以印度人占大多數。至於穆恩所說的「勞動條件不適合土著的體質」，就其背後的歷史實況而言，可說是一種對人命的漠視。土著的體質本身並沒有問題。數以千計勞工之所以死亡，是因為他們暴露在瘧疾風險之中。1908年，在21個種植園中，平均死亡率高達每千人逾200人。[43]

瘧疾是當時的頭號殺手。在1929年總人口116萬人的英屬馬來聯邦四州，醫院在1928和1929年記錄的瘧疾病例為85,000宗，死亡人數為4,300人。在這期間，馬來聯邦總共有72名醫生、45家醫院、30家市區診所和24個流動診所。這四州的面積為27,500平方英里。單單在醫院的瘧疾病例中，死亡率為每千名病患50.6人或5%。醫生人口比例是1：16,000。整個地區全部人口的瘧疾病例和死亡率，很可能是醫院數據的三倍。第二大殺手是肺結核。有4,600宗病例，2,100人死亡，死亡率為45.6%。[44] 八年後的1937年，隨著人口增加，瘧疾有所減少。政府和種植園醫院總共有35,000宗病例，800人死亡，死亡率降至2%。同年，肺結核病例為1,994宗，死亡人數為791人，故死亡率為39.8%。[45] 情況略有改善是因為世界醫學的普遍進步，但

43   M. Watson, *The Prevention of Malaria in the Federated Malay States*, p. 102. John Murray, London, 1921.

44   基本數據來自*Handbook of British Malaya 1930*, p. 189. Malayan Information Agency, London (undated).

45   J. T. Simmons, T. F. Whayne, G. W. Anderson, H. M. Horacle, *Global Epidemiology*, vol. 1,

英國與其殖民地之間的差距仍舊很大。1939年，整個英屬馬來亞的
醫生人口比例是1.4：10,000，而美國的比例是10：10,000。英屬馬
來亞的第二大疾病是性病。[46] 1929年，馬來聯邦有6,000宗性病住院
病例。1937年，僅新加坡就有22,800名新病患和185,000名舊病患，
當時新加坡的人口是1,250,000人。同年，整個海峽殖民地的梅毒發
生率是每萬人49.4例，而在1936年，英格蘭和威爾斯的發生率是每
萬人1.7例，荷蘭1.06例，瑞典0.67例。所以，海峽殖民地的梅毒發
生率大約是英格蘭和威爾斯的30倍，荷蘭的47倍，瑞典的75倍。[47]
1944年，在一本關於流行病學的書中，作者群對馬來亞的衛生狀況
提出了以下的結論：「在英國政權下，公共衛生、醫院和醫療設施雖
然得到了有效率的組織和維持，但並不足以滿足諸馬來土邦的衛生和
醫療需求。」[48]

　　馬來亞的主要疾病是瘧疾、性病、痢疾、肺結核、腳氣病、腹瀉
和肺炎。除了前兩種之外，每種疾病的死亡率都是介於10%至50%
之間，其中死亡率最高的是肺結核。就發生率來說，最高的顯然是瘧
疾。1928年，在馬來聯邦的70,000宗入院病例中，48,500例是瘧疾
所致。在總入院病例中，死亡病例為6,800宗。所以，整體死亡率是
9.7%。像瘧疾、肺結核、性病、痢疾等許多疾病，都是殖民資本主
義所造成的結果。礦場和種植園的開闢，以及隨之而來的城市化，造
成了聚落的倉促開發，人群擠在一起，衛生環境和排汙處理欠佳，賣
淫活動猖獗，收入微薄的人染上抽鴉片、酗酒等傷害性惡習。下面我

---

pp. 168, 171. Heinemann, London, 1944.

46　*Ibid.*, p. 164.

47　*Ibid.*, p. 169.

48　*Ibid.*, p. 173.

226 們僅根據一位具有明顯殖民意識形態的殖民地醫生的調查發現，對作為最大疾病的瘧疾展開討論。

　　瘧疾爆發的主要因素是土地開發和公路建設。「公路及其他公共工程會為蚊子提供滋生地，是傳播瘧疾和絲蟲病的重要媒介。平地的公路，尤其是與海岸平行者，有兩種危害：在建造過程中形成取土坑，這些坑隨後成為蚊子滋生地；完工後，這些公路會阻礙內陸一側土地的排水。」[49] 種植園或山地的工人宿舍坐落在溪谷附近，也會造成工人中的瘧疾病例增加。1914年建成的一條28英里長的鐵路線曾導致瘧疾大爆發。每當某個地區爆發瘧疾疫情，先前已經擺脫疫情的其他地區也會再度受到感染。種植園裡的移民勞工尤其容易感染瘧疾。他們居住的地區往往是瘧蚊滋生之地。那些移民勞工初來乍到，就突然暴露在瘧疾風險之中。他們當中有些人是來自1906年印度鬧飢荒的地區。瘧疾的高發生率與他們的體質無關。關係更大的是他們的經濟狀況。死於這種疾病的是窮人，而不是富人。相較於富人，窮人的身體抵抗力和所能享有的治療設施都比較差。1909年，在29名居住在雪蘭莪10個山區種植園的歐洲人當中，有25人曾患上瘧疾。但在這時期，麥爾坎・華生（Malcolm Watson）仍能宣稱沒有一個歐洲人死於瘧疾，[50] 而同時期死於瘧疾的勞工、農民和貧困城鎮居民，卻是數以千計。假如我們把情況倒過來，讓來自本國貧困階層的歐洲人成為種植園勞工，他們當中也許就會有數以千計的人死亡。在接下來的數十年裡，情況大為改善。東方人的體質還是一樣，只是環境有所改變。而之所以會有這項改變，是因為瘧疾損害了資本家的利益。

49　M. Watson, *op. cit.*, p. 39.

50　*Ibid.*, p. 94.

「熱帶農業整體上的成功，事實上它的存在本身，取決於健康富足的勞動力。」[51] 瘧疾會導致種植園無法有效運作，且治療成本十分高昂。勞動力因而降到最佳生產水平以下，許多勞工也會逃離種植園。

殖民學者對殖民地的研究中經常忽略的，正是這種事例和事實。問題最初由殖民勢力所引起，然後他們試圖解決這些問題，最後就來邀功。瘧疾就是這樣的一個例子。如同馬來聯邦種植園醫院協會首席醫務官華生所說，「若以其他熱帶事業的歷史為參照，我們會發現土地的開闢，尤其是在使用進口勞動力的情況下，很可能會造成瘧疾肆虐，致使歐洲人和亞洲人付出慘重的人命代價。我收到的醫院報告顯示，目前種植園所面對的瘧疾問題已經十分嚴重，因此我決定更詳細研究這個問題」[52]。

至今還沒有人嘗試探討殖民資本主義以礦業和種植園業的形式被引進馬來亞所造成的人命代價。數以千計死於橡膠樹下、礦湖邊、公路和鐵路上的人，值得我們記起和關注。他們不應被無情地漠視，變成只是殖民地發展的資產負債表上的數字。在社會科學領域，沒有任何東西可以阻止一名社會科學家實話實說，鑑定剝削的實際狀況，把歷來發生的苦難、暴行和壓迫描繪出來。問題在於如何精確地描繪現實，而不在於容不容許這麼做。一名可憐的種植園勞工因罹患痢疾而進了墳墓，他經歷了疾病所帶來的不幸，而這種不幸是一個事實。社會科學並不禁止事實。20世紀初馬來亞種植園生活的悲慘狀況同樣也是事實，唯一的差別在於，相較於簡單的痢疾病例，它較為複雜，也較難描繪。在關於這些事實的研究的周圍設置藩籬而把理論上

51　*Ibid.*, p. 48.
52　*Ibid.*, p. 42.

的反對意見阻擋在外，等於是為掩蓋這些事實的殖民主義態度辯護。
所以，不做價值判斷的社會科學觀念若應用在前殖民地，其實是一種
為了防止殖民主義被揭露的意識形態裝置，因為對本區域的殖民學術
研究的重新評估，勢必要聚焦於迄今被忽略的各個領域和視角。如果
說荷蘭學者可以論說印尼的暴君，而且在一些案例中他們確實言之有
理，那麼，假如荷蘭統治者確實殘暴，為什麼印尼學者就不能夠根據
負責任的對暴政的操作性定義，來論說那些荷蘭暴君？

　　殖民意識形態在相當程度上反映了殖民時期的社會制度。土著形
象及其於事物階序中的地位，是對實際狀況的反映。懶惰馬來人的形
象所反映的，是一種歧視性的制度。馬來人獲得的工資較低。以歐洲
人為首的劃分民族等級的習慣，與以歐洲人為首的社會等級制是平行
的。先前提過的身分等級制，是一種基於種族歧視和種族隔離的制
度。這種種族隔離和歧視不像在當代南非那樣絕對。違反種族隔離制
並不會被監禁。但無論如何，社會與心理意義上的種族隔離是確實存
在的。它表現在行政措施上。例如，在海峽殖民地的醫院體系中，有
專為歐洲人設置的病房和手術室。[53] 歐洲人的病房很寬敞，從來不會
過度擁擠。醫學統計資料會分別列出歐洲人和非歐洲人的數據。1906
年，唯一在新加坡總醫院享有免費治療的病人，是一名貧窮的歐洲
人。[54] 強調歐洲人的優越性和統治權的殖民意識形態會把身分等級制
強加於殖民地。歐洲殖民社群享有一切最好的東西。在行政和商業領
域，他們擔任最高職位。在農業領域，他們擁有最大規模的種植園。
在社會生活方面，他們去的是最好的俱樂部、酒店和餐廳，住的是最

228

53　*ADRSS 1907*, p. 455. Government Printing Office, Singapore, 1908.

54　Arnold Wright, *op. cit.*, p. 247.

好的住宅區。他們在殖民地創造了一個專屬於他們的社會世界，並在
其中享有健康、財富、地位、住房、權力、聲望、影響力等一切好
處。在印尼，歐洲人甚至還有專屬的法庭。

歐洲人的特權地位，以及他們在殖民地取得權力後為自己創造的
經濟優勢，使他們的死亡率遠低於土著和外來移民。住院死亡率顯
示，歐洲人的傷亡率要低得多。1887年，在海峽殖民地（含新加坡、
天定〔Dindings〕、馬六甲、檳榔嶼和威斯利省）所有醫院中，歐洲人
的死亡率大約是其他族群的一半（4.15%對8.42%）。[55] 1907年，海峽
殖民地總人口估計為611,796人，其中歐洲人5,436人，歐亞人8,114
人，華人323,182人，馬來人216,459人，印度人59,651人，其他民
族6,954人。[56] 那一年，歐洲人的總死亡率為每千人15.45，馬來人、
印度人和華人則分別為31.12、43.49和44.02。[57] 至於出生率，彼此
的差距並沒有太大，只不過歐洲人略高於馬來人、華人和印度人。不
過，雖然歐洲人的出生率只是略高，但非歐洲人的嬰兒死亡率卻高很
多。1907年，華人每千名嬰兒的死亡率為274.99，印度人為256.78，
馬來人為218.93，而歐洲人則只有37.04。就絕對數字而言，1907年
有5,883名馬來嬰兒出生，其中有1,365人死亡，而在162名新生歐洲
人中，只有6人死亡。[58]

1927年也呈現同樣的整體趨勢。海峽殖民地1927年的總人口
估計為1,059,968人，其中歐洲人11,305人，華人615,149人，馬來

55 *SSAR 1887*, p. 163. Government Printing Office, Singapore 1888. 可惜年報並未提供總人口和各族群人口的數據。
56 *ADRSS 1907*, p. 394, *op. cit.*
57 *Ibid.*, p. 398.
58 *Ibid.*, pp. 396, 400.

人270,552人，印度人141,777人，其他民族10,800人。歐洲人的
死亡率是每千人8.67，而馬來人是36.68，華人是33.34，印度人是
32.40。由此可見，非歐洲人的死亡率是歐洲人死亡率的四倍以上。[59]
歐洲人的出生率與馬來人的出生率相差很大，後者的出生率是每千人
43.03。歐洲人的出生率是19.37，華人是35.27，印度人則是22.08。
就統計數據而言，由於人口的規模、居住地和行政習慣之故，歐洲人
的比率最為準確，接著是華人和印度人，馬來人的比率則最不准確。
馬來人較廣泛分布在鄉村地區，他們的出生和死亡人數肯定更高。我
們採用的數據僅限於海峽殖民地，因為在那個時期，它的統計機構最
早成立且最為先進。此外，由於它直接受英國統治，它是殖民主義統
治下最發達的地區。這裡不存在馬來王朝。海峽殖民地嬰兒死亡率的
差距更為懸殊，歐洲人是每千名嬰兒18.27，馬來人、華人和印度人
則分別為269.03、188.45和208.24。所以，這三大族群的平均嬰兒死
亡率比歐洲人高13倍。[60] 同一時期，英格蘭和威爾斯的嬰兒死亡率
為每千名70。[61]

　　1937年，海峽殖民地人口估計為1,245,739人，其中14,397人為
歐洲人，770,645人為華人，294,565人為馬來人，142,703人為印度
人，12,402人為歐亞人，11,657人為其他民族。[62] 馬來人的嬰兒死亡
率仍然很高。在馬六甲，每千名馬來嬰兒中有215.12人死亡。整體情
況在過去三十年裡無疑有所改善，但歐洲社群與其他社群之間的差距
仍然相當懸殊。一些地區的情況有所改善，另一些則惡化。一個顯著

59　*ADRSS 1927*, pp. 619, 623.

60　*Ibid.*, p. 625.

61　*Ibid.*, p. 733.

62　*ADRSS 1937*, p. 1002, vol. 2 (1939).

的例子是性病。1887年，有3,213名性病患者入院就醫。[63] 1907年，患者人數占人口的0.5%。1887年的年報沒有列出人口數據，但這一年性病患者估計很可能占人口的0.8%。到了半個世紀後的1937年，性病患者所占人口比例肯定超過了20%。從1933至1937年，海峽殖民地總人口介於104萬至125萬人。在這期間，衛生機構接收了11萬名患有性病的新病人。回診患者約為104萬人次。假設每名回診病患到診所或醫院就診15次，則病患總人數還需要增加6.9萬人。所以，接受治療的性病患者總共大約是17.9萬人。這個數據不包含軍人和其他勤務人員的病例。也有相當比例的病例不是在政府診所接受治療。據估計，13.2%的病例是由私人醫生治療的，更不用說還有一些是採用傳統療法。所以，政府的統計數據只反映那些採用現代醫療方法治療的病例。即使只以這些數據為基礎來計算，患有性病的人口就已有14.3%。根據報告，這個群體，也就是在政府醫院接受治療者，只占接受現代醫療方法治療病例的86.8%。因此，若包含那些採用傳統療法者，按非常保守的估計，性病患者所占人口比例肯定超過20%。[64]

可見海峽殖民地已成為了性病猖獗之地。1907年的年報確認了海峽殖民地妓院和妓女的數量。妓女總共有3,867人，妓院則有541家。歐洲妓女有28人，全部都在新加坡。[65] 妓院是在殖民統治時期被引進馬來亞的。到了1937年，其數量必定又增加了不少。考慮到海峽殖民地成年人口的數量，性病擴散的情況甚至更為驚人。1931年的人口普查顯示，海峽殖民地的人口為1,114,015人，其中671,080

63　*SSAR 1887*, p. 136, *op. cit.*

64　數據見 *ibid.*, pp. 1033-1034.

65　*ADRSS 1907*, p. 41, *op. cit.*

人為男性。[66] 20至54歲年齡組的人口為638,000人。[67] 1933至1937年間，在政府診所就醫的性病患者新增110,000人，而回診的舊病患估計有69,000人。所以，在638,000名成年人口中，至少有179,000人是性病患者，占20至54歲年齡組人口的26.3%。考慮到還有一些病患是由私人醫生和傳統醫生治療，這個比例很可能超過30%。由於性病患者主要是男性，如果我們把患者數據與男性人口相聯繫，而男性又占了該年齡組人口總數的三分之二，這個比例甚至會更高。

₂₃₁ 我們無從得知政府在應付這一疾病方面花了多少錢。1937年的醫療總支出（與醫藥和衛生相關的各種支出）為叻幣350萬元，整個政府的支出為4,204萬元。因此，用於所有疾病防治措施的醫療支出占了政府總支出的8.3%。警察的支出是290萬元，軍隊的支出則是400萬元，因此武裝部隊的總支出是690萬元，其中336萬元用於海峽殖民地。1937年，海峽殖民地政府的總收入是2億2,665萬元（2億1,604萬元加上期初餘額）。其中的2億1,826萬元用於投資、貸款、存款等事項，剩下的餘額為839萬元。[68] 如果把餘額的一部分，比如說42%，分配給醫療服務，醫療支出就會增加100%。在政府收入中，單單是酒類稅收就有392萬元，鴉片稅收則是965萬元。[69] 只要把全部的鴉片稅收用於醫療服務，就能大幅度減輕海峽殖民地的各種衛生問題，尤其是瘧疾的預防和性病的治療，更不用說其他疾病了。

由於致命性疾病在土著人口中的流行和外來東方人的高死亡率都

66　C. A. Vlieland, *A Report of the 1931 Census and on certain Problems of Vital Statistics*, p. 128, Table 10. Malayan Information Agency, London, 1932.

67　*Ibid.*, Table III, pp. 232-233. 經彙整並調整至最接近的千位數。

68　以上數據見*ADRSS 1937*, vol. 2, pp. 104, 82, 87, 145, 31,30, 32, *op. cit.*

69　*Ibid.*, vol. 1, p. 243.

是事實,殖民意識形態家就從中推導出土著是弱者的結論。除了出生率之外,土著在幾乎所有領域都顯得很弱。根據現代資本主義的標準,土著在經濟、政治、技術、軍事和教育方面都是落後的。這一點自18世紀以來一直都很明顯。土著在道德、知識、文化和社會方面的落後,也被歸因於他們的虛弱。整個土著社會,包括土著的工作意願,都是從負面的角度被加以描述。對土著做出負面描述的殖民意識形態,在某種程度上是由圍繞著土著的客觀形勢所形塑而成的。自18世紀以降,土著確實羸弱不堪。這種羸弱被殖民意識形態擴大到道德和文明層面。貶低土著的傾向進而被當時盛行於歐洲的族群優越感所強化。這種族群優越感是如此勢不可擋,甚至連本應反對剝削並宣揚人類手足之情的共產主義創始人和其他革命人士也受到了影響。

馬克思和恩格斯對亞洲文明的輕視是顯而易見的。他們那種居高臨下的態度、對事實的疏忽、對亞洲制度的曲解,以及族群自豪感,在他們的著作中明顯可見。馬克思稱中國的閉關鎖國為未開化的做法,而無視中國在閉關鎖國狀態中建立輝煌文明的事實。[70] 他認為東方人每當擔心發生大變動時,都習慣把貨物儲存起來,不賣給外國人。[71] 在發表對印度農民和農村生活的看法時,他的扭曲程度和侮辱語氣比起英殖民官員有過之而無不及。他認為印度的農村公社是半文明的,並把對它的破壞譽為「亞洲歷來唯一聽說過的**社會**革命」。關於印度農村,馬克思是這樣說的:

就人的感情而言,眼看這無數勤勞的宗法制的、無害的社會組織

232

70　Karl Marx, Frederick Engels, *On Colonialism*, p. 19. Progress Publishers, Moscow, 1968.

71　*Ibid.*, p. 23.

崩潰、瓦解、被投入苦海，又看到它們的成員喪失其古老形式的
文明和世襲的謀生手段，必定很令人心痛。但我們不應該忘記，
這些田園詩般的村社無論看起來多麼無害，卻始終是東方專制主
義的堅實基礎，它們盡可能把人的思想限制在最小的範圍內，使
之成為無抵抗力的迷信工具，把它奴役在傳統規則之下，並將其
宏偉氣勢和歷史能量剝奪殆盡。我們不應該忘記那些未開化者的
利己主義，這種利己主義使他們把注意力集中在自己那塊可憐的
土地上，靜靜地看著帝國分崩離析、各種難以啟齒的暴行肆虐、
大型城鎮的居民被屠殺，就像是觀看自然事件那樣無動於衷，而
這種利己主義本身只要受到侵略者屈尊青睞，也會無助地成為侵
略者的犧牲品。我們不應該忘記，這種沒有尊嚴、停滯不前、無
所作為的生活，這種消極的生存方式，在另一方面反而引發了野
性、盲目、無節制的破壞力，甚至使殺戮成為了印度斯坦的宗教
儀式。我們不應該忘記，這些小公社受到種姓劃分和奴隸制的毒
害；它們使人屈服於外在環境，而不是把人提升為環境的主宰；
它們把自動發展的社會狀況轉變成永恆不變的由自然主宰的命
運，因而催生了野蠻的對自然的崇拜，造成人的墮落，以致身
為自然主宰者的人，竟然向猴子哈努曼（Hanuman）和牡牛撒巴拉
（Sabbala）[i] 虔誠叩拜。[72]

　　馬克思一生從未踏上亞洲的土地，從未看過印度的農村，從未見
過任何印度人或亞洲人或與他們交談，卻敢於做出如此自以為是的評
斷，既貶低印度的農村和農民，又貶低了印度教。英國作為一個殖民

72　*Ibid.*, pp. 40-41. 原刊於 *New York Daily Tribune*, June 25, 1853.

強權在印度所扮演的角色，得到了他的吹捧。他寫道：「的確，英國在印度斯坦造成一場社會革命，完全是被極其卑鄙的利益所驅使，其主張這些利益的方式也很愚笨。但這並不是問題所在。問題在於，如果亞洲的社會狀況沒有根本的革命，人類能否完成其使命？如果不能，那麼，無論英國犯下了什麼罪行，它畢竟是作為歷史的不自覺的工具，促成了這一革命。」[73] 他譴責的不是英國對印度的影響，而是它所採取的手段。恩格斯則談到了東方人的無知、急躁、偏見，以及東方宮廷所固有的寵幸無常的習氣。[74] 東方的無知、急躁和偏見與西方的類似現象有何不同，恩格斯並未加以闡釋，但對他來說東方版本遠較為糟糕。雖然他在中英戰爭期間抨擊了英國人，但他從中國人的角度，把這場戰爭形容為「為了維護中華民族的人民戰爭，雖然你可以說其中帶有這個民族的一切傲慢的偏見、愚蠢的舉動、博學的無知和迂腐的蠻橫，但它終究是一場人民戰爭」。[75] 恩格斯只說中華民族具有傲慢的偏見、愚蠢的舉動、博學的無知、迂腐的蠻橫等特徵，卻不說這些特徵也同樣存在於西歐民族身上。在描述他們自己的社會時，馬克思和恩格斯採用了階級性的概念，但在描述其他社會時，他們往往是採用族群性的概念。故此，恩格斯把他所謂的阿爾及利亞的摩爾人，視為一個道德品格極其低劣的民族。[76]

　　恩格斯身為國際手足情誼的公開宣揚者，卻表現出某種族群優越感。在論及愛爾蘭政治時，他談到凱爾特人（Celt）對人的輕信。[77]

73　*Ibid.*, p. 41.

74　*Ibid.*, p. 122.

75　*Ibid.*, p. 124. 原刊於 *New York Daily Tribune*, June 5, 1857.

76　*Ibid.*, p. 156.

77　*Ibid.*, p. 264.

在致其德國同胞愛德華‧伯恩斯坦（Eduard Bernstein）的信中，他說德
國人相對於法國人和義大利人具有理論上的優越性。[78] 他贊成殖民
主義，只不過他所贊成的是社會主義的殖民主義。他在1882年致卡
爾‧考茨基（Karl Kautsky）的一封信中寫道：「在我看來，真正的殖民
地，即歐洲人占據的土地——加拿大、好望角、澳洲——都會獨立；
反之，那些只是被征服的、由土著居住的土地——印度、阿爾及利亞
以及荷蘭、葡萄牙、西班牙的殖民地——必須暫時由無產階級接管，
並且盡快引導他們走向獨立。這一過程將如何發展，還很難說。」[79]

234 在這方面，恩格斯的觀點與那些秉持文明化使命者的觀點是同樣的，
唯一不同的是，這個使命必須是社會主義的。正是這種對殖民主義的
觀點，主導了社會主義圈子長達數十年之久。他的朋友伯恩斯坦透
過奇怪、不確實的論據，公開宣揚德國殖民主義。伯恩斯坦說：「但
是，如果說享受熱帶種植園的產品不應受到指責，那麼我們自己來經
營這種種植園也不應受到指責。這裡的決定性因素不在於可不可以，
而是如何。歐洲人對熱帶土地的占領不必然會損害土著的生活享受，
這種情況至今也通常不會發生。此外，對於野蠻人對其所占領土地的
權利的承認，只能是有條件的。較高級的文明最終可以主張較高的權
利。」[80]

　　伯恩斯坦呼應了那些大師們的觀點，即殖民主義的錯誤是方法上

78　*Ibid.*, p. 340.「在一切國際政治問題上，我們採用法國人和義大利人那些感情用事的
　　黨報時應當保持高度的懷疑，而且在這方面，我們德國人也有義務藉由批判來保持
　　我們理論上的優越性。」

79　*Ibid.*, p. 341.

80　Eduard Bernstein, *Evolutionary Socialism*, pp. 178-179. Tr. E. C. Harvey. Schocken Books,
　　New York, 1963.

的，而不是原則上的。伯恩斯坦是德國一位有影響力的馬克思主義社
會主義思想家。他的邏輯很怪：如果德國人喜歡熱帶香蕉，他們就可
以去占領種植香蕉的土地；但如果日本人喜歡荷蘭馬鈴薯，他們卻不
可以去占領荷蘭。在1907年的第二國際斯圖加代表大會（the Stuttgart
Congress of the Second International）上，伯恩斯坦借助馬克思和斐迪南·
拉薩爾（Ferdinand Lassalle）的權威來支持他的親殖民主義觀點。他認為
文明人有必要對未開化者進行一定程度的監護。[81] 在大會上，原則上
支持和原則上反對殖民主義的人展開了激烈的辯論。考茨基是反對殖
民主義的著名社會主義者之一。但社會主義第二國際最後對殖民主義
採取了改良主義的觀點，只譴責其資本主義的形式。此後二十年，大
多數社會主義者對殖民主義都採取了這種觀點。只有到了1928年，
社會主義國際才在它的布魯塞爾代表大會（Brussels Congress）上通過一
項新政策，明確提出殖民地自治和獨立的主張。[82]

　　當時的絕大多數社會主義者，包括馬克思和恩格斯，都未能擺脫
歐洲中心論的觀點。除了譴責資本主義的不公之外，他們對非西方世
界的歷史、文化、宗教和社會持有共同的基本觀點。他們的偏見、無
知和歧視基本上是一樣的。恩格斯不加任何解釋地稱伊斯蘭教為假宗
教。[83] 他們雖然認為宗教本質上是不真實的，卻沒有把基督教也說成

81　H. C. d'Encasse, S. R. Schram (eds.), *Marxism and Asia*, p. 130. Allen Lane / The Penguin
　　Press, London, 1969.

82　Julius Braunthal, *History of the International 1864-1914*, p. 319. Tr. H. Collins, K. Mitchell.
　　Thomas Nelson, London, 1966.

83　Karl Marx and Frederick Engels, *Selected Correspondence*, p. 96. Foreign Languages Publishing
　　House, Moscow（出版日期不詳，估計是在1953年之後）. 根據馬克思和恩格斯的說
　　法，宗教是一種幻覺。它誕生自人類的苦難。它所創造的幸福是虛幻的。它是人民
　　的鴉片（Karl Marx and Frederick Engels, *Religion*. Progress Publishers, Moscow, 1966）。

是假宗教。他們用以描述可惡現象的措辭往往取自東方歷史，例如恩
235 格斯在談到俄國時，稱它為「被專制主義豎起的精神萬里長城相當有
效地包圍著的國家」。[84]

那些說法給人的印像是，存在著一種東方式的無知、愚蠢、偏狹
和專制，而且比西方式的無知、愚蠢、偏狹和專制更為惡劣。同樣
地，當馬克思談到東方民族時，他的語氣是嘲諷和輕蔑的。他這樣評
價最有成就的東方民族之一的土耳其人：

> 當他們還處於原始的游牧狀態時，他們促進貿易的方法包括搶劫
> 商隊；而現在他們稍微文明了一些，做法就包括任意強徵各種各
> 樣的捐稅。其實，即使把所有土耳其人趕出歐洲，貿易也沒有理
> 由會受到影響。至於一般的文明進步，是誰在歐洲土耳其的所有
> 地區體現了這種進步？不是土耳其人，因為他們為數不多，而且
> 除了君士坦丁堡和兩三個不大的鄉村地區之外，恐怕說不出他們
> 還有哪些定居點。各城鎮和貿易點的斯拉夫和希臘中產階級，才
> 是任何有效引進這個國家的文明的真正支柱。[85]

在對另一個民族的貶低上，即便是殖民意識形態家恐怕也無法比
馬克思做得更好。他認為，土耳其人的勢力必須被消滅。他還進一
步扭曲《古蘭經》，指它把所有異教徒都視為敵人。假如他讀過《古蘭

84   *Ibid.*, p. 561. Letter to Plekhanov, February 1895.

85   Karl Marx and Frederick Engels, *The Russian Menace to Europe*, pp. 137-138. Edited and
selected by P. W. Blackstock, B. F. Hoselitz. Free Press, Glencoe, Illinois, 1952. 本書為報刊
文章、演講和新聞報導的選集，書名為編者所取。引文原出自 *New York Daily Tribune*,
April 19, 1853.

經》，他就會清楚知道，《古蘭經》區分了友好的和敵對的異教徒，並主張穆斯林應成為友好異教徒的朋友。他所描繪的伊斯蘭信仰是一個狂熱、不寬容、落後的宗教。[86] 至於俄國的專制主義，恩格斯稱之為「東方專制主義」，「其任意性和專橫，我們在西方是無法想像的」。[87] 恩格斯把歐洲民族分為「偉大的歷史民族」，如義大利人、波蘭人、德國人、匈牙利人、法國人、西班牙人、英國人和斯堪地那維亞人，以及不重要的民族，如塞爾維亞人、克羅埃西亞人、魯塞尼亞人、斯洛伐克人和捷克人。他只承認「偉大的歷史民族」有形成獨立民族國家的權利。[88]

　　歐洲各派別的思想家，無論是君主主義者、革命派、無神論者、宗教主義者、保守派、激進派、種族主義者或非種族主義者，普遍上都對亞洲事務採取居高臨下，有時候甚至是輕蔑的態度。他們都是自己時代和文化的產物。一旦涉及亞洲事務，即便是像別林斯基（V. G. Belinsky）這樣一位偉大的俄國革命家和人文主義者，也難免失去理性。在他那裡可以看到一個我們已經熟悉的主題，那就是把亞洲社會當作鞭撻的對象。他說：「民族自豪感是一種崇高的情感，一種真正卓越的保證；但民族自大和脆弱完全是一種中國情感。」[89] 就像西班牙教士把西班牙人的道德淪喪歸咎於菲律賓人那樣，別林斯基把他在俄國人生活中所看到的負面特質歸咎於韃靼人。「女性拋頭露面的禁忌、思想與情感的奴役、鞭刑、埋錢於地下的習慣、因擔心顯示自己

236

86　*Ibid.*, pp. 142-143. *New York Daily Tribune*, April 15, 1854.

87　*Ibid.*, p. 215. Article in the Volkstaat, Leipzig, April 21, 1875.

88　*Ibid.*, pp. 99-100. 原刊於 *Commonwealth*, March 24, 31, April 5, 1866.

89　V. G. Belinsky, *Selected Philosophical Works*, p. 125. Foreign Languages Publishing House, Moscow, 1956.

為有錢人而穿著破衣服到處走的行為、司法事務的腐敗、亞洲傳統生活方式、精神上的怠惰、愚昧無知、自我輕視——總之，彼得大帝一直在致力根除的一切，與歐洲主義直接對立的一切，都不是我們本土的特徵，而是韃靼人**移植**（ingrafted）給我們的。」[90]

另一位偉大的俄國革命思想家和人文主義者亞歷山大・赫爾岑（Alexander Herzen）雖在思想和社會正義感方面十分進步，在評價亞洲人時卻也暴露出同樣的缺點。他說中國人已在沉睡中沉淪，印度民族「已經過了壯年，正在年老體衰中日趨萎靡」。[91] 他以此對照俄羅斯民族，指後者尚未發育完全，但已進入了蛻變期。所以，如果我們要說明歐洲中心主義和族群與文化優越感可以多麼強盛，最好卻也最令人意想不到的一個參考群體，就是歐洲那些社會主義的、激進的革命思想家。

直到第二次世界大戰前，歐洲的主流思潮不僅在技術和科學上，而且在道德、文化和宗教上，似乎都把亞洲和非歐洲世界視為一個劣等的世界。以同時代的歐洲標準來說，除了技術和科學較為遜色並最終導致其生產制度和經濟組織有欠發達之外，印度教、佛教、伊斯蘭教文明等偉大的亞洲文明並沒有比較低劣。西方在技術和科學領域的優越性，催生了它在所有領域都具有優越性的主張，而這一主張又被追溯性地應用在歷史上。正是這種優越感和自以為是，造成了責任錯置原則對歷史書寫的宰制，以及殖民作家對歷史的曲解、對事件的去脈絡化詮釋和對土著形象的扭曲。歐洲內部不時會有人嘗試去糾正這種形象，並嘗試在對土著生活與習俗的研究中引進一定程度的客觀

90   *Ibid.*, p. 127.

91   Alexander Herzen, *Selected Philosophical Work*, p. 481. Tr. L. Navrozov. Foreign Languages Publishing House, Moscow, 1956.

性，但成果有限。第二次世界大戰後，一位荷蘭作者對這種立場做了總結。他說：

> 身為接受西方教育和思想的人，我們很容易批評或譴責與東方人的心態密切相關的各種制度和習俗。在我們看來似乎荒謬或應受譴責的做法，經過幾個世紀之後，往往證明不僅是可以接受的，而且是唯一可行的解決方案。東方和西方確實有所不同，但這不應自動成為譴責東方制度的理由。幾個世紀以來，這種偏見和認識上的不足，已造成了對土著非常不好的印象。葡萄牙人曾警告荷蘭人說土著不可信任。這種不良印象在整個東印度公司時期始終存在，儘管也有一些顯著的例外。[92]

在兩次世界大戰之間，印尼和馬來西亞一部分有影響力的殖民官員確實有意改善土著人口的狀況。不過，這項改善政策只局限在殖民等級結構的內部。如同前面所說的，我們無意評價殖民主義的好處；如果說它有好處的話，那也是第一次世界大戰之後的事。殖民主義是否有好處的問題關乎四個領域。它們是教育領域、衛生領域、謀生領域和地位與權力領域。如果一項殖民措施改善了這四個領域的狀況，我們就評斷它為好措施。土著人口是否有在這四個領域中受惠？第一次世界大戰之前肯定沒有。第一次世界大戰之後雖有零星的改善，例如建了一所學校或醫院，但這項舉動，這種回報的動作，必須放到整體的脈絡中來評價。這整體的脈絡包含殖民強權從被殖民國家所取

92　D. W. van Welderen Rengers, *The Failure of a Liberal Colonial Policy*, p. 41. Martinus Nijhoff, the Hague, 1947.

得的種種利益和好處，以及被殖民國家所付出的歷史和社會代價。這
種社會代價包括商人階級的毀滅、與不同民族和國家交流的自由的喪
失、本土統治階級的淪喪，以及本土階級與地位流動的停滯，這種流
動如果不是受制於殖民主義，必定會在現代時期發生。殖民作家對殖
民統治的研究所關注的，是作為社會變革推動力量的殖民主義，但它
其實還有另一面，即殖民主義阻礙了社會變革。它保留並鞏固了傳統
社會中的封建因素，同時也改變了封建秩序，使之符合其目的。

238　　　殖民主義所建構的土著形象一直都妨礙人們深刻真切地認識土著
的生活。正如我們已經指出的，這個形象至今仍有影響力。因此，對
殖民時期土著形象的起源和功能進行更深入的探討，是有實質意義
的。我們對此形象的意識形態根源的詳細闡述，不應被視為試圖建構
一個相反的形象，即完美的土著形象。無論是現在還是過去，土著社
會都存在著許多缺陷，其中之一就是缺乏一個能有效發揮作用的知識
社群。[93] 在歐洲人到來之前的16世紀，菲律賓、印尼和馬來西亞都
不存在正常運作的知識社群。有紀錄顯示巴賽和馬六甲出現過知識性
活動，但這些紀錄並沒有表明當地存在著一個像古希臘和15世紀義
大利那樣的、能夠發揮社會作用的知識社群。提出這一點只是想要指
出，土著社會的缺陷並不能全部歸咎於殖民主義，因為我們不能否認
的一個事實是，社會的發展是需要靠知識社群發揮其功能的。這裡也
無意為東南亞土著塑造一個普遍、同質的形象。我們並不是在嘗試進
行完整詳盡的民族性格與文化研究，即民族性研究。爪哇人和馬來人
之間存在著巨大的差異，只不過這些差異是顯現在不同的層面上，與

93　我曾在關於發展中社會知識分子的另一本書中探討這個問題。該書對亞洲國家的
　　缺陷做了討論，並區分了源自殖民主義的缺陷和源自土著歷史的缺陷。參見 Syed
　　Hussein Alatas, *Intellectuals in Developing Societies*. Frank Cass, London, 1977.

殖民意識形態所選擇的懶惰、狡猾奸詐、缺乏創意等特質無關。試圖建構一個同質化且負面的土著形象的，反而是殖民意識形態。本書的任務，就是追溯這一形象的意識形態根源及其脈絡。

譯註

i　哈努曼（Hanuman），印度神話傳說中的神猴，風神瓦由（Vayu）之子。在印度史詩《羅摩衍那》（*Ramayana*）中，他是阿逾陀國（Ayodhya）王子羅摩（Rama）的忠實追隨者，協助羅摩大戰惡魔羅波那（Ravana），解救被羅波那綁架的羅摩之妻悉多（Sita）。撒巴拉（Sabbala）則是印度神話傳說中的神牛。

參考書目

Abdul Rahman, Senu. *Revolusi Mental*. Penerbitan Utusan Melayu, Kuala Lumpur, 1971.

Abdullah, Dato Sedia Raja. "The Origin of the Pawang and the Berpuar Ceremony", in *JMBRAS*, vol. V, part 2, Nov. 1927.

Addens, Tj. J. *The Distribution of Opium Cultivation and the Trade in Opium*. Enschede en Zonen, Haarlem, 1939.

ADRSS 1907. Government Printing Office, Singapore, 1908.

ADRSS 1927. Government Printing Office, Singapore, 1928.

ADRSS 1937, vols. 1, 2. Government Printing Office, Singapore, 1939.

Agoncillo, Teodoro A. *Malolos*. University of the Philippines, Quezon City, 1960.

Agoncillo, Teodoro A. "Rizal and the Philippine Revolution", in Leopoldo Y. Yabes, (ed), *Jose Rizal on His Centenary*. University of the Philippines, Quezon City, 1963.

Agustin, Gaspar de San. "Letter on the Filipinos", in E. H. Blair, J. A. Robertson, (eds.). *The Philippine Islands 1493-1898*, vol. XL, 1690-1691. A. H. Clark, Cleveland, Ohio, 1903-1909.

Ahearne, C. D. *Annual Report of the Labour Department for the Year 1931*. Federated Malay States, Kuala Lumpur, 1932.

Ainsworth. *The Confession of a Planter in Malaya*. Witherby, London, 1933.

Alatas, Syed Hussein. "Erti Kemajuan Masharakat", in *Utusan Melayu*, 7 Oct. 1959, Kuala Lumpur.

Alatas, Syed Hussein. "Sekitar Bahasa dan Kebudayaan Melayu", in *Dewan Bahasa*, vol. IV, no. 2, Feb. 1960, Kuala Lumpur.

Alatas, Syed Hussein. "The Weber Thesis and Southeast Asia", in *Archives de Sociologie des Religions*, no. 15, 1963, Paris.

Atalas, Syed Hussein. "Theoretical Aspects of Southeast Asian History", in *Asian Studies*, vol. 2, no. 2, 1964, Manila.

Alatas, Syed Hussein. "Collective Representations and Economic Development", in *Kajian Ekonomi Malaysia*, vol. 2, no. 1, 1965, Kuala Lumpur.

Alatas, Syed Hussein. "Sejarah Melayu berisi Unsur-Unsur yang tidak Sehat dari Segi Falsafah Perjuangan Islam", in *Angkatan Baru*, Oct. 1965, Kuala Lumpur.

Alatas, Syed Hussein. "The Grading of Occupational Prestige Amongst the Malays in Malaysia", in *JMBRAS*, vol. XLI, pt. 1, 1968.

Alatas, Syed Hussein. *The Sociology of Corruption*. Donald Moore, Singapore, 1968.

Alatas, Syed Hussein. "Modernization and National Consciousness", in Ooi Jin Bee, Chiang Hai Ding, (eds.), *Modern Singapore*. University of Singapore, Singapore, 1969.

Alatas, Syed Hussein. "Some Comments on Islam and Social Change in Malaysia", in *International Yearbook for the Sociology of Religion*, vol. 5, 1969, Cologne.

Alatas, Syed Hussein. "Religion and Modernization in Southeast Asia", in *Archives Europeennes de Sociologie*, XI, 1970.

Alatas, Syed Hussein. *Thomas Stamford Raffles, 1781-1826: Schemer or Reformer?* Angus and Robertson, Singapore / Sydney, 1971.

Alatas, Syed Hussein. "Eliminate Social Greed", in *PHP* (Peace, Happiness, Prosperity), Sep. 1972, Tokyo.

Alatas, Syed Hussein. *Modernization and Social Change*. Angus and Robertson, Sydney, 1972.

Alatas, Syed Hussein. *Siapa yang Salah*. Pustaka Nasional, Singapore, 1972. (In Malay.)

Alatas, Syed Hussein. *The Second Malaysia Plan 1971-1975: A Critique*. Occasional Paper no. 15. Institute of Southeast Asian Studies, Singapore, 1972.

D'Albequerque, Alfonso. *The Commentaries of the Great Alfonso D'Albequerque*, vol. III. W. de Gray Birch (tr., ed.). Hakluyt Society, London, 1880.

Ali, Abdullah Yusuf. *The Holy Quran*, vols. 1-2. Khalil Al-Rawaf, New York, 1946.

Allport, Gordon W. *The Nature of Prejudice*. Addison-Wesley, Massachusetts, 1966.

Allen, G. C., Donnithorne, A. G. *Western Enterprise in Indonesia and Malaya*. Allen and Unwin, London, 1957.

Andreski, Stanislav. *The Uses of Comparative Sociology*. University of California Press, Berkeley and Los Angeles, 1964.

Andreski, Stanislav. *Parisitism and Subversion*. Weldenfeld and Nicolson, London, 1966.

Angelino, A. D. A. de Kat. *Colonial Policy*, 2 vols., tr. G. J. Renier. Martinus Nijhoff, the Hague, 1931.

Anson, A. E. H. *About Others and Myself.* John Murray, London, 1920.

Alzona, E. *Selected Essays and Letters of Jose Rizal.* Rangel and Sons, Manila, 1964.

Arsalan, Shakib. *Our Decline and Its Causes*, tr. M. A. Shakoor. Muhammad Ashraf, Lahore, 1952.

Arsalan, Shakib. *Mengapa Kaum Muslimin Mundur dan Mengapa Kaum Selain Mereka Madju*, tr. into Indonesian by H. Moenawar Chalil. Bulan Bintang, Djakarta, 1967.

Author Unknown. "Een Voorbeeld van Javaansche Luiheed", in *TNI*, part 3, 1869.

Author Unknown (an Englishman). *Remarks on the Philippine Islands and on their Capital Manila, 1890-1822.* W. Thacker, St. Andrew's Library, Calcutta, 1828. Reproduced in E. H. Blair, J. H. Robertson, (trs. eds.), *The Philippine Islands 1493-1898*, vol. LI, 1801-1840. A. H. Clark, Cleveland, Ohio, 1903-1909.

Balestier, J. "View of the States of Agriculture in the British Possessions in the Straits of Malacca", in *JIAEA*, vol. II, no. III, Mar. 1848.

Ballard, G. A. *Rulers of the Indian Ocean.* Duckworth, London, 1927.

Barbosa, Duarte. *The Book of Duarte Barbosa*, tr., ed., M. L. Dames. Hakluyt Society, vol. 2, 2nd Series, no. 49, London, 1921.

Bastin, J. *The Native Policy of Sir Stamford Raffles in Java and Sumatra.* Oxford University Press, London, 1957.

Battuta, Ibn. *Travels in Asia and Africa 1325-1354*, tr. H. A. R. Gibb. George Routledge, London, 1929.

Baud, J. C. "Proeve van eene Geschiedenis van den Handel en het Verbruick van Opium in Nederlandsch Indie", in *BTLVNI*, vol. 1, 1851.

Baumgarten, F. L. "Agriculture", in *JIAEA*, vol. III, 1849.

Belinsky, V. G. *Selected Philosophical Works.* Foreign Languages Publishing House, Moscow, 1956.

Bemmelen, J. F. van. "Opium", in D. G. Stibbe, (ed.), *Encyclopaedie van Nederlandsch-Indie*, vol. III. Martinus Nijhoff, E. J. Brill, 1919.

Benedetto, L. F. *The Travels of Marco Polo*, tr. Aldo Ricci. Routledge-Kegan Paul, London,

1950.

Benedict, Ruth. *The Chrysanthemum and the Sword*. Routledge and Kegan Paul, London, 1967.

Bernstein, Eduard. *Evolutionary Socialism*, tr. E. C. Harvey. Schocken Books, New York, 1963.

Bird, Isabella L. *The Golden Chersonese*. Oxford University Press, Kuala Lumpur, 1967. (Reprinted from 1833.)

Blagden, C. O. "Report of Governor Balthasar Bort on Malacca 1678", in *JMBRAS*, vol. V, Aug. 1927.

Blair, E. H., Robertson, J. A. (eds), *The Philippine Islands 1493-1898*, vols. XL, LI, I, XXVIII. A. H. Clark, Cleveland, Ohio, 1903-1909.

Bleackley, J. T. *A Tour in Southern Asia*. John Lane, London, 1928.

Blythe, W. L. "Historical Sketches of Chinese Labour in Malaya", in *JMBRAS*, vol. XX, part 1, June, 1947.

Boeke, J. H. *The Evolution of the Netherland Indies Economy*. Netherlands and Netherlands Indies Council / Institute of Pacific Relations, New York, 1946.

Boeke, J. H. *The Interests of the Voiceless Far East*. Universitaire Pers Leiden, Leiden, 1948.

Boeke, J. H. "Dualistic Economics", in *Indonesian Economics*. W. van Hoeve, the Hague, 1961.

Bosch, J. van den. "Memorie van den Commissaris-General J. van den Bosch", in *BTLVNI*, vol. 7, no. 11, 1864 (Amsterdam).

Bowrey, Thomas. *A Geographical Account of Countries round the Bay of Bengal*. Ed. R. C. Temple. Hakluyt Society, Cambridge, 1905.

Bowring, Sir John. *A Visit to the Philippine Islands*. Smith, Elder, London, 1859.

Boxer, C. R. *The Portuguese Seaborne Empire*. Hutchison, London, 1969.

Braddell, T. "Gambling and Opium Smoking in the Straits of Malacca", pp. 66-83, *JIAEA*, New Series, vol. I, 1856.

Braddell, T. "The Europeans in the Indian Archipelago in the 16th and 17th Centuries", in *JIAEA*, New Series, vol. II, no. 4, 1857.

Braunthal, Julius. *History of the International 1864-1914*, tr. H. Collins, K. Mitchell.

Thomas Nelson, London, 1966.

Brooke, James. *Narrative of Events in Borneo and Celebes, Down to the Occupation of Labuan*, vol. I. John Murray, London, 1848.

Brown, J. Macmillan. *The Dutch East Indies*. Kegan Paul, Trench, Trubner, London, 1914.

Burger, H. D. *De Ontsluiting van Java's Binnenland voor het Wereldverkeer*. Veeman en Zonen, Wageningen, 1939.

Cabaton, A. *Java, Sumatra, and the Other Islands of the Dutch East Indies*, tr. B. Mall. Fischer Unwin, London, 1911.

Caddy, Florence. *To Siam and Malaya*. Hurst and Blackett, London, 1889.

Cameron, John. *Our Tropical Possessions in Malayan India*. Smith, Elder, London, 1865.

Campbell, D. M. *Java: Past and Present*, vols. 1, 2. Heinemann, London, 1915.

Careri. G. F. G. *A Voyage to the Philippines*. Filipiniana Book Guild, Manila, 1963.

Careri. G. F. G. *A Voyage Round the World*. (Tr. and publisher unknown.)

Carletti, Francesco. *My Voyage around the World*, tr. H. Weinstock. Pantheon Books, New York, 1964. (A 16th century account of a Florentine merchant who visited the East Indies.)

Caute, David. *Essential Writings of Karl Marx*. MacGibbon and Kee, London, 1967.

Chernyak, Y. *Advocates of Colonialism*, tr. T. Kapustin. Progress Publishers, Moscow, 1968.

Chirino, Pedro. *The Philippines in 1600*, tr. Ramon Echevarria. Historical Conservation Society XV, Manila, 1969.

Chong-Yah, Lim. *Economic Development of Modern Malaya*. Oxford University Press, Kuala Lumpur, 1967.

Christlieb, Theodore. *The Indo-British Opium Trade and the Effect*, tr. David B. Croom. James Nisbet, London, 1881.

Clifford, Hugh. "A New Collection of Malay Proverb", in *JSBRAS*, no. 24, 1891.

Clifford, Hugh. *Studies in Brown Humanity*. Grant Richards, London, 1898.

Clifford, Hugh. "Rival Systems and the Malayan Peoples", in *North American Review*, vol. 177, 1903.

Clifford, Hugh. *In Court and Kampong*. The Richards Press, London, 1927.

Clifford, Hugh. *Heroes in Exile*. John Murray, London, 1928.

Colenbrander, H. T., Stokvis, J. E. (eds.), *Leven en Arbeid van Mr. C. Th. van Deventer*, vol. 2. Van Kampen, Amsterdam, 1916.

Cool, W. *With the Dutch in the East*. Java Head Bookshop, London. 1934.

Coope, A. E. *The Voyage of Abdullah*. Malaya Publishing House, Singapore, 1949.

Costa, H. de la. *The Jesuits in the Philippines 1581-1768*. Harvard University Press, Cambridge, Massachusetts, 1961.

Connolly, W. E. *Political Science and Ideology*. Atherton Press, New York, 1967.

Constantino, Renato. *Dissent and Counter-Consciousness*. Malaya Books, Quezon City, 1970.

Craig, Austin; Benitez, Conrado. *Philippine Progress Prior to 1898*. Philippine Education, Manila, 1916.

Crawfurd, J. *History of the Indian Archipelago*, vols. 1, 2. Archibald Constable, Edinburgh, 1820.

Crawfurd, John. *Journal of an Embassy from the Governor General of India to the Courts of Siam and Cochin China exhibiting a view of the Actual State of those Kingdoms*. Henry Colburn, London 1828.

Dampier, William. *Voyages and Discoveries*. Argonaut Press, London, 1931.

Dannenfelt, Karl H. (ed.), *The Renaissance*. Heath, Boston, 1959.

Davidson, J. F. *Trade and Travel in the Far East*. Madden and Malcolm, London, 1846.

Day, Clive. *The Dutch in Java*. Oxford University Press, Kuala Lumpur, 1966.

d'Encasse, H. C.; Schram, S. R. (eds.), *Marxism and Asia*. Allen Lane / The Penguin Press, London, 1969.

Deutscher, Isaac. (ed.), *The Age of Permanent Revolution: A Trotsky Anthology*. Dell, New York, 1964.

Deventer, M. L. van. *Geschiedenis der Nederlanders op Java*, vols. 1, 2. Tjeenk Willink, Haarlem, 1886, 1887.

Deventer, M. L. van (ed.), *Het Nederlandsch Gezag over Java en Onderhoorigheden sedert 1811*, vol. 1. Martinus Nijhoff, 's-Gravenhage, 1891.

Dharmapala, Anagarika. *Return to Righteousness*, ed. Ananda Guruge. Ministry of Education and Cultural Affairs, Ceylon, 1965.

Doornik, J. E. *Vrijmoedige Gedachten over Neerlands Indië en over de Regering van den Gouverneur-Generaal van der Capellen*. Sulpke, Amsterdam, 1826.

Doren, Charles Van. *The Idea of Progress*. Praeger, New York, 1967.

Drewes, G. W. J. "De Biografie van een Minangkabause Peperhandelaar in de Lampongs", in *VKITLV*, vol. 36. Martinus Nijhoff, 's-Gravenhage, 1961. (Text in Dutch and Malay.)

Earl. G. W. "Steam Routes through the Indian Archipelago", in *JIAEA*, vol. V, pp. 441-450, 1851.

Earl. G. W. "Handbook for the Colonists in Tropical Australia", in *JIAEA*, New Series, vol. IV, 1863.

Easton, L. D.; Guddat. K. H. (eds. trs.), *Writings of the Young Marx on Philosophy and Sociology*. Double Day, New York, 1967.

Eaton, B. J. "Agriculture", in R. O. Windstedt, (ed.), *Malaya*. Constable, London, 1923.

Eredia, E. G. de. "Description of Malacca and Meridionial India and Cathay", tr. J. V. Mills, in *JMBRAS*, vol. VIII, part 1, Apr. 1930.

Evans, H. *Men in the Tropics*. William Hodge, London, 1949.

Fanfani, Amintore. *Catholicism, Protestantism and Capitalism*. Sheed and Ward, London, 1938.

Fanon, Frantz. *Studies in Dying Colonialism*, tr. H. Chevalier. Monthly Review Press, New York, 1959.

Fanon, Frantz. *The Wretched of the Earth*, tr. C. Farrington. MacGibbon and Kee, London, 1965.

Fanon, Frantz. *Toward the African Revolution*, tr. H. Chevalier. Monthly Review Press, New York, 1967.

Fanon, Frantz. *Black Skin, White Masks*, tr. C. L. Markmann. MacGibbon and Kee, London, 1968.

Filet, P. W. *De Verhouding der Vorsten op Java tot de Nederlandscht Indische Regeering*. Martinus Nijhoff, 's-Gravenhage, 1895.

Final Report of the Rice Committee. Federation of Malaya, Government Press, Kuala Lumpur, 1956.

Fores-Ganzon, Gudalupe. *La Solidaridad*, vol. 1, 1889. Tr. into English with Spanish text. University of the Philippine Press, Quezon City, 1967.

Foster, William (ed.). *The Voyage of Sir Henry Middleton to the Moluccas 1604-1606.* Hakluyt Society, 2nd. Series. LXXXVIII, London, 1943.

Fryke, C.; Schweitzer, C. *Voyages to the East Indies.* Cassel, London, 1929.

Furnivall, J. S. *Netherlands India.* Cambridge University Press, London, 1939.

Furnivall, J. S. *Colonial Policy and Practice.* Cambridge University Press, London, 1948.

Galaisiere, G. J. H. J. B. Le Gentil de la. *A Voyage to the Indian Seas.* Filipiniana Book Guild, Manila, 1963.

Gatmaitan. M. S. *Marcelo H. del Pilar.* Munoz Press, Quezon City, 1965.

Geuns, M. van. *De Opiumcultuur in Nederlandsch-Indie, eene Nieuwe Bron van Inkomsten.* J. H. de Bussy, Amsterdam, 1903.

Goens, Ryckloff van. "Corte Beschrijvinge van 't Eijland Java's", in *BTLVNI*, vol. 4, 1856.

Goens, Rijckloff van. "Reijsbeschrijving van den Weg uijt Samarangh nae de Konincklijke Hoofdplaets Mataram", in *BTLVNI*, vol. 4, pp. 307-350, 1856.

Gonggrijp, G. L. *Schets eener Economische Geschiedenis van Nederlandsch-Indie.* Bohn. Haarlem, 1928.

Gonggrijp, G. L. *Brieven van Opheffer.* Leiter-Nypels, Maastricht, 1944.

Gonggrijp, G. L. "Value Curves and the Lowest Level of the Indies Economy", in *Indonesian Economics.* Van Hoeve, the Hague, 1961.

Gorer, Geoffrey. *Bali and Angkor.* Michael Joseph, London, 1936.

Graaf. H. J. de. "De Regering van Sultan Agung, Vorst van Mataram", in *VKITLV*, XXXIII, Martinus Nijhoff, 's-Gravenhage, 1958.

Graaf, H. J. de. "De Regering van Sunan Mangku-Rat I Tegal-Wangi, Vorst van Mataram", in *VITLV*, 2 vols. 33, 39. Martinus Nijhoff, 's-Gravenhage, 1961, 1962.

Gras, N. S. B. "Capitalism -- Concepts and History", in F. C. Lane, J. C. Riemersma, (eds.), *Enterprise and Secular Change.* Richard D. Irwin, Illinois, 1953.

Groeneveldt, W. P. *Notes on the Malay Archipelago and Malacca compiled from Chinese Sources.* W. Bruining, Batavia, 1876.

Guerreiro, J. J. de Vellez. "A Portuguese Account of Johore", tr. T. D. Hughes, in *JMBRAS*, vol. XIII, part 2, Oct. 1935.

Gullick, J. M. *The Story of Early Kuala Lumpur.* Donald Moore, Singapore, 1956.

Gullick, J. M. *A History of Selangor.* Eastern University Press, Singapore, 1960.

Haan, F. de. *Priangan*, vols. 1-4. Bataviasch Genootschap van Kunsten en Wetenschappen, Batavia, 1910-1912.

Haan, F. de. *Oud Batavia.* A. G. Nix, Bandoeng, 1935.

Hamilton, Alexander. *A New Account of the East Indies*, 2 vols. Argonaut Press, London, 1930.

Handbook of British Malaya 1930. Malayan Information Agency, London, (undated).

Handbook of the Netherlands East-Indies 1930. Department of Agriculture, Industry and Commerce, Buitenzorg, Java, 1930.

Hasegawa, Nyozekan. *The Japanese Character*, tr. John Bester. Kodansha International, Tokyo, 1965.

Herrera, Fray Diego de. "Memoranda", in *The Colonization and Conquest of the Philippines by Spain.* Filipiniana Book Guild, Manila, 1965. (Compiled by Editorial Board.)

Herskovits, M. J. *Cultural Anthropology.* A. A. Knopf. New York, 1955.

Herzen, Alexander. *Selected Philosophical Works*, tr. L. Navrozov. Foreign Languages Publishing House, Moscow, 1956.

Hill, A. H. "The Hikayat Abdullah", in *JMBRAS*, vol. XXVIII, part 3, Jun. 1955.

Hobson, J. S. *Imperialism.* Allen and Unwin, London, 1938.

Hoetink, H. "'Colonial Psychology' and Race", in *JEH*, vol. XXI, no. 4, 1961.

Hooker, M. B. (ed.), *Readings in Malay Adat Laws.* Singapore University Press, Singapore, 1970.

Horowitz, I. L. *Philosophy, Science and the Sociology of Knowledge.* C. C. Thomas, Illinois, 1961.

Hourani, George F. *Arab Seafaring in the Indian Ocean in Ancient and Early Medieval Times.* Khayats, Beirut, 1963.

Huan, Ma. *Ying-Yai Sheng-Lan* (The Overall Survey of the Ocean's Shores), tr. Feng Cheng-Chun, ed. J. V. G. Mills. Cambridge University Press, London, 1970.

Humphreys, J. L. "A Collection of Malay Proverbs", in *JSBRAS*, no. 67, 1914.

Husain, Zakir. *Capitalism*. Asia Publishing House, London, 1967.

Iongh, D. de. *Het Krijgswezen onder de Oostindische Compagnie*. Stockum en Zoon, 's-Gravenhage, 1950.

Ireland, Alleyne. *The Far Eastern Tropics*. Archibald Constable, London, 1905.

Jackson, R. N. *Immigrant Labour and the Development of Malaya*. Government Printing Press, Federation of Malaya, 1961.

Jagor, Feodor. "Travels in the Philippines", in Austin Craig, (ed.), *The Former Philippines thru Foreign Eyes*. Philippine Education, Manila, 1916.

Jansen, M. H. "Gedachten over den Handel van den Indischen Archipel voor de komst de Europeanen", in *TNI*, vol. 2, pt. 1, 1849.

Johnson, Harry M. "Ideology", in David L. Sills, (ed.), *International Encyclopaedia of the Social Sciences*, vol. VII. Macmillan, Free Press, U.S.A., 1968.

Jonge, J. K. J. de. *De Opkomst Van Het Nederlandsch Gezag Over Java*, vols. 2-13. Martinus Nijhoff, 's-Gravenhage, 1864-1888.

Kato, Masuo. *The Lost War*. Alfred A. Knopf, New York, 1946.

Kawasaki, Ichiro. *Japan Unmasked*. Charles E. Tuttle, Tokyo, 1970.

Keddie, N. R. *An Islamic Response to Imperialism*. (Political and Religious Writings of Sayyid Jamaluddin ai-Afghani.) University of California Press, Berkeley and Los Angeles, 1968.

Kennedy, Raymond. *The Ageless Indies*. John Day, New York, 1942.

Keppel, H. *A Visit to the Indian Archipelago*, vols. 1, 2. Bentley, London, 1853.

Khaldun, Abdul Rahman Ibn. *The Muqaddimah*, 2 vols., tr. ed. F. Rosenthal. Routledge and Kegan Paul, London, 1958.

Kidd, Benjamin. *The Control of the Tropics*. Macmillan, New York, 1898.

Kiernan, V. C. *The Lords of Human Kind*. Weidenfeld and Nicolson, London, 1969.

Kluckhohn, C. "The Study of Culture", in D. Lerner, H. D. Lasswell, (eds.), *The Policy Sciences*. Stanford University Press, California, 1951.

Kohl, J. F. Halkema. "Colonial Nationalism", in *Indonesie*, vol. VII, no. 1, 1953-1954.

Kolakowski, Leszek. *Marxism and Beyond*, tr. J. Z. Peel. Pall Mall Press, London, 1969.

Kolff, G. H. van der. "European Influence on Native Agriculture", in B. Schrieke, (ed.),

The Effect of Western Influence on Native Civilizations in the Malay Archipelago. Kolff, Batavia, 1929.

Kyi, U Khin Maung. "Western Enterprise and Economic Development in Burma", in *Journal of the Burma Research Society*, LIII, no. 1, Jun. 1970.

La Motte, Ellen N. *The Opium Monopoly*. Macmillan, New York, 1920.

La Motte, Ellen N. *The Ethics of Opium*. Century, New York, 1924.

Lenin, V. I. *Imperialism, the Highest Stage of Capitalism*. Foreign Languages Publishing House, Moscow (undated). Eleventh impression.

Leur, J. C. van. *Indonesian Trade and Society*. W. van Hoeve, the Hague, 1955.

Lichtheim, G. *The Concept of Ideology and Other Essays*. Random House, New York, 1967.

Lichtheim, G. *Imperialism*. Allen Lane Penguin Press, London, 1971.

Linton, Ralph, (ed.), *The Science of Man in the World Crisis*. Colombia University Press, New York, 1950.

Little, R. "On the Habitual Use of Opium in Singapore", pp. 1-79, in *JIAEA*, vol. II, 1848.

Lodewycksz, Willem. "D'Eerste Boeck", in G. P. Rouffaer, J. W. Ijzerman, (eds.), *De Eerste Schipvaart der Nederlanders naar Oost-Indie onder Cornelis de Houtman 1595-1597*, vol. 1. Martinus Nijhoff, 's-Gravenhage, 1915.

Logan, J. R. "The Present Condition of the Indian Archipelago", in *JIAEA*, vol. I, pp. 1-21, 1847.

Logan, J. R. "Memoirs of Malays", (Che Solliman's Narration), in *JIAEA*, vol. II, no. VI, Jun. 1848.

Low, J. "Notes on the Progress of the Nutmeg Cultivation and Trade from the Early Part of the 17th Century up to the Present", in *JIAEA*, vol. V, pp. 470-487, 1851.

Lüthy, Herbert. "Colonization and the Making of Mankind", in *JEH*, vol. XXI, no. 4, 1961.

Luzzatto, G. *An Economic History of Italy from the Fall of the Roman Empire to the Beginning of the 16th Century*, tr. P. Jones. Routledge-Kegan Paul, London, 1961.

Mabini, Apolinario. *The Philippine Revolution*, tr. L. M. Guerrero. National Historical Commission, Manila, 1969.

MacMicking, Robert. *Recollections of Manila and the Philippines*. Filipiniana Book Guild, Manila, 1957.

Madariaga, Salvador de. *Englishmen, Frenchmen, Spaniards*. Oxford University Press. London, 1949.

Majul, Cesar A. "A Critique of Rizal's Concept of a Filipino Nation", in Leopoldo Y. Yabes, (ed.), *Jose Rizal on His Centenary*. University of the Philippines, Quezon City, 1963.

Majul, Cesar A. "Social Background of Revolution", in *Asian Studies*, vol. IX, no. 1, Apr. 1971. (Manila.)

Malaysian Digest, vol. 1, no. 2, Jul. 14, 1969. Federal Department of Information, Kuala Lumpur.

Malcolm, George A. *First Malayan Republic*. Christopher, Boston, 1951.

Mannheim, Karl. *Ideology and Utopia*. Routledge-Kegan Paul, London, 1948.

Mannoni, O. *Prospero and Caliban*, tr. P. Powesland. Methuen, London, 1956.

Manrique, Sebastian. "The Travels of Fray Sebastian Manrique", in the same volume, G. F. G. Careri, *A Voyage to the Philippines*. Filipiniana Book Guild, Manila, 1963.

Maquet, J. J. *The Sociology of Knowledge*. Beacon Press, Boston, 1951.

Markham, C. R. (ed.), *The Voyages of Sir James Lancaster to the East Indies*. Hakluyt Society, London, 1877.

Marsden, W. *The History of Sumatra*. Oxford University Press, London, 1966.

Marx, Karl; Engels, Frederick. *The German Ideology*, ed. R. Pascal. Lawrence and Wishart, London, 1938.

Marx, Karl; Engels, Frederick. *The Russian Menace to Europe*. Ed. and selected by P. W. Blackstock, B. F. Hoselitz. Free Press, Glencoe. Illinois, 1952. The title was chosen by the editors.

Marx, Karl; Engels, Frederick. *The Holy Family*, tr. R. Dixon. Foreign Languages Publishing House, Moscow, 1956.

Marx, Karl; Engels, Frederick. *The German Ideology*, ed. S. Ryazanskaya. Progress Publishers, Moscow, 1964.

Marx, Karl; Engels, Frederick. *On Religion*. Progress Publishers, Moscow, 1966.

Marx, Karl; Engels, Frederick. *On Colonialism*. Progress Publishers, Moscow, 1968.

Marx, Karl; Engels, Frederick. *The German Ideology*, Part One, ed. C. J. Arther. Lawrence and Wishart, London, 1970.

Marx, Karl; Engels, Frederick. *Selected Correspondence*. Foreign Languages Publishing House, Moscow. (undated).

Masselman, George. "Dutch Colonial Policy in the 17th Century", in *JEH*, vol. XXI, no. 4. 1961.

Masselman, George. *The Cradle of Colonialism*. Yale University Press, New Haven, 1963.

Mas, Sinibaldo de. "The Character of Friars", in E. H. Blair, J. A. Robertson, *The Philippine Islands 1493-1898*, vol. XXVIII. Cleveland, Ohio, 1903-1909.

Mas, Sinibaldo de. *Report on the Conditions of the Philippines in 1842*, III. Tr. C. Botor, ed. J. Palazon. Historical Conservation Society, Manila, 1963.

Maunier, Rene. *The Sociology of Colonies*, ed. tr. E. O. Lorimer. Routledge and Kegan Paul, London, 1949 (vols. 1, 2).

Maxwell, W. E. "Malay Proverbs", in *JSBRAS*, no. 1, 2, 1878; no. 3, 1879; no. 11, 1883.

McNair, F. *Perak and the Malays*. Tinsley Brothers, London. 1878.

Mead, Margaret. "The Study of National Character", in D. Lerner, H. D. Lasswell, (eds.), *The Policy Sciences*. Stanford University Press, California, 1951.

Mead, Margaret. "National Character", in A. L. Kroeber (ed.), *Anthropology Today*. University of Chicago Press, Chicago, 1953.

Meijer, R. P. *Max Havelar, 1860-1960*. University of Melbourne, Melbourne, 1960.

Meilink-Roelofsz, M. A. P. *Asian Trade and European Influence in the Indonesian Archipelago between 1500 and about 1630*. Martinus Nijhoff, the Hague, 1962.

Mendenhall, T. C., Henning, B. D., Foord, A. S. (eds.), *The Quest For a Principle of Authority in Europe: 1715 to the Present*. Henry Holt, New York, 1948. Ch. X, "Imperialism".

Merton, Robert K. *Social Theory and Social Structure*. Free Press, New York, 1969.

Metzger, Walter P. "Generalization about National Character: An Analytical Essay", in Louis Gottschalk (ed.), *Generalization in the Writing of History*. University of Chicago Press, Chicago, London, 1966.

Middel, R. Brons. *Kesah Pelajaran Abdoellah bin Abdelkadir Moensji dari Singapoera sampai ka Negeri Kalantan.* Brill, Leiden, 1893.

Mohamad, Mahathir bin. *The Malay Dilemma.* Asia Pacific Press, Singapore, 1970.

Moon, P. T. *Imperialism and World Politics.* Macmillan, New York, 1937.

Moreland, W. H. (ed.), *Peter Floris, His Voyage to the East Indies in the Globe (1611-1615).* Hakluyt Society, London, 1934.

Morga, Antonio de. "History of the Philippine Islands", tr. ed. E. H. Blair, J. A. Robertson, *The Philippine Islands 1493-1898,* vol. I. Cleveland, Ohio, 1907.

Morga, Antonio de. *Historical Events of the Philippine Islands.* Ed. Jose Rizal, tr. E. Alzona. Jose Rizal National Centennial Commission, Manila, 1962.

Morga, Antonio de. *Sucesos de las Islas Filipinas,* tr. J. S. Cummins. Cambridge University Press, London, 1971. (Hakluyt Society Series II vol. 140.)

Muller, Hendrik P. N. "The Malay Peninsula in the Past", tr. P. C. H. van Papendrecht. *JSBRAS,* no. 67, Dec. 1914.

Multatuli (Douwes Dekker). *Nog-eens Vrije-Arbeid in Nederlandsch-Indie.* Cohen, Amsterdam, 1914.

Multatuli (Douwes Dekker). *Over Vrijen Arbeid in Nederlandsch Indie.* (Date and publisher unknown.)

Muntinghe, H. W. "Het stelsel van Regelmatige Belasting vergelijken met dat van Gedwongen Arbeid en Leverantien", in *TNI,* vol. 13, pt. 1, 1851.

Muntinghe, H. W. "Rapport van H. W. Muntinghe, van 28 Julie, 1813", in *TNI,* vol. 2, Zaltbommel, 1864.

Nadel, G. H., Curtis, P. (ed.), *Imperialism and Colonialism.* Macmillan, New York, 1964.

Narkswasdi, Udhis., Selvadurai. S. *Economic Survey of Padi Production in West Malaysia,* Report no. 1, Selangor. Ministry of Agriculture and Co-operatives, Kuala Lumpur, 1967.

Narkswasdi, Udhis., Selvadurai. S. *Economic Survey of Padi Production in West Malaysia,* Report no. 2, Collective Padi Cultivation in Bachang, Malacca. Ministry of Agriculture and Co-operatives, Kuala Lumpur, 1967.

Narkswasdi, Udhis., Selvadurai. S. *Economic Survey of Padi Production in West Malaysia,*

Report no. 3, Malacca. Ministry of Agriculture and Co-operatives, Kuala Lumpur, 1967.

Netscher, E. *De Nederlallders in Djohor en Siak.* Bruijniug en Wijt, Batavia, 1870.

Newbold, T. J. *Political and Statistical Account of the British Settlements in the Straits of Malacca*, vols. 1, 2. John Murray, London, 1839.

Norris, Sir William. "Malay Amok referred to Mahomedanism", in *JIAEA*, vol. III, 1849.

Parry, J. H. *Europe and a Wider World 1415-1715.* Hutchinson's University Library, London, 1949.

Patani, Haji Wan Mohammed. *Semangat Kehidupan.* Majlis Ugama Islam dan Istiadat Melayu, Kelantan, Kota Bahru, 1922. (Malay in Arabic Script.)

Perron-de Roos, E. du. "Correspondentie van Dirk van Hogendorp met Zijn Broeder Gijsbert Karel", in *BTLVNI*, vol. 102, 1943.

Phelan, J. L. "Free versus Compulsory Labour: Mexico and the Philippines, 1540-1648", in *Comparative Studies in Society and History*, vol. 1, pp. 189-201, 1958-1959.

Phelan, J. L. *The Hispanization of the Philippines.* University of Wisconsin Press, Madison, 1959.

Pierson, N. G. *Koloniale Politiek.* P. N. van Kampen en Zoon, Amsterdam, 1877.

Pilar, Marcelo H. del. *Monastic Supremacy in the Philippines*, tr. E. Alzona. Philippine Historical Association, Manila, 1958.

Pires, Tom. *The Suma Oriental of Tom Pires*, tr., ed., Armando Cortesao. Hakluyt Society, vol. 2, 2nd Series, no. 90, London, 1944.

Plamenatz, J. *Ideology.* Pall Mall, London, 1970.

Plekhanov, G. V. *Art and Social Life*, ed. A. Rothstein. Lawrence and Wishart, London, 1953.

Plekhanov, G. V. *Fundamental Problems of Marxism.* Lawrence and Wishart, London, 1969.

Ponder, H. W. *Javanese Panorama.* Seeley, Service, London. (Printed in 1942.)

Price, A. Grenfell. *The Western Invasions of the Pacific and Its Continents.* Oxford University Press, London, 1950.

Proceedings and Reports of the Commission appointed to inquire into certain matters affecting the good Government of the State of Selangor in relation to the alleged misuse and abuse of toddy in the coast districts of Selangor. Federated Malay States Government Press, Kuala Lumpur, 1917.

Proceedings of the Committee appointed by His Excellency the Governor and High Commissioner to enquire into Matters relating to the Use of Opium in British Malaya. Government Printing Office, Singapore, 1924.

Puthucheary, J. J. *Ownership and Control in the Malayan Economy.* Eastern University Press, Singapore, 1960.

Raffles, T. S. *Memoir of the Life and Public Services of Sir Thomas Stamford Raffles*, vols. 1, 2. Ed. Sophia Raffles. James Duncan, London, 1835.

Raffles, T. S. *The History of Java*, 2 vols. Oxford University Press, London, 1965.

Reed, Anthony. *The Contest for North Sumatra.* Oxford University / University of Malaya Press, Kuala Lumpur, 1969.

Rengers, D. W. van Weldern. *The Failure of a Liberal Colonial Policy.* Martinus Nijhoff, the Hague, 1947.

Report of the Rice Cultivation Committee, vol. 1. Federated Malay States Government Press, Kuala Lumpur, 1931.

Resink, G. J. *Indonesia's History between the Myths.* W. van Hoeve, the Hague, 1968.

Rizal, Jose. "The Indolence of the Filipinos", in E. Alzona, (tr. and ed.), *Selected Essays and Letters of Jose Rizal.* Rangel and Sons, Manila, 1964.

Roff, W. R. *The Origins of Malay Nationalism.* University of Malaya Press / Yale University Press, Kuala Lumpur / New Haven, 1967.

Rose, J. Holland. *Man and the Sea.* Heffer and Sons, Cambridge, England, 1935.

Rowntree, Joshua. *The Imperial Drug Trade.* Methuen, London, 1906.

Roy, James A. Le. *Philippine Life in Town and Country.* Filipiniana Book Guild, Manila, 1968. *The Philippines Circa 1900, XIII.*

Rutter, Owen. *British North Borneo.* Constable, London, 1922.

Rutter, Owen. *Triumphant Pilgrimage.* Harrap, London, 1937.

Sande, Francisco de. "Relation of the Filipinos Islands", in *The Colonization and the Conquest of the Philippines by Spain.* Filipiniana Book Guild, VIII. Manila, 1965. (By editorial board.)

Sastri, V. S. Srinivasi. *Report on the Condition of Indian Labour in Malayav. Government of India Press.* New Delhi, 1937.

Schmalhausen, H. E. B. *Over Java en de Javanen.* Van Kampen, Amsterdam, 1909.

Schrieke, B. "Javanen als Zee-en Handelsvolk", in *TITLV*, vol. LVIII, 1919.

Schrieke, B. *Indonesian Sociological Studies*, Part I. W. van Hoeve, the Hague, 1955.

Schrieke, B. *Indonesian Sociological Studies*, Part II. W. van Hoeve, the Hague, 1957.

Schrieke, B. (ed.), *The Effect of Western Influence on Native Civilizations in the Malay Archipelago.* Kolff, Batavia. 1929.

Schumpeter, Joseph. *Imperialism*, tr. H. Norden. Meridian Books, New York, 1958.

Scrivenor, J. B. "Mining", in R. O. Windstedt. (ed.), *Malaya.* Constable, London, 1923.

Sée, Henri. *Modern Capitalism*, tr. H. B. Vanderblue. Noel Douglas, London, 1928.

Selvadurai, S., Arope, Ani bin., Mohammad, Nik Hassani bin. *Socio-Economic Study of Padi Farms in the Kemubu Area of Kelantan 1968.* Ministry of Agriculture and Co-operatives, Kuala Lumpur, 1969.

Senate Document, no. 265, 59th Congress, 1st Session, *Use of Opium and Traffic Therein.* Government Printing Office, Washington, 1906.

Simmons, J. T., Whayne, T. F., Anderson, G. W., Horacle, H. M. *Global Epidemiology*, vol. 1. Heinemann, London, 1944.

Snyder, Louis L. (ed.), *The Imperialism Reader.* D. van Nostrand, New York, 1962.

Sombart, Werner. *The Quintessence of Capitalism*, tr. M. Epstein. Howard Fertig, New York, 1967.

Stapel, F. W. *Cornelis Janszoon Speelman.* M. Nijhoff, 's-Gravenhage, 1936.

Stapel, F. W. *Corpus Diplomaticum Neerlando-Indicum*, vol. 6. Martinus Nijhoff, 's-Gravenhage, 1955.

Stavorinus. J. S. *Voyages to the East-Indies*, vols. 1-3. Tr. S. H. Wilcocke. Robinson, Pater-Noster-Row, London, 1798.

Stibbe, D. G. (ed.), *Encyclopedia van Nederlandsch-Indie*, Art. "Slavernij", vol. 3. Martinus Nijhoff, E. J. Brill, the Hague, Leiden, 1919.

Stibbe, D. G. (ed.), *Neerlands Indie.* Elsevier, Amsterdam, 1929.

Stockdale, J. J. Sketches. *Civil and Military, of the Island of Java*. London, 1811. (No publishing firm.)

Stoney, B. O. "The Malays of British Malaya", in Arnold Wright. (ed.), *Twentieth Century Impressions of British Malaya*. Lloyd's Greater Britain Publishing Company, London, 1908.

Straits Settlements Annual Report for the Year 1887. Government Printing Office, Singapore, 1888.

Strausz-Hupé, R., Hazard, H. W. (eds.), *The Idea of Colonialism*. Atlantic Books, London, 1958.

Sultzberger. H. H. *All about Opium*. London, 1884. (No publisher mentioned.)

Swettenham, F. A. *The Real Malay*. John Lane. London, New York, 1907.

Swettenham, F. A. *Malay Sketches*. John Lane. London, New York, 1913.

Swettenham, F. A. *British Malaya*. Allen and Unwin, London, 1955.

Swettenham, F. A. *Stories and Sketches by Sir Frank Swettenham*. Selected by W. R. Roff. Oxford University Press, Kuala Lumpur, 1967.

Sydney. R. J. H. *Malay Land*. Cecil Palmer, London, 1926.

Sze. S. A. *Geneva Opium Conferences*. John Hopkins Press, Baltimore, 1926.

Takizawa, Matsuyo. *The Penetration of Money Economy in Japan*. AMS Press, New York, 1927.

Thomson, J. T. *Sequel to Some Glimpses of Life in the Far East*. Richardson, London, 1865.

Thomson, J. T. *Some Glimpses into Life in the Far East*. Richardson, London, 1865.

Thomson, J. T. *The Straits of Malacca, Indo-China and China*. Low, Marston and Searle, London, 1875.

Tiele, P. A. "De Europeers in den Maleischen Archipel", in *BTLVNI*, vols. 25, 1877; 27, 1879; 28, 1880; 29, 1881; 30, 1882; 32, 1884; 35, 1886; 36,1887.

Tiele, P. A., Heeres, J. E. *Bouwstoffen voor de Geschiedenis der Nederlanders in den Maleischen Archipel*, vols. 1-3. Martinus Nijhoff, 's-Gravenhage, 1890-1895.

Tilman, R. O. (ed.), *Man, State and Society in Contemporary Southeast Asia*. Praeger, New York, 1969.

Tinling, J. F. B. *The Poppy-Plague and England's Crime*. Elliot Stock, London, 1876.

Torchiana, H. A. van Coenen. *Tropical Holland*. University of Chicago Press, Chicago, 1921.

Turner, F. S. *British Opium Policy and Its Result to India and China*. Low, Marston, Searle, Rivington, London, 1876.

Vaizey, J. *Revolutions of Our Time: Capitalism*. Weidenfeld and Nicolson, London, 1971.

Valentijn, F. "Description of Malacca", tr. D. F. A. Hervey, in *JSBRAS*, no. 18, Jun. 1884.

Vandenbosch, A. *The Dutch East Indies*. Erdmans, Grand Rapids, Michigan, 1933.

Vaughan, "Notes on the Malays of Pinang and Province Wellesley", in *JIAEA*, New Series, vol. II, no. 2, 1857.

Vetch, R. H. *Life of Lieut-General the Hon. Sir Andrew Clarke*. John Murray, London, 1905.

Veth, P. J. *Java*, vols. I, II. Bohn, Haarlem, 1896, 1898.

Vlieland, C. A. *A Report of the 1931 Census and on Certain Problems of Vital Statistics*. Malayan Information Agency, London, 1932.

Waal, E. de. *Nederlandsch Indie in de Staten-Generaal sedert de Grondwet van 1814*, vols. 1-3. Nijhoff, 's-Gravenhage, 1860-1861.

Wallbank, T. W., Taylor, A. M. *Civilization*, vol. 2. Scott, Foresman, U.S.A., 1961. (Fourth edition.)

Wanford-Lock, C. G. *Mining in Malaya for Gold and Tin*. Crowther and Goodman, London, 1907.

Warta Malaysia. Ministry of Information and Broadcasting, Kuala Lumpur:

vol. 4, no. 1, January 5, 1968

vol. 4, no. 11, March 14, 1968

vol. 4, no. 14, April 4, 1968

vol. 4, no. 17, April 25, 1968

vol. 4, no. 33, August 15, 1968

vol. 4, no. 37, September 12, 1968

vol. 4, no. 43, October 24, 1968

vol. 4. no. 52, December 27, 1968

vol. 5, no. 17, April 24, 1969.

Watson, M. *The Prevention of Malaria in the Federated Malay States*. John Murray, London, 1921.

Weber, Max. *The Protestant Ethic and the Spirit of Capitalism*, tr. Talcott Parsons. Charles Scribner, New York, 1958.

Weber, Max. *Economy and Society*. Ed. G. Roth, C. Wittich, 3 vols. Bedminster Press, New York, 1968.

Wertheim, W. F. *East West Parallels*. Quadrangle Books, Chicago, 1965.

Wertheim. W. F. *Indonesian Society in Transition*. W. van Hoeve, the Hague, 1969.

Westerhout. J. B. "Notes on Malacca", in *JIAEA*, vol. II, no. III, Mar. 1848.

Wheeler, L. R. *The Modern Malay*. Allen and Unwin, London, 1928.

White, Lynn. *Medieval Technology and Social Change*. Oxford University Press, London, 1958.

Willoughby, W. W. *Opium as an International Problem*. John Hopkins Press, Baltimore, 1925.

Wilson, C. *Annual Report of the Labour Department, Malaya, for the Year 1937*. Federated Malay States Government Press, Kuala Lumpur, 1938.

Wilson, C. *Annual Report of the Labour Department, Malaya, for the Year 1938*. Federated Malay States Government Press, Kuala Lumpur, 1939.

Winstedt, R. O. *Malay Proverbs*. John Murray, London, 1950.

Winstedt, R. O. *Malaya and Its History*. Hutchinson University Library, London, 1956.

Winstedt, R. O. *The Malays: A Cultural History*. Routledge and Kegan Paul, London, 1956.

Winstedt, R. O. "A History of Classical Malay Literature", Monograph on Malay subjects no. 5, *JMBRAS*, vol. XXXI, part 3, 1958.

Winstedt, R. O. (ed.), *Malaya*. Constable, London, 1923.

Winstedt, R. O., Jong, P. E. de Josselin de. "A Digest of the Customary Law of Sungai Ujong", in *JMBRAS*, vol. XXVII, part 3, July, 1954.

Winks, Robin W. (ed.), *The Age of Imperialism*. Prentice-Hall Englewood Cliffs, New Jersey, 1969.

Winslow, E. M. *The Pattern of Imperialism*. Columbia University Press, New York, 1948.

Woodruff, W. *Impact of Western Man*. Macmillan, New York, 1966.

Wright, A., Reid. T. H. *The Malay Peninsula*. Fisher Unwin, London, 1912.

Wright, H. M. (ed.), *The "New Imperialism"*. Heath, Boston, 1961.

Wright, H. R. C. "Muntinghe's Advice to Raffles on the Land Question in Java", in *BTLVNI*, vol. 108, 1952.

Wright, H. R. C. *East-Indian Economic Problems of the Age of Cornwallis and Raffles*. Luzac, London, 1961.

Zaide, G. F. *Jose Rizal*. Villaneuva Book Store, Manila, 1961.

Zuniga, Joaquin Martinez de. *An Historical View of the Philippine Islands*, tr. J. Maver. Filipiniana Book Guild, Manila, 1966.

縮寫

ADRSS	*Annual Departmental Report of the Straits Settlements*
BTLVNI	*Bijdragen tot de Taal-, Land- en Volkenkunde van Nederlandsch-Indie*
JEH	*The Journal of Economic History*
JIAEA	*Journal of the Indian Archipelago and Eastern Asia*
JMBRAS	*Journal of the Malaysian Branch Royal Asiatic Society*
JSBRAS	*Journal of the Straits Branch of the Royal Asiatic Society*
SSAR	*Straits Settlements Annual Reports*
TITLV	*Tijdschrift voor Indische Taal-, Land-, en Volkenkunde*
TNI	*Tijdschrift voor Nederlandsch-Indie*
VKITLV	*Verhandelingen van het Koninklijk Instituut voor Taal-, Land-, en Volkenkunde*

索引

多‧德 113, 177-8

Maetsuijker, Dutch Governor-General 馬策伊克，荷蘭總督 199

Mahathir bin Mohamad, his views on Malays 馬哈迪‧莫哈末，其對馬來人的看法 142, 155-73, 166, 172-80 passim(多處)

Mahmud, Sultan of Johore and Riau 馬末，柔佛廖內蘇丹 195

Malacca 馬六甲 238; British rule in 英殖民統治 17, 138; mining class 礦家階級 21; and trade 與貿易 23, 186, 187, 190, 191, 194, 195, 198; image of the Malays in 此地馬來人的形象 35, 37; Portuguese domination in 葡萄牙人的統治 35, 37, 184, 191; and Dutch occupation 與荷蘭人的占領相關 37, 184, 194, 205; Mr Bean's perversions 比恩先生的變態行為 133-4; farming in 種植活動 172-3, 222

malaria 瘧疾 219-20, 224-7

Malay language 馬來語 187, 190

Malay Reservation Laws 馬來保留地法律 161

Malay, Malaysia (Malay States) 馬來，馬來西亞（馬來土邦）1, 9, 218; colonial capitalism in 殖民資本主義 2, 5, 7; and foreign negative image of native 外人眼中的土著負面形象 8; British promotion of opium trade in 英國人對鴉片貿易的推動 15, 91-3, 95, 112, 138-9, 206-7, 209; British acquisition of territory 英國人的土地占領 17; and colonial ideology 與殖民意識形態相關 17-18; plantation economy in 種植園經濟 18; cultural and economic developments after Independence 獨立後的文化與經濟發展 20; trade 貿易 21, 39, 184-4, 186-201 passim(多處); rubber planting 橡膠種植 31n(Introduction-n1); and legal system 與法律制度 38-9; and commercial regulations, British rule in 英殖民時期商業規例 43, 45, 46-7, 67-8; colonial capitalism's attitude to labour in 殖民資本主義對勞工的態度 84-96 passim(多處); Chinese immigrant labour 華人移民勞工 84-9, 209, 222; and plantation system 與種植園制度相關 85-96, 221-4; and opium smoking 與吸食鴉片相關 91-3, 112, 207; and toddy-drinking 與酗飲椰花酒相關 93-5; Javanese in 爪哇人在馬來亞 126-7; Abdullah's views on English in 阿都拉對英國人的看法 133-4; Dutch trade treaties with states 荷蘭人與各土邦的貿易條約 193-6; economic studies 經濟研究 217; and malaria 與瘧疾相關 219-20, 224-7; and other diseases 與其他疾病相關 225, 229-31; racial discrimination in 種族歧視 228; population and death rate 人口和死亡率 228-9; and intellectual community 與知識社群相關 238

Malays 馬來人 20, 59; colonial image of 殖民時期的形象 16-17, 35-8, 116-21, 130-1; and Raffles's views 萊佛士的觀點 38-41, 117, 118, 130-1; influence of Islam on 伊斯蘭教的影響 38-9, 41, 130-1, 140-1; British image in late 19th century and 20th century of 19世紀末和20世紀英國人對其形象的描繪 43-50; and Swettenham's views 瑞天咸的看法 43-5, 130; and Clifford's views 克利福的看法 45-8; distinction between East Coast and West Coast 東海岸和西海岸馬來人的差異 46, 47; and between Trengganu and Pahang 丁加奴與彭亨馬來人的差異 47-8; state of latah 拉塔病狀態 48; and literature 與文學相關 50; alleged indolence 懶惰指控 71-81, 95, 147-63, 167-8, 214-15,

作為思想的馬來世界

蘇穎欣

　　約莫十年前，我在大學圖書館發現一本論述發展中社會知識分子的書。當時初入學術圈，對於自己在學院內學習和生產的「知識」對社會有何實際用途，總有困惑和惶恐。誠然，這個深具道德色彩的老問題早有人思考討論過，不過著述者多是距離我很遠的知識分子，討論屬於他們的西方世界或是中國社會問題。在書架上拿起這本出版於1977年的《發展中社會的知識分子》（*Intellectuals in Developing Societies*），一讀了就停不下來。作者是馬來西亞人，他筆下的社會和知識分子眾生相是如此熟悉，加上他筆鋒犀利直接，善於比喻諷刺，是一本讀起來痛快卻又深感沉重的書。

　　後來我開始關注這位馬來社會學家的其他著作，他研究的課題除了知識分子的責任以外，也包括殖民主義、現代國家的貪腐問題、伊斯蘭思想等。同時我也發現他大有來頭，除了是新加坡國立大學馬來研究系創系主任，也曾參與創辦民政黨，甚至擔任過馬來亞大學校長。然而，體制的保守性並沒有阻斷他對體制本身和心智被俘虜的人的批評；反之，他直指權力的核心。

馬來世界與馬來研究

這位思想家，賽胡先・阿拉塔斯（Syed Hussein Alatas），1928年出生於印尼茂物（Bogor）的阿拉伯裔望族，[1] 其祖輩是來自葉門的哈德拉米人（Hadrami）。哈德拉米人是混血族裔，早在數世紀前就以商人、使節、伊斯蘭學者的身分來到馬來世界落地生根，在族群身分駁雜多元的馬來世界（Malay world）形成獨特的社群和身分。自古以來，本區域一直是亞洲人貿易和文化的交匯點——東亞海路從中國東南沿海一帶延伸到如今的雅加達，南亞一帶則有印度人往來（印度文明早在公元2世紀以前就傳到馬來世界），再往西則是中東阿拉伯人與伊斯蘭教的傳播。阿拉塔斯本身在印尼、新加坡和馬來西亞的成長經歷也影響了他日後的論述，將這個也稱為「馬來群島」（Nusantara；直譯為群島之間）的區域視為一個共生的、流動的整體。馬來世界的多元和區域共通性在當今國族國家的分析框架下，只能以片面和斷裂的方式呈現。西方殖民者的武力征服摧毀了亞洲人建立起來的自主土著商人階級（本書第十二章已詳細分析），其現代化過程又固化了種族分類和「分而治之」策略，硬生生將人們分貼上「馬來人」、「華人」、「印度人」等標籤。

值得一提的是，被視為「馬來現代文學之父」的文西阿都拉（Munshi Abdullah），其實也是哈德拉米人。阿拉塔斯在當今馬來西亞自然也是「馬來人」，其思想和作品亦是「馬來研究」（Malay Studies）的重要遺產。然而，在他執掌新加坡國立大學馬來研究系之時（1968-1988），馬來研究從來不只是狹隘的族裔研究，而是更廣義的馬來世界研究。這也可見於他這時期的著作，例如兩本重要的《發展中社會

---

1 阿拉伯裔名字前面有Syed（男性）和Sharifah（女性）者自許為先知穆罕默德後代。

的知識分子》和《懶惰土著的迷思》，並不只是研究「馬來人」而已，而是以建立馬來世界自主的本土思想為出發點，批判西方殖民主義在經濟、政治和思想文化層面上對土著的壓迫，同時也痛斥本土知識階級毫無反省地承接了西方知識霸權。

我強調「馬來研究」之於理解阿拉塔斯作品的意義，是因為這個學科話語的發展頗能說明殖民知識建構與本土思想相競又依存的關係，而阿拉塔斯在當中扮演重要的角色。馬來研究可說是西方殖民學者建立起來的東方主義學科，如溫士德（Richard O. Winstedt）、克利福（Hugh Clifford）、瑞天咸（Frank Swettenham）、萊佛士（Stamford Raffles）等英殖民官員的研究論述對馬來語言和知識建構影響甚大，他們也同時建立了阿拉塔斯所批判的「馬來人」形象。馬來亞第一所大學在1949年由英國人成立於新加坡，1957年馬來亞獨立後（新加坡於1959年自治），文學院開始設立所謂的「馬來研究」、「印度研究」、「中文研究」科系，顯然承繼了殖民知識結構的分野。1965年新加坡脫離馬來西亞獨立後，新加坡大學也基本上維持這樣的學科劃分，阿拉塔斯當時即受聘來創設新的馬來研究系，其畢生重要作品大部分創作於此。

去殖民的自主知識

相對於馬來人只占15%的新加坡，彼岸馬來西亞的馬來研究科就經歷了截然不同的發展。一九六〇年代左右，去殖民浪潮席捲馬來知識界，然而隨著本土化論述而來的卻是保守的民族主義轉向。反西方、強化「國語」、扶持「土著」的呼聲，就以馬來研究為陣地。馬來人、馬來語和伊斯蘭，被不可分割地綁在一起，形成堅固的「馬來性」身分堡壘，使之失去了原來的開放性。1969年五一三種族衝突事

件後，這股力量更得到了國家的全盤扶持和建制化。

有趣的是，馬來西亞的馬來研究「大腕」，也是另一位阿拉塔斯——賽穆罕默德・納吉・阿拉塔斯（Syed Muhammad Naquib al-Attas），也就是賽胡先・阿拉塔斯的親弟弟。納吉・阿拉塔斯是研究馬來世界伊斯蘭思想的重要學者，強調「知識伊斯蘭化」（Islamisation of knowledge）的實踐，深刻影響新馬許多伊斯蘭學者，並自成學派。一九七〇年代社會重組之時，資本主義現代化的發展重挫傳統社會的結構和價值，加上伊朗革命的衝擊，馬來穆斯林社會隨之轉向擁抱伊斯蘭化。此時，納吉・阿拉塔斯「逆向東方主義」（reversed Orientalism）的保守思想，也協助形塑了如今強大的宗教保守力量。然而，這卻是以否定馬來世界原來的多元性和排擠非我族類為代價。

兩兄弟顯然關注同樣的課題，尋找不依賴西方的自主知識（autonomous knowledge），卻走向思想光譜的兩端。在如此時代背景下把握賽胡先・阿拉塔斯的思想，方可看出其一方面極力撻伐西方殖民主義霸權，另一方面也在抵抗頑固保守的「本土派」。但他最痛恨的，莫過於毫不思考的愚昧掌權者。他形象化地比喻兩種人，一種是「*tukang-tukang jerit*」（吶喊能手），一味地以伊斯蘭為名搖旗助威，只有教條卻毫無理性可言，只為一己之私。另一種則是「*jadong*」之人。這個馬來詞彙是他自創的，是馬來語「*jahat*」（邪惡）、「*bodoh*」（愚蠢）和「*sombong*」（傲慢）的合體，非常貼切地形容當今政客和體制內的權勢之人。這也是為何，他作品中經常提到「科學」和「客觀」，而這兩個詞彙又容易遭人誤解，以為他是崇尚科學實證主義的學究。事實上，這是他對馬來西亞宗教和種族保守力量的積極回應，是尋求理性的解答。他棲身於「社會科學」這個學科及其方法，這是他建立自主知識的途徑，同時也涵納人文學的批判視野。不過，值得注意的是，

阿拉塔斯的批判論述仍著眼於學術範疇，他尚未把自主知識和本土思想的討論延伸到非學術領域，例如民間知識和信仰的實踐。這點有待後人繼續挖掘與耕耘。

翻譯與亞洲思想連帶

　　向中文世界引介阿拉塔斯最重要的著作《懶惰土著的迷思》這本書，是基於亞洲批判思想連帶的精神。相信關注去殖民知識的朋友都能在此書找到共鳴，也盼日後能成為相互參照的思想資源。阿拉塔斯對殖民知識的批判早於西方後殖民理論以及晚近學界興起的去殖民理論（decolonial theory）出現以前，但他的著作在亞洲內部卻少有人知。這也是他第一本被譯成中文的作品。亞洲內部本來就有去殖民知識傳統，阿拉塔斯就以菲律賓的黎剎（José Rizal）和阿拉伯的伊本・赫勒敦（Ibn Khaldun）等思想家作為他的參考資源，不一味以西方為據。這也是我們這一代身處人文社會科學領域的知識工作者亟需思考和實踐的工作。

　　中文學界對東南亞的關注和研究並不算少，但後者往往以「落後他者」的形象被理解、被「南進」，或總被框限在狹隘的「華人」視角和連結。若「去殖民」是亞洲各地彼此分享的切身課題和實踐，那自16世紀以來相繼被葡萄牙、荷蘭、法國、英國、西班牙、美國諸西方列強瓜分與殖民的東南亞，其思想和經驗如何成為參照對象？這是向來以西方理論馬首是瞻的學術界，必須深切反省叩問的。

　　我最初於2016年聯繫作者兒子賽法立・阿拉塔斯（Syed Farid Alatas），告知有意中譯此書。賽法立教授非常熱情地邀請我到他吉隆坡的住家閒聊（也是其父親生前居所），向我了解引介此書的想法以

及中文學界的相關討論，也立刻同意授權翻譯。他的住家經常聚集一些對本土歷史思想有興趣的馬來青年，我後來也偶爾參與他們的聚會，都是從晚上聚聊到深夜方能離開（據說是延續他父親的傳統）。慚愧的是，翻譯計畫因我個人工作因素不斷展延，後來獲得交通大學（今陽明交通大學）文化研究國際中心的經費補助，得以邀請專業譯者陳耀宗執筆翻譯，我想是本書最大的榮幸。學術書籍翻譯難度極高，耀宗高品質的譯筆和他對馬來西亞語境的了解，才能完整地呈現阿拉塔斯的思想。

曾有學者比較研究《懶惰土著的迷思》的印尼文和馬來文譯本，發現由馬來西亞國家語文局出版的馬來文譯本竟擅自修改或刪除原文，並且以具有政治目的性的方法改譯阿拉塔斯的意思。例如譯者將「移民」（immigrant）譯為排外意識強烈的「外來者」（pendatang），或是刪除原文批評執政黨巫統的段落，可見政治意識形態凌駕知識工作之「jadong」行徑。就此，這本中譯版《懶惰土著的迷思》，則顯得更加真摯珍貴。此書的幕後功臣：譯者陳耀宗、特約編輯陳筱茵、行政編輯蘇淑芬、文字校對郭佳、美術設計黃瑪琍，皆功不可沒。思想的連帶都必須有實際的翻譯、編輯和設計工作，才可能發生。李有成教授在百忙中寫成逾萬字的導讀，以他深厚的理論造詣透徹地為中文讀者介紹阿拉塔斯這位思想家的當代意義，由衷感謝。

最後，阿拉塔斯在2000年的一篇文章〈知識帝國主義：定義、特徵與問題〉（Intellectual Imperialism: Definition, Traits and Problems），曾有一段警語。我以此作為結語。是為後記。

> 欲在發展中社會建立有創造性和自主性的社會科學傳統，從知識
> 帝國主義桎梏中解放思想是最重要的條件。那些不願接受知識帝

國主義盛行事實的人，歡迎來場知識的決鬥。知識帝國主義者不會保護他們，反而會在他們不再有用的那一刻，將之拋棄。

國立陽明交通大學文化研究國際中心出版系列

《欺矇的戰略》｜保羅‧維希留 Paul Virilio／著，陳惠敏、蕭旭智／譯，邱德亮／校閱，麥田出版社

《恐怖主義的精靈》｜尚‧布希亞 Jean Baudrillard／著，邱德亮、黃建宏／譯，朱元鴻／校閱，麥田出版社

《歡迎光臨真實荒漠》｜斯拉維‧紀傑 Slavoj Žižek／著，王文姿／譯，林淑芬／校閱，麥田出版社

《例外狀態》｜阿岡本 Giorgio Agamben／著，薛熙平／譯，林淑芬／校閱，麥田出版社

《歧義：政治與哲學》｜賈克‧洪席耶 Jacques Rancière／著，劉紀蕙、林淑芬、陳克倫、薛熙平／譯，洪世謙／法文審訂，麥田出版社

《傅柯：危險哲學家》｜阿蘭‧布洛薩 Alain Brossat／著，羅惠珍／譯，朱元鴻、楊成瀚、蕭旭智、陳惠敏／校訂，麥田出版社

《歷史之名》｜賈克‧洪席耶 Jacques Rancière／著，魏德驥、楊淳嫻／譯，麥田出版社

「生命政治」系列

《亞斯伯格的孩子們：自閉症在納粹維也納的起源》｜伊迪絲‧薛弗 Edith Sheffer／著，吳哲良、黃明慧／譯，陽明交通大學出版社

《求生意志：愛滋治療與存活政治》｜João Biehl／著，陳秋山、李佳霖、曹寶文／譯，林淑芬、陳秋山／審訂，陽明交通大學出版社

「台灣研究」系列

《從科學月刊、保釣到左翼運動：林孝信的實踐之路》｜王智明／主編，聯經出版公司

《日治時期台灣現代文學辭典》｜柳書琴／主編，陳萬益／總顧問，聯經出版公司

《回望現實‧凝視人間：鄉土文學論戰四十年選集(修訂版)》｜王智明、林麗雲、徐秀慧、任佑卿／編，聯合文學出版社

《階級攸關：國族論述、性別政治與資本主義的文學再現》｜謝世宗／著，群學出版社

《砂糖之島：日治初期的臺灣糖業史1895-1911》｜黃紹恆／著，陽明交通大學出版社

「左翼文學書寫政治」系列

《蝸牛在荊棘上：路翎及其作品研究》｜宋玉雯／著，陽明交通大學出版社

「亞際翻譯實驗書寫」系列

《馬來素描》｜亞非言(Alfian Sa'at)／著，蘇穎欣／譯，四方文創股份有限公司

「藝術思潮」系列

《蔡明亮的十三張臉：華語電影研究的當代面孔》｜孫松榮、曾炫淳／主編，羅鵬、裴開瑞、馬蘭清、馬彥君、馬嘉蘭、劉永晧、包衛紅、謝世宗、何重誼、林志明、孫松榮、張小虹、林松輝／著，蔡文晟／譯，陽明交通大學出版社

國家圖書館出版品預行編目（CIP）資料

懶惰土著的迷思：16至20世紀馬來人、菲律賓人和爪哇人的形象及其於殖
民資本主義意識形態中的功能／賽胡先‧阿拉塔斯（Syed Hussein Alatas）
作；陳耀宗譯. -- 初版. -- 新竹市：國立陽明交通大學出版社，2022.02
408面；14.8×21公分. --（亞洲現代性與批判思想叢書系列）
譯自：The Myth of the Lazy Native: a study of the image of the Malays, Filipinos
and Javanese from the 16th to the 20th century and its function in the ideology
of colonial capitalism.
ISBN 978-986-5470-19-7（平裝）

1.民族性　2.文化研究　3.殖民地　4.文集　5.亞洲

535.7307　　　　　　　　　　　　　　　　　　　　　　110019612

「亞洲現代性與批判思想」系列

懶惰土著的迷思：16至20世紀馬來人、菲律賓人和爪哇人的形象及其於殖民資本主義意識形態中的功能

THE MYTH OF THE LAZY NATIVE: A Study of the Image of the Malays, Filipinos and Javanese from the 16th to the 20th Century and Its Function in the Ideology of Colonial Capitalism

策　　畫：國立陽明交通大學文化研究國際中心
總 主 編：劉紀蕙
作　　者：賽胡先‧阿拉塔斯
　　　　　（SYED HUSSEIN ALATAS）
譯　　者：陳耀宗
審　　校：蘇穎欣
特約編輯：陳筱茵
行政編輯：蘇淑芬
文字校對：郭佳
美術設計：黃瑪琍
內頁排版：顏麟驊

出 版 者：國立陽明交通大學出版社
發 行 人：林奇宏
社　　長：陳永富
執 行 長：陳永昇
執行主編：程惠芳
編　　輯：陳建安
行　　銷：蕭芷芃
地　　址：新竹市大學路1001號
讀者服務：03-5712121#50503
　　　　　（週一至週五上午8:30至下午5:00）
傳　　真：03-5731764
E - m a i l：press@nycu.edu.tw
官　　網：http://press.nycu.edu.tw
FB粉絲團：http://www.facebook.com/nycupress
製版印刷：中原造像股份有限公司
出版日期：2022年2月初版一刷、3月初版二刷
定　　價：480元
I S B N：978-986-5470-19-7
G P N：1011100005

著作權所有　侵權必究

展售門市查詢
陽明交通大學出版社
http://press.nycu.edu.tw
三民書局
臺北市重慶南路一段61號
網址：http://www.sanmin.com.tw
電話：02-23617511

或洽政府出版品集中展售門市
國家書店
臺北市松江路209號1樓
網址：http://www.govbooks.com.tw
電話：02-25180207
五南文化廣場
臺中市西區臺灣大道二段85號
網址：http://www.wunanbooks.com.tw
電話：04-22260330

First published in English by Frank Cass & Co,
London in 1977.
Traditional Chinese Edition Copyright © 2022 by
National Yang Ming Chiao Tung University.
All Rights Reserved.

教育部高教深耕計畫特色領域研究中心
國立陽明交通大學文化研究國際中心　資助